文書等並べて辿る、家康、松平一族・家臣

徳川家康75年の生涯年表帖

「徳川氏が世襲していく」ことを天下に示した家康は、
豊臣氏を滅ぼし、大名・朝廷・仏教等を統制し
「元和偃武」を成し遂げた！

下巻・後編

第4巻（全4巻）

目次		

はじめに～この本の使い方～

この本は、家康が将軍職を秀忠に譲り、駿府に退隠・「大御所政治開始」等から「大坂の陣」、「元和偃武」を成し遂げるまでの家康中心の戦国期の年表で、日付までを記載しています。一部不明な月・日付に関しては、「－」で割愛をさせて頂いたり、「下旬・この月」などと、表記しておりますのでご了承下さい。

特に重要と思われる事項（歴史的流れのために必要と思われた事件等や家康文書、家康が関わった事などは、太字等で記載しております。

本体となる戦国年表はそこそこな分量となっております。紙面の関係で目次年表は、わずか1ページと圧縮しております。

~太陰暦・太陽暦について~

本書での月日の表記は全て和暦を採用しており、一部、西暦の表記とはズレが生じています。

日本では、明治5年12月3日（＝明治6年1月1日（西暦1872年1月1日））までは太陰暦（旧暦・天保暦）を、それ以降は太陽暦（新暦・グレゴリウス暦）を使用しています。

そのため、太陰暦である和暦（旧暦・天保暦）の月日と、それに対応する太陽暦である西暦（新暦・グレゴリウス暦）の月日は一致しません。ご注意下さい。

なお、太陰暦（太陰太陽暦）の1年は太陽暦の1年に比べて約11日短く、このズレは3年で約1月分（約33日）となります。

このため約3年に1度、余分な1ヶ月（閏月）を挿入して1年を13ヶ月とした閏年を設けることで、ズレを解消しています。

なお、閏月は閏●月と表記し、仮に閏4月があった場合、これは通常の4月の後に閏月（閏4月）が挿入されていることを示しています。

例）秀忠、征夷大将軍宣下：慶長10年4月16日（西暦：1605年6月2日）

西暦 和暦	月日	出来事	No.
慶長8（1603）	3月—	「慶長期天下普請」。家康が江戸城の拡張に着手、慶長期天下普請と呼ばれる、全国の大名を動員しての大工事がはじまる。	8907
慶長10（1605）	4月16日	家康は2年で征夷大将軍を辞する。秀忠、征夷大将軍宣下を受け2代将軍となる。	9255
慶長11（1606）	3月20日	家康65歳、駿府を「大御所政治」の拠点の地と定める。	9394
慶長12（1607）	7月3日	「同年七月三日、本城方百廿間、其石垣高さ七間、或は九間、天守台成就、神宮移徙」（『駿国雑記』）。家康、修築成った慶長期駿府城に移る―大御所政治がはじまる。	9577
慶長13（1608）	3月11日	「慶長期二回目駿府城本丸御殿等完成」。突貫工事のすえ、竣工した駿府城の屋形に、家康がこの日、移る。	9651
慶長14（1609）	7月25日	半世紀続いたポルトガル、スペイン両国の日本貿易独占は、終わりを告げる。	9824
	10月17日	「宮中乱交事件（猪熊事件）慶長14年7月4日～慶長16年4月」。家康、「宮中乱交事件」の猪熊教利を上京の上善寺で斬刑に処す。	9858
慶長15（1610）	閏2月3日	家康、徳川領国の要衝に一門大名を配置し終える。	9916
慶長16（1611）	3月28日	家康70歳、豊臣秀頼19歳と会見。	10077
慶長17（1612）	3月21日	江戸幕府最初のキリシタン禁教令。	10357
	5月6日	「岡本大八事件―慶長14年12月9日～慶長17年5月6日」。事件によって、肥前国日野江藩（後の島原藩）4万石の有馬晴信が死罪を賜る。	10404
慶長18（1613）	5月6日	「大久保長安事件―慶長18年5月6日～慶長19年7月27日」、はじまる。	10648
	11月—	家康、天海を日光山別当とする。	10813
慶長19（1614）	2月1日	大久保長安事件―大久保忠隣改易。	10882
	3月8日	和子入内、内意。	10915
	7月26日	大御所家康、方広寺鐘名に異議を唱える。	11098
	10月1日	大坂冬の陣（10月1日～12月22日）―大坂城討伐令。	11244
	11月17日	「大坂冬の陣」。徳川家康、摂州住吉に陣取る。家康供奉衆がこの日より甲冑を着す。	11448
	12月19日	大坂冬の陣（10月1日～12月22日）―講和条件が合意。	11619
慶長20（元和1） （1615）	4月4日	幕府、大坂参陣の諸将に軍法及び道中条目を頒つ。	11811
	4月26日	大坂夏の陣―開戦（郡山城の戦い）。	11852
	5月8日	大坂夏の陣―大坂城落城、豊臣家滅亡―元和偃武。	11904
	7月7日	戦国時代が終わる―「武家諸法度」（元和令）を発布」。	12078
元和1（1615）	7月17日	幕府、「公家諸法度」（のち「禁中並公家諸法度」）を公布。	12105
	7月24日	「五山十刹諸山之諸法度　一東班西」7ヶ条ら、家康、朱印状・掟書発給。	12127
元和2（1616）	4月17日	徳川家康、没。	12347

慶長8	2月12日	幕府、知恩院の寺地を拡大し、諸堂を造営。	8870
	2月13日	豊臣三中老・生駒親正(1536〜1584)、讃岐国高松城で没。享年78。慶長6年(1601)に、東軍の会津出兵に参加した一正(1555〜1610)が、家督を継いでいる。	8871
	2月14日	公卿・殿上人が伏見城登城して、家康の将軍宣下を祝う。	8872
	2月―	**「謹上 天曺地府十二冥宦等都状」**。徳川家康都状。 都状とは、陰陽道で行われる祭りに奉られる祭文。	8873
	2月20日	**「此御朱印なくして伝馬いたすへか」**。家康、朱印状発給。	8874
	2月20日	この日、秀頼へ年頭の総礼あり。諸公家、大坂へ下向する。	8875
	2月21日	**徳川家康(1543〜1616)、上杉景勝(出羽国米沢藩30万石)(1556〜1623)に、江戸桜田に屋敷地を与える**。初代江戸家老は、千坂景親(1536〜1606)。 **大名宅地下付の初めとなる。**	8876
	2月25日	「正倉院を修理」。東大寺の三庫の修理が完成、本多正純(1565〜1637)と大久保長安(1545〜1613)が監督する。	8877
	2月28日	徳川家康、在江戸の黒田長政に御内書を送り、海賊禁止令を伝えるという。	8878
	2月―	**この月、徳川家康、諸大名に、江戸市街地の造成・運河開削を命じる。水路を整備するための工事を以下の諸大名に命じた。** 一番組は越前宰相秀康(これに属する者四人)、二番組は上杉黄門景勝(同三人)、三番組は本田中務大輔忠勝(同四人)、四番組は蒲生藤三郎秀行(同十八人)、五番組は伊達越前守政宗(同一人)、六番組は生駒讃岐守一正(同十八人)、七番組は細川越中守忠興(同十人)、八番組は黒田甲斐守長政(同三人)、九番組は加藤主計頭清正(同三人)、十番組は浅野紀伊守幸長(これに属する者、池田少将照政(輝政)、堀尾信濃守忠晴、蜂須賀長門守至鎮、山内対馬守一豊、加藤左馬頭嘉勝(嘉明)、中村一学忠一、池田備中守長吉、山崎左馬允家盛、中川修理大夫秀成、有馬玄蕃頭豊氏、前田主膳正茂勝の十一人)。江戸市街地拡張は豊臣系の有力大名達約70家に及び、千石に対して一人を賦課した動員は「千石夫」と言われた。	8879
	2月―	この月、彦根の地に城を築く事が許される。	8880
	2月―	この月、井伊万千代直継(直勝)(井伊直政の長男)(1590〜1662)、正五位下に叙され右近太夫に改める。	8881
	2月―	この月、家康の寵愛を受ける藤松(池田忠継)(1599〜1615)、わずか5歳で備前国岡山藩28万石に封じられた。忠継は、姫路藩52万石の池田照政(のち輝政)の次男(実は五男とも)。母は徳川家康の次女・督姫。異母兄の利隆(1584〜1616)が、執政代行として岡山城に入り、忠継は父の姫路城に留まる。	8882
	2月―	前田利長(1562〜1614)・利常(1594〜1658)父子、伏見に赴きて、徳川家康及び秀忠に謁す	8883
	3月3日	伏見城で上巳の祝い。 「上巳」は上旬の巳の日の意味であり、元々は3月上旬の巳の日であったが、古来中国の三国時代の魏より3月3日に行われるようになったという。	8884
	3月3日	江戸日本橋、開通。	8885
	3月5日	**「人足四人、伏見よりかまくら迄可」**。家康、宿中に朱印状をもって伝馬を命じる。	8886
	3月7日	本多正信(1538〜1616)、上杉景勝からの家康将軍宣下の祝賀に対し、答謝する。正信は関ヶ原合戦後に直江兼続と共に上杉氏の存続に奔走した。	8887
	3月7日	山科言経等が二条城を見学する。	8888

西暦1603

慶長8	3月9日	「京よりゑとまて伝馬三疋、人そく」。家康、朱印状をもって伝馬を命じる。	8889
	3月11日	「長橋局を将軍の御直廬と為す」。家康、永井直勝（1563〜1626）を宰相勧修寺光豊（1576〜1612）に派遣、直廬の事を協議させる。直廬とは、皇親・摂関・大臣・大納言などが宿直・休憩を行うために宮廷内に設置された部屋のこと。参内殿の東方に長橋局がある。長橋局いわゆる勾当内侍は近世において奥向一切を統轄し、外部との諸般の交渉もあったから、禁中に絶大な権力をもっていた。職掌がらその居室は広大であった。局は北側に上ノ間・二ノ間・三ノ間が並び、西側に玄関以下五間、湯殿並びに台所がついていた。	8890
	3月21日	森忠政（1570〜1634）、信濃国川中島藩13万7千5百石の所領から美作国津山藩18万6千5百石へ、加増転封。忠政は多くの家臣を連れて川中島を出発し、21日美作国入国、27日美作国府であった院庄（岡山県津山市）に到着。忠政は美作国鶴山に築城することを願い出て家康に許され、慶長9年（1604）春に築城にかかり、鶴山を「津山」に改める。元和2年（1616）3月の完成まで13年の歳月を要した。	8891
	3月21日	「二条城、大略完成」。徳川家康、伏見から入洛、新営の二条城に初めて入る。明経博士・舟橋秀賢（1575〜1614）が訪れ、対面する。当時は、二条の新御所または新屋敷と呼ばれたという。天守落成は慶長11年（1606）。	8892
	3月23日	2千石で家康に仕える小出遠江守秀家（秀政の次男、吉政の弟、母は大政所の妹）（1567〜1603）、没。享年37。秀家は上杉景勝征討の時、大坂方ながら家康に従い、関ヶ原にも向かい軍功を挙げていた。家康はその早すぎる死を惜しんで改易にはせずに、秀家養子として弟の三尹（1589〜1642）への家督相続を許す。	8893
	3月24日	黒田長政、江戸より上洛、二条新御所の家康に拝謁。 夜、舟橋秀賢、徳川家康のもとを訪れる。家康は秀賢に対面する。	8894
	3月25日	「将軍拝賀の式」。巳下刻（10時）、徳川家康、二条城から華やかな行列で参内、伝奏・公家衆は、禁裏唐門でこれを迎える。行列の一番は雑色。二番は御物の公人朝夕人、御物奉行、同朋衆全阿弥（谷新六郎正次（後に内田姓））ら。三番は御出奉行板倉勝重。四番は随身左右各8騎。五番は白張横一列7人。六番は諸大夫歩行左右各8騎。七番は御車（家康）、布衣左右各9人、太刀持本多康俊、布衣の侍。八番は本多忠勝ら騎馬諸大夫左右各5騎。九番は乗輿之衆（上杉景勝、毛利秀元、結城秀康、細川忠興、京極高次、池田照政（輝政）、福島正則）。（『当代記』）。 家康は衣冠束帯で将軍拝賀の式を行う。家康、後陽成天皇（第107代）に銀子1千枚、新上東門院（勧修寺晴子）に銀子2百枚、近衛前子（中和門院）に銀子2百枚、政仁親王（後の第108代後水尾天皇）へ銀子百枚、長橋局に銀子50枚などを献上。午下刻（12時）退出する。	8895
	3月25日	加藤清正（肥後国熊本藩52万石）（1562〜1611）、従四位下肥後守叙任。 清正、この月、江戸上屋敷の工事に着手。	8896
	3月25日	山内一豊（土佐藩9万8千石）（1545〜1605）、従四位下に昇叙し、土佐守に転任する。	8897
	3月26日	今回叙された四位と五位の武家が、拝賀のため参内。	8898
	3月26日	舟橋秀賢、徳川家康のもとを訪れ対面する。 秀賢は、下級の公家であるが、自らの才能を生かし徳川家康を始め多くの人々と交流を保っており、家康昵懇の公家衆22人のうちの一人である。	8899
	3月27日	「将軍祝賀の儀」。後陽成天皇（1571〜1617）、二条城に勅使を派遣。徳川家康の将軍就任祝賀として馬代黄金3枚、太刀を下賜。正式の将軍宣下が行われる。	8900

慶長8	3月27日	**江戸幕府、「諸国郷村掟五か条」を定め、逃散農民の帰村・直訴などについて定める。徳川家康、領主・代官の非分（違法行為）による逃散と、直訴（ただし年貢率の件は除く）を容認。「百姓むざと殺し候事、御停止たり」（百姓斬り捨て禁止令）を出す。** 代官・領主・地頭に向けて、関東総奉行青山常陸介忠成（1551〜1613）と内藤修理亮清成（1555〜1608）が取り扱う。 慶長7年（1602）12月6日 定（郷村掟3ヶ条）黒印状を以って地頭に命じたもの、同年同日定（郷村掟5ヶ条）黒印状を以って百姓に命じたものに継ぐものであった。	8901
	3月27日	諸家、徳川家康のもとに礼に赴く。	8902
	3月28日	禁中の女房衆から家康の将軍宣下の祝が、二条御所に届く。	8903
	3月28日	諸門跡、二条御所に参上、将軍宣下の祝賀を行う。	8904
	3月28日	午刻（11〜13時）、舟橋秀賢、徳川家康のもとを訪れ対面する。	8905
	3月29日	諸門跡、徳川家康のもとに礼に訪れる。	8906
	3月―	**「慶長期天下普請」。家康が江戸城の拡張に着手、慶長期天下普請と呼ばれる、全国の大名を動員しての大工事がはじまり、この月、神田山が削られ、日比谷入江が埋め立てられ掘割（外濠川）が整備される。** 加賀の前田利長、仙台の伊達政宗、肥後の加藤清正、熊本の細川忠興の外様大名、また譜代大名では結城秀康（家康の次男）、松平忠吉（家康の四男）、本多忠勝ら東西70余りの大名たちは、家康の命令でこの月には神田山の開削や入江の埋立、更に江戸城城拡張のための敷地確保などを行った。低地の埋め立て地である城東・城南に外様大名の屋敷を配置し、また埋立地には江戸の町の元となる町屋が集められ、そこには商工業者が移された。城西の半蔵門外から神田橋門外の台地に旗本・御家人を住まわせた。関ヶ原の戦い後の大名の編成変えを行っても、裏で豊臣に気脈を通じた有力な諸大名が西国を固めていた。これら外様の諸大名たちの静けさが家康には気になる。そうした静けさを潰すため、家康は城造りに専念した。江戸城の修築は、寛永13年（1636）、三代将軍徳川家光の最終工事を持って、徳川家三代に渡る大工事が完了した。	8907
	4月1日	公家衆、二条城に行き将軍家康に拝謁。	8908
	4月1日	二代目茶屋四郎次郎（清忠）（？〜1603）、急没。長崎奉行長谷川藤広の婿養子となっていた弟（清次、又四郎）（1584〜1622）が三代目を継ぐ。	8909
	4月2日	舟橋秀賢、徳川家康のもとを訪れる。3日も。	8910
	4月4日	**徳川家康、4日間にわたり「新宅」（二条城）に宴を張り、公家・大名を饗して、将軍宣下の祝能を催す。**6日には、山科言緒、冷泉為満、四条隆昌、水無瀬氏成、烏丸光広が訪れる。	8911
	4月6日	「伝馬三疋従江戸伏見迄可出之者也」。家康、宿中に朱印状をもって伝馬を命じる。	8912
	4月7日	家康が能を催す。日野資勝、猪熊教利、阿野実顕、烏丸光広、竹内孝治が訪れる。	8913
	4月8日	舟橋秀賢、徳川家康のもとを訪れる。	8914
	4月10日	「景徳寺住持職事、任先例可執務之」。家康、梵意首座に公帖。 公帖とは、禅宗寺院のうちの、五山、十刹、諸山などの官寺およびそれに準ずる寺院の住持任命の辞令。	8915
	4月10日	**「景徳寺住持職事、任先例可執務之」。**家康、金剛証寺有昕首座に公帖。	8916
	4月11日	舟橋秀賢、徳川家康のもとを訪れる。	8917
	4月13日	舟橋秀賢、徳川家康のもとを訪れる。14日・15日も。	8918

西暦**1603**

慶長8	4月16日	秀忠、源朝臣秀忠として右近衛大将を兼任。	8919
	4月16日	徳川家康、伏見城へ帰る。	8920

4月19日　「家康、征夷大将軍就任の礼に天覧碁を催す」。後陽成天皇(1571〜1617)、将軍徳川家康の奏請に依り、本因坊、利玄、仙角、道石等の囲碁を御覧あらせらる。
家康は征夷大将軍就任の礼に、碁好きの後陽成天皇のために当代最高の碁打である本因坊算砂、利玄院日義上人、安井仙角(仙也の子)、道石(中村道碩)の四人を集め宮中で天覧碁を打つ。4局打たれ、天皇が最上座でそのほかの公家などが対局しているスペースを囲んでいたという。 8921

4月22日　**豊臣秀頼11歳、内大臣宣下を受ける**。勅使は大納言広橋兼勝、参議勧修寺光豊。武家では家康に次ぐ高い官職であった(家康は将軍任官の際に、内大臣から右大臣へ転任。家康昇進による欠員の補充)。 8922

4月28日　家康妹・矢田姫(1562〜1603)没。57歳。矢田姫は、徳川十六神将の一人、長沢松平家8代松平康忠(1546〜1618)の正室で、嫡男松平康直(1569〜1593)をもうけた。
矢田姫父は松平広忠で、家康の異母妹である。 8923

4月—　「長崎奉行のはじめ—家康、長崎貿易の管理に直接乗り出す」。
この月、幕府、初代長崎奉行(小笠原為信入道一庵)を配置し直轄とする。家康は、豊臣氏の蔵入地を収公し長崎行政は江戸幕府に移管された。3月ともいう。
家康は豊臣時代からの長崎代官・寺沢広高を解任した。そして、家康はキリシタン撲滅を図り、徳川氏による九州支配の橋頭堡を築いた。 8924

4月—　「阿国歌舞伎の初見」。この月、出雲の巫女と称する阿国が、男装をして茶屋女と戯れる「かぶき踊」を始めた。後には、出雲大社本殿修復のための勧進として北野社に「かぶき小屋」を設け、拠点とする。文禄年間に出雲大社勧進のため諸国を巡回したところ評判となったとされている。 8925

5月4日　「小笠原越中広朝死して、その子権之丞某家継がしめらる」(『寛政重修譜』)。
幡豆小笠原氏の小笠原越中守広朝(?〜1603)が没。家康は、子の権之丞に継がせる。これだけの記述である。実は権之丞は、徳川家康の隠し子の一人とされる。洗礼名ディエゴ。家康の手がついた母が懐妊したまま家臣の小笠原広朝の妻となったため、広朝の子として成長。小笠原信元(1544〜1612)の弟である父広朝の死後、家康に仕えるが、慶長17年(1612)3月、キリスト教に帰依していたという理由で改易となる。慶長19年(1614)、大坂の陣が起こると大坂城に入城し、豊臣方として奮戦。夏の陣において天王寺表で戦死したと伝えられる。 8926

5月5日　伏見城(山城国)の徳川家康邸に、冷泉為満、山科言緒、六条有広、四条隆忠、舟橋秀賢が礼に訪れる。 8927

5月6日　出雲の阿国の一座、女院御所に召され「かぶき踊」を演じる。 8928

5月8日　「この月、元の北条の臣山角紀伊定勝卒す。こは小田原の北条に仕えて、督姫君小田原へ御入輿のとき御媒し参らせし御ゆかりをもて、北条滅びて後千二百石賜りしかど、定勝年老たりとて辞退し山林に世を避けて、今年七十五歳終をとりしなり」(『寛政重修譜』)。家康に仕えて相模国で1200石を与えられた山角紀伊守定勝(1529〜1603)、この日、没。 8929

5月10日　大蔵卿局(?〜1615)、淀殿(茶々)の末妹・お江の上洛につき、迎えるために近江へ下る。 8930

5月15日　徳川秀忠(1579〜1632)の娘・千姫(1597〜1666)、母お江(後の崇源院)(1573〜1626)に伴われ、伏見城(家康再建)に入る。 8931

慶長8	5月19日	「大内より広橋大納言兼勝卿、勧修寺宰相光豊卿御使として薫袋五十進らせらる。この日、神龍院梵舜(1553〜1632)は伏見城に登り拝謁し、神祇道並びに日本紀の事ども尋ね問わせ給ふ(『舜舊記』)。後陽成天皇(1571〜1617)、勅使(勧修寺光豊、広橋兼勝)を遣し、将軍徳川家康に匂袋を賜う。	8932
	5月26日	冷泉為満、山科言緒、舟橋秀賢、徳川家康のもとを訪れ対面する。	8933
	5月27日	**「今度於上洛者、有御上度候由承候、未しかとの儀も無之候、縦罷上候とも御上之儀者御無用候、誠被入念候段、令満足候、猶本多佐渡守可申候、恐々謹言」。** 徳川秀忠、中納言上杉景勝が上洛の供を申し入れた事に謝辞を述べ、まだ上洛があるかどうかはっきり分かっておらず、供は無用であるとの書を送る。	8934
	5月29日	本多正信(1538〜1616)、上杉景勝に秀忠書状副状を送る。	8935
	5月一	この月、出羽国久保田藩(秋田藩)初代20万石・佐竹義宣(1570〜1633)、久保田城(秋田市千秋公園近辺)の築城をはじめる。	8936
	5月一	「毛利黄門輝元入道宗瑞江戸に参り大納言殿に拝謁す」(『寛政重修譜』)。	8937
	6月7日	島津家当主島津忠恒(のちの家久)(1578〜1638)、伊藤平左衛門をして唐船奉行に命じ、薩摩領内の外国貿易に関する規定3ヶ条を定める。 唐人保護を求めた忠恒は、唐船貿易を推進したという。	8938
	6月8日	**幕府、京中の博奕を禁止する。**	8939
	6月12日	お江、義演(1558〜1626)への返礼として単物一ツ・生帷一ツを進上する。	8940
	6月15日	家康十男・長福丸(後の徳川頼宣)(1602〜1671)、伏見城にて髪置の式。 髪置は、幼児が頭髪を剃ることをやめて伸ばしはじめるときの儀式。	8941
	6月17日	義演、お江へ返礼として揚梅一折を、お江の侍女へ札を遣わす。	8942
	6月25日	**家康、大津より舟に乗り近江国志那(滋賀県草津市志那町)の蓮花を遊覧。**	8943
	6月一	この月、東本願寺の地(烏丸以西の六条と四条の間に地)に仮御堂が建てられ、教如光寿(1558〜1614)が裏方の住居から移る。表方が准如光昭(西本願寺第十二世宗主)(1577〜1630)である。越後・佐渡の真宗寺院、東本願寺派となるもの多かったという。	8944
	7月3日	**家康、伏見から二条城に移る。**	8945
	7月5日	「神龍院梵舜二条へまう登り拝謁す」(『舜舊記』)。	8946
	7月6日	「一条前関白内基公、照高院門跡道澄、准后聖護院門跡興意法親王、妙法院門跡常胤法親王、飛鳥井宰相雅庸卿、西洞院宰相時慶卿二条城へ登り拝謁せられ、御宴ありて御物語数刻に及ぶ」(『西洞院記』)。一条内基(1548〜1611)、照高院道澄(1544〜1608)、聖護院門跡興意(1576〜1620)、妙法院門跡常胤(1548〜1621)、飛鳥井雅庸(1569〜1616)、西洞院時慶(1552〜1640)が、二条城の家康に拝謁。	8947
	7月7日	「大坂より尼孝蔵主をはじめ女房等を二条城に召され、猿楽催され饗応せられ、蔵主及び長野局等は止宿す。これ姫君御入輿の事議せらゝためなるべし(『西洞院記』)。**家康、尼の孝蔵主をはじめとして女房らを二条城に招き、二日間に渡り能を催す。**	8948
	7月10日	「神龍院梵舜まうのぼり御けしきうかゞふ」(『舜舊記』)。12日も。	8949
	7月15日	**家康、二条城から伏見城に帰る。**	8950
	7月24日	「連歌師里村紹叱(昌叱)(1539〜1603)没す。歳は六十五。紹巴が死せしのちは、新治筑波の道にをいて海内の宗匠と仰がれ、柳営年々の御会にも必ず召されし所なり(『寛永系図』)。	8951
	7月26日	若公家衆、風流踊を催す。	8952

西暦1603

| 慶長8 | 7月28日 | **「千姫、秀頼と婚姻」**。「今日、大坂秀頼御祝言、江戸大納言御娘也」(『舜舊記』)。 8953 |

秀忠の娘・千姫(7歳)(1597～1666)が、豊臣秀頼(11歳)(1593～1615)に嫁ぎ、伏見城(家康再建)から船で大坂城に輿入れし、大久保忠隣(大久保忠世の長男・相模国小田原藩6万石)(1553～1628)が付き従う。道中は諸侯によって警護され、大坂側では浅野幸長(紀伊国紀州藩37万6千石)(1576～1613)が迎えた。北政所おね(1549 ?～1624)は、秀吉の遺言であった秀頼と千姫の婚儀を見届けたことを契機に落飾。10月3日には、朝廷から院号を賜り、「高台院湖月尼」と称した。 この日程は、千姫母であるお江の方と秀頼の母である淀殿が相談して決めたものという。『舜舊記』は、神道家で神龍院の住持、豊国神社の社僧である梵舜(1553～1632)の日記。

	7月28日	大坂城豊臣秀頼婚礼祝賀能が、大坂城で三日間に渡り行われる。 8954
	7月28日	**「自日本到大泥国舟也、右、慶長八」**。家康、渡海朱印状発給。 8955
	7月29日	**「自日本到西洋舟也、右、慶長八年」**。家康、渡海朱印状発給。 8956
	7月29日	**「一為城州東山常在光寺屋敷、并山」**。「山城国常在光寺の事により相国寺に御朱印を下さる。その文に云う。山城国東山常在光寺の寺地山林の替地として、朱雀西院の内にて百石寄附せらる。永く進止相違あるべからずとなり」(『国師日記』)。家康、相国寺に判物発給。 8957
	7月29日	**「円光寺領之事 山城国朱雀吉祥院」**。家康、判物発給。 8958
	7月一	「佐渡の国人等訟うる旨あるにより、銀山の吏吉田佐太郎は切腹し、合沢主税は改易せられ、中川市右衛門忠重、鳥居九郎左衛門某、板倉隼人某、佐渡国中を検視せしめらる」。**この月、徳川家康、佐渡の国人の訴えを入れ、佐渡代官・吉田佐太郎・中川主税らを処罰する。** 8959
	8月1日	伏見城にて八朔が祝われ、門跡・公家も参加する。 8960
	8月2日	**「豊川弁才天領之事 参河国宝飯」**。「三河国室飯郡豊川村弁財天祠の別当三明寺に御朱印を賜う。その文に云う。三河国室飯郡馬場村のうち二十石、先例にまかせて寄附せらるれば、神供祭礼等怠慢すべからずとなり」。家康、朱印状発給。 8961
	8月3日	「小堀新助正次御使として、石見の安原伝兵衛が積年銀鑛の事に心用ひしを褒められて、備中と名のらしむべき由大久保石見守長安に仰せ下さる(『銀山記』)。**この日、徳川家康は、小堀新助正次を御使として、奉行・大久保長安(1545～1613)の下、石見銀山で採鉱の成績が著しい山師・安原因繁(伝兵衛)を褒賞した。伝兵衛は、さらに家康より受領名「備中」を許された。** 8962
	8月4日	大坂城豊臣秀頼婚礼祝賀四座立合能が、大坂城千畳舗で行われる。 8963
	8月5日	**「美濃国恵那郡三拾弐箇村五千四百」**。「遠山民部少輔利景に美濃国志那土岐兩郡に於て六千五百三十一石六斗余の采邑を賜る。安原備中改称を謝し奉り伏見へまう上る。御前に召して着御の御羽織御扇を賜はる。備中頓首して落涙に及ぶ(『貞享書上』)。家康、遠山民部少輔(遠山利景)(1540～1614)に朱印状をもって知行充行。遠山利景は、関ヶ原の戦い(東濃の戦い)の功で旧領回復を成し遂げ、美濃国恵那郡と土岐郡において6,531石の知行地を与えられた。 8964
	8月6日	「一、先年両長老へ詰言つかまつり、三千石之知行納取事」(『多武峯文書』)。家康、多武峯領・多武峯学頭領、三千石の朱印状を下付。 8965
	8月9日	これより先、淀殿(茶々)(1569～1615)、秀頼のために明経博士舟橋秀賢(1575～1614)へ、貞永式目仮名注の執筆を依頼。この日、それが出来上がる。「貞永式目」は、貞永1年(1232)成立の武家社会最初の成文法。 8966

| 慶長8 | 8月10日 | **家康十一男・鶴千代（後の徳川頼房）（1603〜1661）、伏見城にて生まれる。** | 8967 |

母は、側室お万の方（養珠院）（1577〜1653）。お万の方は、上総勝浦城主・正木邦時の娘として生まれ、戦乱で逃れた伊豆の地等で成長した。17歳のときの文禄2年（1593）三島で徳川家康に江川英長（江川太郎左衛門）の養女として御目見とも、沼津本陣で徳川家康（52歳）に見染められ側室となったともいう。その美貌・知性ゆえ、元和2年（1616）75歳で没する家康の晩年において、最も寵愛された女性の一人であったという。

| | 8月12日 | 秀頼、大坂城秀頼邸にて婚儀の祝いを受ける。始めに摂関家の礼と振舞、続いて清華家の礼と振舞。続いて一献・太刀の進上あり。 | 8968 |

| | 8月13日 | 舟橋秀賢（1575〜1614）、片桐且元（1556〜1615）を訪ねる。且元同道で大坂城へ登り、淀殿（茶々）より依頼の貞永式目仮名抄（上下二冊）を進上する。秀賢、淀殿（茶々）より且元を通じて帷一重・袷一・銀子5枚を拝領する。秀賢、秀頼・淀殿（茶々）へ錫酒鍋三ツを進上する。酉刻（17〜19時）退出の後、淀殿（茶々）より改めて見事な出来を感謝する旨の返事が来り、帷一種・袷一・銀子5枚を拝領する。 | 8969 |

| | 8月14日 | 「下總国関宿城松平主因幡守康元卒す。その子甲斐守忠良に遺領四万石を襲しめらる。この康元は久松佐渡守俊勝が二子にて、はじめ三郎太郎と称す。母は伝通院殿なり」。下総国関宿藩（千葉県野田市関宿三軒家）開藩初代4万石の松平康元（家康の異父弟）（1552？〜1603）、没。享年52。嫡男の忠良（1582〜1624）が家督を継ぐ。 | 8970 |

| | 8月15日 | 門跡衆（妙法院二品宮常胤・聖護院二品宮道澄・醍醐寺義演准后・梶井無品最胤・一乗院尊勢准后・竹内無品良恕・実相院義尊）が、秀頼の婚儀につき、祝賀のために登城する。その振る舞いにつき、義演、「大閤御所御威光未相残了、珍重／＼」と記載。 | 8971 |

| | 8月17日 | 狩野光信（1565？〜1608）は、徳川秀忠の殿舎に京都及び大内裏や、大坂の図を描く。京都の徳川秀忠邸（二条城）とされる。 | 8972 |

| | 8月18日 | 豊国祭。秀頼の名代として片桐且元が装束にて参詣、金子1枚・鳥目百貫文を馬代として奉納する。且元退出後の午後、吉田兼見・兼治・慶鶴丸（萩原兼従）へ銀子5枚・帷袷を贈る。勅使として中山慶親が束帯にて参詣奉納する。北政所おねは、東山阿弥陀ヶ峰の秀吉廟所へ参拝し、豊国社へは孝蔵主を遣わし銀子10枚を奉納する。また、吉田兼見・兼治・慶鶴丸など神官らへ進物する。神龍院梵舜（1553〜1632）、慶鶴丸の叙爵について、西笑承兌より権少副を兼する旨を聞く。西笑承兌（1548〜1608）は、慶長6年3月より寺社の事を家康から任され、差配していた。 | 8973 |

| | 8月18日 | **この日から28日かけて、家康は、三河国等社寺30ほどに、朱印状をもって安堵等。** | 8974 |

| | 8月20日 | 「廿日、三河国額田郡妙心寺室飯郡八幡に小坂井村のうちにて九十五石、天王社に篠塚村にて十石。財賀寺に財賀村にて百六十一石余、東漸寺に伊奈村にて二十石。賀茂郡龍田院に高橋の庄瀬間村にて七石五斗。遠江国長上郡神立神明に蒲郷にて三百六十石、豊田郡八幡宮に中泉村にて十七石、敷智郡応賀寺に中郷にて三十八石、清源院に中郷にて十七石。各社領寺領を寄附したまふ」（『寛文御朱印帳』）。 | 8975 |

| | 8月21日 | 「廿一日、遠江国府八幡宮に同国とよ田郡にて社領二百五十石をよせられ、御朱印を賜う（『寛政重修譜』）。 | 8976 |

| | 8月22日 | 「廿二日、三河国碧海郡長岡寺に中島村にて十石の御朱印を賜う」（『寛文御朱印帳』）。 | 8977 |

| | 8月24日 | 「廿四日、美濃衆高木権右衛門貞利（1551〜1603）死して、その子平兵衛貞盛家を継がしめられ、庇陰料三百石を合わせて二千三百石余になる」（『寛政重修譜』）。 | 8978 |

慶長8	8月26日	「廿六日、三河国額田郡万松寺舞木八幡宮に山中舞木村にて百五十石、室飯郡西明寺本宮に長山村にて二十石、華井寺に牛窪郷中村にて三十六石、富賀寺に宇利庄中村にて二十石、渥美郡常光寺に堀切郷にて二十六石七斗、幡豆郡妙喜寺に江原村にて十六石二斗の御朱印を賜う（『寛文御朱印帳』）。	8979
		家康、朱印状を以って山中八幡宮（愛知県岡崎市舞木町宮下）に150石を寄進。	
	8月27日	「廿七日、島津少将忠恒薩摩国より、宇喜多前中納言秀家、その子八郎秀親に、桂太郎兵衛並びに正奥寺文之と云える僧を添え、大勢護送して伏見に至る。よて秀家庚子逆謀の巨魁なれば、大辟に処せらるべしと云えども、忠恒があながちに愁訴するのみならず、その妻の兄なる加賀中納言利長無二の御味方なりし故をもて、その罪を減じ遠流に定められ、先ず駿河国に下して久能山に幽閉せしめらる。やがて八丈が島へ流さるべきがためとぞ聞えし」。	8980
		関ヶ原で敗れた宇喜多秀家（元備前国岡山城主）（1572〜1655）、薩摩国大隅郡牛根郷から伏見へ護送される。島津家と徳川家の和議により、秀家は徳川家へと引き渡されることとなった。	
	8月28日	「廿八日、三河国加茂郡妙昌寺に山田村にて廿石、碧海郡犬頭社に上和田宮地村にて四十三石、引佐郡方広寺に井伊郷奥村にて四十九石余、幡豆郡龍門寺に下町村にて十一石、遠江国周知郡一宮に一宮郷にて五百九十石、社領寺領を御寄附あり（『寛文御朱印帳』）。	8981
	8月29日	「相州瑞泉寺住持職事、任先例可被」。家康、公帖。	8982
	8月29日	「知恩院、徳川家香華寺となる」。	8983
		「廿九日、伏見より御上洛ありて知恩院へならせ給い、御建立の事仰せ出さる。知恩院はかねて親忠君（三河国の松平氏宗家第四代松平親忠）の五子超誉（存牛）住職（二十五世）せられし地なり。かつ当家代々の御宗門淨土宗の本山なればなるべし」（『舜舊記』）。	
		この日、徳川家康（1543〜1616）は伏見より上洛して、京東山の知恩院を参詣、この寺を徳川家香華の寺と定め、堂舎の建立を発願。	
	8月一	「この月、伊達越前守政宗江戸より暇給はり就封し、去年新築したる仙台の城に移る。よて鷹並びに金若干を賜はる」。	8984
		この月、陸奥国仙台藩初代60万石の伊達政宗（1567〜1636）、築城成った仙台城に入城。	
	9月1日	「九月朔日、神龍院梵舜伏見に登り御けしき伺ふ」（『舜舊記』）。	8985
	9月2日	「二日、山口駿河守直友より島津龍伯入道に書を贈り、宇喜多中納言秀家この日伏見より護送して駿河国久能山に下らしむ。彌死罪を減ぜられ身命を全くせしめらるれば安心すべき旨を告る（『貞享書上』）。	8986
		宇喜多秀家（元備前国岡山城主）（1572〜1655）、島津・前田家両家からの嘆願で、家康から助命は約束され、駿河国久能山へと移される。	
	9月3日	「三日、豊後国臼杵城主稲葉右京亮貞通卒しければ、長子彦六典通に遺領五万六千石を継がしむ」。	8987
		豊後国臼杵藩初代5万石の稲葉貞通（さだみち）（1546〜1603）、没。享年58。長男・典通（のりみち）（1566〜1626）が継ぐ。	
	9月3日	家康に近仕する叔父・松平右衛門大夫正久（正綱）（1576〜1648）の養子・松平三十郎（正永、後の伊豆守信綱）（1596〜1662）、将軍世嗣の徳川秀忠に拝謁。	8988

慶長8	9月5日	大久保長安（1545～1613）、千村平右衛門良重（1566～1630）をして、山中代官所領内百姓の年貢弁済を督促せしむ。戦功により千村平右衛門良重は、幕府の交代寄合となり、美濃国内の美濃国の恵那郡・土岐郡・可児郡における4,600石を知行地とし、信濃伊那の天領11ヶ村（上伊那の樫木買納め5ヶ村、下伊那の樫木割納め6ヶ村）を預地とした。また天竜川流域の信州・遠州船明山樫木奉行も務めた。	8989
	9月9日	**「伊勢りやうくう、しやうせんくうの事先例」・「一内宮知行方可為守護不入事付」**。「九日、伊勢慶光院に御朱印を下る。伊勢両宮遷宮の事先例に任せとり行ふべき也。これは応仁このかた四方兵革の中なりし故、伊勢両宮荒廃きはまる事百年に過ぎたり」。家康、伊勢国度会郡（三重県伊勢市宇治浦田）のけいくわう院（慶光院周養）上人、内宮二郷年寄、内宮年寄・外宮三方に朱印状。	8990
	9月10日	**この頃、幕府、京市中に盗賊が横行し、治安維持と相互監視を目的に「十人組制度」**を設け、連座制を敷く。12月ともされる。	8991
	9月11日	「十一日、武田五郎信吉君卒去あり。こは第五の御子にてはじめ万千代君と申し参らす。御生母は甲斐の武田が一族秋山越前守虎康が女おつまの局、後には下山の方と称す」。慶長7年に封ぜられた常陸国水戸藩15万石の武田（松平）信吉（家康の五男）（1583～1603）、没。享年21。これにより武田氏は再び断絶。	8992
	9月11日	**「西楽寺領之事 一参拾石 本尊修」**。家康、西楽寺（静岡県袋井市春岡）に、朱印状をもって上・下宇刈郷の寺領安堵状。このから25日にかけて、家康は、三河・遠江の社寺等に朱印状をもって安堵。家康は将軍宣下後、一時豊臣家臣領であった所での支配を揺るぎないものとすべく、寺領寄進の朱印状発給した。	8993
	9月11日	**「美濃国山県郡赤尾村五百弐拾壱石」**。家康、保々長兵衛に朱印状をもって知行充行。美濃山県郡・中島郡に1000石を与えられた保々則貞（1570～1641）であろうか。	8994
	9月12日	大久保石見守（長安）、木曽衆千村平右衛門宛に書状を送る。美濃木曽の政策は、代官頭・美濃国奉行大久保長安が主導していた。	8995
	9月15日	**徳川家康、鴨江寺**（静岡県浜松市中区鴨江）**に寺領宛行朱印状を発給。**	8996
	9月16日	大坂城にて、秀頼祈祷のために大般若経が義演を導師として、転読される。転読の後、義演ら秀頼に対面し、布施を賜る。またこの日、千姫からも賜物あり。	8997
	9月17日	禁中で童男のかぶき踊がある。	8998
	9月19日	「十九日、遠江国敷智郡普済寺に浜松寺島村にて七十石、大通院に浜松庄院内門前の地、長上郡龍泉寺に蒲東方飯田郷にて三十石。龍秀院には有玉村にて二十五石六斗余、甘露寺には万解村にて二十六石余、宗安寺に市柳村にて十三石六斗余、引佐郡龍潭寺には井伊谷祝田宮日のうちにて九十六石七斗余。浜名郡金剛寺に中郷にて五十石、蔵法寺に白須賀村にて十三石、豊田郡寶珠寺に岡田郷にて三十二石九斗余、三河国渥美郡龍根寺に吉田村にて二十五石余、幡豆郡法光寺に法光寺村にて十三石寺領を下され御朱印を給ふ（『可睡齋書上』）。	8999
	9月21日	「大樹（家康）へ参、御振舞有之、無御出座了、十日已前ニ御息民部大輔（武田信吉）殿御逝去也、不可説ゝゝゝ、」。（『言経卿記』）。武田信吉（家康の五男）が没し、悲しむ家康のお出ましは無かったという。	9000
	9月21日	「廿一日、遠江国榛原郡平田寺に相良庄平田村にて五十石の御朱印を下さる（『可睡齋書上』）。	9001
	9月25日	**「一伊勢従宮川内三宮内知行方可為」**。家康、外宮年寄共に朱印状。	9002

西暦1603

慶長8	9月25日	「廿五日、三河国室飯郡上谷寺に牛窪村にて廿石、遠江国豊田郡光明寺に二俣山東村一円、佐野郡寂福寺に原谷村にて廿五石余、青林院に原谷村にて十七石、大雲院に垂木村にて十七石。長福寺に原谷村にて十四石、旭増寺に原谷村にて十二石、永源寺に名和村にて十二石、山名郡海江寺に堀越村にて十六石、福王寺に西貝塚村にて十二石余、松秀寺に笹野村にて十二石、圓明寺に柴村にて十八石、豊田郡積雲院に友長村にて二十四石、雲江院に小出村にて十五石、一雲齋に野辺村にて十五石、玖延寺に二俣郷珂藏村にて二十石、増参寺に向坂村にて十三石、学圓寺大宝寺に高岡捻領方村にて八石余、赤地村にて五石八斗。合て十三石八斗余、天龍寺に野辺村にて九石、周知郡崇信寺に飯田村にて十五石、雲林寺に中田村にて十二石寺領を寄附し給ふ(『寛文御朱印帳』)。
	9月27日	肥後国熊本藩52万石の加藤清正(1562～1611)の伏見屋敷が焼失する。
	9月28日	「道明寺領之事 河内國」。 家康、「任先規」(先規(信長・秀吉朱印状)に任せ)と記し、さらに「竹木門前諸役免許」(山林竹木の伐採・収納を許可し、門前(附属地)の諸役免除の特権)を追加する寺領寄進状を道明寺(大阪府藤井寺市)に発給。
	9月29日	去廿日仁和殿(覚深法親王)(一宮十六才)・梶井殿(承快法親王)新宮(二宮十二才)御参内御中ナヲリ云々、大樹(家康)御執奏也云々、」。(『言経卿記』)。 **後陽成天皇の第1皇子覚深法親王(1588～1648)と同第2皇子承快法親王(1591～1609)を、家康が仲直りさせたそうだ。**
	9月30日	「遠路使者殊入念、砂糖千斤到来、喜悦候也、」。 家康、嶋津修理入道(島津義久)に、贈物砂糖千斤到来を謝す。
	9月一	この月、幕府、江戸の防火の神として、芝に愛宕神社を創建する。
	10月2日	「条々 一大坂・てんほう・尼崎・」。 家康・幕府、旧により、河村与三右衛門(河村与惣右衛門、のち角倉与一)・木村宗右衛門(木村惣右衛門勝正)に、淀川過書船支配の朱印状を下賜する。
	10月3日	北政所おね(1549？～1624)、長橋局よりの女房奉書を、使いの後陽成天皇乳母より賜り、「高台院」の院号を朝廷より賜る。 おね、直ちに返礼し、新上東門院(勧修寺晴子)へ白銀20枚・とんす5巻、女御近衛前子へ白銀20枚・とんす5巻、長橋局へ白銀10枚・小袖一重、天皇乳母へ白銀10枚・小袖一重を贈る。
	10月5日	「日本国　源家康　復章 安南国大都統」。 徳川家康、安南国(ベトナム北部)に対し返書と長刀等を贈る。また商客(角倉了以)の願いにより安南国渡海朱印状を下賜する。通船朱印状は、大泥国三通、呂宋一通、安南二通、暹邏二通、西洋三通、東京一通、柬埔寨一通とされる。
	10月6日	**家康、知恩院を永代菩提所と定め、秀吉の寄進した寺領の三倍にあたる知恩院に寺領七〇三石余を寄進。** 翌年、家康は、生母伝通院殿菩提のために寺域拡張・諸堂舎造営等の工事を命じ、青蓮院の地を割き寺地堂舎を造堂する。
	10月6日	お江(後の崇源院)(1573～1626)、先日、義演(1558～1626)から贈られた巻数の礼として杉原を50帖進上する。

西暦 1603

慶長8	10月9日	本願寺准如光昭(西本願寺第十二世)の妻(興正寺顕尊の長女阿古)の乳母「太田」、お江(後の崇源院)の侍女となるべく、下向する。	9014
	10月11日	「自日本到大泥国舟也、右、慶長八」。 家康、大泥国への渡海朱印状発給。	9016
	10月16日	朝廷、将軍徳川家康、江戸に帰還に依り、勅使を遣し薫物を賜ふ。 この日、徳川家康、右大臣を辞任。	9017
	10月18日	家康、五郎太丸(徳川義直)(1601〜1650)、長福丸(頼宣)(1602〜1671)を連れ伏見を発ち、帰国の途に就く。この日、近江膳所。	9018
	10月20日	上杉景勝(1556〜1623)、米沢を発ち、江戸に向かう。	9019
	10月25日	家康、立花俊正(宗茂)(1567〜1643)を赦免し、宗茂に5千石を給付する。 立花宗茂は江戸で将軍に近侍したため、家臣の由布惟信が代わって領地の行政を担当した。この年、江戸に下った宗茂は本多忠勝の世話で、由布惟信・十時連貞など従者らと共に高田の宝祥寺を宿舎として蟄居生活を送り始め、忠勝の推挙で江戸城に召し出される。 宗茂の実力をよく知っていた将軍徳川家康から幕府の御書院番頭(将軍の親衛隊長)として5000石を給されることになり、まもなく家康嫡男の徳川秀忠の御伽衆に列せられた。	9020
	10月28日	家康、19日亀山、20日名古屋、21日岡崎、22日吉田、23日浜松、24日中泉、25掛川、26日と27日田中、この日駿府に着く。	9021
	10月—	「日本国 源家康 回翰 柬埔寨国主」。 家康、カンボジア王に宛てた印判状発給。	9022
	10月—	家康の十男・徳川長福丸(頼宣)(1602〜1671)、加藤清正五女・八十姫(瑤林院)(1601〜1666)の婚約が調う。 この月、徳川家より結納使として頼宣の守役で伯父の三浦為春(1573〜1652)が、肥後に下って納幣。為春は、徳川頼宣(紀伊)と徳川頼房(水戸)(1603〜1661)を生んだ家康側室「於万の方」の兄。	9023
	10月—	山城国鳥羽でひたすら恭順の意を示した丹羽長重(元加賀小松城主)(1571〜1637)は、家康・秀忠父子に謁し、常陸国古渡藩(茨城県稲敷市古渡)1万石を賜り、大名として復帰する。	9024
	10月—	この月、江戸に上杉邸が竣工する。	9025
	11月1日	上杉景勝、江戸を発つ。	9026
	11月3日	家康、10月29日三島、30日小田原、11月1日藤沢、2日神奈川、この日、江戸城到着。	9027
	11月5日	徳川家康、松平康次(1544〜1615)に三河国設楽郡内で460余石を給付する。	9028
	11月7日	徳川家康62歳(1543〜1616)、十男長福丸(後の徳川頼宣)2歳(1602〜1671)を、武田(松平)信吉(家康五男)亡き後の常陸国水戸藩20万石に封じる。 翌年12月、5万石を加増する。	9029
	11月10日	東本願寺阿弥陀堂が落成。	9030
	11月11日	遠江国掛川藩3万石の松平定勝(家康異父弟)(1560〜1624)の長男・松平定吉(定友)(1585〜1603)、家康の面前で鷺を射落としたが、伯父家康に「益無き事」だと叱責され、それを恥じて掛川にて自害。享年19。 近習の侍たちも殉死という。 代わって、弟の松平定行(1587〜1668)が嫡子となる。	9031

西暦1603

慶長8	11月14日	「米子城騒動」。伯耆国米子藩17万5千石の中村一忠14歳（1590〜1609）、実権を握る横田家滅亡を目論む側近にそそのかされて、一忠と正室浄明院（松平康元の娘、家康の養女）の結婚式（奥方額直しの儀とされている）の席で、家康派遣の後見役、執政家老・横田村詮（1552 ？〜1603）を手打ちにする。一忠は幼く非力のために果たせず、近臣らが村詮を追い詰めて村詮を討ったともいう。 子・横田主馬助らは、父殺害に激怒し飯山城（鳥取県米子市久米町）に立て籠もった。隣国の出雲富田藩（松江藩）初代24万石で隠居した堀尾吉晴（1544〜1611）が、中村家の援軍になると劣勢になり、自刃。**事件の報告をうけた徳川家康は翌年、自ら派遣した村詮の殺害に激怒し、首謀者の安井清一郎、天野宗杷をなんら吟味もなく即刻切腹に処したとされる。**また、側近の道上長衛門、道上長兵衛には事件を阻止出来なかった理由により江戸において切腹に処した。 江戸幕府は、一忠には品川宿止めの謹慎に収めお構いなしとした。	9032
	11月15日	養父・松平右衛門大夫大夫正久（正綱）（1576〜1648）に従って伏見城に赴いた松平三十郎（後の伊豆守信綱）（1596〜1662）、徳川家康と初めて拝謁。 松平三十郎は、慶長9年（1604）7月17日に秀忠の嫡男・徳川家光が誕生すると、7月25日に家光付の小姓に任じられて合力米3人扶持（月俸三口）になる。	9033
	11月16日	関東最大の外様大名、安房国館山藩（千葉県館山市城山）初代12万石・里見義康（1573〜1603）、没。享年31。家督は10歳の嫡男・梅鶴丸（里見忠義）（1594〜1622）が継ぐ。	9034
	11月20日	家康重臣本多正信（1538〜1616）、上杉家臣安田興親（与親、堅親）（安田有重の養子）宛に書状を送り、米沢へ移封ということになった上杉氏と徳川氏の面会がうまくいったことを喜び、さらに詳しくはお目にかかってお話をしたいと記す。	9035
	11月25日	「榊原式部大輔　知行方目録 一千三拾七石弐斗三」。家康、榊原式部大輔に朱印状発給。上野国館林藩（群馬県館林市城町）初代10万石の榊原康政56歳（1548〜1606）、在京料として近江野洲郡・栗田郡・蒲生郡に、5千石を加増される。	9036
	11月─	**家康、朝鮮人捕虜数百人を送還。家康は、朝鮮および明との国交回復を目指して対馬の宗氏に交渉を開始させ、朝鮮人捕虜の送還などに応じた。** 年・月とも異説あり。	9037
	12月2日	秀忠、河越で放鷹。	9038
	12月19日	京の東洞院三条の曇華院が全焼する。	9039
	12月25日	「為歳暮之祝儀、小袖二之内綾一到」。 家康、阿波徳島城の蜂須賀長門守（至鎮）（1586〜1620）宛に書状を送り、歳暮の到来を謝す。蜂須賀至鎮は、慶長5年（1600）1月には、徳川家康の養女・氏姫（小笠原秀政の娘）を正室に迎え、徳川家と親戚関係を結んでいる。	9040
	12月25日	下総国香取郡5千石の青山成重（1549〜1615）、下総国内において5千石を加増され、石高が1万石に達した為、下総飯田藩（千葉県香取市）を立藩。	9041
	12月─	貿易商角倉了以（1554〜1614）、幕府より安南（ベトナム北部）渡航の朱印状を得て、角倉船が長崎より出港する。	9042
	12月─	石見銀山で成果を上げた大久保長安（1545〜1613）、この月、佐渡奉行も兼ねることとなる。初期豪商の田中清六らは罷免され、家康家臣が直接支配する体制となった。	9043
	─	この年、遠江久野藩（静岡県袋井市鷲巣上末本）2代1万6千石の松下重綱（1579〜1627）、居城の石塁を許可なく築いたことから幕府により懲罰的な移封を命じられて常陸国小張に1万6千石に移封される。小張藩（茨城県つくばみらい市小張）の立藩。久野藩は、一時的に廃藩となる。	9044

慶長9	1月1日	**江戸城で越年した家康、将軍任官後初めて江戸在府の諸大名の参賀を受ける。**	9045

それまでは正月元旦の年賀のため、豊臣の家臣たちは大坂城の秀頼に年賀拝礼に登っていた。それが新将軍誕生によって、大坂城に年賀のために登城する大名の数が減った。その代わり江戸城に登城する大名たちは以前よりも増えたこと、これは序列が自ずと関白秀頼から将軍家康へと定まったことになる。将軍宣下によって家康は、もはや豊臣政権の五大老の一人ではない。その地位から脱し「武家の棟梁」の頂点に立った。関白は天皇を補佐する朝廷の首座であり、征夷大将軍は朝廷から任ぜられた武門の首座を意味した。

征夷大将軍とは、天皇の軍隊として「幕府」を預かる重職であった。

	1月1日	上杉景勝(1556~1623)、伊賀上野藩(三重県伊賀市)20万石の筒井定次(1562~1615)らと、大坂城に赴き、豊臣秀頼(1593~1615)に歳首を賀す。	9046
	1月3日	未刻(13~15時)、秀頼の名代として、豊臣宗家の家老小出秀政(和泉国岸和田藩初代3万石)(1540~1604)は、装束にて豊国社へ参詣する。神前へ太刀折紙(白紙)・金子一枚を奉納する。また吉田兼見へ小袖一綾一、兼治・慶鶴丸(萩原兼従)へ小袖二・惣神官へ百貫・神楽巫女へ杉原十帖・銀子一枚を贈る。秀政自身、福島正則・藤堂高虎・浅野幸長からも奉納あり。	9047
	1月5日	家康九男・甲斐国府中藩(甲府藩)25万石の五郎太(後の徳川義直)(1601~1650)、正五位下に叙任。	9048
	1月10日	桂川筋の淀川富森、横大路の堤防を修築する。京都所司代板倉勝重(1545~1624)、豊臣宗家の家老片桐且元(1556~1615)が、これを奉行する。	9049
	1月10日	足利学校第十世庠主・寒松(竜派禅珠)(1550~1636)、駿河田中藩主酒井忠利(1559~1627)を以て、家康に『貞観政要』の訓訳を献上。	9050
	1月14日	**西洞院時慶(1552~1640)ら多くの公家衆、初めて京都所司代板倉勝重(1545~1624)のもとに赴き、歳首を賀す。**	9051
	1月15日	関ヶ原の戦い後、改易、新庄父子の身柄は蒲生秀行の預かりとなった。この日、新庄直頼(1538~1613)・新庄直定(1562~1618)は家康に召されて駿府に入り、赦免を受け、江戸の徳川忠吉に拝謁して、常陸国行方郡・河内郡・新治郡・真壁郡・那珂郡、下野国芳賀郡・都賀郡・河内郡の8郡において、3万300石を与えられた。	9052
	1月27日	「定 一自諸国松前へ出入之者共、志摩守不相断而、夷仁与直ニ商売仕候者可為曲事事　一志摩守ニ無断而令渡海、売買仕候者、急度可致言上事付夷之儀は、何方へ往行候共、可為夷次第事　一対夷仁非分申懸者、堅停止事、右条々若於違背之輩者、可処厳科者也、仍如件、」。	9053

(一、諸国より松前へ出入する者は、松前志摩守に断らないで、夷人(アイヌ)と直接商売をしてはならない。 一、松前志摩守に無断で渡海し商売したものは、至急、言上しなさい。付則、夷人はどこへ行っても、夷人の自由である。一、夷人に対し非分を申しかけることは、厳禁する。右の条文に違反するものは厳罰に処する)。

家康、黒印状をもって、蝦夷地の条例を、江戸に参勤した松前志摩守慶広(1548~1616)に与える。 慶広、家康よりアイヌ交易の独占権を公認され、さらに従五位下、伊豆守に叙位・任官される。アイヌ民族は松前藩の圧政に苦しむことになっていく。

| | 1月─ | この月、豊臣秀頼、曇華院再興にかかる。その後衰退する。そして徳川氏から684石の寺領が与えられ、延宝年中(1673~81)に第111代後西天皇の皇女大成禅尼が中興する。 | 9054 |

西暦 **1604**

慶長9	2月一	慶長7年(1602)島津家当主の座を正式に島津忠恒(後の家久)(薩摩藩初代77万石) (1576～1638)に譲り渡して隠居した島津龍伯(義久)(1533～1611)、この月、琉球王・尚寧(1564～1620)に手紙を送り、一昨年の奥州漂着の琉球商船を送り届けた件の返礼が無いことを難じる。	9055
	2月4日	**江戸幕府、江戸日本橋を基点に、東海・中仙・北陸の三道に一里毎の目印の一里塚を設置するよう指令を出す。** 大久保長安が総監督し、5月には設置された。	9056
	2月10日	徳川家康、下伊那郡の榑木を求む、是日、大久保長安、千村良重(1566～1630)をして、用榑奉行人森石馬助等に協力せしむ。 榑木は、平安時代から江戸時代後期まで取引された一定の規格を定められた材木で、柱・壁・屋根材など建築資材や桶材として使われた。	9057
	2月15日	榊原康政(1548～1606)次男・忠長(1585～1604)、この日上州館林にて没。20歳。忠長は、秀忠より一字を賜る。上杉征伐、上田城攻めに父と共に参加した。	9058
	2月26日	大和新庄藩(旧称を布施藩、奈良県葛城市新庄)初代(1万6千石)・桑山一晴(1575～1604)、伏見で没。享年30。28日とも。養子として弟の桑山一直(1578～1636)が継ぐ。	9059
	2月29日	鹿苑院の酒席に、若衆芸団が侍り、踊り三番を演じる。	9060
	2月29日	備中松山(岡山県高梁市)1万4千石で、備中における天領管理を任された小堀正次(遠州の父)(1540～1604)、江戸へ向かう旅の途中、藤沢で突然病に倒れ、没。享年65。正一(政一、遠州)(1579～1647)が小堀家を継ぐ。備中国奉行として元和3年(1617)まで務める。	9061
	3月1日	三条西実枝が発起人となって内裏小御所に於いて、後陽成天皇の「源氏物語」講釈がはじまる。慶長13年(1608)4月28日まで続く。	9062
	3月1日	**徳川家康、五郎太丸(徳川義直)、長福丸(頼宣)を連れ江戸城を発ち、上洛の途に就く。途中伊豆の熱海で7日間湯治する。**	9063
	3月2日	**家康、松前藩初代藩主であった松前慶広(1548～1616)に脇差(兼光)・時服五を下賜する。**時服は、時候にふさわしい衣服。	9064
	3月5日	「相模国中部大嶋村五百石之事　右」。家康、山上弥四郎に朱印状をもって知行充行。	9065
	3月5日	「武蔵国原郡三ヶ尻村五百石、」。 家康、天野彦八郎・小栗忠七郎に朱印状をもって知行充行。	9066
	3月5日	「武蔵国緑郡阿名瀬村之内　千石之」。家康、この日から15日にかけて、常陸国・武蔵国・相模国・駿河国・下総国の社寺等10ほどに、朱印状をもって安堵。	9067
	3月8日	宮本武蔵(1584？～1645)、吉岡清十郎(京都で一大派閥を築いていた剣術道場主)を破るという。	9068
	3月9日	「東泉院領之事　駿河国富士郡下方」。家康、東泉院に朱印状をもって駿河国下方郷らを安堵。この一帯は富士浅間宮との関係が深く、富士大宮風祭神事などの課役が課された地域である。	9069
	3月10日	醍醐寺義演(1558～1626)、この日大坂へ着き、淀殿(茶々)へ樽代千疋、大蔵卿局へ5百疋、伊茶局へ3百疋を贈る。即日、返礼として淀殿(茶々)より三荷・三種、大蔵卿局より同樽が届く。また、片桐且元・片桐貞隆・織田有楽(長益)へも進物する。 織田有楽(長益)(1547～1622)は、東軍に属し、長男・長孝と共に総勢450の兵を率いて参戦した関ヶ原の戦い後に、摂津国嶋下郡味舌(大阪府摂津市三島)2千石、大和国内で2万7千石余、長男・長孝(？～1606)は、美濃国野村藩(岐阜県揖斐郡大野町)1万石を与えられ、大名に列していた。淀殿(茶々)は、姪にあたる。	9070

慶長9	3月15日	「大宮領之事　武蔵国足立郡高鼻村」・「日吉惣社山王領之事　駿河国駿東」・「西光寺領之事　駿河国駿東郡沼津」・「天王領之事　相模国鎌倉之内五貫」・「興禅寺領之事　常陸国河内郡東條」・「德萬寺領之事　下総国相馬郡布川」・「龍泉寺領之事　駿河国府中之内参」・「平沢寺領之事　駿河国駿東郡入江」。 家康、朱印状発給。	9071
	3月19日	「駿河国増津郡大学寺村之内参百」。家康、つけ伝次郎に朱印状をもって知行充行。	9072
	3月20日	中央の政治に関与することなく隠居生活の黒田如水（孝高、官兵衛）（1546～1604）、京都伏見藩邸にて没。享年59。関ヶ原の戦いの後、徳川家康はまず息子の黒田長政に勲功として豊前国中津12万石から筑前国名島（福岡）52万石への大幅加増移封をした後、井伊直政や藤堂高虎の勧めもあり、如水にも勲功恩賞、上方や東国での領地加増を提示するが、如水はこれを辞退した。	9073
	3月22日	豊臣宗家の家老、和泉国岸和田藩初代3万石の小出秀政（1540～1604）、没。次男の故・秀家（1567～1603）が東軍に属して関ヶ原の戦いで活躍したため、所領を安堵されていた。秀政の長男・吉政（出石藩主）（1565～1613）が岸和田藩2代となり、吉政の長男・吉英（1587～1666）が、但馬国出石藩6万石を継ぐ。この際、叔父に当たる三尹（1589～1642）に、所領の一部を分知して和泉国陶器藩（大阪府堺市中区陶器北）を立藩させている。	9074
	3月24日	豊臣秀頼、舟橋秀賢（1575～1614）に、「職原抄外題」の執筆を依頼する。『職原抄』とは、南北朝時代の有職書。	9075
	3月25日	結城五郎八（松平直基、1604～1648）、結城秀康五男として北庄で生まれる。養祖父・結城晴朝に養育される。	9076
	3月27日	徳川家康黒印状、松前慶広宛。慶広は、アイヌ交易の独占権を公認され、さらに従五位下伊豆守に叙位・任官された。	9077
	3月29日	徳川家康、琵琶湖を経て伏見城（家康再建）に到着。諸大名は追分まで出て迎えた。家康の豊臣方への牽制は続いた。	9078
	4月1日	家康、2月12日補任の武家伝奏の広橋兼勝（1558～1623）・勧修寺光豊（1576～1612）と対面。 武家伝奏は、室町・江戸時代の朝廷の職名。諸事にわたり、武家との連絡にあたる役。江戸時代には定員2名で関白に次ぐ要職。納言・参議から選ばれた。	9079
	4月5日	細川忠興・京極高次・池田照政（輝政）・福島正則ら上方大名及び公家衆、伏見城の家康（1543～1616）へ、年頭の挨拶に参ずる。	9080
	4月6日	秀頼、片桐且元（1556～1615）を伏見に遣わし、家康へ金子10枚などを贈る。 片桐且元は、唯一の家老となり、豊臣宗家の外交・財政を一手に取り仕切った。またこの日、丹波柏原3万6千石の織田信包（1543～1614）も、伏見へ礼参する。	9081
	4月8日	「田中清六殿之船六隻之内、御朱印之船者、令出入無相違可申付候、以上」。大久保石見守長安、佐州浦々船奉行宛に田中清六免状を指示。	9082
	4月10日	前年佐渡代官なった大久保長安、はじめて佐渡に渡航。陣屋を造営した相川に町奉行を、赤泊・小木・河原田・湊・大野に地方代官をおく。長安は佐渡赴任に際し、大和から能楽師常太夫・杢太夫をはじめ囃子方・狂言師らを同行させる。	9083
	4月11日	「自日本到古城国舟也、右、慶長九」。家康、渡海朱印状発給。	9084

慶長9	4月14日	明経博士舟橋秀賢(1575~1614)、秀頼へ参礼のため、木食応其らと共に大坂へ赴く。平野長治(平野己雲斎)邸に滞在する。木食応其(1536~1608)は、西軍に通じたと疑われ、「関ヶ原の戦い」後は、近江国飯道寺に隠棲し、秀頼・高台院おね等の、社寺再建の奉行をしていた。	9085
	4月16日	舟橋秀賢、片桐且元に伴われ登城し、秀頼に対面する。秀賢、秀頼より手ずから熨斗鮑を賜る。また秀賢、秀頼に太刀一腰・三略を進上する。秀頼、喜んですぐに披見し、秀賢を労う。秀賢、続いて淀殿(茶々)へ杉原一束・箔ノ帯二筋裁を帯一筋の上に置いて進上する。また千姫へ錫五封を贈る。	9086
	4月22日	秀頼、山科言経(1543~1611)へ短冊を10枚遣わし、古歌の書写を依頼する。	9087
	4月25日	下野国板橋藩(栃木県日光市板橋)立藩初代1万石の松平一生、没。享年35。長男・成重(1594~1633)が継ぐ。	9088
	4月一	**この月、ポルトガルの宣教師ロドリゲス、伏見で家康に謁見、教会堂の再建を願い出て、許可される。**同伴の村山等安(?~1619)、秀吉時代と同様、引き続き長崎の代官となる事を追認される。月は異説あり。	9089
	5月3日	**「家康、貿易を推進―慶長九年五月三日付糸割符奉書」。****江戸幕府、伏見城において、白糸輸入について、「糸割符の制」を定め、ポルトガル船長崎寄港の白糸売買につき、京・堺・長崎商人10人を指定する。**	9090
	5月9日	**「豊後国大分郡葛城村之内百石之所」。**徳川家康、宗覚に朱印状をもって知行充行。慶長7年ともされる。渡辺宗覚(?~?)は、豊後臼城主大友宗麟の家臣。明で大砲の鋳造法、操術を学ぶ。日本への伝来当初、青銅製大砲は「石火矢」と呼ばれていた。南蛮交易を積極的に行った大友宗麟(義鎮)は、石火矢大工を召抱えていた。その名を渡邊三郎太郎宗覚という。宗覚は、大友氏徐国後、徳川家康に見出され、後に父子で駿府へ召し出された。宗覚の子孫は、江戸と豊後府内に分かれて、幕末に至るまで「御石火矢大工」・「石火矢張」・「石火矢師」・「豊府惣大工」等々を名乗りながら続いたという。	9091
	5月16日	**「参州長興寺住持職事、任先例可執」。**家康、長興寺(愛知県豊田市)義超首座に公帖。	9092
	5月16日	**「禅興寺住持職事、任先例可執務之」。**家康、金剛証寺有昕首座に公帖。	9093
	5月18日	**「豊国明神社家之儀、左兵佐者、吉」。**家康、吉田二位に判物発給。吉田二位は、従二位・左兵衛督の吉田兼見(1535~1610)。梵舜(1553~1632)は兄である吉田兼見と共に豊国廟の創立に尽力、その社僧となる。梵舜は豊国神社の別当として、秀吉の七回忌にあたる慶長9年(1604)には臨時祭の開催に奔走した。	9094
	5月28日	淀殿(茶々)侍女・大蔵卿局(?~1615)らが上臈たちへ書状を認め、来月3日に九条忠栄(後の幸家)と完子(お江の娘)の婚礼の祝言が行われるため、その出席を上臈たちに請う。	9095
	5月28日	越後国村上藩(新潟県村上市)開藩初代9万石の村上頼勝(?~1604)、没。養子・村上忠勝(?~1623)が継ぎ、2代となる。忠勝は、娘婿・戸田内記(石田三成に仕える)の子という。	9096

慶長9	6月1日	明経博士舟橋秀賢(1575~1614)、九条亭を訪れる。九条家、完子姫を迎える準備で大童（おおわらわ）の様子。	9097
	6月1日	**「江戸城修築始め」。江戸城大増築工事が発令される。** 8月、西国の外様大名に対し三千艘の石網船調達の課役を命じると同時に石高十万石に付き「百人持石」(人夫百人掛かりで運ぶ石)千百二十個を割り当てた。 慶長9年の課役大名の総石高は五百三十万石に及び、百人持石の総数は約六万個に達した。それは9月からはじまり、西国の29の大名たちは石船で遠くから石材を江戸まで運搬した。江戸城の縄張は、築城の名人藤堂高虎が基本設計を行い、実際の普請は池田照政(のち輝政)、福島正則、加藤清正、黒田長政、それに細川忠興の子忠利らが加わり、江戸城の石垣普請に動員された。 本丸や二の丸や三の丸などの作事は慶長11年(1606)から始まり、実際に郭（くるわ）の石垣工事開始は、家康が将軍職を秀忠に譲った翌年の慶長11年3月である。	9098
	6月1日	採石を命じられた諸大名は、池田少将照政(輝政)(五二万石姫路城主)・福島左衛門太夫政則(四九万八千石広島城主)・加藤左馬助茂勝(嘉明)(二〇万石松山城主)・細川越中守忠興(三六万九千石小倉城主)・加藤肥後守清正(五二万石熊本城主)・毛利籐七郎秀就(三六万九千石萩城主)・蜂須賀阿波守家正(一八万七千石徳島城主)・黒田筑前守長政(五二万三千石福岡城主)・浅井紀伊守幸長(三九万五千石和歌山城主)・生駒讃岐守一正(一七万三千石高松城主)・脇坂中務小輔安治(五万三千石大洲城主)・松浦式部卿法印鎮信(六万三千石平戸城主)・毛利伊勢守高政(二万石佐伯城主)・稲葉右京亮典道(五万石臼杵城主)・冨田信濃守知信(七万石伊勢安濃津)・古田兵部小輔重勝(五万五千石松坂城主)・小堀遠江守政一(一万五千石伏見奉行近江ノ内)・成瀬小吉正勝(三万五千石犬山城主)・鍋島信濃守勝茂(三五万七千石佐賀城主)・山内土佐守一豊(二〇万二千石高知城主)・寺沢志摩守宏高(一二万石唐津城主)・有馬修理大夫晴信(五万三千石延岡城主)・竹中伊豆守重利(二万石府内陣屋)・田中筑後守忠正(三十二万五千石久留米城主)・稲葉蔵人康純(四万五千石福知山城主)・片桐 東 市 正且元（ひがしのいちのかみ）(二万八千石龍田城主)・秋月長門守種長(三万石高鍋城主)・戸田三郎左衛門尊次（たかつぐ）(一万石田原城主)であった。	9099
	6月2日	**「常陸国河内郡之内黒子郷百石之事」。** 家康、千妙寺(茨城県筑西市黒子)に朱印状をもって安堵。	9100
	6月3日	この日の夜、淀殿(茶々)(1569~1615)、養女の完子(羽柴小吉秀勝とお江の娘)(1592~1658)のため、九条忠栄(後の幸家)(1586~1665)への輿入れを世話する。その世話は路地行粧撫物（ただでで）に至るまで細部に及び、それらは人々の目を驚かすほどの立派さだったという。	9101
	6月4日	**徳川家康、二条城に北政所や公家衆を招いて能を鑑賞する。**	9102
	6月4日	完子の乳母、この日の夜に自害する。西洞院時慶(1552~1640)、「前代未聞」と驚愕し非難する。	9103
	6月6日	義演(1558~1626)、婚礼の祝儀に九条亭へ赴き、九条忠栄(後の幸家)へ太刀折昏・馬代三百疋、九条兼孝へ樽三荷・肴三種を進上し、三献を賜る。二条昭実・鷹司信尚・随心院増孝も同道。	9104
	6月9日	淀殿(茶々)養女の完子姫(1592~1658)(羽柴小吉秀勝とお江の娘)、九条忠栄(後の幸家)(1586~1665)へ輿入れ。	9105
	6月10日	**徳川家康、近日参内のため、伏見城より二条城へ入る。公家衆が参上する。**	9106

西暦**1604**

慶長9	6月20日	肥後国人吉初代藩主・相良長毎（頼房）(1574～1636)、人質として母を江戸に送る。頼房は伏見にいた老母・了信尼を江戸に人質として差し出したが、**これは西国の大名の母としては最初の江戸詰の例だったので、徳川秀忠は喜び、備前実長の刀**を授け、老母にも終生月俸50口を与えたという。 9107
	6月20日	「伝馬弐十疋、ふしミより江戸まで」・「人足三十人、ふしミより江戸まで」。家康、宿中に朱印状をもって伝馬・人足を命じる。 9108
	6月22日	**雨や病で延期続きであった家康が辰刻(7～9時)参内、物を献上。**家康は長橋殿で休息してから常御所へと向かい、太刀などを進上した他、女院をはじめとした女性達にも「ミヤケ」をあげる。後陽成天皇の所で盃を受けた後は、女院の所で一献を受けた。 9109
	6月23日	親王・問跡・公家衆が、二条城で家康に歳首を賀す。 9110
	6月24日	**徳川家康(1543～1616)、秀吉の正室・高台院おね(1549？～1624)及び公家衆を招**いて能楽を催す。 9111
	6月25日	**家康、相国寺を訪問。** 9112
	6月27日	**将軍徳川家康、海上仙方の借覧を請ひ奉る。**（孫真人備急）海上仙方 は、医学書。医薬治療方法と衛生知識は、孫思が中国の古代医薬知識と自分の生涯の実践経験を記したものという。 9113
	7月1日	**徳川家康、二条城より伏見城へ帰る。** 9114
	7月1日	**「就路中一里塚、申付太田勝兵衛・永田勝左衛門差遣候、何之知行方之内たりと云共、彼奉行次第人足可出之者也、」。**家康、太田勝兵衛らに朱印状を送る。幕府・家康は、東山・東海・北陸等の諸街道を修理し、一里塚を築く。交通網の整備は、行政及び軍事上も重要政策であった。この日家康は、太田勝兵衛・永田重真に命じ、之を奉行させる。 9115
	7月1日	**「伝馬弐拾疋・人足六人、山中ヨリ町」。**家康、宿駅中に黒印状を送り、伝馬・人足を手配する。 9116
	7月1日	**「彦根城築城はじまるー江戸幕府による西国抑えである」。**幕府、伊勢・美濃・尾張・飛騨・越前・伊賀・若狭の7ヶ国に、彦根城築城の普請助役を課す。井伊直勝の居城である近江国佐和山城を彦根に移す。井伊直政より後事を託された家老木俣守勝(1555～1610)は、城の移築計画を徳川家康に相談。佐和山・彦根山・磯山（米原市）の3山を候補に彦根山への移築を決定した。佐和山城の西方約2kmの彦根山において、新たな築城工事が始まる。 9117
	7月2日	豊臣秀頼、大和国小泉藩（奈良県大和郡山市小泉町）開藩初代1万石の片桐貞隆（且元の弟）(1560～1627)を奉行として比叡山横山中堂を造営するにより、醍醐寺義演(1558～1626)を見舞に遣わす。 9118
	7月5日	**「慶長九年甲辰七月五日付信州渡海朱印状」。**家康、平野孫左衛門に対し、ルソン国主宛渡海朱印状発給。末吉孫左衛門(1570～1617)である。 9119
	7月11日	**「江戸幕府の大名統制の一環としての江戸城修築がはじまる」。**幕府、江戸城普請の石材輸送のため石船を紀州藩に命じ、熊野地方で385艘を造る。 9120

慶長9	7月15日	徳川秀忠（1579〜1632）、実質的に彦根藩主の地位にはあった井伊直継（直勝）（1590〜1662）へ書状を送り、彦根城の築城工事を見舞う。工事の様子を尋ねるため家臣の小沢瀬兵衛忠重（1565〜1631）を使者に遣わす。	9121
	7月17日	**越前国北ノ庄藩（福井藩）75万石の越前宰相秀康（家康次男）（1574〜1607）、家康を伏見の屋敷に招いて饗応。その後、家康に相撲を御覧。**	9122
	7月17日	**竹千代（後の3代将軍徳川家光）（1604〜1651）、秀忠（1579〜1632）の次男として誕生。** 母は浅井長政の娘で織田信長の姪にあたるお江（崇源院）（1573〜1626）。御蟇目矢を射たのが酒井重忠（1549〜1617）、御篦刀をつとめたのが酒井忠世（1572〜1636）、御抱上げ役は坂部正重（？〜1649）であった。	9123
	7月18日	伊勢国長島藩初代2万石の菅沼定仍（1576〜1605）の父・菅沼定盈（1542〜1604）、没。享年62。定盈は、野田菅沼氏という一族の支流ながら、武田軍に捕らわれる事があっても一度も家康に弓を引く事が無かったため、その功績が高く評価され徳川政権下においても子孫は一族中最も繁栄している。	9124
	7月21日	**安藤次右衛門尉正次（1565〜1615）を御使いとして、秀忠次男誕生の報が伏見城に届く。家康は「竹千代」の幼名を贈る。**	9125
	7月23日	江戸城で竹千代（後の3代将軍徳川家光）の「お七夜祝儀」。松平忠輝・小笠原秀政・同信之等、之に列す。	9126
	7月25日	松平三十郎（後の伊豆守信綱）（1596〜1662）、竹千代（後の徳川家光）付の小姓に任じられて合力米3人扶持（月俸三口）となる。	9127
	7月25日	近江国膳所藩開藩（3万石）の戸田一西（1543〜1604）、没。享年62。後を長男の戸田氏鉄（1576〜1655）が継ぐ。戸田一西は、慶長5年（1600）の関ヶ原の戦いでは徳川秀忠軍に従って信濃上田の真田昌幸を攻めた。このとき、上田城攻めにこだわる秀忠に、ただ一人反対した事から後に家康に賞されたという。	9128
	7月―	**この月、家康の嫡孫・竹千代（後の徳川家光）の乳母が京都所司代板倉勝重によって募集される。ほどなく、斎藤福（春日局）（1579〜1643）が乳母となる。** 将軍家の乳母となるために夫の稲葉正成（1571〜1628）と離婚する形をとったという。いや、大奥に女中として仕えていたのを召しだされたともいう。	9129
	8月3日	長沢家一族の松平念誓（親宅）（1534〜1604）、岡崎城下の屋敷で没。享年71。関ヶ原の戦いで徳川の天下が定まって三河国が徳川家の影響下に戻ると、再び三河国代官に命じられてかつて拝領した岡崎城下の屋敷に戻っていた。	9130
	8月4日	**神龍院梵舜（1553〜1632）、豊国社臨時祭について伏見城を訪問する。徳川家康は日取りについて13日にすべき由を伝える。板倉勝重・片桐且元・梵舜の3人で奥の間にて談合を重ねる。**	9131
	8月4日	出雲富田藩（島根県安来市）（後の松江藩）2代（出雲・隠岐両国24万石）の堀尾忠氏（1578〜1604）、父・堀尾吉晴（1544〜1611）に先立って没。享年28。長男・三之助（忠晴）（1599〜1633）が継ぐが、幼少のため吉晴が後見役となる。	9132
	8月6日	**「慶長九年甲辰八月六日付安南国渡海朱印状」。「自日本到安南国船也、右　慶長九」** 家康、渡海朱印状発給。	9133
	8月10日	**大久保長安が佐渡国より家康のもとに参上。銀山の豊かな事を聞いた家康は、長安に佐渡国を所管するよう面命。**	9134

西暦1604

慶長9	8月13日	豊国社臨時祭、雨により延期となる。	9135

8月14日 「家康は、豊臣家の威光に熱狂する人々の姿を見て、「豊臣家の滅亡」の意向を固めた」。 `9136`
故秀吉七回忌に当り、家康(1543〜1616)が秀頼(1593〜1615)を盛り立て、豊国社臨時祭礼が盛大に催される。大和四座の猿楽が奉納される。当時流行の南蛮仮装のコスチュームも登場したという。秀頼は能一座に2百貫ずつ、計8百貫を遣わす。前田利長・福島正則・加藤清正らの秀吉恩顧の大名たちの提供の馬に乗る神官たちの馬揃えは、建仁寺を出発し、豊国社に向かう。目を驚かすほどの行粧美麗で、見物人が貴賤問わず群集したという。

8月16日 「従松前鷹可指上候之間、於其泊々、宿幷餌、可令馳走候、若此旨相背輩於在之者、可為曲事者也、」。 `9137`
徳川家康、津軽領内・秋田領内・由利領内・庄内領内・越後分領・越中分領・加賀領内・越前領内・近江領内・其外泊々宿中に朱印状をもって、松前から京都までの鷹献上道中に、津軽領を含めた近江に至る地方の鷹餌供与等に支障なきように命じる。

8月16日 神龍院梵舜、豊国社臨時祭の奉行片桐且元と共に伏見城へ赴き、徳川家康へ豊国社臨時祭に報告する。また、梵舜、板倉勝重・片桐且元の両人へも礼参する。 `9138`

8月16日	上杉景勝、大坂城に伺候して帰国の御暇の礼を述べる。	9139

8月18日 「自日本到呂宋国舟也、右　慶長九」。 `9140`
家康、安当仁カラセスに対し、呂宋国主宛に渡海朱印状発給。

8月20日 徳川家康、伏見城で京都町衆の踊りを見る。 `9141`

8月22日	上杉景勝(1556〜1623)、京都伏見の上杉屋敷を出発し、米沢に向かう。	9142

8月22日 「私的放鷹と鷹売買が禁止される」。 `9143`
舟橋秀賢が家康を訪れた際、池田照政(輝政)・福島正則・森忠政らが同席の中、公家の鷹狩権の行使および鷹の所持・売買を家康に命じられたという。

8月23日 大島光義(美濃関城主)(1508〜1604)没。弓の名手・光義は、97歳の長寿をもって死去。 `9144`
生涯53度の合戦に臨み、41通の感状を得たと伝わる。死後、家督は自分と共に東軍に与した長男光成(1559〜1608)が継いだが、光義願いで所領を4人の息子たちに分知、それぞれ1万石以下の旗本となり、ここに関藩は廃藩となった。

8月25日 「自日本到暹邏商船也、右　慶長九」。 `9145`
家康、渡海朱印状発給。異国渡航の御朱印状の有効期間は、一航海に限られた。一航海が終ったならば、これを返却しなければならなかったとされる。

8月26日 「慶長九年八月廿六日付西洋、安南国渡海朱印状」。「自日本到西洋舟也、右　慶長九年」。 `9146`
家康、タナベヤ(田邊屋)又左衛門・大城田那邊屋又左衛門に対し、渡海朱印状発給。

8月26日 「日本国　大将軍源家康　啓安南国大都」。 `9147`
徳川家康、安南(ベトナム)国に対し返書と武器を贈る。印判状をもって、不正を働く日本人商人は安南国の法にて処罰すべき意向を示す。安南国より書簡が送られた本多正純もまた、返書を出す

8月26日 「自日本到大泥国舟也、右　慶長九年甲辰八月廿六日」。 `9148`
家康、大泥国への渡海朱印状発給。

慶長9	8月26日	「豊前宰相家督之儀、任忠興内存其方諸職可ヒ申付者也」・「豊前宰相忠興家督之儀全不可相遣者也」。 家康・秀忠、内記宛に判物発給。 「両御所のお墨付きで忠利が家督を継ぐ」。 細川内記忠利（忠興の三男）(1586～1641)、豊前国小倉藩 (福岡県北九州市小倉北区) 初代40万石の父・忠興 (1563～1646) が、病に臥したために、次兄の細川興秋 (1584～1615) を越え、嫡子となる。忠利は、江戸に人質に出されて徳川秀忠の信頼を得ていた。世子だった長兄の細川忠隆 (長岡休無) (1580～1646) は、慶長5年 (1600) の「関ヶ原の戦い」の後に勘当されていた。	9149
	8月29日	**家康、池田照政 (のち輝政) の伏見邸に御成り。**	9150
	8月30日	「伊勢国壱志郡小野村四百七拾七」。 家康、長崎伊豆守 (元家) (1538～1610) に朱印状もって知行充行。 長崎元家は、小早川秀秋の家臣として、関ヶ原の戦いにおいて徳川家康への使者となり、秀秋が東軍へ味方したい旨を伝えた。元家は、慶長7年 (1602) 秀秋が死去すると家康に仕えて1600石余を給される。宇喜多騒動を起こして宇喜多氏の下を退去した者たちを徳川家旗本として復帰させる。	9151
	8月30日	「美濃国可児郡之内四千四拾五百八石九」。 家康、平岡石見守に朱印状もって知行充行。平岡頼勝 (1560～1607) は、小早川秀秋死後は浪人を経て徳川家康に仕え、美濃徳野に1万石の所領を与えられた。	9152
	8月30日	「備中国小田郡之内四千七百四拾八石四斗壱升、後月郡之内」。 家康、花房志摩守に朱印状もって知行充行。花房志摩守正成 (1555～1623) は、秀秋死後は備中国の小田郡と後月郡の内で5千石を知行する。	9153
	8月30日	「美濃国可児郡之内大原村四百九拾」。 家康、林丹波守正利に朱印状もって知行充行。秀秋家臣の林丹波守正利領地は多治見市大原、根本と可児市の塩、そして羽島市の江吉良の合わせて2000石。	9154
	一	この年、お福 (春日局) (1579～1643)、竹千代 (後の3代将軍徳川家光) (1604～1651) の乳母となるため江戸城に入る。	9155
	閏8月一	**家康、ルソン国王の使者を引見する。**	9156
	閏8月10日	朝廷は、将軍徳川家康、江戸下向に依り、勅使広橋兼勝、勧修寺光豊を伏見に遣し、物を賜ふ。後陽成天皇が緞子10巻を、親王が焼物を家康に贈る。 摂関家の関白・一条内基、前関白・二条昭実、九条忠栄、鷹司信尚、門跡の照高院道澄、妙法院常胤、梶井宮最胤、随心院増厳、一乗院尊政が家康のもとに礼に訪れる。ついで堂上公家衆の大炊御門経頼、大炊御門頼国、烏丸光宣、万里小路充房、高倉永孝、飛鳥井雅庸、花山院定好、西洞院時直が礼に訪れる。	9157
	閏8月12日	「自日本到暹羅商船也、右　慶長九」。 家康、暹邏 (シャム) 渡海朱印状発給。ルソン国王よりの書簡に徳川家康が目を通す。通船を要求しており、金銀を貪るのが真意でないことが伝えられた。	9158
	閏8月13日	**家康、長崎伊豆守 (元家) に奉行人知行目録 (大久保長安・板倉勝重連署知行目録) を給す。**	9159
	閏8月14日	**家康、五郎太丸・長福丸を伴い藤堂高虎 (伊予国今治藩立藩初代20万3千石) (1556～1630) らを従えて、伏見城を発ち、江戸帰国の途に就く。**	9160
	閏8月19日	参議・三条西実条 (1575～1640)、細川幽斎 (藤孝) (1534～1610) から古今伝授を受ける。	9161

西暦1604

慶長9	閏8月22日	徳川家康、遠江に至り、木曽より遠江へ出す榑木の材質悪しきを責む、是日、成瀬正成(1567～1625)等、その旨を千村良重(1566～1630)に通ず。	9162
	閏8月22日	豊臣秀頼(1593～1615)、建設中の大坂城2階の千畳敷の部屋(千畳敷御殿)に、この日、移徙する。(「義演准后日記」)。	9163
	閏8月24日	家康63歳、要請をうけて島津忠恒(のちの家久)(1576～1638)宛にシャム渡海の朱印を下す。	9164
	閏8月—	この月、家康、大和諸寺院に判物・朱印状を一斉に発給。 寺社領宛行権は、家康により掌握されていき、豊臣秀頼は実質的にそれを失う。しかし、同時期には秀頼の名のもと100件を超える寺社の修造が行われる。	9165
	閏8月—	この月、直江兼続(1560～1619)、家康重臣本多正信(1538～1616)の次男・政重(1580～1647)を、長女・於松の婚養子とする。出羽国米沢藩30万石・上杉景勝(1556～1623)、自らの偏諱を与え、「直江大和守勝吉」と称させ、1万石を与える。「直江山城守勝吉」とも。政重は、慶長7年には、前田利長に3万石で士官していた。しかし慶長8年(1603)、旧主・宇喜多秀家が家康に引き渡されたことを知ると、秀家に殉じるため前田家を離れたという。	9166
	9月1日	「豊後国直入郡之内四拾九箇村・大」。家康、中川修理大夫に判物発給。 中川秀成(1570～1612)は、関ヶ原の戦いの際、家臣を西軍方の丹後田辺城攻めに派遣したが、関ヶ原において行われた本戦が終結した後に東軍に与した。西軍の拠点豊後臼杵の太田宗勝を討ち徳川方の信任を得た。豊後岡藩主中川家初代。	9167
	9月10日	徳川秀忠、出雲富田藩(島根県安来市)2代24万石の堀尾忠氏死去にあたり、父親の堀尾帯刀(吉晴)宛に御内書を送る。	9168
	9月16日	東本願寺御影堂が落成。	9169
	9月18日	秀頼(1593～1615)、養姉・完子姫(1592～1658)の嫁ぎ先である九条家屋敷を新造する。義演、それに伴い自らの居間を九条家へ貸すことが、この日決められる。	9170
	9月—	この月、琉球王・尚寧(1564～1620)、薩摩に返礼の使者を送る。	9171
	10月5日	山科言経(1543～1611)、お江(徳川秀忠室、後の崇源院)(1573～1626)の内々の要請に応え、お江とその侍女「京殿」・「太田」(准如妻・阿古の乳母)へ、愛洲薬(傷薬)・茶調散(風邪薬)・快気散(喘息薬)などを献上する。	9172
	10月10日	禁裏にて能が催される。	9173
	10月12日	秀頼の名で東寺南大門が立柱される。	9174
	10月16日	秀忠、忍付近で放鷹。24日も。	9175
	10月29日	この日の夜、舟橋秀賢(1575～1614)、新築の九条亭を見物に訪れ、その綺麗に驚く。客殿・台所・小台所・風呂・女房局など数十に渡る部屋数を記録する。	9176
	11月1日	この日、伏見円光寺の三要元佶(閑室)(1548～1612)、木活字版印刷を始める。 家康は、儒仏の典籍や活字を寄せて古書の出版に当たらせた。これが世にいう円光寺版(伏見版)であって、元佶が近世文教の復興に果たした役割は大きいとされる。家康は、秀吉死去後の天下の趨勢が定まらないとき慶長4年(1599)から同11年(1606)にかけて、伏見において木活字(木製の活字)で漢籍など11点を活字印刷により出版する(伏見版)と共に、禅僧たちに命じて公家や寺社の持つ古写本を写させ、自らの蔵書を充実させていったという。 その後、円光寺は相国寺山内に移り、さらに寛文7年(1667)現在の一乗寺小谷町に移転という。	9177

慶長9	11月3日	「熊谷寺領之事　武蔵国幡羅郡熊谷」等。 家康、熊谷寺・常光院・ら11ヶ所の武蔵国・上野国の社寺に、朱印状をもって安堵。	9178
	11月7日	「勝願寺領之事　武蔵国足立郡鴻巣」。家康、勝願寺宛に朱印状をもって安堵。	9179
	11月8日	竹千代(家光)の山王社御詣初。	9180
	11月10日	九条兼孝(1553〜1636)(九条幸家の父)、関白を辞任する。	9181
	11月10日	秀忠、放鷹を終え江戸城帰城。	9182
	11月11日	築城途中の萩城へ毛利輝元が入り、萩藩(山口県萩市)が成立。 慶長8年(1603)幼少の秀就に代わり、輝元は後見役として萩・山口・三田尻(防府市)の3ヶ所を城地の候補とし、幕府に裁可を求めた。幕府は、海に臨み要害の地である萩が良いとの回答をした。 この年、萩城建造に着手。指月山に連なる干潟を埋め立て、城地を建造した。	9183
	11月24日	松平直良(直久)(1605〜1678)、結城秀康六男として生まれる。	9184
	11月26日	「自日本到東京舟也、右　慶長九年」。家康、渡海朱印状発給。	9185
	11月-	この月、武蔵国瓶尻(埼玉県熊谷市)5千石の三宅康貞(1544〜1615)、三河国挙母(愛知県豊田市挙母町)に1万石を与えられ、挙母藩を立藩。	9186
	12月6日	江戸城にて猿楽が催される。	9187
	12月16日	「自日本到大泥国舟也、右　慶長九」。 家康、渡海朱印状発給。	9188
	12月16日	「慶長大地震」。東海から四国地方で地震が発生、津波に襲われる。M8.0ともされる大地震で、千葉県から九州に至る広範囲に津波が襲来し、死者1万〜2万人に上ったという。	9189
	12月20日	下総国臼井藩(千葉県佐倉市臼井)立藩初代3万7千石の酒井家次(1564〜1618)、上野国高崎藩5万石に加増移封される。臼井藩は廃藩。家次は、酒井忠次の長男。母は徳川家康の叔母碓井姫であり、家次は家康の従弟にあたる。	9190
	12月27日	対馬藩初代藩主・宗義智(1568〜1615)に伴われ、朝鮮探賊使・惟政(ユ・ジョン)ら三人の僧、上洛して大徳寺に宿す。僧らは、朝鮮から、秀吉後の様子を見に来た。義智は、文禄・慶長の役のために悪化した朝鮮との関係を修復するように徳川家康から命じられていた。	9191
	12月28日	「当寺領千七百弐十石、山城国散在」。 家康、天竜寺に朱印状をもって寺領7,020石安堵。	9192
	―	この年、林羅山22歳(1583〜1657)、吉田玄之(角倉素庵)(1571〜1632)の仲介で藤原惺窩(1561〜1619)と会見、門下となる。林羅山(のちの道春)は、前年から京都で論語を講じて聴講者は満員という盛況であり、家康も知っていたようだ。	9193

慶長10	1月1日	江戸城で越年した家康・秀忠父子、諸大名の参賀を受ける。	9195
	1月2日	三河国作手藩(愛知県新城市作手)(1万7千石)の松平忠明(1583〜1644)、初めて謡曲始の列に加わる。忠明は、徳川氏の重臣・奥平信昌の四男で、母は徳川家康の長女・亀姫(盛徳院)。	9196
	1月3日	「条々一喧嘩口論堅停止之上、依」。 家康・秀忠の上洛に際し、朱印状をもって令条が出される。	9197

西暦1605

慶長10	1月9日	「武州六郷幷稲毛いほり人足之事、私領方へも高次第申付可鑿者也」。	9198

慶長10　1月9日　「武州六郷幷稲毛いほり人足之事、私領方へも高次第申付可鑿者也」。
家康、新田開発を上申した稲毛・川崎代官の小泉次太夫(1539～1624)に、黒印状を送り、幕領のほか、私領の人夫を徴発する権限も与える。
小泉次太夫は天正18年(1590)年に家康に召抱えられ、慶長6年(1601)に長谷川長綱に代わって稲毛領と川崎領の代官になった。普請が成就すると褒美として領地のほか、代官所の本田と新田の十分の一を賜ったという。

1月9日　家康、上洛のため江戸を発つ。しかし、病のため、しばらく内藤信成(1545～1612)居城・駿府城に滞在する。長福丸(徳川頼宣)も陪席。　9199

1月10日　醍醐寺義演(1558～1626)、昨年冬に新造された九条亭を初めて訪れる。座敷内外に惜しみなく金を使われた豪華さやその広大さに驚愕する。　9200

1月11日　「為音信唐墨二挺・唐折敷廿枚到来」。
家康、龍伯(島津義久)宛に書状を送り、贈物到来を謝す。　9201

1月15日　「上総国市原郡之内千九百八拾石壱」・「三河国碧海郡之内八ヶ村四千五拾」。
家康、永井右近大夫に朱印状。7千石もちの永井直勝(1563～1626)、同心・与力を預けられ、上総国市原郡、三河国碧海郡に6千石程、加増所領を与えられる。　9202

1月15日　「武蔵国児玉郡之内千石、近江国伊」。
家康、安藤彦兵衛に朱印状。安藤直次(1554～1635)、武蔵国・近江国において2030石余の所領を与えられ、合計1万3千35石となる。安藤直次は、本多正純(1565～1637)や成瀬正成(1567～1625)と共に家康の側近として初期幕政を取り仕切った。　9203

1月15日　「武蔵国久良岐郡杉田村之内五百石」。
家康、間宮左衛門尉に朱印状を以って宛行。間宮康俊の弟、間宮綱信(1536～1609)であろうか。家康の側室・久(普照院)(？～1617)は、父は北条氏の旧臣である間宮康俊(1518～1590)であり、久(普照院)の働きかけがあったとされる。　9204

1月28日　徳川家康、小諸仙石忠政の弟久隆(1594～1645)に知行を加増する。
信濃国小諸藩初代藩主・仙石秀久の七男。この年、将軍徳川家康に拝謁し、徳川秀忠の側近として仕える。　9205

1月29日　午刻(11～13時)、豊臣秀頼、公家衆に年始の礼を受ける。摂関家・門跡は、秀頼と三献、清華家は一献あり。　9206

1月-　この月、本多正信三男・本多忠純(本多正純や本多政重の弟)(1586～1632)、下野国榎本藩(栃木市大平町)1万石を与えられ立藩。　9207

2月1日　本多正信(1538～1616)、海野弥兵衛、浅倉六兵衛宛に書状を記す。
家康は、駿府城内で茶会を催すため、当時の安部郡井川の名主海野弥兵衛と柿島の名主朝倉六兵衛の両名に、銘茶を茶壺に詰めて、風味を損なわないよう保管と管理を命じたという。安倍大蔵元眞の井川の家督は、海野泰頼の長男本定を養子に迎え、諏訪氏の出である安倍大蔵元眞の娘を妻とし、本定は海野姓を復活する。初代海野弥兵衛尉本定(？～1617)と名乗り徳川氏に仕え、安倍金山の奉行、安倍山の材木の御用、刎橋の建設の御用、家康の御用茶を生産し保管する御茶壺詰用、家康の鷹狩に用いる鷹の捕獲をする御巣鷹の御用を勤め、そのために7ヶ村の百姓の支配と共に口坂本村の知行も認められた。また、駿府城に登り御茶の御用をも勤めたとされる。　9208

2月5日　病の癒えた家康、上洛のため駿府城を発つ。　9209

2月11日　出羽国米沢藩30万石の上杉景勝(1556～1623)、米沢城を発つ。　9210

慶長10	2月14日	家康（1543～1616）、上洛途中に、本多忠勝（1548～1610）の桑名城（10万石）入城。2泊しての懐旧談義する。	9211
	2月15日	秀忠上洛の先駆けとして、榊原康政・佐野信吉・仙石秀久・石川康長らが、江戸出立。	9212
	2月16日	伊達政宗、上洛に供奉するため江戸出立。	9213
	2月17日	堀秀治、溝口秀勝、江戸出立。	9214
	2月18日	家康、近江国水口に入る。	9215
	2月18日	平岩親吉、小笠原秀政、諏訪頼永、保科正光（信濃国高遠藩初代藩主）、鳥居忠政（元忠の次男）、江戸出立。	9216
	2月19日	未刻（13～15時）、徳川家康（将軍）、上洛し伏見城へ入る。	9217
	2月20日	高倉永孝、飛鳥井雅賢、烏丸光広ら、伏見城で家康に拝謁。	9218
	2月20日	陸奥会津藩主・蒲生秀行（1583～1612）、江戸出立。	9219
	2月21日	本多忠朝、真田信之、北条氏勝、松下重綱ら、江戸出立。	9220
	2月22日	大久保忠隣、大久保忠常（忠隣の長男）、皆川隆庸、本多忠純、高力忠房ら、江戸出立。	9221
	2月22日	上杉景勝、江戸に到着する。	9222
	2月24日	徳川秀忠が関東・東北・甲信（仙石秀久・石川三長・小笠原秀政・真田信之等）の諸大名をあわせ、10万の将兵を率いて江戸を発ち、京都に向かう。この夜は藤沢。	9223
	2月24日	「建長寺住持職事、任先例可被執務」。家康、崇伝西堂に公帖。 以心崇伝（金地院崇伝）（1569～1633）、37歳にして、鎌倉五山第一位の建長寺住職となる。	9224
	2月24日	「常陸国茨城郡之内栗崎村之内百石」。 家康、豊嶋角左衛門に朱印状をもって知行充行。	9225
	2月25日	後陣が江戸城出立。酒井家次、牧野忠成、内藤政長、小笠原信之、松平忠輝（家康六男）家臣。次に松平信吉（藤井松平家3代当主）、松平忠良、松平（戸田）康長、松平康重。次に最上義光、次に佐竹義宣、次に南部利直。殿は鳥居忠政（元忠の次男）が務めた。	9226
	2月26日	秀忠、小田原到着。27日三島。雨により三日滞在。	9227
	2月28日	徳川家康、将軍職を嫡男徳川秀忠に譲り、駿河国府中に隠退すると、公表。	9228
	2月29日	秀忠先駆け陣、京都に入る。	9229
	3月2日	秀忠、三島を出立、蒲原到着。	9230
	3月5日	徳川家康、朝鮮探賊使として「義僧兵」の総指揮官・惟政（ユジョン）（松雲大師）と伏見で会見する。朝鮮李朝が日本の国情を探るために対馬へ派遣した偵察的な使節であって、真の親善使節ではなかった。しかし、惟政を伴った対馬藩主・宗義智（1568～1615）の機転によって実現する。家康、本多正信（1538～1616）、西笑承兌（1548～1608）に講和を図らせる。日本と朝鮮の国交回復に大きな役割を果たした惟政は、3千人の朝鮮人捕虜の帰国も実現させる。また、後の12回にわたる朝鮮通信使を可能にした顔合わせとなる。	9231
	3月10日	徳川秀忠（1579～1632）、4日藤枝、5日掛川、6日浜松城、8日吉田、この日、弟松平忠吉居城・清州城に入る。	9232
	3月11日	「南禅寺住持職事、任先例可被執務」。 家康、以心和尚に公帖。金地院崇伝、わずか37歳で五山随一の南禅寺の住持となり、南禅寺の再建をはじめる。	9233

西暦**1605**

慶長10	3月11日	「将軍（家康）御内大澤侍従（基宿）ヨリ濱納豆送給了、」（言経卿記）。山科言経（1543～1611）、家康家臣大沢基宿（1567～1642）から「濱納豆」を貰う。「濱納豆」は中世から江戸時代を通しての遠江の名物で、家康も好物だったとの話が残る。	9234
	3月12日	**家康は伏見城で囲碁。** 公家・門跡が徳川家康のもとに年始の礼に赴く。	9235
	3月15日	押小路師生と山科言経、徳川秀忠の大臣昇進、越前国北ノ庄藩（福井藩）75万石の結城秀康の中納言昇進について話し合う。	9236
	3月17日	秀忠、13日大垣、14日彦根城、16日永原、この日、膳所城（滋賀県大津市本丸町）に入り後陣の到着を待つ。	9237
	3月21日	**近江國粟津邊で一泊した徳川秀忠（1579～1632）、粟田口から醍醐を経て伏見城に入る。** 前陣は榊原康政、次陣は伊達政宗。こうした諸大夫の列は18番に及ぶ。鉄砲約6百名、弓約3百名、槍約4百から約5百名。馬上の秀忠と、歩行約2百から約3百名。騎馬約千名。その他を含めれば約1万名もの行列と云う。京の民衆はこれを見物する。	9238
	3月23日	諸大名、伏見城にて家康・秀忠に拝謁。	9239
	3月29日	**徳川秀忠、伏見城から二条城に移り、施薬院で衣冠を召す、そして昨年の右近衛大将兼任に対する拝賀として参内し、諸大名・公家衆が供奉する。** 第107代後陽成天皇（1571～1617）・政仁親王（後の後水尾天皇）（1596～1680）出座する。秀忠は、参内後、伏見城（山城国）に帰城する。	9240
	3月一	この頃、上杉景勝、伏見に到着。徳川家康、秀忠、豊臣秀頼に謁見する。	9241
	3月一	**この月、家康、伏見版東鑑（全26冊）を刊行する。** 外題・版心には「東鑑」、内題には「新刊吾妻鏡」とあり、西笑承兌の跋文がある。家康は、自らの所持本と小田原北条氏に伝来した「吾妻鏡」旧蔵本を底本した。北条氏旧蔵本は金沢文庫本を文亀・永正頃（1501～1521）に書写したものという。**家康のこうした出版事業によって、これまで見ることが困難であった書籍の多くが、世間に流布することになった。それまで秘蔵または秘伝とされていた学問や知識が、家康によって一般に公開・普及されることになった。**	9242
	4月5日	徳川秀忠、伏見屋敷に古田織部（重然）（1544～1615）を訪ねる。茶会である。	9243
	4月7日	**「家康は、徳川家が将軍職を世襲すると宣言」。** 徳川家康、征夷大将軍職を秀忠に譲る事を朝廷に奏請。わずか二年で家康が将軍職を引退した裏には、家康にしてみれば早く徳川家の道筋をつけて置きたかった理由があった。この頃の大名たちは、「天下は回りもの」として考えていた。家康が征夷大将軍となったのは成り行きであり、いずれは自分の番が回ってくると考えていた。したがって大名たちにしてみれば、「寝耳に水」として予期しなかった出来事に映ったことだろう。家康は、大名たちに先制攻撃を与えたことになる。	9244
	4月8日	**徳川家康、伏見から上洛し、二条城に入る。**	9245
	4月8日	前田利長・利常、京都で家康・秀忠に謁見。前田利常が元服し、従四位下侍従兼筑前守に叙任され、松平姓を賜る。	9246
	4月10日	**徳川家康、参内。征夷大将軍職辞表お聞き入れの謝意のためとする。** 大御所として、朝廷の官職から自由になり、徳川幕藩体制の基礎固めをすることがねらいではあった。	9247
	4月11日	松城（待城）城主松平忠輝（家康六男）、参内を遂げ従四位下に叙せられ、右近衛少将に補せらる。	9248

慶長10	4月12日	**「家康は、自らの後を追うように昇進していく秀頼と対峙していくことになる」**。 9249 内大臣豊臣秀頼(1593〜1615)、右大臣に補任される。(家康の辞任による欠員の補充。後任の内大臣は徳川秀忠)。 家康にとっては、秀忠を早く一人前の将軍にさせることが急務である。そのためにも政務に慣れさせ、権威を身に付けさせ、家康の目の黒い内に徳川の体制をより強固にする意図があった。家康もすでに高齢であることを考えると、時間的余裕があるわけでもない。できるだけ早く体制を固めるために、家康は第一線を退き秀忠に政権を委譲した。これはまた、大坂方への最後通牒の意味をもたせたものでもあった。将軍職は徳川家が世襲するものであることを内外に示し、大坂城の豊臣秀頼に政権を戻す意思のないことをつきつけた。家康には大御所という名目でしなければならないことがたくさんあった。一方の秀忠は、江戸で将軍見習いのように帝王学を身に付けていた。
	4月12日	伏見に滞在する上杉景勝ら諸大名、豊臣秀頼の右大臣昇進の賀儀のため大坂城に伺候する。 9250
	4月12日	家康へ年頭の御礼のため、親王・公家衆・門跡等、二条城へ参上。 9251
	4月13日	**神龍院梵舜(1553〜1632)、源氏系図を、二条城の徳川家康に提出。** 9252
	4月15日	**徳川家康、伏見城に戻る。** 9253
	4月16日	朝廷で徳川秀忠を将軍に補任(ぶにん)するかが議される。 9254 上卿は中納言勧修寺光豊、奉行は頭左中弁・広橋総光。秀忠の将軍宣下が決まると、伏見城へ勅使の大納言広橋兼勝、少納言西洞院時直が派遣される。
	4月16日	**「家康は2年で征夷大将軍を辞する。秀忠、征夷大将軍宣下を受け2代将軍となる」**。 9255 家康64歳は、徳川家が将軍として政権を世襲することを天下に知らした。紅直垂の装束の徳川秀忠(家康三男)28歳(1579〜1632)、伏見城で征夷大将軍宣下を受け、2代将軍となる。宣旨の取次は細川忠利(忠興の三男)(1586〜1641)が務める。家康(1543〜1616)は、徳川氏による将軍職世襲を確実にするため、わずか2年で秀忠に将軍職を譲る。家康、源氏長者及び奨学院別当は留任。秀忠、源朝臣秀忠として正二位に昇叙し、内大臣に転任。右近衛大将兼任如元。越前国北ノ庄(福井)の結城秀康(家康次男)は正三位権中納言に、信濃国川中島の松平忠輝(家康の六男)は従四位下左近衛権少将に昇進。家康は、これ以後、「大御所様」と呼ばれる。家康は江戸幕府を開設してからも、諸大名に従来通り大坂の豊臣秀頼に年礼に行かせ自らも大坂に出仕、秀吉との約束だった孫の千姫と秀頼との婚儀も行っている。しかし、この早すぎる家康の引退は、次は豊臣秀頼が将軍に任じられるのではなく、天下を徳川氏が独占することを宣言したものであり、豊臣氏関係者が急激に反徳川の感情を強めてゆくことになる。
	4月16日	将軍徳川秀忠、諏訪頼水(よりみず)(1571〜1641)をして、諏訪郡を領知せしむ。頼水が諏訪氏の家督を継いだのか。 9256
	4月16日	徳川秀忠の近習となって江戸に滞在した井伊直孝(直政の次男)(1590〜1659)、従五位下・掃部助となる。 9257
	4月17日	将軍徳川秀忠、伏見より上洛、二条城に入る。 9258
	4月17日	阿姫11歳(家康の異父弟・松平定勝の次女)(1595〜1632)、養父家康の命により、伏見城より土佐国の山内家へ入輿。阿姫は将軍家の息女として、京都伏見城を出発、伏見の山内家屋敷へと入る。夫となるのは、山内一豊(1545〜1605)の養嗣である国松(後の忠義)(一豊弟・康豊の長男)14歳(1592〜1665)。国松はのち、秀忠の一字を与えられて「忠義」と改名。 9259

西暦1605

慶長10	4月18日	豊国社祭につき、秀頼、名代として装束姿で片桐且元を遣わし、太刀馬代として万疋を奉納する。淀殿(茶々)も金子1枚を奉納する。また、吉田兼見・慶鶴丸(萩原兼従)・兼治に銀子5枚ずつを贈る。この日、勅使として東坊城盛長が、束帯にて参詣・奉納。福島正則・増田長盛・浅野長政・加藤清正も参詣する。(『舜舊記』)。関ヶ原以後、高野山に、そして武蔵国岩槻に預けられた増田長盛は、許されているのか。	9260
	4月21日	秀頼寄進の東寺南大門がなる。醍醐寺義演(1558~1626)、東寺南大門の棟札の銘文を書く。	9261
	4月22日	「知行方　甲州大石和筋中尾村之内三百石」。家康、初鹿野伝四郎に朱印状をもって知行充行。秀忠の朱印状らしい。秀忠、初鹿野伝四郎に甲州大石和筋中尾村三百石を宛行。	9262
	4月22日	「知行方目録 一三百九拾弐石八斗」。家康、竹腰小伝二に朱印状をもって知行充行。竹腰正信(1591~1645)らしい。実母・お亀の方が慶長5年(1600)に五郎太丸(後の徳川義直)を生むと、異父兄である竹腰正信は、徳川義直の後見となったという。	9263
	4月22日	「知行方 甲州大石和筋上矢作村二」。家康、市辺虎介に朱印状をもって知行充行。	9264
	4月22日	「知行方 甲州大石和筋地蔵堂村百」。家康、遠山勘十郎に朱印状をもって知行充行。	9265
	4月24日	徳川秀忠、二条城にて吉田慶鶴丸(萩原兼従)(1588~1660)の礼参を受ける。	9266
	4月26日	「遠路使者、殊伽羅十両・銀子百枚」。家康、嶋津修理入道(島津義久)宛に書状を送り、贈物到来を謝す。	9267
	4月26日	将軍徳川秀忠、将軍宣下御礼のため参内する。行列の順は、一番は雑色20名。二番は長持、三番は先打として青山忠成、板倉勝重らが務めた。四番は随身衆として島田兵四郎、牟礼江右衛門らが務め、五番は白張12人。六番は歩行諸大夫80名であり、これは毛利秀就や浅野幸長らが務める。七番は騎馬諸大夫14騎で、松平忠吉(家康の四男)、小笠原秀政らが務める。八番は塗輿興衆12名で、上杉景勝、毛利秀元、京極高次、伊達政宗、島津家久、福島正則、松平忠輝(家康の六男)、佐竹義宣、最上義光、堀秀治、蒲生秀行、前田利光が供奉。秀忠、後陽成天皇に謝す。後陽成天皇に白銀千枚、女院に白銀2百枚、政仁親王へ白銀3百枚、女御へ白銀百枚、典侍へ白銀30枚、内侍へ白銀20枚、長橋局に白銀50枚を献上。その後、伏見城に帰る。	9268
	4月26日	松平秀康(家康次男)(1574~1607)、権中納言に昇任。	9269
	4月26日	徳川幕府、島津忠恒(家久)・松浦鎮信・有馬晴信ら大名と、末次平蔵(長崎)・末吉孫左衛門(大坂)・角倉了以(京都)・茶屋四郎次郎(三代、京都)など商人に、南蛮渡航の朱印(異国渡海朱印状)を交付する。	9270
	4月27日	秀忠の将軍宣下を賀するため、親王・公家衆・門跡等、二条城に参上。	9271
	4月29日	「土井利勝の出世、はじまる」。下総国小見川藩(千葉県香取市小見川町)1万石・土井利勝(1573~1644)、従五位下・大炊頭(おおいの)に叙位・任官し、以後、秀忠の側近としての地位を固めていく。『駿府記』では土井利勝は、土井大炊助(おおいのかみ)となっており、当書は大炊頭で統一した。	9272
	4月一	この頃、家康、2代将軍となった秀忠に挨拶するよう、秀頼の上洛を勧めるが、淀殿(茶々)(1569~1615)、これに応じず。京坂騒然とする。	9273
	4月一	この月、松平忠直(越前国北ノ庄藩主・結城秀康の長男)(1595~1650)、初めて江戸に出る。	9274

慶長10	5月1日	「**征夷大将軍宣下**」。	9275
		この日、将軍職を継いだ徳川秀忠へ、諸大名が伏見城に登城して総礼を行う。	
	5月1日	「**慶長十年五月朔日付西洋渡海朱印状**」。将軍秀忠、渡海朱印状。	9276
	5月3日	「**自日本到西洋舟也、右　慶長十年**」。家康、渡海朱印状。	9277
	5月3日	池田利隆22歳(播磨国姫路藩52万石の池田照政(輝政)嫡男)(1584～1616)、将軍徳川秀忠養女・鶴姫(福照院)12歳(榊原康政の次女)(1594～1672)と結婚。	9278
	5月3日	徳川秀忠将軍宣下祝賀能が、伏見城西の丸にて挙行される。	9279
	5月7日	「五月七、八日ころ、大坂下民荷物を運送し、人の心相定まらず」(『当代記』)。8日にかけて、大坂の住民は家財を運び出す騒ぎとなる。	9280
	5月8日	**徳川家康(1543～1616)、大坂城に高台院おね(1549 ？～1624)を派遣し、豊臣秀頼(1593～1615)の上洛を促す。新将軍に挨拶するようにと。** 淀殿(茶々)(1569～1615)は、どうしても秀頼を上洛させるというなら親子ともども自害する覚悟であると表明したという。	9281
	5月8日	将軍徳川秀忠(1579～1632)、江戸へ下向につき諸衆、暇乞に参賀する。直接礼参した公家衆は一条内基・二条昭実・近衛信尹・鷹司信房・九条忠栄(後の幸家)。伏見宮邦房親王・八条宮智仁親王は名代にて礼参。門跡衆は常胤(妙法院宮)・興意(聖護院宮)・醍醐寺義演・承快(梶井新宮)が礼参し、秀忠を見送る。	9282
	5月8日	織田家の正嫡・織田秀信(三法師)(1580～1605)、淀古城(淀殿の居城で知られる淀城)(京都市伏見区納所北城堀)の南隣の一口にて病没、享年26。自害ともされる。秀信は関ヶ原の戦いで、西軍に味方したため居城の岐阜城を攻め落とされて降伏。流された高野山を追放され、一口に移っていた。	9283
	5月10日	大坂城の淀殿(茶々)、豊臣秀頼の上洛及び徳川秀忠の将軍職就任の祝いの使者派遣を拒否する。	9284
	5月10日	「**徳川・豊臣の手打ち成る**」。家康の命令で、将軍徳川秀忠の名代として弟の松平忠輝(家康六男、信濃国川中島藩12万石)を大坂城に派遣。11日ともいう。秀頼(1593～1615)、忠輝(1592～1683)をあつく持て成し、秀頼ら快気するという。	9285
	5月15日	将軍徳川秀忠、伏見より江戸へ下向。	9286
	5月15日	「**甲斐国八代郡尾山村之内六拾石、**」。家康、青木長三郎に朱印状をもって知行充行。青木長三郎は「家康御側五人衆と呼ばれた者」で、「本能寺の変」の時、堺に居た家康を護っていた「御側五人」の中の一人という。	9287
	5月15日	「**甲斐国巨摩郡上条東之割之内七**」。家康、跡部又七郎に朱印状をもって知行充行。武田氏滅亡後、徳川家康に仕えた跡部勝資長男・跡部又七郎昌勝(跡部昌出)か。	9288
	5月15日	「**甲斐国巨摩郡上条南之割之内百石**」。家康、井出勘平に朱印状をもって知行充行。	9289
	5月15日	「**甲斐国八代郡石橋村之内百弐拾**」。家康、曲淵彦助に朱印状をもって知行充行。信濃上田攻めに従った曲淵左衛門正吉らしい。	9290
	5月15日	「**甲斐国八代郡栗合村九拾九石九斗**」。家康、幡野惣四郎に朱印状をもって知行充行。	9291
	5月15日	「**甲斐国巨摩郡下条西之割之内百石**」。家康、小尾善太郎に朱印状をもって知行充行。	9292
	5月15日	「**甲斐国八代郡尾山村之内七拾五**」。家康、小尾藤五郎に朱印状をもって知行充行。	9293
	5月15日	「**甲斐国巨摩郡下条中之割之内七**」。家康、日向大蔵に朱印状をもって知行充行。	9294
	5月18日	2代将軍徳川秀忠、江戸帰還の途中、本多忠勝の桑名城(三重県桑名市吉之丸)入城。	9295

西暦1605

慶長10	5月18日	菊姫（高源院、岡部長盛の娘、徳川家康の養女）(1588〜1661)、鍋島勝茂(1580〜1657)に嫁ぐ。	9296
	5月19日	鍋島直茂(1538〜1618)・勝茂父子、菊姫（高源院）の勝茂への入嫁につき、伏見城に登城し徳川家康のもとに礼に赴く。家康は勝茂に刀（銘 大和包永）、脇差（銘 来国光）を賜う。	9297
	5月22日	秀頼が右大臣に補任され、この日、勅旨が大坂へ下向する。	9298
	6月15日	京中に辻斬が横行し、その穿鑿のため堂上の諸家が検索されることになった。その一環として公家衆召抱の相撲取などを取調べる旨、この日、所司代板倉勝重(1545〜1624)より武家伝奏に通知された。また、勝重、自ら市中を巡視する。	9299
	6月17日	義演、お江（将軍御台所）へ、瓜を二籠進上する。	9300
	6月18日	「公家町街区の形成、はじまる」。義演、内裏の北に院御所を設けるために、拡大工事が進められると日記に記す。	9301
	6月28日	高台院おねの実母・朝日局の菩提寺である寺町康徳寺が廃されるかわり、東山に高台寺が創建され、康徳寺住持の移徙が行われる。翌年、落慶という。	9302
	6月28日	加賀藩112万石の前田利長(1562〜1614)、異母弟の前田利光（後の利常）(1594〜1658)に家督を譲り、越中新川郡22万石を養老領として富山城に隠居する。利常は、家康の後見により、加賀藩2代藩主となる。	9303
	6月一	この月、伏見城（家康再建）、本丸殿舎の作事はじまる。	9304
	7月1日	「自日本到安南国舟也、右 慶長十年」。家康、朱印状。薩摩の島津忠恒（家久）に下付した海外渡航朱印状という。	9305
	7月1日	「自日本到西洋舟也、右 慶長十年」。家康、渡海朱印状。	9306
	7月6日	幕府、相国寺の三要元佶(1548〜1612)らに命じ、祇園社坊中での遊女行為を停止させる。	9307
	7月7日	**徳川家康、伏見城西の丸に、三日間能を催す**。初日二日目は観世能、三日目は丹波猿楽能であった。	9308
	7月11日	将軍徳川秀忠、下野免鳥城（栃木県佐野市免鳥町）城主五千石の佐野新九郎（佐野和泉守、山中泉斎）宛に御内書を送り、匂袋および初祝いを謝す。	9309
	7月19日	醍醐寺二王門、豊臣秀頼により再建立される旨の書状が片桐且元より井内経紹（大蔵卿）宛で届く。義演(1558〜1626)、且元へ礼状を送る。現存の西大門（仁王門）である。	9310
	7月19日	大友中庵（義統・吉統）(1558〜1605)、没。享年48。吉統は、出羽国秋田の秋田実季(1576〜1660)に預けられ、慶長7年(1602)5月、秋田氏の転封に伴って常陸国宍戸へと赴き、当地で没。	9311
	7月21日	**徳川家康、伏見城より上洛、二条城に入る**。	9312
	7月21日	「家康、朱子学を徳川幕府に取り入れる」。徳川家康(1543〜1616)、二条城にて初めて林信勝（羅山）(1583〜1657)を召見する。藤原惺窩（冷泉為純の三男）(1561〜1619)の勧めという。文禄2年(1593)12月、惺窩は、33歳にして徳川家康に招かれ江戸へ赴き「貞観政要」を講じた。**惺門下の林羅山は家康に抜擢され、23歳の若さで家康のブレーンとなる**。家康は、旧来の秘伝・秘訣とかされる学問のあり方を変えていく。『貞観政要』は、中国唐代に呉兢が編纂したとされる太宗の言行録。題名の「貞観」は太宗の在位の年号で、「政要」は「政治の要諦」をいう。	9313
	7月23日	近衛信尹（信輔）(1565〜1614)、関白に任ぜられる。	9314
	7月28日	「禁中御地破」の話がある。天皇の御所の新築＆引越である。	9315

慶長10	8月1日	家康、二条城で八朔の賀を行う。	9316
	8月3日	「殿中へ参了、日野前亜相・六条相公・内蔵頭・舟橋式部等参了、日野前亜相ヤカテ退下了、次廣橋亜相・勧修寺黄門等被参了、禁中御地破サシ圖被懸御了了、色々御談合共也、次廣巳下夕食被下了、」(『言緒卿記』)。 **広橋亜相・勧修寺黄門らが二条城の家康を訪ね、御所移転の相談をしたようである。**	9317
	8月6日	**幕府、内裏の敷地を拡張し、院御所を造営し奉らんとし、是日、徳川家康、其境地を巡視す。** 家康(1543〜1616)、禁裏拡張の造営工事を企て、公家を相国寺に招き意見を伺い、造営予定地の視察も行う。結果、左右京図を閲して、京都所司代板倉勝重(1545〜1624)に区画させる。また区域に当たる公家衆に替地を与える。角倉了以(1554〜1614)、その資材を調達する。	
	8月8日	督姫(家康の次女、池田照政(輝政)夫人)、8月11日に姫路(播磨国)に下向につき、三宝院義演に路次の安全祈願として銀子2枚を進上する。	9319
	8月10日	**大御所徳川家康、将軍秀忠に命じて、殿中法度八ヶ条を制定する。**(『大日本史料』第12編の3)。 一、殿中(江戸城)において、形儀以下、慮外のていこれあるにおいては、見合い次第その人へあい断わり、言上いたすべきこと、一、殿中において、一所に寄り合い、高雑談これある者申し断わり、言上いたすべきこと、一、御前近所において、高声、これまたその人に堅く申し断わるべきこと、一、御給仕、ならびに御取次の当番の人、御陰の御奉公油断せしむるについては、言上いたすべきこと、附けたり、当番の者、長袴を持たせあい詰むべきこと、一、囲碁、象戯、しなひ打ち、扇子きり、すまい以下これあるにおいて、言上いたすべきこと、一、御内書あい調え、そうじて書物所へ寄るべからず、ならびに御用の儀にあらずして、硯を貸すべからず、もし濫りの族これあらば、堅く申し断わるべし、自然用捨せしめば、祐筆も曲事たるべし、一、祗候の人、御座敷そのほか、塵など仕る儀、堅く申し断わるべきこと、一、掃除以下、堅く申し付くべきこと、附けたり、小便所のほか、小便すべからざること、右條々堅く申し渡し、もし承引なきにおいては、急度言上致すべし、自然用捨せしめ、以来漏れ聞こえ候においては、権阿弥曲事たるべきものなり、	9320
	8月10日	「就火事為音信、砂糖二千斤到来、」。 家康、薩摩少将宛に書状を送り、贈物到来を謝す。島津忠恒(のちの 家久)である。	9321
	8月16日	**前将軍徳川家康の奏請に依り、仁和寺宮を以て諸門跡の首座と為す。** 後陽成天皇の第1皇子、覚深入道親王(1588〜1648)である。	9322
	8月17日	**二条城で乱舞がある。公家衆および神龍院梵舜等が伺侯。家康、神龍院梵舜(1553〜1632)に諸社事を諮問する。**	9323
	8月19日	是より先、前将軍徳川家康の奏請に依り、諸門跡の首座と為る、仍つて是日、覚深親王「仁和寺覚深親王、若宮、ひがしの御所、後南御室」が諸門跡首座着任の礼の為、二条城に家康を訪ふ。	9324
	8月22日	**家康、二条城から伏見に帰る。**	9325
	8月28日	「慶長十年乙巳八月廿八日付安南国渡海朱印状」。将軍秀忠、渡海朱印状。	9326
	9月1日	「山城国愛宕郡八坂郷之内、寺屋敷」。高台院おね(1549？〜1624)、幕府より高台寺の寺領を安堵され、寺地の諸役を免ぜられる。家康が高台寺に寺領百石を寄進した。	9327

西暦1605

慶長10	9月5日	「予松茸モチテ参ルトイヘトモ御機嫌アシキニ依テ不進上了、」(『言経卿記』)。 山科言経(1543～1611)、松茸をお土産に持って行ったのだが、家康が「御機嫌アシキ」 で会えず、進上することはできなかった。	9328
	9月10日	「自日本到東京商船也、右　慶長第十乙巳年九月十日」。 家康、角倉了以に対し渡海朱印状。	9329
	9月11日	「自日本到西洋商船也、右　慶長十」。家康、渡海朱印状。	9330
	9月11日	「慶長拾年巳九月十一日付長崎御蔵入替地目録」。将軍秀忠、発給。	9331
	9月11日	後陽成天皇(1571～1617)、武家伝奏権大納言広橋兼勝、権中納言勧修寺光豊を伏見 城に遣し、宸筆薫香方を徳川家康に賜ふ。 **大の香木好きの家康に、天皇自らお香の調合をして賜ったようだ。**	
	9月13日	豊臣秀頼(1593～1615)、この日、片桐且元(1556～1615)らを伏見城に派遣して、江戸 に帰る家康に挨拶させる。徳川・豊臣両家の、手打ちとなる。	9333
	9月13日	「一、去夏芳札幷音信物、如注文到来、懇志ニ候、其方任所望、商売船者年中四 艘渡海候、従是鞍<壹口、皆具>鑓<拾本>遣之、表寸志候、不宣」。 徳川幕府、ルソン国に年4隻の来航を認める。家康、呂宋(ルソン)の守護(フィリ ピン総督)に対し返書と武器を送る。	9334
	9月15日	「伏見城中所々番所相改可申候、若」。家康、松平加右衛門・成瀬吉平に朱印状。	9335
	9月15日	**家康、新年の挨拶を江戸で受けるため伏見を発つ。**16日佐和山、20日岐阜、22日清洲。	9336
	9月18日	「慶長十年九月十八日交付柬埔寨渡海朱印状」。 将軍秀忠、渡海朱印状。	9337
	9月19日	「日本国源家康復書 柬埔寨国主浮□王嘉」。 家康、カンボジア「柬埔寨」国主宛に返書。	9338
	9月20日	土佐藩初代24万の山内一豊(1545～1605)、急病で没。享年61。 正室・千代(1557～1617)は、翌日、妙心寺住持単伝士印から「見性院」の法名を受ける。 一豊弟・山内康豊(土佐国中村藩2万石)(1549～1625)の長男・養嗣子の山内忠義(1592 ～1665)が、10月に継ぎ、2代藩主となるが、年少のため、実父康豊が後見する。	9339
	9月24日	**円光寺(三要)元佶(1548～1612)、先に徳川家康の命に依り、印行せし周易注本を 献ず。**周易注の著書《老子注》2巻は《老子》注釈の古典として重んぜられる。ま た《周易注》6巻は老荘学の論理を儒家の経典解釈に応用したもので、彼の代表作 に数えられる。 慶長6年(1601)徳川家康は足利学校から禅僧の閑室元佶を伏見に招き、円光寺と 号する学校を建てた。好学の家康は木活字10万を寄せ、元佶は和漢の典籍の出版 にあたった。	9340
	9月26日	「大鷹十四、遠路被差上、無何事参」。 家康、津軽右京亮に書状を記し、津軽特産の大鷹十四羽の到来を謝す。津軽右京 亮は、鷹岡(のちの弘前)城主津軽為信(1550～1608)とし、慶長10年と比定する。	9341
	9月一	「日本国従一位源家康報章 安南国」。家康、印判状発給。	9342
	9月一	「慶長国絵図」。 この月、江戸幕府、西尾吉次(1530～1606)・津田秀政(1546～1635)を惣奉行とし、牧 助右衛門長勝(1562～1635)・犬塚平右衛門忠次(1557～1613)らを補佐役に任じ、国絵 図と郷帳の作成提出を全国に命令。諸大名は幕府の命により国絵図と郷帳を作成・ 提出した。正保・元禄・天保期に続く。	9343

慶長10	10月1日	**江戸に向かう家康、遠江に到り、放鷹のため15日間逗留。**	9344
	10月8日	秀頼により米1万5千石が寄進され、相国寺法堂が竣工し、この日、落慶供養が行われる。5回目の再建、法堂建築の最古のものという。	9345
	10月12日	**「甲斐国八代郡大石和筋中川村之内」。**家康、上田忠三郎に朱印状をもって知行充行。	9346
	10月一	この頃、遠江国掛川城逗留の家康、藩主松平定勝(家康異父弟)(1560〜1624)の次男・松平定行(1587〜1668)には薩摩藩初代77万石(第18代当主)の島津忠恒(後の家久)(1576〜1638)の養女(長寿院)と、三男・定綱(1592〜1652)には隠居の浅野長政(1547〜1611)の娘(智相院)との婚姻を命じる。	9347
	10月17日	**家康、この日、酒井忠利(1559〜1627)(1万石)の田中城**(静岡県藤枝市田中)**に臨み、留まること数日。**	9348
	10月25日	伊勢国長島藩(三重県桑名市長島町)立藩初代2万石の菅沼定仍(1576〜1605)、病気療養中の京都で没。享年30。継嗣が無かったため、弟・菅沼定芳(1587〜1643)が継いで、2代藩主となる。	9349
	10月26日	芳春院まつに従い、江戸に下向した加賀前田家宿老・村井長頼(1543〜1605)、没。享年63。	9350
	10月28日	**家康、江戸城に帰城。**	9351
	10月一	**「東埔寨握雅招花、托本邦商人長井」。**家康、印判状。	9352
	11月一	この月、豊臣秀頼の名で、石清水八幡宮大塔が、再興される。 奉行は、和泉国岸和田藩2代3万石の小出吉政(母は大政所妹)(1540〜1604)。	9353
	11月2日	秀頼寄進の醍醐寺仁王門(西大門)、立柱する。	9354
	11月7日	鶴千代(後の徳川頼房)(家康の十一男)(1603〜1661)、3歳で常陸国下妻藩(茨城県下妻市下妻甲)10万石に封ぜられる。幼少のため伏見在城。年月日は、異説あり。	9355
	11月10日	竹谷松平家5代当主・松平清宗(1538〜1605)、没。68歳という。松平家清(1566〜1611)の転封先である三河吉田城(愛知県豊橋市)で余生を送っていた。	9356
	11月12日	千姫(1597〜1666)、淀殿(茶々)(1569〜1615)の世話で、豊国社神前にて17日間の護摩祈祷を行う。	9357
	11月17日	醍醐寺仁王門(西大門)、この日、上棟される。	9358
	11月19日	豊国社頭において、千姫主催の夢想連歌百韻が興行される。淀殿の夢想による。	9359
	11月一	**「日本国源家康回報 東埔寨国主浮」。**家康、印判状。	9360
	12月2日	**「乙巳十二月二日付西洋あて渡海朱印状」。**将軍秀忠、朱印状。	9361
	12月2日	3代目服部半蔵こと、服部半蔵正就(1565?〜1615?)、改易させられる。 正就は、徳川家から指揮権を預けられた配下の伊賀同心の反発を招き、役を解かれる。関東代官頭・伊奈忠次(1550〜1610)の従者を斬った咎という。異説も多い。	9362
	12月21日	上醍醐如意輪堂・五大堂・御影堂が火災により焼失する。	9363
	12月26日	伏見城下の有馬豊氏邸から出火、蒲生・浅野・松平・彦坂・石川・大久保・板倉・遠山・真田ら屋敷を焼亡する。	9364
	12月29日	**「為音信砂糖千斤、遠路到来、喜悦」。** 家康、龍伯(島津義久)宛に印判状を送り、贈物到来を謝す。	9365
	一	**この年、徳川家康、西笑承兌(1548〜1608)に命じて、活字版「東鑑(吾妻鑑)」を刊行させる。**	9366
	一	**この年、ウィリアム・アダムズ(1564〜1620)、徳川家康(1543〜1616)より相模国三浦郡逸見(横須賀市)に、旗本として250石を与えられ、「三浦按針」となる。**	9367

西暦1606

慶長11		
	1月1日	神龍院梵舜(1553～1632)、千姫より祈祷依頼を受ける。
	1月5日	完子(羽柴小吉秀勝とお江の娘)(1592～1658)、夫の九条忠栄(後の幸家)(1586～1665)と共に義演(1558～1626)へ、年始の祝儀を贈る。
	1月10日	越前国北ノ庄藩(福井藩)75万石の結城秀康、権中納言を辞す。
	1月19日	「**将軍徳川秀忠、二度目の江戸城普請を命じる**」。 秀忠より諸大名に対し各地大名に助役の命が下された。 池田左衛門督忠継(四十四万五千石姫路城主)・加藤肥後守清正(五十二万石熊本城主)・黒田筑前守長政(五十二万三千石福岡城主)・浅野但馬守長晟(三十九万五千石紀伊城主)・京極若狭守忠高(九万二千石松江城主)・有馬玄番頭豊氏(八万石久留米城主)・鍋島信濃守勝茂(三十五万七千石佐賀城主)・脇坂淡路守安元(五万五千石大洲城主)・古田兵部少輔重勝(五万五千石松坂城主)・最上出羽守義光(五十七万石山形城主)・池田藤松丸利隆(三十二万石岡山城主)・福島左衛門大夫正則(四十九万八千石広島城主)・加藤左馬助茂勝(嘉明)(二十万石松山城主)・細川内記忠利(三十六万九千石小倉城主)・京極丹後守高知(十二万三千石豊岡)・山内対馬守康豊(二十万二千石土佐)・森右近大夫忠政(十八万六千石津山城主)・寺沢志摩守広高(十二万石唐津城主)・小出大和守吉政(五万石出石)・保科肥後守正光(三万石飯野)の二十家、五百十八万八千石、この他、藤堂和泉守高虎が縄張(設計)を担当、佐久間河内守政実が奉行、本多百助信勝は惣堀奉行目付を命じられた。
	1月20日	筑後国柳川藩初代32万5千石・田中吉政(1548～1609)の五男・田中忠信(筑後国久留米城代)(1587～1606)、小姓を手討ちにしようとして、逆に斬られて没。次男ともいい、19歳。
	1月25日	関東総奉行青山忠成(1551～1613)と内藤清成(1555～1608)、江戸近郊の鷹場に罠を仕掛けることを許可したとして罷免され、籠居を命じられる。籠居期間が過ぎた11月には赦免されている。
	1月―	この月、上杉景勝、帰国のため、伏見を発つ。
	1月―	**この月、伊豆の鉱山奉行・彦坂元成(元正)(?～1634)、代官所での貢金不正を理由として退役となる。** 支配地域の農民から、道理に外れた振る舞いが多く、年貢を私物化したと上訴されて失脚し、長男・次男も連座して籠居処分を受けた。石見・佐渡奉行の大久保長安(1545～1613)が、その後をうける。この失脚は、代官頭消滅のための政治措置とみられた。
	1月―	関ヶ原後は改易されて浪人となっていたが、家康から召し出され、出仕していた立花宗茂(1567～1643)、この月、徳川秀忠(1579～1632)より、陸奥国南郷1万石の領地の内示を受けたという。 宗茂は、豊臣時代の筑後国柳川城主で13万2千石を領していたが、慶長5年(1600)関ヶ原の戦いで西軍に与したため除封となった。
	2月2日	徳川秀忠、信濃国飯田5万石小笠原秀政(1569～1615)の二子小笠原幸松丸・春松丸に加冠し、それぞれ名乗一字を許し、忠脩(1595～1615)・忠政(のち忠真)(1596～1667)と称せしむ。
	2月4日	江戸幕府の成立後、家康に近侍した浅野長政(1547～1611)、子・幸長の紀伊国紀伊藩(和歌山藩)37万石6千石の所領とは別に、隠居料として常陸国真壁・筑波2郡の内5万石を拝領。真壁藩(茨城県桜川市真壁町)、立藩。
	2月14日	上杉景勝、米沢城に帰る。

9368
9369
9370
9371
9372
9373
9374
9375
9376
9377
9378
9379

慶長11	2月15日	幕府、米2万石を寄付して相国寺三門(山門)を造営し、この日、立柱する。	9380
	2月24日	**「常陸国那賀郡之内石神村之内参百」。** 家康、岡野三右衛門尉に朱印状をもって知行充行。家康は、慶長8年(1603)自分の許に在る徳川頼将(後の頼宣)(家康の十男)(1602〜1671)に常陸国20万石を与えた。**家康は、頼宣の家臣団を強化するために、家康の家臣が頼宣に付けられた。**	9381
	2月24日	**「常陸国那賀郡之内柳津村之内百石、上国井村之内九拾石、中根村之内拾石、合弐百石、右宛行訖、全可領知者也」。** 家康、蘆川甚五兵衛(芦川甚五兵衛公吉)に朱印状をもって知行充行。	9382
	2月24日	**「常陸国茨城郡之内栗崎村之内百」。** 家康、豊島角左衛門尉に朱印状をもって知行充行。	9383
	2月24日	**「常陸国茨城郡之内北方村 平沢蔵人給分臼井五郎入道跡之内百石」。** 家康、佐野勝八郎に朱印状をもって知行充行。	9384
	2月24日	**「常陸国茨城之内栗野村之内弐百石」。** 家康、江川左七に朱印状をもって知行充行。	9385
	2月25日	**「覚　一 九艘松平筑前守　一 五艘丹後修理　一 八艘堀尾帯刀　一 弐艘古田兵部 一 壱艘大村丹後守　一 壱艘木下右衛門大夫　一 三艘若狭宰相　一 弐艘高橋右近 一 弐艘伊東修理　以上三拾三艘　右之御舟数、上方ゟ之送状之ことく諸道具御改無相違様ニ可有御渡候、以上」。** 江戸城公儀普請奉行8名連署状が毛利藤七郎殿内船御預ケ衆中に出され、江戸城公儀普請奉行は毛利藤七郎に、諸大名9名から出された船の合計33艘について、「上方ゟ之送状」によって「諸道具」を改めて、間違いがないように(幕府側へ)渡すことを命じる。 毛利藤七郎は、長門・周防2か国29万8千石、萩城主・毛利秀就。普請奉行8名について、徳川家康系2名(貴志助兵衛正久・神田与兵衛将時(正俊))、徳川秀忠系4名(内藤金左衛門忠清・都築弥左衛門為政・石川重次・戸田備後守重元)、豊臣秀頼系2名(水原石見守吉一(吉勝)・伏屋飛騨守貞元)という。	9386
	3月1日	**「江戸城増築工事、本格的に開始」。** 藤堂高虎(伊予国今治藩初代20万3千石)(1556〜1630)の設計で、家康が補正した江戸城増築工事が諸大名の手伝い普請で本格的に開始される。	9387
	3月一	**幕府、福島正則ら十五の西国諸大名を江戸に上らせ、江戸城修築を命令。**3月8日からはじまるという。	9388
	3月11日	**「辰皆済也、慶長十一年午三月十一」。** 家康、藤右衛門に年貢皆済状。	9389
	3月12日	**「卯辰皆済也、慶長十一午三月十二」。** 家康、萬年に年貢皆済状。	9390
	3月12日	**「卯皆済也、慶長十一午三月十二」。** 家康、安兵衛に年貢皆済状。	9391
	3月15日	**家康、上洛するため、江戸城を発つ。**	9392
	3月15日	真田信之、木村土佐守に命じ、加藤清正の長女あま姫(のちの本浄院)(1598〜1627)の、下野館林城主・榊原康政息(三男・康勝)(1590〜1615)に嫁せんとして関東に下向するにつき、領内通過を助けしむ。	9393

西暦1606

慶長11	3月20日	家康65歳、駿府を「大御所政治」の拠点の地と定める。 家康、この日、駿府に到着すると、4日間滞在して当地を退隠の地と定めて城の内外を巡視し、4月、駿府城4万石の内藤信成（1545〜1612）を近江国長浜藩4万石に移封する。 「家康公はおっしゃった。私が駿府を選んで住もうとするには、凡そ五つの理由がある。一、私が幼年の時この駿府に住んでいたので、自ずと故郷のように感じて、忘れることができない。幼年の時に見聞したことを、大人になった今になって見ると、なかなか愉快なこともあるものだ。二、富士山が北の空に高く聳え、左右に山脈が連なっているので、冬は暖かく老を養うにはもってこいの場所である。三、お米の味が天下一品である。四、南西に大井川と安倍川の激流があり、北東には箱根山と富士川の難所があり、要害としても堅固である。五、幕府に参勤する大小名たちが、駿府に来て私に拝謁するのに便利である。少しも回り道をする苦労もない。また、この駿府の地は、地勢が開けており、景色がよく、富士を不死と思い、長寿を養うには好適の場所である。（『廓山和尚供奉記』）。 仮に、大坂方の軍勢が江戸に向けて攻めてきたことを想定した場合、駿府城で防いでいる間に、江戸の将軍秀忠に反撃の態勢を作るねらいであったとされる。	9394
	3月25日	家康、上洛するため、駿府城を発つ。	9395
	3月27日	「幕府、島津氏の唐船貿易に介入」。幕府、本多正純をして、薩摩藩初代77万石（第18代当主）の島津忠恒（後の家久）（1576〜1638）に、領内に外国船が来航した際は、長崎奉行の指示により処置するよう命令する。	9396
	3月―	角倉了以（1554〜1614）・与一（素庵）（1571〜1632）父子、本多正純と大久保長安の署名入りの書状で、幕府の許可を得て、この月、保津川（大堰川）開削に着手。30数キロ上流から嵯峨までの舟運に関する権利を得、開削を始めて6ヶ月後には竣工という。	9397
	3月―	この月、若狭国小浜藩初代9万2千石の京極高次（1563〜1609）が隠居し、家督を譲られた嫡男熊磨、「忠高」（1593〜1637）と名乗り、若狭守となる。	9398
	3月―	この月、後藤又兵衛（基次）（1560〜1615）、一家揃って、筑前国福岡藩初代52万3千石の黒田長政（1568〜1623）の下を辞去。長政と不和になり、基次は黒田家を密かに出奔ともいう。後藤又兵衛は、大坂の陣の講談や軍記物語などで英雄として描かれ、「大坂城五人衆」の一人に数えられた。	9399
	4月6日	徳川家康（大御所）上洛、午後、伏見城に入る。	9400
	4月11日	公家衆、伏見城の家康に歳首を賀す。	9401
	4月28日	徳川家康（1543〜1616）、参内し、後陽成天皇（1571〜1617）に歳首を賀す。	9402
	4月28日	徳川家康、勧修寺邸に赴き、武家伝奏広橋兼勝（1558〜1623）と武家官位について談ず。その後、家康参内し、公家衆の相伴をうける。 家康は、武家の官位はすべて幕府の推挙による者に賜ることを奏上する。	9403
	4月―	この月、長谷川藤広（1567〜1617）、長崎奉行となるとされる。妹のお夏（のち清雲院）（1581〜1660）は、徳川家康の側室である。	9404
	4月―	この月、幕府、ようやく、関ヶ原の敗将・宇喜多秀家（元備前国岡山城主）（1572〜1655）を八丈島に流刑と決定する。5月とも。	9405
	4月―	駿府城主内藤信成（1545〜1612）、近江坂田・浅井・伊香郡のうち4万石に転封。長浜藩（滋賀県長浜市公園町）が立藩。	9406

慶長11	5月5日	「其地普請出来之由、石川八左衛門申候、昼夜依入精、早速出来之儀、将軍可為満足候、猶此方も同前之儀候也」。	9407

家康、江戸城公儀普請奉行石川八左衛門重次(1561~1614)の報告により、一柳監物・中川修理亮(中川秀成)・脇坂淡路守(脇坂安治)・中村伯耆守(中村一忠)宛に御内書をもって、江戸城修築の感状を送る。

	5月6日	「遠路普請、不嫌昼夜依入精、早々出来之由感悦候、仍帷子幷羽折裕遣之候也」。	9408

家康、黒印状をもって中川修理亮に帷子、羽折裕を下賜

	5月6日	「遠路普請、不嫌昼夜依入精、早々出来之由感悦候、」。	9409

家康、吉川蔵人頭(吉川広家)・脇坂淡路守(脇坂安治)宛に御内書をもって、江戸城修築の感状を送る。

	5月6日	「尚以其元昼夜御苦労共御座候、いつれも御上上之刻可申述候以上　一書申入候、仍江戸御普請ニ付而、永〻御苦労被成之由候而、従大御所様(徳川家康)岡田新三郎を以被仰候、将又御帷・御単物・御道服被進之候、委細岡田新三郎可被申候、恐惶謹言」。	9410

本多上野介(正純)、福原越後守(広俊)宛に家康御奉書を送る。

	5月7日	「幕府、武家の官位を統制」。	9411

朝廷、勅使勧修寺光豊・広橋兼勝を伏見に遣し、徳川家康の参内に応える。
幕府、武家の官位申請を幕府の推挙による事と定める。

	5月7日	「遠路普請、不嫌昼夜依入情、早々出来之由感悦候、」。	9412

家康、毛利宰相(毛利秀元)(長門国長府藩主)・中村伯耆守(中村一忠)(伯耆国米子藩主)・高橋右近大夫(高橋元種)(日向国縣城主)・一柳監物(一柳直盛)(伊勢神戸城主)宛に御内書をもって、江戸城修築の感状を送る。

	5月13日	将軍徳川秀忠(1579~1632)、上杉景勝(1556~1623)に、江戸桜田の上杉邸右向かいの鱗屋敷を賜る。直江兼続(1560~1619)、これに住居する。	9413

	5月14日	家康側室・西 郡 局(家康次女・督姫の母)(?~1606)、伏見城で急没。	9414

京都一条の本禅寺(京都市上京区寺町通広小路上ル北之辺町)に葬られる。本禅寺鐘楼に吊るされている梵鐘は、大坂夏の陣の際に家康が徴用して陣鐘としたものという。

	5月14日	**徳川三傑・徳川四天王・十六神将に数えられる榊原康政(上野国館林藩10万石)(1548~1606)、没。享年59。**	9415

長男の忠政(1581~1607)は母方の大須賀家を継ぎ、次男の榊原忠長(1585~1604)は死去していたことから、家督は三男の康勝(1590~1615)が継ぐ。

	5月25日	「江戸城普請の採石運搬船、相模湾に沈没」。	9416

海上輸送に於いて大きな被害が出た。鍋島信濃守勝茂の石船百二十隻、加藤佐馬守茂勝(嘉明)四十六隻、黒田筑前守長政三十〇隻が相模灘に沈没。

	5月26日	関ヶ原の戦いが起こると東軍に与し、越後国内で発生した上杉景勝旧臣の一揆を	9417

鎮圧した。戦後、その功により徳川家康から所領を安堵されたという越後国春日山藩(新潟県上越市中屋敷字春日山)45万石(越後国主)の堀秀治(1576~1606)、没。享年31。
長男・堀忠俊(1596~1622)が継ぎ、2代藩主となり、家老・堀直政(1547~1608)の世話をうける。
直政は、家康の命により、高台院おね(1549?~1624)の望む秀吉の菩提寺の建設にかかる。秀吉が生前建てた康徳寺を移転、拡張し、高台寺を建て、費用の半分を直政が負担したという。慶長12年(1607)、忠俊は、上杉謙信時代からの越後の本城である春日山城(新潟県上越市中屋敷字春日山)を廃して福嶋城(新潟県上越市港町二丁目)に移る。福嶋藩(高田藩)堀家2代藩主である。

西暦1606

慶長11	5月29日	**日野唯心（輝資）（1555〜1623）、家康から寸白の薬の青薬を与えられる。** 9418 家康も当時流行していた『寸白』という寄生虫に苦しめられていた。寸白というのは条虫という種類の寄生虫。後に家康は、寸白の特効薬である『万病円』という薬を自分で調合し服用していたという。
	5月一	この月、豊臣秀頼、等持院及び安楽寿院三重塔を修造する。等持院西庭の樹齢 9419 四百年に達する有楽椿は、その際に植えられたと伝えられている。安楽寿院は、新御塔に付属した前松院を再興したものという。
	5月一	**この月、家康、智積院能化を長善房祐宜たるべきと裁決する。** 9420 **家康は、寺中衆議を重視していたという。**
	6月1日	お江（後の崇源院）（1573〜1626）、江戸城西の丸にて、三男・国松（後の徳川忠長）（1606 9421 〜1634）を産む。日は異説あり。 次男竹千代（後の家光）（1604〜1651）は、乳母であるお福（後の春日局）（1579〜1643）によって育てられ、国松は生母であるお江が育てたことで、大きな確執が生まれることとなる。
	6月6日	**家康、三要元佶（1548〜1612）と共に、銅活字（銅製の活字）を禁中に献上。** 9422 国内で最初に造られた銅活字であり、木製の種字から父型をとり、銅を流し込んで鋳造させたもの。「駿河版銅製活字」鋳造は慶長11年（1606）から元和2年（1616）にかけ、大小9万1千2百61顆を三度に亘って製造という。 家康は、元和元年（1615）から翌年にかけては銅活字（銅製の活字）を用いて、多数の書物を出版した。これらの出版物は「駿河版」と呼ばれた。
	6月12日	「慶長十一年丙午六月十二日付密西耶・茭莱渡海朱印状」。 9423 将軍秀忠、渡海朱印状。
	6月15日	林羅山（1583〜1657）と日本人イエズス会士ハビアン（1565〜1621）、南蛮寺で宗教論争 9424 を交わす。
	6月16日	**薩摩藩初代77万石（第18代当主）の島津忠恒（1576〜1638）、徳川家康（1543〜1616）に** 9425 **謁して、諱を与えられて「家久」と名乗る。6月17日とも。**
	6月16日	伊勢国松坂藩（三重県松阪市殿町）古田家初代（5万5千石）・古田重勝（1560〜1606）、没。 9426 享年48。子の古田重恒（1603〜1648）は4歳と幼少であったため、弟の古田重治（1578〜1625）が後を継ぎ、2代藩主となる。
	6月17日	**近年、琉球からの来貢がない、島津家側の催促にも応じないため、島津家久（忠恒）** 9427 **は、徳川家臣山口直友（1544〜1622）を通じて、征伐を願い出る。**
	6月18日	「知行方目録 一百六拾石弍斗七升」。 9428 家康、水野備後守に朱印状をもって知行充行。尾張緒川藩（愛知県知多郡東浦町緒川）9820石のの水野備後守分長（1562〜1623）は、三河新城に移封され、設楽・宝飯郡内で1万3千石を与えられた。三河国新城藩（愛知県新城市字東入船）が立藩。
	6月18日	中院通勝（1556〜1610）と石川忠総（1582〜1651）が、三条西実条（1487〜1563）が自筆 9429 で増補修訂した『源氏物語』の注釈書『明星抄』を家康に披見する。
	6月20日	幕府、修験近江飯道寺と伊勢世義寺の争論を仲裁。 9430
	6月一	「伝馬壱疋、自伏見参河岡崎迄可出」。家康、伝馬朱印発給。 9431
	6月一	この月、幕府、新鉱山開発のため渡辺備後守に全国の金銀山の調査を命じる。そ 9432 して、角倉玄之（素庵）（1571〜1632）を慶長11年（1606）〜慶長14年（1609）までの間、伊豆金山を巡検させて鉱坑を穿させて金銀山の開発に努めさせた。

慶長11	6月一	この月、幕府、諸大名の妻子、江戸留置と定める。大名の妻子を江戸屋敷に住まわせる「証人」制度である。	9433
	7月一	この月、徳川秀忠・江の四女・初姫(1602～1630)、京極忠高(1593～1637)の元へ嫁ぐ。 忠高の父・京極高次(若狭国小浜藩初代9万2千石)の正室・初(常高院)(1570？～1633)には実子がなかったため、初の実妹で秀忠継室のお江(後の崇源院)(1573～1626)の生んだ姫に当たる初姫を養女とし忠高と娶わせる事で、徳川家と姻戚関係を結ぶ。	9434
	7月2日	幕府、越前国北ノ庄藩(福井藩)75万石の越前中納言(結城秀康)(1574～1607)を総奉行、板倉勝重(1545～1624)を奉行として、まず仙洞御所の造営に着工。 **内裏北方に院御所の造営であり、家康は、第107代後陽成天皇譲位を目論む。** 狩野孝信(1571～1618)ら、その障壁画一切を請け負う。	9435
	7月5日	豊臣秀頼、南禅寺法堂を再造、この日、落慶供養がある。 出席した西笑承兌(1548～1608)は、その作法が見苦しいと、南禅寺住持・金地院の以心崇伝(1569～1633)を叱責。	9436
	7月5日	美濃国野村藩(岐阜県揖斐郡大野町)初代1万石の織田有楽斎(長益)(1547～1622)の長男・長孝(？～1606)、没。長男・長則(？～1631)が、継ぐ。	9437
	7月13日	「知行方目録 一三百四拾五石四斗」。 家康、鈴木孫三郎に朱印状をもって、常州茨城郡、太田郡内の諸村で合計3000石の知行充行。 鈴木重朝(1561？～1623)は雑賀党鈴木氏。慶長5年(1600)の関ヶ原の戦いでは、西軍本隊に属して伏見城攻防戦の先鋒となって一番乗りを果たし、伏見城に籠もる家康家臣鳥居元忠を討ち取った。戦後は浪人の後に伊達政宗に仕え、この時にに政宗の仲介により徳川家康に直臣として3千石で召抱えられたとされる。	9438
	7月26日	家康家臣高木広正(1536～1606)、武蔵国忍にて没。71歳。 永禄6年三河一向一揆では一揆側についたが、帰参を許された。三方ヶ原の合戦では、家康が敗走する際、撃たれた馬の乗替えを高木広正が提供したという。『寛政重修諸家譜』(第319巻)によれば、「御退陣のとき東照宮めさせたまふところの御馬、鉄砲にあたりて斃る。これにより広正が乗るところの馬をたてまつり、事故なく浜松城にいらせたまふ」とある。	9439
	7月27日	徳川家康、伏見から上洛、二条城に入る。	9440
	7月27日	家康(1543～1616)、初代茶屋四郎次郎(清延)(1545～1596)の命日に、三代目(清次、又四郎)(1584～1622)を訪問。	9441
	7月27日	徳川家康異国渡海朱印状。 家康は、異国渡海御朱印状を1604年1月13日(慶長9年)から1616年1月11日(元和2年)までの12年間に183通(異国18地域)を交付しているとされる。	9442
	7月一	この月、朝鮮使者、国交回復の前提条件として家康から朝鮮へ国書を送る事と、陵犯した賊を縛送する事を要求。陵犯(凌犯)は、侮って他人の領分をおかすこと。	9443
	8月1日	徳川家康、二条城にて公家、門跡衆から八朔の祝いを受ける。	9444
	8月2日	徳川家康、二日間にわたり二条城に、公家衆等饗応能を催し、高台院(北政所おね)らを饗する。	9445
	8月6日	「慶長十一年丙午八月六日付安南国渡海朱印状」。将軍秀忠、渡海朱印状。	9446

西暦1606

慶長11

8月6日	「自日本到安南国商船也、右 慶長」。 家康、渡海朱印状。	9447
8月7日	家康、女院御所にて観世金春能を二日間に渡って催す。後陽成天皇・女院(新上東門院彰子)・公家衆・門跡衆らが見る。	9448
8月11日	**徳川家康(1543～1616)、五郎太(義直)(1601～1650)、徳川長福丸(頼宣)(1602～1671)兄弟両人を伴って、参内。** 両人は元服、家康九男・五郎太(後の徳川義直)、従四位下右兵衛督に叙任、「義知」を名乗る。家康十男・長福丸(後の徳川頼宣)、従四位下常陸介に叙任、「頼将」を名乗る。	9449
8月11日	信濃国高島(諏訪)2万7千石への復帰を許された初代藩主・諏訪頼水(1571～1641)の父・諏訪頼忠(1536～1606)、没。70歳。慶長10年説もある。	9450
8月12日	「日本国　源家康　謹書　占城国王閣下」。 家康、林三官(明人)対し、ルソン国宛に占城渡海の印判状を下賜さる。また先年商船の便をもって香木を同国へ求めるも、いまだ返書未到来につき、徳川家康の書簡と鎧なども林三官に託して送付し、再度香木を求む。しかし林三官の船は、洋上海賊の襲撃に遭い占城に到着せずに日本に帰る。	9451
8月12日	**家康、二条城より伏見城に帰る。**	9452
8月15日	「日本国　源家康　復章 大泥国王閣下」・「日本国　源家康　回翰　東埔寨握雅老」。 家康、平野孫左衛門らに対し、ルソン国宛に印判状。	9453
8月18日	この日、13日に大坂より奉納された「豊国祭礼図屏風」を諸人が見物する。慶長9年(1604)8月12日～18日にかけての、故秀吉七回忌・豊国社臨時祭絵巻である。 豊臣秀頼(1593～1615)の命を受けた片桐且元(1556～1615)が、豊臣家のお抱え絵師・狩野内膳(1570～1616)に描かせたもの。	9454
8月18日	遠島の宇喜多秀家(元備前国岡山城主)(1572～1655)、八丈島に到着。以後、約50年を生きる。	9455
8月25日	豊臣秀頼、北野経王堂を再造、この日、供養がある。	9456
8月26日	武蔵国原市藩(埼玉県上尾市原市)開藩初代1万2千石の西尾隠岐守吉次(1530～1606)、伏見で没。享年77。 娘婿の忠永(酒井重忠の三男)(1584～1620)が家督を継ぐ。吉次には、伊賀越えの家康を無事に送り届けた逸話がある。	9457
8月一	この月頃、角倉了以(1554～1614)の丹波世木庄殿木村からの大堰川開削、成り、舟運を開く。	9458
9月1日	**徳川家康、薩摩藩初代77万石の島津家久(忠恒)(1576～1638)の琉球出兵を許可する。**	9459
9月5日	勝姫(徳川秀忠・お江の三女、後の天崇院)(1601～1672)、土井大炊頭利勝(1573～1644)が付き従い江戸を出立、越前に向かう。	9460
9月9日	家康、伏見城で公家衆から重陽の節句の祝いを受ける。	9461
9月13日	法輪寺(嵯峨の虚空蔵さん)の再建がなり、盛大な落慶法要が行われる。 慶長2年(1597)、後陽成天皇は法輪寺再興勧進の勅旨を下賜され、諸国から造営の浄財を募ると共に加賀前田家の帰依を得て堂を再建改築。	9462
9月15日	**家康、「安当仁からせす」に対し、ルソン国宛渡海朱印状の発給。**	9463

慶長11	9月15日	「来翰披閲、黒船壱艘渡海、国中之人民、商買於無違乱様ニ加厳命候、惣別従異国之商舟、於此地非義非法無之様ニ堅申付候、貴国之先守護遠行ニ付、諸式為各奉行之由、珍重候、其地へ之土宜、如目録到来、懇意欣悦之至候、本邦之鎧四領、共六具進入候、表寸志候、」(書簡を受け取った。黒船(スペイン船)が一艘来航し、国中の人民に取引に混乱が生じないよう厳命した。異国からの商船に対して当地では非儀非法がないよう命じている。総督(アクーニャ)の死去により、司法行政院が統治することは珍重である。贈物を目録通り受け取った。懇意は悦びの至りであり、本邦の鎧四領ほかを送る)。これより先、呂宋(ルソン)国、書簡を出す。家康、呂宋国奉行衆(フィリピン司法行政院)に印判状返書ならびに鎧を送る。 9464
	9月15日	「知行目録 一四百拾三石九斗六升」。家康、藤堂佐渡守高虎に朱印状をもって知行充行。 9465
	9月17日	**「日本国源家康回章 安南刺史足下」**。家康、印判状。 9466
	9月19日	**「伏見御番所之覚 一御本丸御門矢」**。家康、「伏見番所覚」の黒印状発給。 9467
	9月19日	**「自日本到柬埔寨舟也、右 慶長拾」**。家康、印判状。 9468
	9月21日	豊臣秀頼を施主として、東寺金堂再建落慶供養される。 9469
	9月21日	**「自日本到柬埔寨舟也、右 慶長拾」**。家康、渡海朱印状。 9470
	9月21日	**「日本国源家康謹啓 暹邏国王殿下」**。徳川家康、暹羅(シャム)国に印判状、鎧・太刀を送り、奇楠香と鉄砲を求める。 9471
	9月21日	**徳川家康、伏見城を発ち、帰国の途に就く。** 9472
	9月23日	**「第二次江戸城修築工事完成」**。江戸城本丸殿舎に、将軍徳川秀忠(1579〜1632)が移る。雉子橋から溜池に至る外郭・本丸・二の丸・三の丸の石垣と本丸御殿の一部が造営された。 9473
	9月26日	勝姫(秀忠・お江の三女)(1601〜1672)、越前国北ノ庄(福井)城に到着。 9474
	9月一	立花宗茂(元筑後国柳川城主)(1567〜1643)、この月、徳川秀忠(1579〜1632)に謁し、陸奥国赤館(棚倉)(福島県東白川郡棚倉町)に1万石を賜り、大名として復帰する。 9475
	9月一	この月、島津龍伯(義久)(1533〜1611)、琉球王・尚寧(1564〜1620)に使者を送り、島津家久(忠垣)(1576〜1638)が後継者に定まったことを慶賀する使者を要求する。さらに、尚寧王にも幕府へ挨拶にくるよう促す。また、幕府が明との貿易再開を望んでいるのでと、斡旋を依頼する。 9476
	10月1日	大和国新庄(奈良県葛城市新庄)桑山家初代で隠居料1万6千石の桑山重晴(1524？〜1606)、没。享年83。大和国御所藩(奈良県御所市)初代1万石の次男・桑山元晴(1563〜1620)、父の遺領6千石を与えられる。孫(元晴の長男)の桑山清晴は、1万石を与えられ、和泉国谷川藩(大阪府泉南郡岬町谷川)を立藩。重晴の嫡孫・桑山一晴(1575〜1604)が、慶長6年(1601)に、大和新庄藩2万石の初代となっている。 9477
	10月6日	**家康、駿府に到着。逗留期間に築城の地域と来年の普請始めを定める。** この頃より、駿府の町割や安倍川の治水工事をはじめる。家康は新しい城の建設を川辺町付近に計画するが、従来の駿府城を南・東・北に拡張することに変更。「慶長十一年三月十五日神君江府を御首途あり。二十日駿州府中の城に着御せられる。当城主内藤豊前守信成を来歳得替あらしめ、神君御退隠の城郭たるべき由にて、四日ここにて御滞座ありて、城郭の内外巡件視し給う。十月六日、神君駿州府中の城に着御せらる。当城を河の辺の地に移し築かるべきの旨御沙汰あり。十一月六日頃日評議をてらされて、駿州府中の城を河のべの地に移さるることをとどめられ、当時城郭を南北へ広く築き出すべきの旨に決す」(「駿河志料国府別録」)。 9478

西暦**1606**

慶長11	10月10日	「日本へ商船被渡候者、不可有疎略候、国々所々雖何之津湊、如何様ニ商売候共、可被心安候、押買押売違乱在之間敷間、舟何程成共渡海可然候、委曲従安仁方可申候」。家康、半南土美解留（フェルディナント・ミヒールス）（オランダ商館長）・閣古邊果伽羅那加（クワッケルナック）（船長）に朱印状を与え通航を許可。徳川家康、暹羅（シャム）国より商船を日本に渡海せしむべき旨の朱印状を出す	9479
	10月10日	「甲斐国巨摩郡、西郡筋加賀美村之」。家康、門名善三郎に朱印状をもって知行充行。	9480
	10月26日	家康、駿府を発ち、江戸に向かう。	9481
	10月下旬	この頃、豊臣秀頼の名で行われていた上醍醐三堂（御影堂（開山堂）・五大堂・如意輪堂）の再興が成る。	9482
	11月4日	**家康、江戸に帰城。**	9483
	11月7日	関白近衛信尹（信輔）（1565〜1614）に対し、関白職を鷹司信房（1565〜1658）へ譲るべき沙汰ありと、義演准后日記は記す。	9484
	11月8日	対馬国の宗義智（1568〜1615）、朝鮮との講和を幕府に報告する。義智は、家老島川内匠らと「家康の国書」を偽作して、朝鮮に送った。つじつまを合わせるため、「朝鮮の国書」も偽造する。慶長14年（1609）己酉の年に対馬の宗義智が李氏朝鮮と結んだ通交貿易に関する条約「己酉約条」に繋がる。	9485
	11月11日	近衛信尹（信輔）（1565〜1614）、関白職を退任。鷹司信房（1565〜1658）、関白・左大臣宣下。	9486
	11月11日	本阿弥光悦（1558〜1637）筆の観世流謡本が成り、俵屋宗達が下絵を描く。	9487
	11月11日	陸奥国赤館（棚倉）の立花俊正（宗茂）（1567〜1643）、家臣団に知行充行状を発給。	9488
	11月15日	安房国館山藩（千葉県館山市城山）2代12万石の里見梅鶴丸（忠義）（1594〜1622）、将軍・徳川秀忠の面前で元服し、一字を賜って「忠義」と命ぜられる。	9489
	11月一	この月、豊臣秀頼（1593〜1615）が、片桐貞隆（且元の弟）（1560〜1627）を奉行として、高台院（北政所おね）（1549？〜1624）の京都三本木の屋敷の修理を行う。	9490
	11月一	この月、上杉景勝（1556〜1623）、禁裏造営の役を務める。	9491
	11月一	大久保長安（1545〜1613）、伊豆金山の採鉱を行う人材を集めるため、京都にその旨を記した高札を立てる。	9492
	11月一	**この月、徳川幕府、軍事を司る番方のひとつ「小姓組（こしょうくみ）」を創設する。**水野忠元・日下部正冬・成瀬正武・大久保教隆・井上正就・板倉重宗の6人を番頭（ばんがしら）とした。	9493
	12月一	この月、「筒井騒動」再燃。関ヶ原戦い頃、一時的に伊賀上野藩（三重県伊賀市）20万石の筒井定次（1562〜1615）家内部の騒動は鎮静化していたが、領内の火災における復興問題から再び両派による抗争が再燃する。	9494
	12月一	**家康、京都伏見銀座を駿府に移し、この月、四丁目に駿府銀座を置き、大黒常春（初代大黒常是の次男）を主管とする。**二丁目には銀座役所を配置し、地内には金銀の両替屋があったことから両替町と呼ばれた。	9495
	12月7日	「自日本到田弾国舟也、右 慶長拾壱年 丙午 十二月七日」・「日本国源家康謹白 田弾国主足下」。（『外蕃書翰』）。五官（明人）、田弾国渡海の朱印状を下賜さる。また田弾国主あての徳川家康書簡（印判状）を五官に託し、上品の香材を求める。徳川家康は、田弾国（たんこく）（インドシナ半島沿岸にあったと言われる国）王に書を送り、奇楠香（伽羅）を求めた。家康は、伽羅の入手に力を尽くしており、占城（せんじょう）（現在のベトナム中部に存在したチャム族の国家）国主やカンボジア国主、シャム国王にも求めている。	9496

西暦1606

慶長11	12月8日	**幕府、永年使用された永楽銭の通用を停止し、慶長通宝を鋳造する。**永楽銭の禁止は、慶長13年12月など、異説もある。	9497
	12月12日	石清水八幡宮で正遷宮。社壇は秀頼による造営。	9498
	12月15日	淀殿(茶々)(1569~1615)、自ら願主となって京極今出川の真如堂(真正極楽寺)本堂を再建し、この日の早朝に、落慶遷座式が行われる。	9499
	12月23日	信濃国川中島藩12万石の松平忠輝(家康六男)(1592~1683)、陸奥国仙台藩初代61万石の伊達政宗(1567~1636)の長女・五郎八姫12歳(1594~1661)を娶る。24日とも。	9500
	12月25日	九条忠栄(後の幸家)、義演へ使者を送り、妻完子(お江の娘)の安産祈祷依頼のため、杉原十帖と銀を送る。	9501
	一	この年、伏見城(家康再建)の天守閣などが一応完成。	9502
	一	この年、幕府、二条城を修築する。	9503
	一	隅田川河口の浜町一帯の海兵の埋立てが完了した。この年、幕府、江戸城内の宝田、千代田両村の伝馬方を城外に移す。	9504

西暦1607

慶長12	一	この年、幕府、江戸城天守、石垣造営のため、奥羽の諸大名に工事を分担させる。	9505
	1月1日	**徳川家康、江戸城において、将軍秀忠をはじめ、諸大名から新年の祝賀を受ける。**	9506
	1月1日	徳川家康66歳(1543~1616)、最後の子供・五女の市姫(1607~1610)、駿府で生まれる。母は側室のお梶の方(英勝院、遠山氏)(1578~1642)。 家康は、信長の妹で絶世の美女と謳われたお市の方のように美女になってほしいと願ったのか、市姫と命名。	9507
	1月7日	秀忠、江戸城本丸にて江戸城移徒祝賀能を三日間開催。秀忠仰せにより、観世、金春両家により、江戸城で「三日之能」が行われる。町人も観覧を許されるといい、京の町衆の手猿楽が、これに出演するという。	9508
	1月11日	豊臣秀頼、右大臣を辞す。	9509
	1月13日	二条昭実・鷹司信房・九条忠栄(後の幸家)・梶井宮承快・随心院増孝・醍醐寺義演、京都所司代板倉勝重を年始の礼に訪れる。	9510
	1月23日	**幕府、駿府城築城に際し、滝川豊前守忠往・佐久間政実・山本正成・山城宮内少輔忠久・三枝昌吉を奉行として命じ、越前・美濃・尾張・三河・遠江の諸大名に助役を命じる。**	9511
	1月24日	朝、九条忠栄(後の幸家)(1586~1665)に、長男が生まれる。母は淀殿(茶々)の猶子である完子(父は羽柴小吉秀勝、母はお江)(1592~1658)。この男児は後に二条昭実(1556~1619)の養子となる二条康道(昭実は忠栄の父方の叔父にあたる)(1607~1666)で、徳川家康より康の字を贈られて康道と名乗る。	9512
	2月7日	先月末より江戸逗留中の式部少輔・従五位舟橋秀賢(1575~1614)、この日、お江(御台所、後の崇源院)(1573~1626)より小袖一重を拝領する。大久保忠隣(秀忠側近)(1553~1628)の書添あり。	9513
	2月8日	**徳川家康(1543~1616)、生まれたばかりの五女・市姫を、勢力を誇る外様大名の伊達政宗(陸奥国仙台藩初代61万石)(1567~1636)とも関係を深めるため、政宗の嫡男・虎菊丸(後の忠宗)(1600~1658)と婚約させる。**	9514
	2月9日	醍醐寺義演(1558~1626)、大坂の秀頼執事・片桐且元(1556~1615)へ使者北村主水を送り、書状を以って下醍醐伽藍再興を訴える。	9515

慶長12	2月11日	片桐且元（大和国竜田藩（奈良県生駒郡斑鳩町竜田）立藩2万8千石）、義演に返書する。 曰く、下醍醐藍再興は秀頼が未だ若年のため決しがたく、家康・淀殿（茶々）両所で決せられるべきと伝える。	9516
	2月13日	**「江戸歌舞伎の嚆矢」。** 秀忠主催で四日間、この初日は、江戸城本城新ノ間にて観世金春両大夫勧進能。翌日以降、江戸城もみぢ山にて、観世・金春勧進能興行があり、同所にて出雲の阿国の勧進歌舞伎興行があるという。家康は初日と三日目に御成。家康・秀忠、勧進能を本丸西丸の間に張て、市民の縦覧を許すともいう。	9517
	2月15日	**家康、近侍する永井直勝（上野国小幡城主）（1563〜1626）を通じて、細川幽斎へ室町幕府の古式を尋ね、幽斎よりその旧記が進呈される。** **永井直勝は、家康の命で室町幕府の典礼に詳しい細川幽斎に有職（古式先例）を学ぶ。**	9518
	2月17日	三十三間堂の通し矢が行われる。	9519
	2月17日	**「駿府城工事、はじまる」。**家康隠居城としての駿府城の築城工事がはじまる。 尾張・美濃・三河・遠江の諸大名が造営を命じられていた。又、伏見城からは財宝や器物が運ばれている。駿府城本丸、二ノ丸の修築をはじめる。	9520
	2月20日	出雲阿国ら、江戸城に招かれて本丸にて勧進歌舞伎上演、諸大名に披露する。	9521
	2月29日	**家康、駿河に向けて江戸を発つ。**途中、相模の中原（神奈川県平塚市）で放鷹を楽しむ。	9522
	2月一	この月、左近衛少将・猪熊教利（？〜1609）、女官との密通が露顕し、激怒した後陽成天皇から勅勘（天皇からの勘当）を蒙る。猪熊は京都から追放処分とされ、いったん出奔したが、いつの間にか京へ戻ったという。 「宮中乱交事件（猪熊事件）慶長14年7月4日〜慶長16年4月」に、繋がる。	9523
	2月一	この月、榊原清政（康政の兄）（1546〜1607）、家康の再三の要請に応え、駿河国有度郡に3千石を領する久能城の城代として入城する。	9524
	3月1日	家康次男・結城秀康（1574〜1607）、伏見城留守を守っていたが、病が癒えないため、越前国北ノ庄（福井）に帰国することを飛脚で駿府に遣わし即刻帰国。 秀康は慶長11年〜12年の冬は伏見城で養生した。秀康は帰国を望んだのだが、家康が病に伏せっている秀康を案じ、厳寒の北国下向を避け、春まで待つようにと勧めたのである。	9525
	3月5日	尾張国清洲藩（愛知県清須市）立藩52万石の松平忠吉（家康四男、秀忠の同母弟）（1580〜1607）、江戸にて病没。享年28。石高には異説あり。 関ヶ原の戦いの折に負傷した傷がもとでという。忠吉に嗣子がなく、天領となる。忠吉付家老である、犬山領主・小笠原和泉守吉次（1548〜1616）の長男吉光は、松平忠吉死去に従って増上寺で殉死。小笠原吉次は、慶長11年に下総国佐倉藩2万2千石に入部していた。	9526
	3月7日	**「吉次移封は直ちに実施すべきや、秋まで延期すべきや」。** 将軍秀忠、本多上野介正純宛に自筆書状を送り、徳川家康に、松平忠吉の家老・小笠原吉次（1548〜1616）を犬山から移封するに当たり、その実施方法を尋ねる。	9527
	3月8日	**「林羅山、儒官となる」。**家康、林信勝（羅山）を引見する。	9528

慶長12	3月9日	「興国寺藩は廃藩」。駿河国興国寺藩(静岡県沼津市根古屋)主・天野康景(1537～1613)、百姓と争闘、疵つけた咎により改易、父子で逐電。慶長11年(1607)に家康が天領における領民を殺害した問題を巡って、家康の懐刀として吏務、交渉に辣腕を振るう本多正純(1565～1637)と対立、正純の処断に激怒したという。康景は相模国西念寺で蟄居。 こんな話がある。修築のために興国寺城外に蓄えられていた材木などの資材が盗まれてしまう事件が頻発しており、藩主天野康景は家臣に命じて見回りをさせていた。そのような中、ある夜、大規模な資材盗みの企てがあり、見回りの藩士たちがそれらを制しきれずに数名を斬ってしまうという事態となった。後日その盗人たちが天領(幕府直轄領)の農民たちであったことがわかり、幕府は天領の領民を殺害した者の引き渡しを興国寺藩に求めてくる。ただそこで康景は、盗人から藩の資材を守ろうとした藩士を、盗人が幕府の公民であり、藩士がいわゆる私兵であるからという理由で咎人として差し出すというのはそもそも筋が違うとして城も領地も放棄し、相模国小田原の西念寺へ蟄居してしまったというのだ。
	3月11日	「家康66歳、駿府に引退」。 放鷹を楽しみ、伊豆金山を視察した家康(1543～1616)、駿府に到着、仮屋敷に入る。
	3月11日	「御状令拝見候、いつみ儀尤候、知行事、きうめい候て、かへちつかわし尤候、清須にむさと御座候まゝ、そのしをき申可付候、恐々謹言、」「(追而書)返々いつミ知行高を御きゝ候てかへいたし尤候」。 (現在の知行高をよく調べてから替地を遣わすのがよい)。 駿府の徳川家康、将くん(2代将軍秀忠)宛に自筆返書を与える。
	3月25日	幕府、畿内5ヶ国と丹波・備中・近江・伊勢・美濃の諸大名に5百石に付1人宛の人夫を出させて、駿府城の工事を急がせる。 『徳川実紀』の「台徳院殿御実紀」では、「五百石に三人の制なり」とある。豊臣秀頼にも負担が課せられる。
	3月25日	家康家臣彦坂光正(1565～1632)、海野弥兵衛宛に書状を送る。駿府城建築材の求めであろうか。
	3月一	この月、手腕を家康に認められた角倉了以(1554～1614)、幕命により、富士川を開削、舟路を開く。
	3月一	幕府、畿内近国の諸大名に命じて、伏見城の金銀・財宝を駿府に運ばせる。
	4月1日	慶長10年(1605)、病を得て兄・晴増の長男で甥の大関政増(1591～1616)に家督(藩主)を譲って隠居していた大関資増(下野国黒羽藩(栃木県大田原市前田)初代2万石)(1576～1607)、没。享年32。
	4月7日	**林羅山(1583～1657)、将軍徳川秀忠(1579～1632)の侍講(学問指南役)となる。** 4月、駿府に戻った林羅山は、家康に、季時珍の『本草綱目』を献上する。この後、林羅山は、京都に帰っていたが、家康は剃髪を命じて、**羅山を号を「道春」とする。**
	4月18日	豊国祭。辰刻(7～9時)、秀頼の名代として大野治長(1569～1615)が装束姿にて豊国社を参詣。養源院成伯(浅井長政の従弟)より奉納あり。治長は、秀吉の側室・淀殿(茶々)(1569～1615)の乳母である大蔵卿局(?～1615)の子。 午後、勅使として権中納言・三条西実条(1575～1640)が装束にて参向、奉幣あり。 後陽成天皇の意向で、勅使の参詣に神楽は行われず。

西暦1607

| 慶長12 | 4月21日 | **宗義智、朝鮮国信使を率いて上洛し、大御所徳川家康の旨を伺う。** | 9539 |

宗義智、朝鮮国信使を率いて上洛し、大御所徳川家康の旨を伺う。
豊臣秀吉の朝鮮出兵後、はじめて正式な回答使兼刷還使（朝鮮通信使）が入洛し、大徳寺に宿泊。家康は駿府に隠居していたので、京都に着いた使節は、最初に江戸へ行けと指図を受けた。

4月29日　9540
徳川秀忠により、遠江国掛川藩3万石の松平隠岐守定勝（徳川家康の異父弟）(1560〜1624)、伏見周辺と高島・滋賀に新たに5万石を与えられ、初代伏見城代に任命される。山城国伏見藩（京都市伏見区）、立藩とされる。定勝次男・松平定行(1587〜1668)、掛川藩3万石を譲られ、2代藩主となる。
家康曰く、「伏見は天下枢要の地なるを以て、ここに在城せんと欲するも、思ふところありて駿府を座城とせしかば、伏見警護のためには、譜第勇敢の士を以て当たらしめ、武具兵糧を蓄えたり、若し不慮のことあらんには、汝固く守りて怠る勿れ」。

閏4月1日　9541
「**第二次江戸城の五層の天守閣が完成**」。
幕府、信越・関東・奥羽等の諸大名をして、江戸城天守及び石塁、本丸や堀を修築させる。
江戸城の工事は二代将軍秀忠や三代将軍家光へと引き継がれ、江戸城や江戸の町は更に大きく拡張された。このため家康当時の江戸城と、その後の江戸城は大きく異なる。また江戸の町造りもいっきに完成したものではなく断続的に行われた。やがて大江戸八百八町として、世界一の人口百万都市になるのは、更に年月を経た元禄(1688〜1704)以降といわれている。

閏4月6日　9542
朝鮮通信使ら、京を出て江戸に向かう。以後、江戸時代を通じて12回の通信使が来日し京都を経由して江戸へ向かった。

閏4月8日　9543
家康次男・結城秀康（越前国北ノ庄藩（福井藩）75万石）(1574〜1607)、北ノ庄において没。享年34。
北ノ庄藩士・永見右衛門長次と土屋左馬助昌春、殉死。

閏4月16日　9544
「**今度黄門可令供之由、遠而存之旨被聞食及候、沙汰之限候、至三河守（松平忠直）於取立者、忠節不浅思召之間、深可存其旨候也**」。
将軍秀忠、秀康御附家老・本多伊豆守(富正)(1572〜1649)宛に黒印状を送り、松平忠直に忠節を尽くすよう指示する。

閏4月20日　9545
是より先、幕府、美濃衆をして駿府城修築の用材を木曽に採らしめ、桑名代官水谷光勝をして、右用材を積送せしむ。
水谷九左衛門光勝は、家康最大の難とされる伊賀越え（本能寺変の時）の折、伊勢から三河への渡海に案内をしたといい、その後四日市代官、名古屋城築の作業奉行、山田奉行などを歴任した。

閏4月22日　9546
中納言秀康死去の報、江戸に達す。

閏4月24日　9547
「**中納言死去付而、追腹切、可令伴と申者有之由、被及聞召候、致其死易、立其主難と有之、若於有左様之意、則手置可被仰付候、中納言存忠輩者、加様之儀有間敷候、若於有之者、子孫迄可有御絶由、御意之旨候**」。
（殉死は沙汰の限りであり、生きて若い忠直(11歳)を守り立てることこそ忠節である。もしこの旨に背くなら越前は肝要の地であるから別の人間に与え（北ノ庄藩改易）、子孫まで絶家にする。殉死した者は一族すべて成敗（死罪）に処す）。

家康、黒印状をもって、越前年寄中の殉死を禁ずる。

慶長12	閏4月26日	「**尾張家の創始**」。家康九男・義利(甲斐国府中(甲府藩)25万石、後の徳川義直)(1601~1650)、死去した兄の松平忠吉(家康四男、秀忠の同母弟)(1580~1607)の遺跡を継いで、尾張国清洲藩(愛知県清須市)47万2千石に移封。甲斐は国主・城代不在の城番制に移行する(第一次甲府城番制)。 家康側室お亀の方(相応院)の兄・志水忠宗(1574~1626)が尾張藩の家老になる。義直自身は、家康死後の元和2年(1616)に尾張へ入国する。平岩親吉(1542~1612)が犬山城9万3千石を与えられて、清洲城を守り藩政を代行した。実質は家康の直轄地同然であった。家康は東海道をすべて譜代大名に入替え大坂の備えとしたが、尾張は重要拠点であったから松平忠吉の死により新城主の決定を急がねばならなかった。	9548
	閏4月26日	「朝鮮使節、初めて江戸来聘」。朝鮮使節、江戸馬喰町の本誓寺に到着。	9549
	閏4月27日	**秀康嫡男・松平忠直(1595~1650)、秀忠より秀康遺領75万石を相違なく知行充行を命じられ、即刻帰国、越前国北ノ庄藩(福井藩)75万石を継ぐ。**	9550
	閏4月28日	**イエズス会日本準管区長フランシスコ・パシオ(1554~1612)神父**、江戸へ行く途中、駿府で徳川家康に対面。そのとき城下には家臣・町人に多くのキリシタンがいたという。神父は将軍秀忠にも会見、江戸での布教を願い出た。	9551
	閏4月-	「於其地留候山鳥大鷹一居到来、喜」。家康、松浦源三郎(松浦鎮信(肥前国平戸藩初代藩主)(1549~1614)宛に書状を送り、大鷹の到来を謝す。	9552
	閏4月-	尾張犬山城の小笠原吉次(1548~1616)、2万8000石で下総国佐倉へ入封し、佐倉藩が再成立。	9553
	5月2日	家康(1543~1616)、大久保長安(1545~1613)を佐渡に派遣して、金山を監督させる。家康、佐渡の金銀産出が近頃落ちたとして、石見・佐渡奉行の大久保長安に調査を命じる。長安のもつ技術に陰りが見えはじめる。	9554
	5月2日	駿河国有度郡に3千石を領する久能城の城代・榊原清政(康政の兄)(1546~1607)、没。62歳。長男の榊原清久(後の照久)(1585~1647)、城番を継承し、のち同国有渡郡の地に石高1千8百石を賜る。 清政は侍大将となるが、病弱のため弟康政が陣代となることが多かった。岡崎信康の傅役となる。信康自刃後、その遺髪を自らの娘に託し、家康の元へ届けた。後悔の念により職を辞す。信康のために平岩親吉と共に駿河江浄寺を建立。信康を想い体調を崩すことがあったと言う。天正18年(1590)、康政と共に上州館林に移る。康政の没した慶長11年(1606)、武州忍城で冬の鷹狩りを楽しんだ家康は、病に臥す清政に使者を送る。病を気遣うと共に、駿府城に近い要害、久能城を守ることを命じた。「駿府城の本丸」として久能城の重要性を伝え、これまでの忠誠から清政の入城を望んだ。清政は一度は辞退するも、再度の要請に応え久能城守将三千石となる。慶長12年2月、久能城入城。家康は清政の病状を知ると、自ら久能城で見舞い、五千俵を与えた。直後の上洛でも途中、清政を見舞っている。	9555
	5月6日	「**日本と朝鮮、国交回復ー最初の朝鮮通信使**」。 回答使兼刷還使(朝鮮通信使)呂祐吉ら、初めて江戸城で、将軍徳川秀忠に接見し、国書(家康からの国書に対する返書)と進物を幕府に呈す。秀忠が返書し国交を回復する。	9556
	5月6日	後世に蟹江七本槍と賞された、徳川家臣阿部忠政(大久保忠次の子)(1531~1607)、没。76歳。	9557
	5月7日	「**慶長拾弐年丁未五月七日付摩利伽渡海朱印状**」。将軍秀忠、渡海朱印状。	9558

西暦1607

慶長12	5月11日	家康、秀康葬儀のあらましを聞き、「松平家は浄土宗である」と述べたため、越前家家臣の協議の結果、即刻、結城家菩提寺孝顕寺(曹洞宗)から改葬を決定。 この日、京都知恩院の満誉尊照上人を招いて導師とし、帰国した嫡男忠直(1595〜1650)が遺骨を改葬、法号を「浄光院殿森厳道慰運正大居士」と改める。葬地に寺を設けて浄光院(のち運正院)と命名。さらに高野山に分骨。	9559
	5月14日	回答使兼刷還使(朝鮮通信使)呂祐吉らら、江戸を発ち、駿府に向かう。	9560
	5月16日	「為端午之祝儀、生絹二到来、悦思」。家康、松浦法印(松浦鎮信)(肥前国平戸藩初代藩主)宛に御内書を送り、贈物到来を謝す。	9561
	5月20日	**回答使兼刷還使(朝鮮通信使)、徳川家康に拝謁。** 家康、宗対馬守(宗義智)の功労を賞せられ、自今領国より送使を遣わし、交易等に復すべき旨懇命あり。	9562
	5月23日	「同年(慶長12年)五月廿三日、本丸天守台径始」(『駿国雑記』)。 駿府城本丸天守台造営開始。	9563
	5月29日	回答使兼刷還使(朝鮮通信使)、京都紫野に着く。	9564
	5月一	「定 駿州府中町屋敷、永代其方扣」。家康、小坂井新左衛門に朱印状をもって定書を下す。小坂井新左衛門は、家康の臣下であったが、絵を描くのが巧みだったので、武士をやめ、軍旗やのぼり、纏 を製作するという。	9565
	6月2日	「此船来春帰朝之時、雖何之浦著岸不可有相違者也」。家康、るいすに朱印状。 貿易家の西宗真(類子ルイス)(？〜1646)は、その特異な貿易活動が徳川家康の目にとまり駿府で謁見。海外事情を話し、この日、来航許可朱印状を受けて活動を続けた。西宗真(キリスト教洗礼名、ルイス)は、肥前大村の領主・大村喜前の家臣として慶長から元和年間(1596〜1615)にかけて、徳川幕府の元で海外渡航の朱印を受けて度々渡航し、徳川家康に海外(呂宗(ルソン)現フィリピン)の様子を報告していた。元和2年(1616)頃から、長崎から堺に居住し、法華宗に改宗し、本受寺が西家の菩提寺となったそうだ。	9566
	6月2日	「慶長十二年六月二日付西類子あて朱印状」。将軍秀忠、るいすに朱印状。	9567
	6月2日	池田利隆(輝政の長男)(1584〜1616)、武蔵守に転任して松平姓を賜り松平武蔵守利隆と名乗る。慶長10年(1605)、従四位下侍従に叙任され右衛門督を兼任した(このときは豊臣姓)。同年9月に徳川秀忠の養女・鶴姫(福正院)(榊原康政の次女)(1594〜1672)を正室に迎えて幕府との関係を深めた。	9568
	6月11日	回答使兼刷還使(朝鮮通信使)、大坂から朝鮮征伐の時の俘虜の男女千三百四十余人を乗せ、朝鮮に戻る。	9569
	6月12日	彦坂光正、海野弥兵衛・朝倉藤吉宛に書状を送る。駿府城建築材の求めであろうか。	9570
	6月20日	「其許普請被入精之故、本丸出来悦思食候、炎上之時分、一入苦労候也」。 家康、黒印状をもって、駿府城修築の助役を行った丹波福知山城主有馬玄蕃頭(有馬豊氏)を労う。	9571
	6月20日	「其元普請被入精之故、本丸早々出」。 家康、黒印状をもって、駿府城修築の助役を行った、伊予松山城主加藤左馬助吉明(加藤嘉明)、生駒左近允を労う。讃岐高松城主生駒一正であろうか。	9572
	6月20日	「其許就普請被入精之故、本丸早々」。 家康、黒印状をもって、駿府城修築の助役を行った高橋右近(右近大夫、高橋元種)(日向縣城主)(1571〜1614)を労う。	9573

慶長12	6月20日	「自信州至遠㳒(州)懸塚舟路見立候付而、舟役之儀被仰付候也」。	9574
		家康、角倉了意(了以)(1554〜1614)に舟役朱印状を与える。諏訪より遠江県塚に至る天竜川の舟路を開けるに依り、舟役を許す。尋いで、同秀忠、之を許す。	
	6月26日	**家康、小西長左衛門・平野孫左衛門・松浦法印(鎮信)それぞれに対し、ルソン国宛に渡海朱印状発給。**	9575
	6月26日	**徳川幕府・秀忠、ルソン渡航の朱印を許可する。**	9576
	7月3日	「同年七月三日、本城方百廿間、其石垣高さ七間、或は九間、天守台成就、神宮移徙」(『駿国雑記』)。「**家康、修築成った慶長期駿府城に移る―大御所政治がはじまる**」。	9577
		徳川家康66歳(1543〜1616)が隠居の地と定めた駿府城、本城、天守台、殿閣悉く成就して、家康が本丸に移る。7日ともいう。本多正信(1538〜1616)は、江戸の将軍秀忠(1579〜1632)のもとに、子の本多正純(1565〜1637)は大御所家康のもとに、本多父子が江戸と駿府に分かれて幕政を指導するようになる。これより将軍政治(秀忠)と大御所政治(家康)の二元政治が始まる。	
		家康は、大御所として実権を握り、大名統制、朝廷統制などを強力に推進し、将軍秀忠は本多正信、大久保忠隣(1553〜1628)、酒井忠世(1572〜1636)、土井利勝(1573〜1644)、青山忠成(1551〜1613)、内藤清成(1555〜1608)などの新旧譜代の家臣に支えられ、江戸で主に幕府の組織作りを行うといった二元政治が行われる。大久保長安(1545〜1613)・伊奈忠次(1550〜1610)は二元政治の下で、大久保は駿府政権(大御所家康)、伊奈は江戸政権(将軍秀忠)に属し、各政権の中枢に参画する。	
		また、駿府城にも文庫を創設して、江戸城「富士見の亭」にあった金沢文庫本等が移したという。	
	7月3日	駿府での家康側近は、多彩な顔ぶれだった。外国人を自分のブレーンとして登用した大名は、数いる大名の中でも徳川家康ただ一人である。後藤庄三郎光次(初代)(1571〜1625)・茶屋四郎次郎(三代目清次)(1584〜1622)・亀屋栄任(?〜1616)・長谷川左兵衛藤広(1567〜1617)などの豪商ら、大久保長安・伊奈忠次・彦坂元正(?〜1634)・長谷川長綱(1543〜1604)の代官頭ら、天海(1536?〜1643)・金地院崇伝(1569〜1633)らの政僧、林羅山(1583〜1657)らの儒者、三浦按針(ウィリアム・アダムズ)(1564〜1620)・ヤン・ヨーステン(1556?〜1623)らの外国人まで加わる。政治の表舞台の裏で活躍したのが、家康側室・阿茶局(後の雲光院)(1555〜1637)。	9578
		家康は駿府城へ隠居した際は、江戸城蔵書の一部を持参して駿府城内にも文庫を設けた。	
	7月3日	駿府城城下の町割りもできて徐々に家臣たちも江戸から移ってきた。家康は、城下町駿府の整備のため彦坂九兵衛光政(1565〜1632)・畔柳寿学(?〜1626)を駿府町奉行に任し、町割りを完成させた。そしてこの町割りには、町年寄友野宗善(宗全)の力によるところも大きいと記されている。三人は「駿府城下町造り三奉行」と呼ばれた。後にキリシタンとなる原主水(胤信)(1587〜1623)や小笠原権之丞(家康の隠し子の一人とされる)(1589?〜1615)などが城下に屋敷を構えだした。	9579
	7月26日	池田照政(1565〜1613)、この日、「輝政」と名乗るとされる。	9580
	7月26日	美濃国大垣藩5万石の石川康通(1554〜1607)、没。享年54。子の忠義は幼少のため、なんと、伊豆梅縄に5千石の隠居料を与えられていた父・石川家成(1534〜1609)が、再び家督を継いで第2代藩主となる。	9581
	8月2日	「奉寄 久喜山 八幡宮 御領 下野國橘郷内七拾石事」。	9582
		家康、久喜山に判物発給して知行充行。久喜山八幡宮(栃木県栃木市大平町・西山田)である。	

西暦1607

慶長12	8月2日	「一尾州仕置之義、無遠慮可申付事」。家康、平岩主計頭(平岩親吉)(1542～1611)に、黒印状をもって尾張一藩の政務を委任する。 平岩親吉は、慶長8年(1603)徳川義直(家康の九男)(1601～1650)が甲斐25万石に封ぜられると、幼少かつ駿府にいる義直の守役・代理として甲斐統治を行った。 この年、義直が尾張藩主に転ずると、義直の附家老として尾張に移り、藩政を執行した。また犬山藩主として12万3000石を領した。	9583
	8月4日	勅額を賜るため、勅使として豊国社へ、武家伝奏の勧修寺光豊・広橋兼勝が参詣する。片桐貞隆(且元の弟)(1560～1627)が、秀頼の名代として参詣する。勅額受け取りのあと吉田兼見宅にて饗応あり。	9581
	8月17日	巳刻(9～11時)、明日の豊国祭につき、高台院(北政所おね)が豊国社へ参詣し、銀子5枚を奉納する。湯立を拝観の後、阿弥陀が峰の秀吉墓所へ詣でる。	9585
	8月28日	「慶長拾弐年丁未八月廿八日付安南国渡海朱印状」。将軍秀忠、渡海朱印状。	9586
	9月3日	**江戸城天守閣・石垣修築が完成。**	9587
	9月11日	遠江国横須賀藩(静岡県掛川市松尾町)開藩初代6万石の大須賀忠政(榊原康政の長男)(1581～1607)、没。享年27。 大須賀忠次(榊原忠次/松平忠次)(1605～1665)、3歳にして継ぐ。	9588
	9月18日	前田利長、駿府に赴きて徳川家康に謁し、後又江戸に行きて秀忠に見ゆ。	9589
	9月26日	「……悦思食候……」。家康、津軽為信宛に御内書を送り、贈物を謝す。	9590
	9月一	この月、徳川幕府、駿河国に初めて船倉を建て官船4隻を常備させる。	9591
	10月2日	龍造寺家当主を隠居した龍造寺政家(1556～1607)、没。55歳。大名としての龍造寺宗家は断絶。 幕府は、肥前国佐賀藩の実権を握る鍋島直茂(1538～1618)・勝茂(1580～1657)父子への禅譲を認める姿勢とり続けていた。勝茂は幕府公認の下、後を継いで佐賀藩の初代藩主となり、父の後見下で藩政を担う。	9592
	10月4日	和子(後水尾天皇中宮、明正天皇母、後の東福門院)(1607～1678)、将軍徳川秀忠と正室・お江の7番目の子(五女)として江戸城大奥に誕生。	9593
	10月4日	「今度駿府普請付而、其方入念堅申付故、差越候者共入精故、早速出来、感悦思食候也」。家康、加藤左馬介茂勝(嘉明)(1563～1631)に御内書(朱印)を送り、駿府築城の助役の労を謝す。	9594
	10月4日	「今度駿府普請付而、其方入念堅申付故、差越候者共入精故、早速出来、感悦思食候也」ら。 家康、脇坂中務少輔(脇坂安治)・毛利藤七郎(毛利秀就)・松平武蔵守(池田利隆)宛にそれぞれ御内書(黒印)を送り、駿府築城の助役の労を謝す。	9595
	10月4日	「慶長拾弐年丁未十月上旬付占城国あて国書案」。肥前国日野江藩(後の島原藩)4万石・有馬晴信(1567～1612)、将軍秀忠より占城渡海の朱印状を下賜さる。前年発給の家康書簡や贈呈品に、西笑承兌(1548～1608)の副状をつけ、占城への送付を下命さる。翌年、有馬晴信、家臣を南蛮船に同乗させ出航す。	9596
	10月6日	「自日本到柬埔寨舟也、右、慶長拾弐年丁未十月初六日」。家康、異国渡海朱印状。	9597
	10月13日	津軽国弘前藩初代4万7千石の津軽為信(1550～1608)の長男・津軽信建(1574～1607)、京・大坂に留まり、津軽家の外交をしていたが、京で病没。没年月日は異説あり。	9598
	10月14日	**大御所家康、駿府に移城後、初めて江戸に下り、生前分与として、将軍秀忠に金3万枚・銀1万3千貫目を贈る。**	9599

慶長12	10月17日	「今度駿府就普請早々人申付差越出来、祝著思召候也」。 家康、亀井武蔵守（茲矩）(これのり)(1557～1612)宛に、駿府就普請に尽力の感状（朱印状）を送る。	9600
	10月18日	大御所家康(1543～1616)、江戸城中で伊達政宗(1567～1636)・上杉景勝(1556～1623)・佐竹義宣(1570～1633)らを招いて茶会を催す。	9601
	10月18日	信濃国飯田城主小笠原秀政(5万石)(1569～1615)の室、徳川家康孫女、卒す。秀政、剃髪し、私に封地を子忠脩(1595～1615)に分与す。 松平信康（家康長男）の長女登久姫(とくひめ)(1576～1607)である。	9602
	10月28日	「同年十月廿八日、経始成就、五百夫悉く皈国」(『駿国雑記』)。 家康駿府城、8月15日には二の丸も半ばその工事を終え、この日、全て完成。	9603
	11月15日	9月より駿府にて関船（関所の船）を造営せしめ、長永丸と号す。徳川家康の御座船として用い、駿河国三ツ山御船蔵（有渡郡村松村）(静岡市清水区)に収蔵す。 大御所家康は権威を背景とし、駿府城天守の真下から清水港まで船で結ばれる計画を実現させた。これは現在の静岡の北街道の道路の真ん中には水路（現在は暗渠）があり、上土(あげつち)で巴川と合流し清水港に通じていた駿府城からの水路という。	9604
	11月26日	高台院（北政所おね）(1549？～1624)の姪、豊国社社務・萩原兼従(かねより)(1588～1660)と祝言をあげる。兼従実父は吉田兼治(かねはる)、母は細川幽斎(藤孝)の娘・伊也。	9605
	11月27日	養祖父・結城晴朝に養育される松平直基(なおもと)（五郎八）（結城秀康の五男）(1604～1648)、幕命により結城家を継ぐ。	9606
	11月一	これより先、家康の孫・虎松（松平忠昌）（結城秀康の次男）(1598～1645)、大御所家康の招聘により駿河国駿府城に参上して拝謁する。 この月、将軍秀忠にも拝謁した忠昌は、家康側室の英勝院の猶子となり、姉ヶ崎(千葉県市原市姉崎)に1万石を与えられ、上総国姉ヶ崎藩が立藩する。	9607
	12月一	この月、隈本新城完成。肥後国熊本藩52万石の加藤清正(1562～1611)、「隈本」という地名を「熊本」に改める。	9608
	12月5日	長男・津軽信建(1574～1607)に続いて、津軽国弘前藩初代の津軽為信(1550～1608)、京都で没。享年59。信建見舞いに訪れた京都で没。	9609
	12月10日	家康、幕府大番頭水野重仲(しげなか)(1570～1621)に朱印「知行方目録」を発給、常州の内一万石を知行充行。 水野重仲は、慶長11年(1606)家康の十男・徳川頼宣の後見を家康から託され、頼宣の家老となり、常陸国内に1万石を与えられた。幼少である頼宣に代わり、水戸藩では重央が国政に当たった。	9610
	12月10日	「常陸国下妻之内黒子村参千石、宛」。 家康、朝比奈兵衛尉に判物発給、常州に知行充行。家康の十男・徳川頼宣附きの朝比奈泰勝(1547～1633)であろうか。	9611
	12月12日	家康、江戸から駿府城に戻る。	9612
	12月12日	伊勢国田丸藩(三重県度会郡玉城町田丸)初代4万5千7百石の稲葉道通(みちとお)(1570～1608)、没。享年38。次男・紀通(のりみち)(1603～1648)が継ぐ。	9613
	12月13日	豊臣秀頼(1593～1615)が北野天満宮の社殿を造営し、この日、秀頼名代・片桐且元(1556～1615)が臨席して、正遷宮が行われる。この頃、秀頼による寺社の復興がさかんに行われる。	9614
	12月16日	家康により、仙洞御所の造営が成り、仮に皇居をこれに移す。	9615

西暦**1607**

慶長12	12月21日	板倉勝重(1545〜1624)と大工・中井正清(1565〜1619)、この日、禁裏の縄張をする。敷地は広大ながら後陽成天皇(1571〜1617)が不満の意を表したため決まらず。また、天皇が二条邸を新上東門院(国母、勧修寺晴子)へ譲る旨を突然表明し、醍醐寺義演、驚く。

9616

	12月21日	津軽信枚(1586〜1631)、京都より江戸へ到着し、幕府から跡目相続を許されるという。弘前藩家督は三男・信枚が継いだものの、翌年5月、故信建の嫡男・熊千代(大熊)(1600〜1622)が信建派の家臣に推されて為信の正嫡を主張し、幕府に裁定を求めるお家騒動が勃発する(津軽騒動)。 信枚の相続に反対する為信の孫大熊は、幕府年寄衆である本多正信・本多正純父子に対して、叔父信枚を廃して自分に津軽家相続の権利があることを主張して提訴した。その論拠は、為信死去後「惣領宮内」つまり信建が相続するはずだったが、信建が亡くなったため、信建の子で為信の嫡孫である自分に相続権があるというものであった。「惣領之筋目」を主張し、信枚の襲封を「庶子之国」となったとして非難している。

9617

	12月22日	「**慶長期一回目駿府城、焼失**」。 午前2時頃、本丸大奥よりの失火によって本丸の全ての建物が全焼。家康は、側近の竹腰小伝次正信(1591〜1645)邸に逃れ、翌日移った本多上野介正純(1565〜1637)邸にて年を越す。 「この夏新造したばかりの駿河城が、この日の夜から翌23日の朝まで燃え続け、悉く焼失する。家康・その子ら・及び上﨟女房衆は無事だが、下々の女房衆の消息は知れず。江戸や伏見から移した道具も焼失とのこと。なお、これにより禁裏の新造のため上京していた中井正清も27日朝に駿河へ向けて発ち、また醍醐寺の工事にあたっていた大工も28日朝に徴せられる。」と、義演准后日記は記す。

9618

	12月24日	「**慶長十二年丁未臘月廿四日付還邏渡海朱印状**」。将軍秀忠、渡海朱印状。

9619

	12月27日	**相国寺第92世・西笑(豊光寺)承兌(1548〜1608)、没**。享年60。 翌年から承兌の代わりに、主に宗教行政担当が三要(円光寺)元佶(1548〜1612)、外交文書係・金地院崇伝(1569〜1633)が、幕府に重用されることとなる。

9620

	12月28日	豊臣秀頼、駿河城火災の見舞いに伊茶局(淀殿侍女)を遣わす。

9621

	12月28日	大久保長安(1545〜1613)、駿府城修復用材の伐出を、木曽山村良勝等に命ず。

9622

	12月28日	将軍徳川秀忠、信濃国高島2万7千石諏訪頼水の子松千代丸に偏諱を与へて、忠頼(忠恒)(1595〜1657)と称せしむ。

9623

	12月29日	秀頼、駿河城火災の見舞いに、片桐且元(1556〜1615)を遣わす。

9624

	―	**この年、天海(1536？〜1643)、徳川家康(1543〜1616)に、比叡山の探題奉公に任命され、南光坊に住して延暦寺再興に関わるという**。 比叡山では内部の争いが起こり、徳川家康は比叡山を束ねる人材を求めたところ、天海の名が挙げられ、天海に比叡山東塔の南光坊在住を命じた。

9625

	―	この年、信濃国上田藩主真田信之、上野国沼田城に五層の天守を建造。沼田城の天守は、関東で数少ない天守の一つで、関東では五層の天守は、江戸城の天守と沼田城にしかなかった。

9626

慶長13	1月一	この月、織田頼長（有楽斎の次男）(1582～1620)、秀頼の命により年賀の使者として江戸におもむく。	9627
	1月1日	**家康、駿府城の全焼によって、城下の本多正純の屋敷で越年し、駿府に在府する諸大名は、この元旦、こぞって本多邸の家康に新年を賀す。**	9628
	1月2日	大久保長安(1545～1613)、駿府築城のため、木曽山村良勝・遠山友政に土井板の仕出しを命ず、 長安、山村良勝・遠山友政をして木曽よりの材木を伊勢桑名に送届けしむ。	9629
	1月11日	「自日本到西洋舟也、右、慶長第十三成申年正月十一日」・「自日本到安南国舟也、右、慶長十」。家康、角倉了以(1554～1614)に、安南（ベトナム）渡航の朱印を出す。	9630
	1月14日	**本多上野介正純(1565～1637)、父・本多佐渡守正信(1538～1616)宛に書状を送り、被災した駿府城のお見舞いの品として米沢の上杉景勝から千丁、直江兼続から三百丁の蠟燭が贈られ、正純から家康に披露されたことを記す。**	9631
	1月15日	三枝昌吉、山本正成、滝川忠征、佐久間政実、山城忠久ら幕府普請奉行連署の駿府城の再建普請が諸大名に発令される。	9632
	1月21日	「請取大はし田地八十三石うり候金事、合百四拾両」。家康、伊賀に金子請取状。頼宣家臣の芦沢伊賀守信重に宛てた家康の自筆請取状という。水戸領蔵入地財政は、家康が直接管理していたようだ。	9633
	1月24日	**徳川家康、放鷹の次、酒井忠利の田中城（静岡県藤枝市田中）に臨む。**	9634
	1月26日	武蔵国岩槻藩立藩2万石の前藩主・高力清長(1530～1608)、没。享年79。「関ヶ原の戦い」後は隠居し、嫡孫の高力忠房（岩槻藩2代）(1584～1656)に家督を譲っていたが、キリシタンには理解があったという。徳川の知恵袋といわれた三河三奉行の一人である。	9635
	2月12日	淀殿（茶々）(1569～1615)、朝廷に、白銀20枚・とんす十巻を進上する。	9636
	2月14日	「**家康、駿府城（慶長期二回目）再建をはじめる**」。この日、本丸の上棟式が行われる。	9637
	2月15日	徳川秀忠乳母・大姥 局((1525～1613)、秀忠の将軍就任の御礼と、秀忠30歳を記念して、自らの発願して池上本門寺に五重塔を寄進。	9638
	2月19日	**家康、天野久次（旧武田信吉家臣）(？～1621)に朱印状をもって常州内に1千石を知行充行。以下同、徳川頼宣家臣団である。**	9639
	2月19日	「常陸国那賀郡中河内村之内八拾八」。家康、能勢惣九郎に朱印状もって常州内に知行充行。	9640
	2月19日	「常陸国茨城郡谷田村之内百七拾壱」。家康、嶋崎五兵衛尉に朱印状もって常州内に知行充行。	9641
	2月20日	京の四条河原に遊女歌舞伎があり、数万人が群集する。「阿国かぶき」が評判を呼ぶと、六条三筋町の遊郭の楼主たちは遊女に男装させ、三味線を用い、五条河原に替わって新しい遊興地となった四条河原で贅を凝らした艶やかな「かぶき」を演じさせたという。	9642
	2月20日	「知行方目録 一（常州四カ村村高 七百五拾壱石六斗……以上参千石、常州八カ村村高…已上 弐千石加増、都合五千石 右宛行訖、全可領知者也」。家康、幕臣三浦長門守為春 (1573～1652)に朱印状をもって常州内に3千石を知行充行。為春は、慶長8年に徳川頼宣の傅役となり、朝比奈泰勝・天野久次と共に水戸にとどまったという。	9643

西暦1608

慶長13	2月20日	「常陸国茨城郡塩子村之内七百弐」。家康、朝比奈惣左衛門（泰勝）(1547〜1633)に朱印状をもって常州内に3千石を知行充行。	9644

2月25日 **将軍秀忠、知行安堵状を稲葉紀通(のりみち)(1603〜1648)に給す。父の死去により家督を継ぎ伊勢国田丸藩主となる。** 9645

2月26日 上杉景勝の策動による越後遺民一揆を鎮圧した越後国福嶋藩（高田藩）(新潟県上越市港町二丁目)の家老・堀直政(1547〜1608)、福嶋(高田)で没。享年62。
直政の死で、2代藩主・堀忠俊(1596〜1622)のもとで内紛が起こる。直政長男の堀直次(直清)(越後三条城主5万石)(1573〜1641)と、その異母弟の堀直寄(越後坂戸城主2万石と石蔵王堂城3万石)(1577〜1639)の2人が藩の主導権をめぐって争い始める。 9646

2月— この月、豊臣秀頼、曲直瀬道三(玄朔)(1549〜1632)に痘瘡の診察を受ける。寒気、発熱、頭痛の症状や熱が下がった後に赤色の痘が見られだしたこともが記されている。道三、「神功散」を処方する。福島正則も大坂に上り看護に当る。 9647

2月— この月、刈屋(刈谷)城主・水野日向守勝成(1564〜1651)、かぶき女を率いて上洛、聚楽に勧進興行を催す。慶長6年(1601)に勝成は従五位下に叙任され、明智光秀と同じ「日向守」を名乗る。光秀以来名乗るものがなかったが、勝成は、逆に日向守を欲したという。以後はその勇猛さから「鬼日向」と渾名されたという。この年、勝成は、備中国成羽(岡山県高梁市成羽町)から妻子(お登久と勝俊)を呼び寄せ、同年、水野勝重(後の勝俊)(1598〜1655)は、徳川秀忠(1579〜1632)に仕えることになる。 9648

2月— この月、角倉与一(素庵)(1571〜1632)、嵯峨で出版を始め、「伊勢物語」を刊行する。「嵯峨本」、「角倉本」とも呼ばれ、また本阿弥光悦(1558〜1637)が協力したとされることから「光悦本」とも呼ばれる最初のものである。 9649

3月3日 高台院おね(1549？〜1624)、曲直瀬道三(玄朔)の豊臣秀頼への疱瘡治療に関して礼状を送る。疱瘡・痘瘡はいづれも、天然痘 9650

3月11日 「慶長期二回目駿府城本丸御殿等完成」。突貫工事のすえ、竣工した駿府城の屋形に、家康(1543〜1616)がこの日、移る。駿府城普請奉行の小堀政一(遠州)(備中松山の代官)(1579〜1647)、駿府城修築の功により従五位下遠江守に叙任される。以後この官名により、「小堀遠州」と呼ばれるようになるという。 9651

3月18日 **将軍徳川秀忠、仙石秀久(信濃小諸藩初代藩主)(1552〜1614)の江戸の邸に臨む。** 9652
慶長5年(1600)信濃に徳川秀忠が着陣するとこれを単騎で出迎え、真田攻めの為に小諸を本陣に定めた秀忠軍に参陣した。上田城の戦いで城方の真田昌幸の善戦により秀忠軍が足止めを食うと、秀久は自身を人質に出して秀忠は家康の本陣に向かう様に勧めた。小諸から家康隊に向かう秀久隊の殿軍も務めたという。また関ヶ原本戦に遅参して父の逆鱗に触れた秀忠を執り成す事にも務めるなど、外様ながら秀忠の指揮を補佐して深い信頼を得て、後に秀忠が家康の世継ぎとして征夷大将軍に任ぜられると特に重用されるようになる(準譜代大名)。所領面では旧領を安堵され、幕藩体制において信濃小諸藩の初代藩主となった。幕府からの信頼は篤く、豊臣恩顧の大名達の中で尚且つ一介の外様大名としては過分とも言える程の待遇で扱われており、秀忠付という名誉職を賜わったという。秀久が江戸に参府する時は例外的に道中の妻子同伴が許され、必ず幕府からの上使が板橋宿まで迎えに来ていたという。

3月19日 「稲葉蔵人跡職之儀、如前々被仰付迄、彌将軍ぇ可抽忠勤者也」。 9653
家康、知行安堵朱印状をもって、伊勢田丸城主・稲葉蔵人道通(1570〜1608)の次男・稲葉大夫紀通(のりみち)に家替を相続させる。

慶長13	3月25日	安芸国広島藩(安芸・備後49万石)の福島正則(1561〜1624)の養嗣子・福島正之(1585〜1608)、餓死。享年24。母は福島正則の姉。 正則は実子忠勝(1598〜1620)に家督を継がせたいと考えており、次第に正之と疎遠になり、慶長12年(1607)、正則から「近頃は乱行を行うなどして狂疾である」と幕府に訴えられ、幽閉処分に処されていた。慶長12年冬、福島正則は、嫡子正之の乱行を見かね、徳川家康に言上のうえ、これを殺すともある。	9654
	3月27日	黒田筑前守長政(52万3千石福岡城主)、家老黒田美作守一成(1571〜1656)を大坂城に派遣し、秀頼疱瘡快復祝儀の進物を贈る。	9655
	4月18日	池田輝政の次男(実は五男とも)・松平(池田忠継)(1599〜1615)と新次郎(忠長、忠雄)(輝政の三男)(1602〜1632)、徳川秀忠の御前で共に元服し、松平姓を賜り、秀忠の偏諱を下賜される。母は徳川家康の次女・督姫である。	9656
	4月28日	「右大臣豊臣朝臣　正三位行権中納言藤原朝臣光豊宣奉　勅件人宜令任左大臣者慶長十三年四月廿八日　大外記中原朝臣師生奉」(『押小路家文書』)。 豊臣秀頼、左大臣に任じられるという。	9657
	4月一	故福島正之の室(満天姫(1589?〜1638)としていた徳川家康の養女を、家康のはからいでその実父松平康元(家康の異父弟・下総関宿藩主)(1552?〜1603)の実家に引取らせる。	9658
	5月1日	真田信之ら信濃諸大名、将軍秀忠に物を贈る。	9659
	5月27日	「本国伊須波二屋之帝王、当国呂宋為守護、拙夫江被仰付、今度致渡海候、然者前々於守護人、御懇意(之段)共令承知候、到」・「当国呂宋為守護、従本国伊須波二屋、今夏令渡海候之処、先年之至守護人、御貴殿御懇情之段承知仕、大慶不斜候、於拙夫御同意可恭候、向後弥々為可申談、黒船壱艘相渡候、」。 呂宋(ルソン)の新守護(フィリピン総督ロドリゴ・デ・ビベロ)より徳川家康と秀忠宛に書簡と礼物が奉呈される。先任の守護の時のように通好とバテレン保護のことを願う。	9660
	5月一	**家康、駿府に集まった女歌舞伎や娼妓を追放し、安部川町に居住を許可する。**	9661
	6月3日	**家康(1543〜1616)、伊賀上野藩(三重県伊賀市)20万石の筒井定次(1562〜1615)を、「筒井騒動」を理由に突然改易する。**その身柄は、陸奥国磐城平藩10万石の鳥居忠政(元忠の次男)(1566〜1628)のもとに預けられる。伊賀上野藩は廃藩。その後、上野は藤堂高虎(1556〜1630)が領有、伊勢国津藩の一部に組み込まれる。慶長7年(1602)筒井家を去った中坊秀祐(英祐)(1551〜1609)は、この頃、筒井定次の不行跡を家康に訴えた。秀祐がこのような訴訟を行った理由は家康との裏取引があったためといわれており、筒井氏改易後に幕臣として取り立てられ、奈良奉行に任じられている。また、大和国吉野郡で3500石の知行が与えられたという。	9662
	6月16日	喜佐姫(結城秀康の次女、松平忠直妹)(1597〜1655)、越前より発足して江戸へ向かう。徳川秀忠の養女となった喜佐姫は、毛利秀就(1595年〜1651)に嫁ぐ。	9663
	6月23日	豊臣秀頼、鞍馬寺毘沙門堂を再興し、この日の寅刻、百五〜六十年ぶりに開帳される。導師は尊朝(青蓮院之門跡)。なお、この再興には家康の同意があったというと、「舜旧記」は記す。	9664
	6月一	本多忠勝(1548〜1610)、井伊直継(直勝)(近江彦根藩2代藩主)(1590〜1662)らと共に、筒井定次の伊賀国没収につき伊賀上野城(三重県伊賀市上野丸之内)を請取る。	9665
	7月1日	秀頼、上醍醐御影堂を再建する。	9666

西暦1608

慶長13	7月5日	佐渡奉行大久保長安（1545〜1613）、敦賀の道川氏に、佐渡での六枚櫂の船1艘の櫂役を免除。道川氏は、三国（福井県坂井市）の森田三郎左衛門（のち弥五右衛門）という。	9667
	7月6日	「日本国 源家康　呂宋国太守 足下　近年到其国日本人、作悪逆輩者、如呂宋法度可被致成敗候、於日本無隔心任此印札可被申付候、仍可申付候、仍状如件、」。 家康、フィリピン総督宛に朱印状発給。	9668
	7月14日	家康に外交文書担当として用いられた金地院崇伝（1569〜1633）、初めて将軍秀忠（1579〜1632）の前で、ルソンからの書簡を読み上げる。	9669
	7月17日	「幕府、延暦寺に寺領五千石を寄附し、尋で法規七ケ条を定む」。 秀忠、江戸へ下向した延暦寺に対し、寺領宛行状・寺領目録を発給、法規七ケ条を定める。	9670
	7月17日	慶長8年（1603）、長州藩初代藩主（37万石）・毛利秀就（1595〜1651）と婚約した喜佐姫（結城秀康の娘、松平忠直妹）（1597〜1655）、この日、徳川秀忠の養女として江戸城から毛利邸へ入輿。幕府よりは、秀忠側近の酒井忠世（1572〜1636）・土井利勝（1573〜1644）が供する。	9671
	7月21日	「賀茂松下鞠之弟子取事、無例之由、」。 幕府、家康朱印状をもって、飛鳥井宰相（飛鳥井雅庸）（1569〜1616）の訴えにより、これに蹴鞠道を免許し、8月6日には賀茂松下 の私に弟子を取る者を禁じる。	9672
	7月21日	「為音信硫黄二千斤到来、喜悦候也」。 家康、薩摩少将（島津家久）（1576〜1638）に印判状をもって、贈物到来を謝す。	9673
	7月25日	「自日本到暹邏舟也、右、慶長十三」。家康、渡海朱印状。	9674
	7月25日	「自日本到柬埔寨国舟也、右、慶長」。家康、渡海朱印状。	9675
	7月―	「日本国　源家康　回章 柬埔寨国守殿」。家康、渡海朱印状。	9676
	7月―	「対呂宋商船、狼藉之儀、堅被停止之訖、若於違背之輩者、速可処厳科之旨、依仰下知如件、」。対馬守（安藤重信）・大炊頭（土井利勝）が、相模国浦賀宛に定書を発給、ルソン商船の保護を命じる。	9677
	8月6日	「日本国　源家康　報章 呂宋国太守　足下　芳書落手、巻舒圭復、如書面従伊須波二屋、為呂宋国守渡海、珍重至祝、如前々不可有疎遠、然而今歳被着船於相州浦川津、欣悦不浅、抑如貴国者、上下安寧、人民相親、諸邦懐其恵者也、本邦亦正法度、……」。 徳川家康、呂宋（ルソン）新守護（フィリピン総督）宛に、返書と制札（朱印状）を送る。	9678
	8月6日	「近年到其国日本人、作悪逆輩者、如呂宋法度可被致成敗候、於日本無隔心任此印札可被申付.候、仍可申付候、仍状如件、」。 家康、呂宋（ルソン）新守護（フィリピン総督）宛に印判状。	9679
	8月6日	「日本国　源家康　復章 柬埔寨国主浮」。家康、渡海朱印状。	9680
	8月6日	「日本国　源家康　回報 柬埔寨国王舅」。家康、渡海朱印状。	9681
	8月6日	「蹴鞠道之儀、賀茂松下弟子取事無」。 家康、飛鳥井宰相に判物発給。徳川将軍家は飛鳥井家を鞠道家元と認定し、名足の誉が高く、その門に少ならぬ門弟を集めた上賀茂社の松下氏の弟子取りを禁止した。	9682
	8月8日	「比叡山延暦寺領近江国志賀郡之」。 家康、駿府に下向した山門三院執行代に対し、宛行状を発給。	9683

慶長13	8月8日	「比叡山法度事 一 山門衆徒不勤学道者住坊不可叶事、但従再興住僧幷坊舎建立之人一代、雖為非学可有用捨也、一 雖勤学道…」。 家康、比叡山に対し、黒印状を以って全七か条の法度を下す。	9684
	8月10日	「就火事、為音信、畳之面千帖・松坂」。 家康、宗瑞(毛利輝元)宛に書状を送り、見舞い品物到来を謝す。	9685
	8月10日	「就火事、為音信、蠟燭千挺到来、」。 家康、米沢中納言(上杉景勝)宛に書状を送り、見舞い品物到来を謝す。	9686
	8月10日	「就火事、松板百五十間到来、喜悦候」。家康、松浦法印(鎮信)宛に書状を送り、見舞い品物到来を謝す。慶長10年ともいう。	9687
	8月10日	「就火事、椀・折敷百人前到来、喜」。 家康、高橋右近(右近大夫、高橋元種)(日向縣城主)(1571~1614)宛に書状を送り、見舞い品物到来を謝す。	9688
	8月10日	「就火事、畳之面五百帖・児嶋酒十」。 家康、松平武蔵守(池田利隆)に書状を送り、見舞い品物到来を謝す。	9689
	8月10日	「就火事、風呂・釜共五厳到来、喜悦」。 家康、中川修理亮(中川秀成、豊後岡城主)(1570~1612)宛に書状を送り、見舞い品物到来を謝す。	9690
	8月10日	「就火事、手燭三十到来、喜悦候也」。 家康、福原越後守(広俊、13代当主)宛に書状を送り、見舞い品物到来を謝す。	9691
	8月10日	「就火事為音信、砂糖二千斤到来、」。 家康、薩摩少将(島津家久)宛に御内書を送り、見舞い品物到来を謝す。	9692
	8月10日	「蘭二本遠路到来、一段喜悦候也、」。 家康、薩摩少将宛に印判状を送り、贈物到来を謝す。	9693
	8月10日	「就火事為音信、鉄千貫目到来、喜」。家康、稲葉彦六宛に書状を送り、見舞い品物到来を謝す。稲葉彦六は、豊後臼杵城第2代藩主稲葉典通である。	9694
	8月12日	飛騨高山藩初代(6万1千石)の金森長近(1524~1608)、伏見にて没。享年85。異説あり。法名・金竜院要仲素玄。墓は大徳寺塔頭金龍院。大徳寺龍源院に「天正十一年九月九日喜蔵(金森可重)とりつき」と刻字された古銃が残されている。養嗣子・可重(1558~1615)が、飛騨1国3万8千石を継ぐ。美濃国上有知藩(岐阜県美濃市小倉山)など2万3千石は、実子の金森長光(1605~1611)が継ぐ。可重養父・長近所有とされたこの銃は、現存する国産火縄銃の中では最も古い部類に入る。孫が金森宗和(重近)(金森可重の長男)(1584~1657)である。	9695
	8月18日	この月、将軍秀忠(1579~1632)、大御所家康の移城を祝賀するため江戸を発ち、この日、駿府に登城。	9696
	8月20日	「再建駿府城の七重の天守が上棟」。 上棟式には家康・秀忠父子が揃って臨む。勅使、太刀・馬代等を下賜。慶長15年に五重七階、あるいは六重七階の天守が完成という。その天守台は、石垣の上端で約55m×48mという城郭史上最大級の規模であったという。	9697
	8月20日	「今度駿府江差下普請之者共、入精」。 家康、駿府城普請の中川修理進(豊後岡城主中川秀成)、稲葉彦六(豊後臼杵城主稲葉典通)、嶋津右馬頭(日向佐土原城主島津以久)に、それぞれ感状。	9698
	8月22日	駿府城三之丸にて家康による秀忠饗応能がある。	9699

西暦 **1608**

慶長13	8月24日	伊勢国安濃津藩(津藩)7万石の富田信高(？～1633)、伊予国宇和島藩12万石へ加増移封。宇和島藩立藩。9月15日、伊予板島城(愛媛県宇和島市和霊町字亀次)に転封ともいう。
	8月24日	**「日本国征夷大将軍源秀忠 呈報　呂宋国主 麾下　粂翰圭復披閲、抑黒船壹隻、海上無其煩得順風、而不日到着于相州浦川津、至祝至泰、吾邦風俗以直道為心、若有不直者則戒之刑之、以故市易相伝、公平之外無他、莫労思慮、先年之来船亦海路風静而帰着、於本邦之示諭珍々重々、……」。** 徳川秀忠、フィリピン総督宛に返書を送る。
	8月25日	徳川家康、駿府城で徳川秀忠を饗応。
	8月25日	秀忠、家康の九男・徳川右兵督(徳川義利、のちの義直)(1601～1650)へ尾張一円を与える領知判物を出す。検知が終わり47万石強と算定。後に、美濃や知多等を合わせて61万9千五百石となる。
	8月25日	伊予国今治藩初代で江戸城修築で加増、20万石となった藤堂高虎(1556～1630)は、今治周辺の越智郡2万石を飛び地とし、伊賀一国並びに伊勢8郡22万石に加増移封を徳川家康に命じられ、伊勢国安濃津藩(津藩)を領することになる。 高虎は、9月に伊賀上野城に入城し、10月には安濃津城(津城)に入城する。高虎は翌年、両城を修築する。この転封は、家康が進める大坂包囲網の一環であるという。越智郡2万石は、養子である高吉(丹羽長秀の三男)(1579～1670)が今治城主となり継ぐ。その際2万石には不用の天守閣は解体し、大坂まで運び、慶長15年(1610)丹波国亀山城(京都府亀岡市荒塚町)に移築した。
	8月26日	徳川家康(1543～1616)・将軍秀忠(1579～1632)、江戸増上寺住職・源誉存応(慈昌)(1544～1620)を駿府城に招き、仏法について講義させる。
	8月26日	高台院(北政所おね)(1549？～1624)の兄・木下家定(備中足守藩初代)(1543～1608)、没。 姫路城主時の関ヶ原の戦いでは、東軍・西軍のどちらにも属さず中立を保ち、妹の高台院の警護を務めた功績を徳川家康に賞賛され、戦後、備中足守(岡山市北区足守)に2万5千石の所領を与えられていた。次男・利房(1573～1637)は、父家定の死後、兄勝俊(長嘯子)(1569～1649)と父の遺領を巡って家督を争った結果、遺領は勝俊が継いだともされるが、結果、慶長14年(1609)に徳川家康に没収され、慶長15年(1610)3月、浅野長晟に与えられる。しかし、利房は大坂の陣の戦功により、元和1年(1615)に備中足守2万5千石の大名として復活。なお、利房の法号の円徳院は、そのまま高台寺の塔頭の名前に使われている。
	8月27日	駿府浅間神社にて四座立合能が催される。家康・秀忠が見る。
	8月—	この月、薩摩藩初代77万石の島津家久(忠恒)(1576～1638)、琉球王・尚寧(1564～1620)に使者を送り、再び、王も幕府へ挨拶にくるよう促す。また、幕府が明との貿易再開を望んでいるのでと、斡旋を依頼する。が、応答がない。
	9月1日	勅使が駿府に登城して太刀・馬代を下賜し、移城を祝賀する天皇の勅書を伝える。家康、勅使を饗応。
	9月3日	駿府を発ち、江戸に向かう徳川秀忠、駿河清見寺に宿す。
	9月6日	**家康、源誉存応より五重血脈を受ける。五重相伝・血脈(宗脈)相承を受けたとされる。**
	9月12日	**移城の公式行事を終えた家康、駿府を発つ。**
	9月15日	幕府、小石川伝通院の造営を始める。

9700
9701
9702
9703
9704
9705
9706
9707
9708
9709
9710
9711
9712
9713

慶長13	9月18日	家康、途中放鷹しながら武蔵の府中に到り、将軍秀忠と対面し、その日に江戸に入る。 9714
	9月22日	多武峰寺破裂の慰撫のため、勅使として梵舜(豊国廟の社僧で吉田兼見の弟)(1553〜1632)を派遣。 9715
	9月23日	家康、生母を葬る江戸小石川の伝通院に参詣して寺領300石を寄進。 9716 伝通院は、多くの堂塔や学寮を有して威容を誇り、最高位紫衣を認められ、増上寺に次ぐ徳川将軍家の菩提所次席となった。増上寺・上野の寛永寺と並んで江戸の三霊山と称された。境内には徳川氏ゆかりの女性や子供(男児)が多く埋葬されており、将軍家の帰依が厚かったとされている。
	9月下旬	本多正信、フィリピン総督宛に書状を送る。来日を勧めたようだ。 9717
	9月一	この月、常陸国笠間藩3万石の松平康重(1568〜1640)、5万石で丹波国八上藩(兵庫県篠山市八上)に入る。かわって、下総国佐倉藩2万2千石の小笠原吉次(1548〜1616)、常陸国笠間藩(茨城県笠間市)3万石に加増移封。 9718
	10月1日	西軍に通じたと疑われ、関ヶ原の戦い後は、近江国飯道寺(滋賀県甲賀市水口町三大寺)に隠棲した木食応其(1536〜1608)、没。享年73。 9719
	10月4日	「成菩提院領之事 近江国坂田郡柏原之内百五拾石、全可寺納、幷山林竹木境内門前、諸役令見許訖、」。 9720 家康、近江の成菩提院(滋賀県米原市柏原)に対し、黒印状を以って寺領宛行。
	10月4日	「成菩提院法度之事 一天下安全御」。 9721 家康、近江の成菩提院に対し、黒印状を以って七か条の法度を下す。
	10月4日	「大山寺実雄碩学頭之事 相模国中」。家康、相模大山寺(神奈川県伊勢原市大山)の実雄法師に対し、黒印状を以って学問料五十七石を賜う。実雄は、家康に信任を得、寺院政策にも影響力を有していた高野山遍照光院頼慶の弟子であった。 9722
	10月4日	家康、この早々の平癒を「奇特」(霊験)であると褒した直状を吉田兼治(1565〜1616)へ送る。 9月、吉田兼治と、その子・萩原兼従(1588〜1660)は、多武峰(現談山神社)での祈禱に臨んだ。これは前年7月3日に破裂を起こした大織冠尊像(藤原鎌足像)を平癒するためのものである。一夜の祈禱で尊像の平癒に成功した、という知らせは朝廷のみならず、徳川家康へも届けられた。 9723
	10月10日	本多正純、徳川家康の意を受け、暹羅(シャム)国左右大臣宛に書簡と鎧を送り、家康所望の鉄砲贈呈の催促をする。また塩硝をも求む。 9724
	10月26日	陸奥国弘前藩2代藩主・津軽信枚(1586〜1631)、駿府城殿閣竣工につき、大御所徳川家康へ小袖を贈る。 9725
	11月12日	徳川秀忠の伽衆となっていた土方雄久(芳春院まつの甥)(1553〜1608)、没。享年56。墓所は功運院(京都市北区等持院北町)。家督は長男の雄氏(1583〜1638)が継いだが、雄氏は伊勢国菰野藩(三重県三重郡菰野町)初代1万2千石の大名としてすでに独立していたため、父の旧領・能登国石崎(石川県七尾市)と下総国田子(多古)(千葉県香取郡多古町)1万5千石の所領は、慶長14年(1609)2月、秀忠の近習だった次男・雄重(1592〜1629)が継ぐ。 9726
	11月15日	「知行分事、伊賀国一円拾萬五百四」。 9727 家康、藤堂和泉守(藤堂高虎)(1556〜1630)に知行充行状。藤堂高虎は、伊賀国内と伊勢鈴鹿郡・安芸郡・三重郡・一志郡内で5万石を加増され計23万石となり、津城主に転封する。この転封は、大坂表非利の際は家康は伊賀上野城へ引取、秀忠は近江彦根城に入りの防御の配慮であったといわれる。

慶長13	11月15日	「慶長宗論ー慶長13年11月15日〜慶長14年2月20日」。	9728

江戸幕府、江戸城において、浄土宗の英長寺・廓山(1572〜1625)らと日蓮宗の妙満寺・日経(1551〜1620)と宗論させる。

結果、法華宗(日蓮宗)が敗れ、日経らは袈裟を剥ぎ取られる。宗論は、徳川家康(1543〜1616)が日蓮宗を服従させる道具という役割を担う。

家康は直前に日蓮宗側の論者(日経)を家臣に襲わせた。日蓮宗側は瀕死の重体で宗論の場に臨まされ、一言も答えることができず、浄土宗側が勝利した。

(慶長の法難、その後日経とその弟子は投獄、拷問を受け、翌年京都六条河原で耳切り・鼻そぎの刑に処せられる)。

この不法な家康のやり方に怒った日遠は身延山法主を辞し、家康が禁止した宗論を上申した。これに激怒した家康は、日遠を捕まえて駿府の安倍川原で磔にしよう(駿府の法難)としたため、家康側室お万の方(1577〜1653)は家康に日遠の助命を嘆願をするが、家康は聞き入れなかった。

すると、熱心な日蓮宗の信者お万の方は「師の日遠が死ぬ時は自分も死ぬ」と、一緒に処刑されるための、日遠と自分の2枚の白装束を縫う。これには家康も驚いて日遠を放免した。

このお万の方の勇気はかなりの話題になったようで、後陽成天皇も感動し、「南無妙法蓮華経」と七文字書いたご宸翰を、お万の方に下賜されたという。

11月22日	**家康の奏請によって江戸芝増上寺を勅願寺とする。**	9729

増上寺は、住持の常紫衣と勅願所の綸旨を受けた。

11月ー	この月、家康により、山城国伏見藩初代5万石・初代伏見城代の松平定勝(徳川家康の異父弟)(1560〜1624)は、所領を伏見近隣に1万石、近江国滋賀・高島2郡に4万石に改められる。有事に備え城米2万石を賜る。	9730

11月ー	下総国佐倉藩の2万8000石小笠原吉次(1548〜1616)、常陸国笠間3万石に移封される。佐倉藩は再廃藩。	9731

12月2日	家康、江戸を発つ。	9732
12月8日	**家康、駿府に帰城。**	9733
12月8日	**幕府、御触れで、金一両＝永一貫文＝鐚四貫文の御定相場を公布。**	9734
12月20日	「為歳暮祝儀小袖二重到来、喜悦思」。	9735

家康、中村伯耆守(中村一忠)(1590〜1609)宛に書状を送り、歳暮祝儀到来を謝す。
中村一忠は、この年、家康から松平姓を与えられた。

12月24日	下総国佐倉藩千葉県(佐倉市周辺)2万2千石の小笠原吉次(1548〜1616)、常陸国笠間藩(茨城県笠間市)3万石に加増転封。	9736
12月26日	鷹司信房(1565〜1658)、関白職を退任。	9737
12月26日	九条忠栄(後の幸家)(1586〜1665)が、関白に任官し、完子姫(羽柴小吉秀勝とお江の娘)(1592〜1658)は従三位北政所となる。なお「完子」という諱はこのとき選定されたものともいう。	9738
ー	この年、幕府、伏見銀座所を京両替町に移すともいう。	9739
ー	**この年、家康を補佐する本多正純(1565〜1637)、3万3千石で下野国小山に入り、小山藩(栃木県小山市)が立藩。**	9740

西暦 1609

慶長14	1月1日	**豊臣秀頼、駿府城に使いを送り、家康に歳首を賀す。**	9741
	1月2日	幕府、市中での一季奉公(年季奉公)と、浪人・百姓の振売(品物を直接客に売り歩くこと)を禁止する。	9742
	1月5日	常陸国下妻藩(茨城県下妻市下妻甲)10万石の鶴千代(後の徳川頼房)(家康の十一男)(1603〜1661)、従四位下左衛門督となる。	9743
	1月7日	**家康、尾張国清洲に向けて駿府城を発つ。酒井忠利の田中城に臨む。**	9744
	1月7日	「慶長宗論―慶長13年11月15日〜慶長14年2月20日」。宗論に敗れた日蓮宗の妙満寺・日経(1551〜1620)、宗論に勝ったと偽ったとして、捕えられる。	9745
	1月11日	**「慶長十四年己酉正月十一日付暹羅渡海朱印状」。将軍秀忠、渡海朱印状。**	9746
	1月11日	**「自日本到交趾国舟也、右、慶長拾」。家康、渡海朱印状。**	9747
	1月11日	**「一自日本到東京国舟也、右、慶長」。家康、渡海朱印状。**	9748
	1月11日	**「一自日本到呂宋国舟也、右、慶長」。家康、渡海朱印状。**	9749
	1月11日	**「一自日本到ゝゝゝ也、右、慶長」。家康、渡海朱印状。**	9750
	1月11日	**「一自日本到呂宋国舟也、右、慶長」。家康、渡海朱印状。**	9751
	1月11日	**「自日本到ゝゝゝ也、右、慶長十」。家康、渡海朱印状。**	9752
	1月17日	勅使が大坂城の豊臣秀頼の元に派遣され、太刀・馬を贈る。公家衆・門跡も、大坂城に伺候して新年の祝詞を述べる。	9753
	1月19日	家康九男・義利((後の徳川義直)(1601〜1650)、駿府城を発ち、清洲に向かう。	9754
	1月20日	「慶長宗論―慶長13年11月15日〜慶長14年2月20日」。江戸の「慶長宗論」で、法華宗が敗れる。よってこの日、幕命により洛中法華寺院より詫証書を徴す。	9755
	1月20日	常陸国真壁藩(茨城県桜川市真壁町)5万石を隠居料として与えられ、家康に近侍する浅野長政(1547〜1611)、近江国神崎郡5千石を従来通り領すべき旨の判物を賜る。	9756
	1月25日	**家康、途中放鷹を楽しみながら、駿河田中、遠江中泉・浜松、三河吉良・岡崎を経て、この日、九男義利(後の徳川義直)を同道して尾張国清洲に到着。義直のはじめての領国入りである。** そして、これは、一昨年没した四男忠吉のあと、尾張清洲に47万2千石で入封した義直の新たな居城(名古屋)の城地を検分するためでもあった。	9757
	1月一	**「家康、方広寺大仏殿再建着手」。**この月、家康(1543〜1616)、豊臣秀頼(1593〜1615)に、方広寺大仏殿の再度復興を勧める。	9758
	1月一	**この月、家康、香木を求めて占城に書簡と銀を送る。** 占城は、現在のベトナム中部に存在したチャム族の国家。	9759
	1月一	この月、下総国山川5千石の松平越中守定綱(松平定勝の三男)(1592〜1652)、下総結城郡山川領内1万石を加増され、下総山川藩(茨城県結城市)を立藩。	9760
	1月一	「津軽騒動」。長男の故津軽信建(1574〜1607)が西軍派だったのに対し、三男・信枚(1586〜1631)は東軍派であったため幕府は信枚を支持。 この月、本多正信(1538〜1616)・正純(1565〜1637)父子は、信建の嫡男・熊千代(大熊)(1600〜1622)に毎年百両を与えるよう信枚に命じ、信枚が家督(弘前藩2代)を相続することを認める。	9761

西暦1609

慶長14	2月2日	清洲城に代わる新城造営地を調査した大御所家康（1543〜1616）、尾張国名古屋新城の築城・名古屋遷府を決める。名古屋（那古野）、古渡、小牧の三候補地の中から選んだという。家康、この日、名古屋御城御経営之奉行として、佐久間政実（1561〜1616）・山城忠久・滝川忠征（木全彦次郎）（1559〜1635）を、御普請奉行として、村田権右衛門・牧長勝（1562〜1635）を命ず。 9762
	2月2日	「請取金子之事 合百五拾弐両者」。 家康、千賀与八郎に金子請取状。師崎水軍の千賀重親という。 9763
	2月4日	清洲城に滞在した家康、尾張国清洲を発つ。 9764
	2月11日	家康、駿府に帰城。 9765
	2月18日	筑後国柳川藩初代32万5千石の田中吉政（1548〜1609）、江戸参府の途中、伏見で没。享年62。遺骸は、金戒光明寺（京都市左京区黒谷）と真勝寺（福岡県柳川市新町）に葬られ、西翁院（同黒谷）と真勝寺を菩提寺とする。4月、四男の忠政（1585〜1620）、跡を継ぐ。 9766
	2月19日	上方諸大名の人質、駿府から江戸へ移される。 9767
	2月20日	「慶長宗論ー慶長13年11月15日〜慶長14年2月20日」。捕えられた日蓮宗の妙満寺・日経（1551〜1620）、この日、弟子6人と共に、京都六条河原において、耳鼻削ぎの刑に処せられる。家康は京の法華宗二十一寺に対して、「念仏無間」を唱えないとする証文を2月29日に京都所司代へ提出させた。 9768
	2月21日	琉球国は永享年中より島津家に進貢し、豊臣太閤の時に、琉球よりの交易の為、薩州へ渡海して朝貢した。明の皇帝がこれを聞き、琉球の日本への通貢をやめさせた。その後10余年薩摩への進貢がなかった。島津家久（忠垣）が、徳川家康に奉賀せよと命じたが従わなかった。よって島津義弘・家久は、山口直友を通じて出兵の意志を伝えた。この日（徳川）両公から義弘・家久へ許可の旨命ぜられる、 9769
	2月26日	幕府から琉球征服の許可を得た薩摩藩初代77万石の島津家久（忠垣）（1576〜1638）、家臣樺山久高（1558〜1634）に琉球出兵を命令。 9770
	2月28日	松平正久（正綱）（1576〜1648）・秋元泰朝（1580〜1642）・板倉重昌（1588〜1638）、駿府にて近習出頭人となる。 9771
	2月—	この月、徳川家、伊勢神宮造営のため6万俵を献上。 9772
	3月4日	常陸国水戸藩25万石の徳川頼将（後の頼宣）（家康の十男）（1602〜1671）、駿府にて能を舞う。徳川家康は、黒田長政（筑前国福岡藩初代52万3千石）、寺沢広高（肥前国唐津藩初代12万石）にも、能を見物させる。 9773
	3月5日	「知行方目録 伊勢国一志郡美濃田」。家康、山中八蔵宗俊に知行充行朱印状。 9774
	3月5日	「知行方目録 伊勢国一志郡次ヶ瀬」。 家康、渡邊孫左衛門久勝（？〜1620）に知行充行朱印状。 9775
	3月5日	「当山寺屋敷并門前、足尾村神主社人寺人」。 家康、日光山座禅院・同衆徒に黒印状。徳川家康、日光山の所領について、黒印状を下付。 9776
	3月18日	「富山大火」で富山城も焼け、加賀藩主隠居の前田利長（1562〜1614）、魚津仮屋敷に退避。利長は、大御所家康と将軍秀忠に火災の報告と、関野（高岡）に築城の許可を貰う。 9777
	3月25日	薩摩藩島津家臣・樺山久高ら、沖縄本島北部の運天に上陸。陸路、海路から一路、首里城を目指す。 9778

慶長14	3月26日	常陸国笠間藩3万石の小笠原吉次(1548～1616)、私曲連座によって改易される。その後、武蔵国都筑郡池辺村(神奈川県横浜市都筑区池辺町)にて余生を送る。笠間藩は、一時天領となる。	9779
	4月1日	**徳川家康の命令により、山口直友(1544～1622)から島津家久・義弘宛に書翰を送り、琉球国が治まるまで参府しないよう達する。**	9780
	4月2日	督姫(家康次女、池田輝政室)(1565～1615)、子の池田忠継(1599～1615)・忠雄(1602～1632)・輝澄(1604～1662)を連れ、駿府に上がる。総勢5千人余りの大行列だったという。3人の息子はこのとき、8歳の徳川頼宣と共に能楽を演じたとされる。そのまま督姫と息子たちは5月5日まで滞在したという。	9781
	4月3日	慶長11年(1606)から造営の相国寺三門(山門)が成り、慶讃式が挙げられる。	9782
	4月3日	筑後国柳川藩32万5千石の田中吉政(初代藩主)(1548～1609)亡き跡、この日、四男の忠政(1585～1620)が襲封する。これに対する吉政次男・康政(筑後福島城(福岡県八女市本町本町)守将)の反抗、藩主対家老、譜代家臣対国侍の対立という形で、「お家騒動」が起こる。	9783
	4月5日	**島津軍、首里城を攻略。**島津軍の前に琉球王・尚寧(1564～1620)、降伏。薩摩藩初代77万石の島津家久(忠垣)(1576～1638)は、これにより、琉球を薩摩藩の属領とした。	9784
	4月6日	**「不慮之火事出来候而、居城悉焼失之由、不及是非居城普請之義何方にても其方次第候、御気遣有之間敷候定而将軍より右之分にて可有之候、爰許も火事之時分取乱候間其地之義推量申候　謹言」**(不慮の大火が起こって、富山城も悉く焼失したそうだが、それはやむを得ないことだ。新城建築の場所については、どこでもあなた次第だから、気遣いはいらない。江戸の将軍秀忠にも必ずその様にさせる。私も駿府城に火事が起こった時は大変に取り乱したので、そちら富山城のご様子はご推察している)。駿府の大御所徳川家康、魚津の越中中納言(前田利長(1562～1614)宛に、火事見舞い状を送る。家康、射水郡ण्इमの(高岡市)に、新城築城を許可。利長は通称「羽柴肥前守」。豊臣秀吉から下賜された羽柴の名前で呼ばれていたが、家康の書状では利長を「越中中納言殿」と呼んでいる。利長は慶長3年(1598)に従三位権中納言に叙任されていたが、翌年には辞している。家康は、秀吉から下賜された羽柴の姓を使いたくなかったようだ。	9785
	4月8日	**本多忠勝(伊勢国桑名藩本多家初代10万石)(1548～1610)、昨年より患っていた眼病により、嫡男・本多忠政(1575～1631)に家督を譲って隠居。**	9786
	4月10日	**「其地火事出来、無心元候条、以使」**。徳川家康、再び越中中納言(前田利長)に書状をもって使を遣わして罹災の事情を徴し、与ふるに衣服・夜具を以てす。	9787
	4月24日	徳川秀忠、家康の孫娘を母に持つ、小笠原秀政の次女・千代姫を養い、豊前細川忠興の子・忠利(1586～1641)に嫁がせる。この日、千代姫(保寿院)(1597～1649)は、豊前国中津城(大分県中津市二ノ丁)に輿入れした。	9788
	4月24日	前田利長、徳川家康に返牒して、先に火災慰問の為に物を賜はりたるを謝す。	9789
	4月27日	家康、駿府城三之丸にて慰み能。28日も。	9790
	4月―	樺山久高等から島津家久に勝利の旨が報告され、この月、家久は使いを出して徳川家康に報告する。	9791
	5月1日	駿府城三之丸にて慰み能。	9792
	5月1日	**「或不勤学道之僧、或形儀不律之侶可除在寺、并境内可被禁止武士郎従以下之居住」**。将軍秀忠、江戸下向の照高院興意に対し、三井寺(園城寺)寺務関し条規発給。	9793

西暦1609

慶長14		
5月1日	**将軍秀忠・幕府、聖護院に修験道法度を下す。**この寺院法度により、聖護院を本山とする本山派、醍醐の三宝院を本寺とする当山派に二分する。	9794
5月3日	若狭国小浜藩初代9万2千石の京極高次（1563～1609）、小浜で没。享年47。高野山奥の院には大津城で討死した22名の家臣を供養する石碑が、慶長五年庚子九月十三日の日付と共に残っている。お江（後の崇源院）（1573～1626）の次姉・初（1570？～1633）は、夫が亡くなると剃髪・出家して「常高院」と号す。	9795
5月11日	「米子城騒動」の伯耆国米子藩17万5千石の中村一忠（1590～1609）、急没。享年20。忠一ともいう。子が居たが跡継ぎがいないとされ、表向きには、中村家は無嗣断絶となる。久貝正俊（1573～1648）・弓気多昌吉（1571～1626）、鵜殿兵庫介長秀らが、城地受取のため、派遣される。	9796
5月11日	京極忠高（浅井初の養嗣子、生母は吉原殿）（1593～1637）、人質として江戸に下っていたが、父高次が没したため、江戸を発ち、その跡を継ぎ、若狭国小浜藩2代となる。	9797
5月14日	島津軍、本田親政（？～1639）・蒲地休右衛門尉を在番奉行として残し、琉球王・尚寧（1564～1620）を連れ、琉球を出帆。	9798
5月17日	将軍秀忠、藤堂和泉守邸に御成。能がある。	9799
5月25日	**ポルトガル船マードレ・デ・デウス号、2年ぶりにマカオから長崎に来航する。**長崎の港湾を管理する村山等安（？～1619）は、直ちに肥前国日野江藩（後の島原藩）4万石・有馬晴信（1567～1612）に、このことを急信。慶長14年2月、ポルトガル領マカオに寄港した晴信の朱印船の水夫が、酒場でデウス号の船員と乱闘となって、晴信側の水夫60名ほどが殺害され、積荷まで略奪されるという事件が起きていた。慶長14年2月、幕府は有馬晴信に対して台湾の偵察を命じていた。	9800
5月25日	琉球王・尚寧（1564～1620）らを捕えた島津軍、凱旋帰国する。	9801
5月27日	「三井寺領事、近代寺務之分全不可」。家康、継目御礼で駿河下向の照高院興意に対し、三井寺（園城寺）寺務関し判物発給。	9802
5月27日	対馬の宗氏と李氏朝鮮との間で、貿易に関する「己酉約条」が締結されるという。月日は異説あり。宗氏は特送船を含めて20隻の歳遣船を朝鮮に派遣できることを認められる。	9803
5月一	**東インド会社、2隻の船をオランダから日本に出航させ、この月、ポルトガル船マードレ・デ・デウス号を追い、平戸に入港し、貿易を求める。**	9804
5月一	この月幕府、私鋳銀を防止して慶長金銀の流通を計るため、「諸国銀子灰吹並びに筋金吹分」を禁止する。同年9月には灰吹、銀の輸出を禁止して銀座が鋳造した丁銀の輸出に代えた。	9805
6月1日	「自日本到暹邏国舟也、右、慶長拾」。家康、渡海朱印状。	9806
6月1日	**駿府城、本丸女房局から失火し、火災に見舞われる。幸い火は食い止められたが、煙草の火の不始末による失火という。徳川家康は激怒し、禁煙令を出す。そして下女2名を火炙りに、下女2名を流罪とした。**	9807
6月一	**家康、駿府城下の地子（宅地税）を免除する。**	9809
6月一	この月、幕府、出羽国上杉家30万石の内、10万石の軍役を免除する。	9810
7月1日	中井正吉（中井正清の父）（1533～1609）、没。享年77。天正11年（1583）、大坂城の築城に加わり、慶長3年（1598）、方広寺大仏殿の作事には大和国の大工棟梁を束ねる司を務めた。	9811

慶長14	7月4日	「宮中乱交事件(猪熊事件)慶長14年7月4日〜慶長16年4月」発覚。	9812

調査され、解官・蟄居、女房衆は親元へ預けられる。宮中女官五名と烏丸光広(1579〜1638)ら公家衆七名の乱交の手引きをしていた猪熊教利(1583〜1609)は、京都所司代の追及を恐れて九州へ逃亡する。典薬(医師)兼康頼継(1585〜1609)も出奔した。後陽成天皇(1571〜1617)は逆鱗し、5人の禁中女中衆らは里に預けられ、関係公家の官位を停止し、所司代へ勅使を立て、その処分を幕府に問う。

	7月7日	「琉球之儀、早速属平均之由注進候、手柄之段、被感思食候、則彼国進候条、弥仕置等可被申付候也」。「至琉球差越人数不経日数輩討捕之其上国王就降参近日至其国可為着岸ノ旨尤仕合候、尚本田佐渡守可申候也」。	9813

家康、琉球征伐を賞し、薩摩藩初代77万石の島津家久(忠垣)(1576〜1638)による琉球支配を認める黒印状を出す。本多正信・本多正純父子からも返翰がある。琉球9万4千石である。

	7月7日	「日本国 源家康、報章 呂宋国主 麾下 来書披見、忻然、抑本邦之人等、……」。	9814

呂宋(ルソン)人、円光寺(三要)元佶(1548〜1612)が同道し駿府に登り書簡と礼物を献上する。これより先に制札を下賜されしことを謝し、バテレンの保護を願う。本多上野介正純・後藤少三郎光次が取り次ぐ。
よってこの日、徳川家康、呂宋国王宛に返書を出す。

	7月14日	「宮中乱交事件(猪熊事件)」。	9815

将軍秀忠の使者・板倉内膳正重昌(1588〜1638)が参内する。

	7月14日	「畑を吸とて火をあやまつもの多ければなり」。徳川家康、「禁煙令」を出す。	9816

その後も、同15年、同17年、元和元年(1615)、翌年と立て続けに禁煙令を発布する。慶長6年(1601)、ブルギーリョスを含めた修道士3人が、徳川家康に謁見。その時病に臥せていた家康に、治療薬としてタバコを献上したという。
タバコは当初、薬草として消毒や止血などに用いられていたが、そのうち嗜好品として広がっていくようになった。寛永期(1624〜)から喫煙自体は許される。
家康は、タバコが吸わなかったようだ。
「家事と喧嘩は江戸の華」と言われるように、江戸ではたびたび火事が発生したが、そのいくつかはタバコの火の不始末が原因だったようだ。また、喫煙の習慣が定着すると、人々は高価な煙管(キセル)や煙草入れを求めるようになったのそうだ。

	7月14日	幕府、伏見城在番の条規を定める。	9817
	7月15日	「下野国高田専修寺住持職之事、并」。	9818

家康、高田専修寺堯真僧正御坊に対し、判物発給。

	7月16日	オランダ国王使節ジャックス・スペックス、平戸から駿府に達する。	9819
	7月18日	**オランダ国王使節ジャックス・スペックス、駿府で家康に拝謁。**	9820

オランダ使節に対して家康は自由貿易を許可し、必要に応じて現金の援助なども約束した。家康は、中国産生糸など日本に必要な輸入品を購入するための資金を渡して日本に運搬させる役割を、オランダ人に期待していたという。

	7月19日	美濃国黒野藩(岐阜市黒野)主・加藤貞泰(1580〜1623)、2万石の加増を受け、2郡6万石で伯耆国米子藩(鳥取県米子市久米町)に入部する。黒野藩は、廃藩。	9821
	7月19日	伊勢亀山藩(三重県亀山市)3万石の関一政(1564〜1625)、伯耆国米子17万5千石の中村一忠の急没に伴い、伯耆国黒坂藩(鳥取県日野郡日野町黒坂)5万石に加増移封される。黒坂藩、立藩。	9822

慶長14	7月19日	幕府、公定相場で、金1両、銀50目、銭4貫文と定める。江戸幕府は金1両＝銀50目＝銭4貫文（4000枚）という御定相場を定めた。	9823
		だが、東西間の経済活動が活発化するにつれて民間での金相場・銀相場は変動を生じさせ、幕府の定めた御定相場が形骸化するようになる。	
	7月25日	「半世紀続いたポルトガル、スペイン両国の日本貿易独占は、終わりを告げる」。	9824
		「日本国主源家康復章 阿蘭陀国主殿下」。「おらんだ船、日本江渡海之時、何之津え、雖ㇻ着岸、不可有異儀候、向後守此旨、可被往来、聊疎意有間敷候也、仍如件」。	
		（おらんだ船が日本へ渡航してくる時には、どこの浦へ着岸するとしても、相違のないようにすること。今後はこの趣旨を守り、実儀なく往来されるように。少しも疎意はあってはならない。以上の通りである）。	
		家康、ちゃくすくるうんへいけ宛てに朱印状。徳川家康、オランダ国王からの貿易の求めに対して返書と刀一振を送り、渡航のための朱印状4通を与える。オランダ船の来航と安全を保障し、また来航地と商館設置場所の自由を与える。オランダ国王に貿易許可の朱印を与え、商館を平戸に設置させる。	
	7月25日	「知行方目録 一摂津国豊嶋郡椋橋」。	9825
		家康、大嶋茂兵衛・大嶋久左衛門に黒印状。大島茂兵衛光政（1563〜1622）は、父の遺領を兄弟で分け与えられ、自身は摂津国豊島郡、美濃国加茂郡・池田郡・武儀郡内の4710石を得る。大島久左衛門光俊（1572〜1618）は、摂津国豊島郡、美濃国席田郡上保村1113石8斗1升9合946・加茂郡下迫間村386石1斗7升9合993・大野郡・内の計3250石を分与される。	
	7月25日	「日本人天川津江寄船候ニ付て、其」。	9826
		家康、天川湊年寄中に朱印状。中国広東省のマカオ年寄中という。	
	7月27日	三河国作手藩（愛知県新城市作手）（1万7千石）の松平忠明（1583〜1644）、伊勢亀山藩（三重県亀山市）6万2千石に加増移封。作手藩は廃藩となる。	9827
		忠明は、徳川氏の重臣・奥平信昌の四男で、母は徳川家康の長女・亀姫（盛徳院）。	
	7月29日	豊臣恩顧大名の一人、安芸国広島藩主福島正則（49万8千石）（1561〜1624）、広島城修築のことで家康の不興を買ったのを憚り破却する。毛利家から報告を受けた幕府より城の破却を命じられたともいう。	9828
	7月一	「宮中乱交事件（猪熊事件）」。この月、織田頼長（信長弟 ・ 有楽斎の次男）（1582〜1620）、公家猪熊教利の逃亡を助けて処罰され、豊臣家を去り、牢人となるという。家康からは剃髪と越前への流罪という処罰を言い渡され、秀頼への出仕も停止となった。当然、織田有楽斎（長益）（1547〜1622）の激怒を受け勘当された。	9829
		頼長はこの頃より、徳川家に対し逆恨みを抱く様になったという。	
	8月4日	「宮中乱交事件（猪熊事件）慶長14年7月4日〜慶長16年4月」。**徳川家康は、板倉内膳正重昌に大沢基宿を添えて参内させた。家康、猪熊教利らの捕縛を全国に命ずる。**幕府は教利に対する逮捕令を諸国に下し、捕らえ次第京都所司代に引き渡すよう厳命した。	9830
	8月16日	幕府、豊国社に禁制を掲げる。	9831
	8月22日	「オランダ、平戸に商館を建設」。	9832
		幕府から貿易を許可された東インド会社、肥前国平戸藩3代6万3千石 ・ 松浦隆信（宗陽）（1592〜1637）の指示によって平戸オランダ商館を設置。実質的に実権を握り続けたのは、祖父で平戸藩初代藩主の松浦鎮信（1549〜1614）であった。	
	8月25日	「一自日本到暹邏国舟也、右、慶長」。家康、渡海朱印状。	9833

慶長14	8月28日	東寺年預坊に「定 一東寺・高野互以横入交衆、可有学問相続、若無学之仁於汚学室者、学者之住持可入替之事」、醍醐寺に「醍醐寺諸法度 一東寺・高野互以」。高野山衆徒中に「一於上通之古跡者、学問次第可相」。関東諸寺家中に「関東真言宗古義諸寺家中法度事」。 徳川家康、黒印状をもって、東寺・醍醐寺・紀州高野山の各寺院宛法度と、関東諸寺に関東古義真言寺院法度を発布。高野山遍照光院頼慶の家康への要請でなされたという。 「寺院法度」は各宗、各寺別に出され、主として金地院崇伝がその任にあたった。内容は、(1)学問儀礼の奨励、(2)本寺末寺制度（末寺は本寺の下知に従うなど）の確立、(3)僧侶の任官・昇進などの幕府奏聞（みだりに勅許を受けることの禁止）、(4)悪僧徒党の追放などであった。寛文5年(1665)には、従来の個別の諸法度に代えて各宗共通の『諸国寺院御掟』9ヵ条が制定された。	9834
	8月29日	「定 一従前不動上者、永代清僧結」。 徳川家康、黒印状をもって、相模大山寺別当八大坊に3ヶ条の寺院法度を下す。当時の大山寺（神奈川県伊勢原市大山）は、戦国時代の名残から僧兵や山伏たちの巣窟となっていた。家康は武力を一掃して人事を刷新し、寺領100石を寄進した。	9835
	8月―	この月、下総国山崎藩（千葉県野田市山崎）1万2千石の岡部長盛(1568～1632)、丹波亀山藩（京都府亀岡市）3万2千石に加増移封。丹波亀山藩が再立藩。山崎藩は廃藩。	9836
	9月1日	**徳川家康、高台院（北政所おね）に預けられていた木下家定（おねの兄）の遺領（備中足守2万4千石）を没収する。** 幕府が遺領を子の勝俊（長嘯子）(1569～1649)・利房(1573～1637)に分与したが、勝俊がこれを独占したことからという。	9837
	9月3日	前フィリピン臨時総督ドン・ロドリゴ・デ・ビベロ、マニラからスペイン船サン・フランシスコ号でメキシコへの帰途、暴風で上総岩和田（千葉県夷隅郡御宿町）に漂着。地元住民らの救助で乗組員373名のうち、前総督以下317名の命が救われたという。 一行は、上総国大多喜藩（千葉県夷隅郡大多喜町）主(5万石)・本多忠朝（本多忠勝の次男）(1582～1615)の歓待を受け、後に江戸城に立ち寄り、**40日程後の10月頃駿府城で家康と会見する。家康は、鉱山技師の招聘をビベロに要請する。**	9838
	9月7日	**徳川家康、「宮中乱交事件」取り調べの京都所司代板倉勝重(1545～1624)に、山城国相楽郡・綴喜郡・久世郡、近江国伊香郡内で9800石余を給付し、総じて16610石を領させ、大名に引き上げる。**	9839
	9月13日	加賀藩主隠居の前田利長(1562～1614)、越中国射水郡「関野」を「高岡」と改め、未完成の高岡城（富山県高岡市古城）に入城。 縄張（設計）は、当時の前田家の客将だった高山右近(1552～1615)とされている。	9840
	9月13日	「知行方目録 一大和国山辺郡之内」。 家康、奥田三郎右衛門忠次(1574～1615)に黒印状をもって安堵状。慶長6年(1601)4月15日、死去した父奥田忠高の遺領、大和国山辺郡と紀伊国名草郡2800石という。	9841
	9月14日	**徳川家康、造営勧進朱印状を出す。伊勢神宮であろうか。**	9842
	9月16日	「宮中乱交事件（猪熊事件）慶長14年7月4日～慶長16年4月」。 猪熊教利は8月中に潜伏先の日向国において供の阿少による裏切りで、延岡城主・高橋元種により召し捕られた。この日に一間四方の籠に入れられて京都に護送された後は二条に収監される。	9843

西暦1609

| 慶長14 | 9月16日 | 丹波国八上藩(兵庫県丹波篠山市八上)5万石・松平康重(1568～1640)の丹波国篠山藩5万石に移封に伴う天下普請で、慶長13年4月より進められた丹波国篠山城(兵庫県篠山市北新町)、この日、落成する。康重は、故松平康親の長男だが、徳川家康(1543～1616)の落胤説がある。幕府は、福島正則ら西国十三ヶ国の大名に丹波篠山築城を命令した。 | 9844 |

9月21日 　**伊勢神宮御造替のため、徳川家康より米六万俵進献される。この第42回目の遷宮を境に20年周期になり「式年遷宮」と呼ばれるという。** 9845

9月23日 　「宮中乱交事件(猪熊事件)慶長14年7月4日～慶長16年4月」。
駿府から戻った所司代板倉勝重、事件に関わった公卿8人・女官5人・地下1人に対して処分を発表。死罪2名、配流10名、恩免2名。
関係者全員死罪を主張しながら、周囲の説得により手ぬるい幕府の処分案に同意せざるを得なくなった後陽成天皇(第107代)は、ままならぬ状況に絶望し、これ以降しばしば譲位を口にするようになる。 9846

9月23日 　駿河国田中藩(静岡県藤枝市)1万石の酒井忠利(1559～1627)、加増2万石で、兄・重忠の上野国厩橋藩転封から8年の番城を経た武蔵国川越藩に移封。尋て酒井忠利を江戸城留守役に補し軒兼て老職の班に列す。
田中藩は、駿府藩主となった徳川頼宣と、その実父・大御所家康の支配下となる。 9847

9月27日 　**駿河国清水新殿成功により、徳川家康が渡御する。** 慶長12年(1607)家康は、有渡郡下清水村(静岡市清水区岡町)に清水御殿を造営し、同14年(1609)竣工し同年9月27日に訪れた(「駿清遺事」)。この建物は「御浜御殿・清水御殿・下清水御殿・烈祖殿」などの呼び名があった。御殿は時の駿府城主徳川頼宣(駿遠55万石領主)が、父家康のために建てた別荘とされる。
家康は江戸の白拍子を呼んで能に興じ貝島御殿(三保貝島)まで舟遊びを楽しんだという。この他にも三保には貝島御殿・富士見櫓もあったという。これらの別荘地を回り、家康は御座船に乗って折戸湾の遊覧を楽しんだ。しかし、慶長16年(1611)4月6日に付近よりの火災で浜御殿は焼失(『駿国雑誌』)。『駿国雑誌』によると、「神祖御機嫌斜ならずして、渡御あり」とあり、殊のほか三保遊覧を楽しんだのだろう。家康が他界すると、その他の御殿も取り壊された。 9848

9月27日 　木下家定(おねの兄)の遺領の件で、高台院おね執事・孝蔵主(？～1626)が、駿府に召しだされる。 9849

9月29日 　「松平忠頼殺害事件(9月29日～10月16日)」。
遠江国浜松藩開藩5万石の松平忠頼(1582～1609)、従兄弟・三河水野藩主・水野忠胤(？～1609)の江戸藩邸茶会で、家臣の刃傷沙汰に巻き込まれて斬り殺される。これにより桜井松平家は改易された。日は異説あり。 9850

9月一 　この月、直江兼続(1560～1619)、上杉景勝(1556～1623)の命により、弟大国実頼の娘・阿虎を養女に迎え、継室として直江勝吉(本多政重)(1580～1647)に嫁す。 9851

9月一 　**「西国大名、大船所持を禁止される」。**
この月、幕府、西国諸大名が500石積み以上の大船を所有することを禁止する。家康は海外進出を途絶させようとした。幕府は、西国大名の五百石積み以上の大船を没収する。家康は、淡路島に廻漕させ九鬼守隆(志摩国鳥羽藩初代5万6千石)(1573～1632)に管理させる。 9852

9月一 　淡路国洲本藩3万3千石の脇坂安治(1554～1626)、この月、伊予国大洲5万3千5百石に加増移封される。大洲藩(愛媛県大洲市)立藩。 9853

慶長14	9月一	幕府、貿易の支払に品位の高い南鐐銀の使用を禁止する。南鐐二朱銀（なんりょうにしゅぎん）は、江戸時代に流通した銀貨の一種で、初期に発行された良質の二朱銀を指す。	9854
	10月2日	呂宋（ルソン）人、駿府に登り徳川家康に拝謁し、書簡と礼物を献上す。	9855
	10月6日	**「日本国源家康回章 呂宋国太守庵」・「呂宋船のひすはんやへ渡海之時分」。**家康、「せれら しゆあん ゑす」に朱印状。家康、2日に拝謁を受けた呂宋（ルソン）人に書簡（印判状）と着岸許可の朱印状を交付す。また島津義弘も書簡を送る。	9856
	10月16日	「松平忠頼殺害事件（9月29日～10月16日）」。信長の娘（母は側室お鍋の方）である於振の夫・三河水野藩主 ・ 水野忠胤、「忠頼殺害事件」により、家康の命により改易・切腹。	9857
	10月17日	「宮中乱交事件（猪熊事件）慶長14年7月4日～慶長16年4月」。家康（1543～1616）、「宮中乱交事件」の猪熊教利（1583～1609）を上京の上善寺で斬刑に処す。さらに鴨川の河原で、禁裏出入りの牙医・兼康頼継が斬首となる。	9858
	10月18日	「知行目録 一大和国添下郡之内城」。家康、中井大和守正清（1565～1619）に黒印状をもって1000石に加増。大工棟梁中井正清は、これまでに、知恩院御影堂、瀬田橋二条城所々、江戸城、後陽成院御所、駿府城などを手掛けた。	9859
	10月19日	家康無二の忠臣といわれ、亡くなった息子を継いだ、美濃国大垣藩2代の石川家成（1534～1609）、没。享年76。日は異説あり。石川忠義11歳はまだ幼少であったため、後を、家康の命で、外孫で養嗣子なった石川忠総（大久保忠隣の次男）（1582～1651）が12月に継ぐ。慶長10年頃、石川宗十郎は、徳川秀忠より名前の一字を拝領して、忠総を名乗った。	9860
	10月26日	**家康、江戸に下向するために駿府を発ち、途中放鷹を楽しむ。**	9861
	10月27日	**「松平忠輝生母の茶阿局の取り成しもあり、家康は忠輝（ただてる）を罰しなかった」。**長沢松平家宗家に入嗣した松平忠輝（家康六男）の付属大名・信濃国飯山藩4万石の皆川広照（1548～1628）、忠輝のもとで敏腕を振るっていた家老 ・ 花井吉成（？～1613）を讒言したため、徳川家康の怒りを買い、改易される。忠輝老臣皆川広照・山田重辰らは、忠輝の不行跡を徳川家康に訴えた。是日、家康、山田重辰に切腹を命じ、皆川広照を改易した。	9862
	初冬中浣	「呂宋国商船、至濃毘数蛮国渡海之」。家康、加飛丹世連良恵安恵須気羅に渡海朱印状。	9863
	10月29日	「当寺門前境内山林地子銭・人足等」。家康、鞍馬寺に朱印状。	9864
	11月1日	「宮中乱交事件（猪熊事件）慶長14年7月4日～慶長16年4月」。徳川家康、「宮中乱交事件」に介入し天皇の極刑を望む意向を違え、宮中女官5名を伊豆新島に流す。「猪熊事件」の家康介入は、女院や女御の助命工作があった。	9865
	11月5日	**家康、伊豆三島で発病し、急遽駿府に引き返す。26日全快。**	9866
	11月8日	「宮中乱交事件（猪熊事件）慶長14年7月4日～慶長16年4月」。家康、この日から10日にかけて、事件にかかわる公家衆を、蝦夷・隠岐・硫黄島・伊豆など流罪に処す。	9867
	11月16日	**大御所家康、駿府において、名古屋新城の築城・名古屋遷府を正式に発令。幕府は、福島正則ら西国・北国の諸大名に名古屋築城を課す。**	9868
	11月21日	**秀忠、東寺と高野山衆徒に法度を発布。**高野山遍照光院頼慶の要請であった。	9869
	12月一	「宮中乱交事件（猪熊事件）慶長14年7月4日～慶長16年4月」。この月、事件の寛大な処分に不満の後陽成天皇（1571～1617）、譲位の意向を示す。	9870

西暦**1609**

慶長14	12月一	この月、丹波国八上藩(兵庫県篠山市八上)5万石の松平康重(1568~1640)、5万石で完成なった丹波国篠山城に入る。篠山藩(兵庫県篠山市北新町域内)、立藩。	9871
	12月2日	直江兼続(1560~1619)の嫡男・直江景明(1594~1615)、本多正信(1538~1616)の媒酌で、近江国膳所藩(滋賀県大津市丸の内町)3万石の戸田氏鉄(1576~1655)の娘と結婚。上杉景勝(1556~1623)は喜び、直江兼続父子及び新婦に祝儀を下賜。	9872
	12月9日	「岡本大八事件ー慶長14年12月9日~慶長17年5月6日」、はじまる。慶長14年2月、マカオに寄港した有馬晴信の朱印船の水夫が、ポルトガル船マードレ・デ・デウス号の船員と乱闘となって、晴信側の水夫60名ほどが殺害され、積荷まで略奪されるという事件が起こった。肥前国日野江藩(後の島原藩)4万石・有馬晴信(1567~1612)は、徳川家康に報復の許可を願い出た。晴信は、この日、逃げよう出航したマードレ・デ・デウス号を小舟で包囲攻撃し、3日後12日には沈没させてしまった。この時、晴信の目付役として同行していたのが、家康の側近・本多正純(下野国小山藩3万3千石)(1565~1637)の与力である岡本大八であった。岡本大八(?~1612)は、旧有馬領の回復を餌に晴信より金品を騙し取りしだす。	9873
	12月12日	「駿河藩復活」。家康十男・頼将(後の徳川頼宣)(1602~1671)、常陸国水戸藩25万石より駿河・遠江両国50万石に転封。居城・駿府城に入って家康の許で育てられる。家康、側近の安藤直次(1554~1635)を頼宣の傅役とする。頼宣は幼少の上、家康がなおも幕政を駿府城で執っていたことから、藩主とはいっても実際には権限はなかった。	9874
	12月12日	慶長5年(1600)の信濃国上田城攻めで蟄居され、慶長9年(1604)、上野国大胡藩(群馬県前橋市河原浜)主として、戻された牧野康成(1555~1610)、没。長男・牧野忠成(1581~1655)が、大胡藩2代(2万石)を継ぐ。慶長9年(1604)に父康成は公事を辞し大胡城に閑居。忠成は父の職務を代理していた。	9875
	12月15日	「就先度琉球一果之旨注進到来、以内書中越候訖、依之太刀一腰、馬一匹、弁緞子拾巻欣思召候、委細本多佐渡守可申述候也」。秀忠、嶋津兵庫入道(島津義弘)(1535~1619)宛に書状を送り、贈物贈呈を謝し、委細は本多正信が述べると記す。	9876
	12月16日	「来春尾州名護屋城普請被仰付、遣」。家康、黒田筑前守(黒田長政)宛に書状を送り、来春の尾州名護屋(名古屋)城石垣の施工大名に命じる。	9877
	12月22日	「水戸家創始」。家康十一男・鶴千代(後の徳川頼房)(常陸国下妻藩10万石)(1603~1661)、実兄の頼将(頼宣)の駿河国に転封によって、新たに常陸国水戸藩25万石を領する。幼少のため駿府城の家康の許で育てられている。	9878
	12月22日	常陸国水戸で1万石を領知する水野重央(重仲)(1570~1621)、2万5千石で遠江国浜松藩に入る。重仲は徳川頼宣の附家老であり、頼宣が駿河藩主に就任したことに伴い、浜松に領地を与えられた。	9879
	12月26日	「為音信、段子十端、象牙、并南蛮鉄炮到来、悦思食候也」。家康、嶋津兵庫入道(島津義弘)(1535~1619)宛に黒印状を送り、音信並びに段子十端、象牙、南蛮鉄炮等の贈呈を謝す。	9880
	12月26日	「琉球国可被領知之旨申遣候処、祝著之段尤候、(為)音信、仏草花、盛花、并硫磺千斤、唐屏風、繻珍5巻到来、悦思召候也」。家康、薩摩少将(島津家久)(1576~1638)宛に黒印状を送り、仏草花、盛花、幷硫黄千斤、唐屏風など祝儀の到来を謝す。薩摩少将家久(忠恒)は、琉球国ヲ賜御礼トシテ使者ヲ駿府へ差越献上物差出。	9881
	12月26日	徳川秀忠、出家した小笠原秀政(1569~1615)の江戸和田倉の邸に到る。	9882

西暦1609

慶長14	12月28日	「ゑすはんや、とふけ、てい、れるま、申給へのひすはんやより日本え黒船可被渡由、前呂宋国主被申越候、於日本何之湊へ雖箸岸少も疎意在之間敷候、委細此伴て連、ふらい・るいす・そてろ可申候」。 家康、レルマ公爵((Duque de Lerma) スペイン国王の寵臣) 宛に、スペイン船の日本への渡航を許可朱印状。 9883
	12月―	10月29日に死去した石川家成の遺領は、家康・秀忠の命により石川忠総(ただふさ)(大久保忠隣の次男)(1582~1651)が相続することになる。忠総は大垣(美濃国)に下向する。 9884
	―	この年、和泉国谷川藩 (大阪府泉南郡岬町谷川) 開藩1万石の桑山清晴、幕府より勘気を被って蟄居となり、その所領も大和国御所藩 (奈良県御所市御所) 初代1万6千石である父の桑山元晴(1563~1620)が継ぐこととなった。谷川藩は廃藩。 9885

西暦1610

慶長15	1月2日	秀頼(「豊臣右大臣秀頼公」)、駿府城(「駿城」)に伊藤治明(「伊藤掃部助治明」)(?~1617)を遣わし、家康に歳首を賀す。(『徳川実紀(台徳院殿御実紀)』)。 9886
	1月2日	江戸城内で、「謡曲始の儀」が催される。 9887
	1月6日	式部少輔従五位舟橋秀賢(1575~1614)、金地院崇伝へ、南蛮紙を贈る。 9888
	1月8日	松前藩初代藩主であった松前慶広 (1548~1616)、駿府城の徳川家康のもとに赴き、蝦夷国の鷹4連を献上する。 9889
	1月9日	尾張国清洲藩47万2千石余の義利(後の徳川義直、家康の九男)(1601~1650)の新城を、東海道の要地・名古屋と定めた徳川家康、西国諸大名に普請役を命じる。加藤清正ら20名が助役を命ぜられ普請始めを行う。 9890
	1月9日	家康、駿府を発ち駿河の田中 (静岡県藤枝市) に放鷹に出かける。11日には遠江の相良(さがら)(静岡県牧之原市相良)に足をのばし、13日帰城。 9891
	1月11日	「慶長十五年庚戌正月十一日付暹羅国渡海朱印状」・「慶長十五年庚戌正月十一日付呂宋渡海朱印状」。将軍秀忠、渡海朱印状。 9892
	1月11日	「一自日本到呂宋国舟也、右、慶長」・「一自日本到交趾国舟也、右、慶長」など。家康、角倉了以、平野屋孫左衛門らに渡海朱印状を与える。 9893
	1月14日	将軍徳川秀忠(1579~1632)、西国の20大名に、名古屋城普請の助役を命じる。 9894
	1月15日	肥前国日野江藩(後の島原藩)4万石・有馬晴信(1567~1612)、駿府城にて徳川家康に拝謁し、去年の蛮船焼沈の始末を言上す。腰物および蛮船から奪った貨物を下賜さる。晴信、また本多正信(1538~1616)に書簡を送り徳川秀忠にもこの件を報告する。 9895
	1月19日	家康、駿河田中で放鷹、さらに24日には遠江中泉、2月2日、再び田中に戻り、4日に帰城。翌5日には放鷹で獲た鶴を朝廷に献上。 9896
	1月21日	徳川家康、朝廷に大沢基宿(1567~1642)を遣し、歳首を賀し奉り、銀子を献ず。 9897
	1月22日	「岡本大八事件」。家康、肥前国日野江藩(後の島原藩)4万石・有馬晴信(1567~1612)宛に感状。 9898
	1月22日	「岡本大八事件―慶長14年12月9日~慶長17年5月6日」。徳川幕府、肥前国日野江藩(後の島原藩)4万石・有馬晴信(1567~1612)宛に、マードレ・デ・デウス号に関する書を出す。幕府は、ポルトガル船を江戸に召喚しようとした。 9899
	1月25日	「慶長十五年戌正月廿五日付柬埔寨渡海朱印状」。将軍秀忠、渡海朱印状。 9900
	1月―	この月、下総国小見川藩 (千葉県香取市小見川) 1万石の土井利勝(1573~1644)、下総国佐倉藩(千葉県佐倉市)3万2千4百石に加増移封。佐倉藩は再々立藩。2月ともいう。 9901

慶長15	2月一	家康の命で、徳川義利（後の義直）の新城・名古屋の石垣普請が、この月はじまる。9902

御城御築総大将は、加藤清正（1562〜1611）が任じられる。家康、土木工事の助役を西国・北国大名19家の諸大名に命ずる。

前田利常、黒田長政、細川忠興、鍋島勝茂、田中忠政、寺澤広高、毛利高政、竹中重利、稲葉典通、木下延俊、金森可重、池田輝政、生駒正俊、福島正則、浅野幸長、山内忠義、毛利秀就、蜂須賀至鎮、加藤嘉明である。

この公儀普請では、諸大名はみずから指揮を執って、尾張・三河・美濃に点在する石材の産出地（「石切場」）から石材を切り出して名古屋に運び、石垣普請に取り掛かる準備を始めた。

2月1日	小丸山城（石川県七尾市）主で七尾城代の前田利好（1565〜1610）、没。名跡と城代を前田利家の三男・前田知好（1590〜1628）が、養嗣子として1万3千7百50石を継ぐ。	9903
2月5日	徳川家康、朝廷に鶴を献ず。	9904
2月8日	「御物之覚 一さや 七拾端 一こ」。家康、黒印状。	9905
2月10日	細川忠興（小倉藩初代藩主）、重臣松井康之（杵築城主）宛に書状を送り、公儀普請に対する大名たちの不満を伝える。	9906
2月12日	「家康、次期天皇の事を改めて釘さす」。	9907

徳川家康69歳（1543〜1616）、所司代板倉勝重（1545〜1624）を遣わし、後陽成天皇（1571〜1617）譲位の件は叡慮次第であること、付け加えて、三宮政仁親王（のちの後水尾天皇）（1596〜1680）に冠せらるべきことを奏上。これにより、譲位の日取りは3月20日目標と予定される。

2月15日	「岡本大八事件（慶長14年12月9日〜慶長17年5月6日）」。有馬晴信、幕府よりマードレ・デ・デウス号に関する書を受けとる。幕府は、有馬晴信に対して台湾の偵察を命じたという。	9908
2月16日	徳川家康、大沢基宿を遣して政仁親王（のちの後水尾天皇）御病を見舞ひ奉らしむ、次いで将軍秀忠も又、使を遣し、御機嫌を伺はしむ。	9909
2月23日	家康、池田忠雄に淡路国を給付する。播磨国姫路藩52万石の池田輝政の三男・池田忠長（忠雄）（1602〜1632）、家康より9歳で淡路国を賜り、6万3千石の領主となる。再び洲本藩が立藩。	9910
2月24日	徳川家康に招かれ江戸に赴いた長谷川等伯（1539〜1610）、病没。享年72。家康の要請により次男・長谷川宗宅（？〜1611）を伴って江戸に下向するが旅中で発病、江戸到着後2日目にして病死という。宗宅は、法橋に叙せられ後継者として認められたが、父亡きあとを統率するも翌年に歿する。長谷川派は、弟・左近が継ぐとされる。	9911
2月26日	常陸国片野藩（茨城県石岡市片野）初代2万石の滝川雄利（1543〜1610）、家康の御伽衆となっていたが、没。享年68。長男・正利（1590〜1625）が継ぐ。	9912
2月一	「定 尾州濃州かめ年貢、永代其方」。	9913

家康、小坂井新左衛門に紺屋頭のお墨付きの朱印状を与える。尾張の染は、小坂井新左衛門が尾張・美濃の染色業を支配したことが発祥とされる。

| 慶長15 | 閏2月2日 | 「越後国堀家、改易」。 9914
徳川家康、越後国福嶋藩(高田藩)2代(45万石)・堀忠俊(1596〜1622)が幼少のため(御家騒動が勃発、執政の堀直清と弟直寄(寄)が争う)、福島城(新潟県上越市港町二丁目)を没収し改易し、鳥居忠政(陸奥国磐城平藩10万石)(1566〜1628)に預ける。

直政長男の堀直次(直清)が浄土宗と日蓮宗の僧侶を争論させて、敗れた方の僧侶を全て処刑していたことが判明。家康は堀直政存命中にはできなかった堀家除封の口実を得た。
堀直次(直清)(越後三条城(新潟県三条市)主5万石)(1573〜1641)は、改易の上、出羽国最上に流罪。家康に訴えた越後国坂戸城(新潟県南魚沼市坂戸)ら5万石の堀直寄(寄)(直政の次男)(1577〜1639)は、1万石減封で、信濃国飯山藩(長野県飯山市)4万石に移される。 |

| | 閏2月3日 | 是より先、越後福島城主堀忠俊の老臣堀直清、直次、弟同直寄と隙あり、共に徳川家康に訴ふ、家康、之を裁し、忠俊を陸奥岩城に配し、直寄等の封を収む、是日、家康、真田信之等をして越後を監せしめ、松城城主松平忠輝を福島城に移す、尋いで、直寄を水内郡飯山に封ず、堀直重・近藤政成、高井郡に封ぜらる。 9915 |

| | 閏2月3日 | 「家康、徳川領国の要衝に一門大名を配置し終える」。 9916
徳川家康(1543〜1616)、六男松平忠輝(信濃国川中島藩主)(1592〜1683)を、信濃国海津(松代)から越後国福嶋(新潟県上越市港町二丁目)に移封させる。
忠輝は福嶋藩(高田藩)主に任じられ、このとき川中島藩12万石と併合して合計75万石の太守に任じられた。藩政としては北陸道に宿駅伝馬制を整備し、城下町と商工業の発展を進め、またキリスト教をも理解を示したとされる。
石田三成の長女の婿・山田隼人正勝重(忠輝の重臣)(1576〜1655)は、越後国蔵王城代となる。 |

| | 閏2月6日 | 「清洲越し」が、はじまる。清洲城を名古屋城に町ぐるみ移転が計画される。 9917
家康九男・義利(後の徳川義直)(尾張国清洲藩47万2千石余)(1601〜1650)、尾張藩(名古屋藩)53万石余に移封を命じられる。清洲藩は、廃藩。 |

| | 閏2月8日 | 尾張名古屋城の建築を急がせるために、松平越前守利常、加藤肥後守清正、池田宰相輝政、黒田甲斐守長政、鍋島信濃守勝茂、浅野紀伊守幸長、福島左衛門大夫正則、田中筑後守忠政、細川越中守忠興、山内対馬守康豊、松平(毛利)長門守秀就、加藤左馬介嘉明、蜂須賀阿波守至鎮、寺沢志摩守広高、生駒讃岐守一正、木下右衛門大夫延俊、竹中丹後守重門、金森出雲守可重、毛利伊勢守高政、一柳監物直盛、一柳丹後守直重、稲葉彦六典通ら**西国北国の大名、名古屋に仮屋を設けて人夫を出す(いわゆる天下普請)**。 9918
また、佐久間政実(「佐久間河内守政実」)、山城(山代)忠久(「山城宮内少輔忠久」)、滝川忠征(「滝川豊前守忠征」)、牧長勝(「牧助右衛門長勝」)、村田権右衛門(重政)は、その奉行として名古屋に入る。 |

| | 閏2月8日 | 諸大名の不平が高まった時、「**各土木労るゝよし聞給ひぬ、心次第罷去り、溝を深し塁を高し、城據(拠)りて大旆のむかふを待へし**」。 9919

家康は、将軍の用いる大きな旗を向かえよと威嚇した。 |

| | 閏2月8日 | 「白張西皆済事 相済也、仍如件、」。 9920
家康、小郷院に黒印状。 |

西暦**1610**

慶長15	閏2月12日	家康五女・市姫（清雲院）（1607〜1610）、没。享年4。	9921

閏2月12日　家康五女・市姫（清雲院）（1607〜1610）、没。享年4。 ⁹⁹²¹

家康は婚約していた陸奥国仙台藩初代61万石の伊達政宗（1567〜1636）の嫡男・忠宗（1600〜1658）に対して孫娘の振姫（後の孝勝院）（実父は池田輝政で、生母が家康の次女・督姫）（1607〜1659）を徳川秀忠の養女として婚約させる。

また家康は、子を失った側室お梶の方（英勝院）（1578〜1642）を哀れんで、お梶の方を、お万の方（蔭山殿）が生んだ鶴千代（徳川頼房）と結城秀康の次男である虎松（松平忠昌）や、外孫であったこの振姫らの養母とする。

お梶の方（英勝院）にはこんな話がある。あるとき家康が大久保忠世や本多正信・鳥居元忠・平岩親吉ら家臣と昔の合戦を語っていたところ、突然家康が「この世で一番美味いものは何か」と尋ねる。家臣らが色々と答える中、家康が側で笑っていたお梶の方にも尋ねたところ、「それは塩であり、塩がなければどのような料理も味を調えられず、おいしくできません」と答える。さらに家康は「では一番まずいものは何か」と尋ねたところ、「それも塩であり、どんなに美味しいものでも、塩を入れすぎたら、食べることができません」と答えた。家康はこれを聞き、「男子であれば良い大将として活躍するのに惜しいことだ」と嘆いたという。（『故老諸談』）。

閏2月17日　**「徳川家康、天皇譲位延期を要請」。** 自らの娘「市姫」が死亡したという理由を伝える。生母の側室お梶の方（英勝院、遠山氏）の嘆きを哀れんでの申し入れという。これこそは、家康の朝廷に対するあからさまな不敬の窮みであった。 ⁹⁹²²

閏2月18日　秀頼執事・片桐且元（1556〜1615）、駿府より帰洛する。神龍院梵舜（1553〜1632）、京の片桐邸へ赴き豊国社臨時祭及び大仏建立などについて会談する。且元、特に大仏建立については、淀殿（茶々）の意向を聞くべきことを梵舜に話す。 ⁹⁹²³

閏2月21日　**板倉勝重・円光寺（三要）元佶、近江石山寺に寺院法度を下す。** 寺務の仁和寺宮（第107代・後陽成天皇皇子）が下した15条の寺内法度が、京都所司代・板倉勝重、伏見円光寺閑室元佶連署の定書で決定したという。 ⁹⁹²⁴

閏2月一　**この月幕府、名古屋城築城を課せられていない池田長吉（「池田備中守長吉」）らの大名に丹波国亀山城**（京都府亀岡市荒塚町内丸）**の築城を命じる。** ⁹⁹²⁵

3月1日　浅野長晟（浅野長政次男）（1586〜1632）、備中国芦守（足守）2万4千石加増を徳川家康から賜わる。長晟はもともと秀頼に小姓頭として仕え三千石を領していたが、この頃兄幸長（「紀伊守幸長」）（1576〜1613）娘春姫（1603〜1637）を徳川家康の子義直（「尾張義直朝臣」）（1601〜1650）と正室縁談し、一族みな厚遇を受けるという。なお、この加増された備中二万石余は寧（高台院）より没収した故木下家定（「木下肥後守家定」）の旧領。 ⁹⁹²⁶

3月6日　**徳川家康、江戸から駿府に着く。** ⁹⁹²⁷

3月11日　**徳川秀忠、後陽成天皇の譲位について相談するため、天皇の勅使広橋兼勝・勧修寺光豊、そして京都所司代板倉勝重を伴い、駿府へ下向する。** ⁹⁹²⁸
天皇の勅使は、譲位は予定通り行うとの内意を通告した。

3月一　朝廷は、幕府が介入して退位の準備と思える仙洞御所の工事が無遠慮に進行しているのに焦慮し、この月、勅使を駿府にいる徳川家康に派遣し、朝廷の意向も確かめずに、仙洞御所の完成が近づいている不条理を詰問する。 ⁹⁹²⁹
家康は、朝廷の出方を待っていたかのように、逆に、幕府の公文書をもって強固な態度を示す。一、譲位の御決意あるべきこと。二、新帝即位準備のため急いで政仁親王の元服をなされること。三、後陽成天皇は、従来から御母・新上東門院と御不和であるが、早く和解なさるべきこと。

慶長15	3月16日	将軍徳川秀忠、三河田原に鷹狩を催す。本多忠勝(伊勢国桑名藩本多家初代10万石)(1548～1610)が参加。	9930
	3月18日	讃岐国高松藩2代18万石の生駒一正(1555～1610)、没。享年56。長男・生駒正俊(1586～1621)が継ぐ。	9931
	3月23日	**これより先、高野山宝性院政遍、醍醐寺義演が駿府に下向し、高野山遍照光院頼慶の私曲を訴え、この日、家康の御前にて裁許がなされた。政遍・義演が勝利。** 遍照光院頼慶(1562～1610)は伊豆走湯山に隠棲、この年10月14日遷化。	9932
	3月25日	「就今度其許普請、辛苦察思食候、猶使者可申候也」。徳川秀忠、黒印状をもって、美濃岩出山6千石・竹中丹後守(重門)(1573～1631)の名古屋城築城の労を謝す。	9933
	3月26日	**家康(1543～1616)、この日、駿府に登城した肥後国熊本城主・加藤清正(1562～1611)のために、能楽を催して饗応。**	9934
	3月一	「腫物被相煩候由、如何候哉無心元候」。将軍秀忠、前田利長(加賀前田家2代当主)(1562～1614)宛に見舞状を送る。	9935
	3月一	この月、陸奥国盛岡藩(南部藩)(岩手県盛岡市)初代10万石の南部利直(1576～1632)、駿府城の家康(1543～1616)に拝謁。家康は数寄屋にて利直に茶を振る舞い、道阿弥肩衝茶入を賜う。	9936
	4月9日	薩摩藩の支藩・日向国佐土原藩(宮崎市佐土原町)3万石の初代藩主・島津以久(1550～1610)、没。享年61。丹波国篠山城の普請のために京都に赴き、上洛中に没したという。墓所は京都四条寺町の大雲院(現在は京都市東山区)。慶長8年(1603)、関ヶ原の戦いで戦死した島津豊久の旧領である佐土原3万石を、江戸幕府より与えられていた。三男・島津忠興(1599～1637)が継ぐ。	9937
	4月10日	「煩無心元候間、使者差遣候、無油断御養生専一候」。徳川家康、前田利長の病状を問ふの書を与ふ。	9938
	4月11日	医者吉田意安(「吉田意安宗恂」)(1558～1610)が没し、その子如見が家を継ぐ。如見、徳川家康(「駿府」)・秀忠(「江城」)へ父の形見を送り、また家督相続のあいさつとして家康へ純子沈香、秀忠へ南京織物、竹千代(「若君」／後の家光)へ広東織物、江(「御台所」)へ綸子を送る。 吉田意安宗恂は、宗桂の次男で医業を継ぎ、兄の角倉了以は土倉業を継いだ。はじめ豊臣秀吉・秀次に仕え、慶長5年(1600)後陽成天皇の病気に献薬して奏効し、襲称していた意庵を勅によって意安と改め、法印に叙せられた。のち徳川家康に召され、隔年東下して家康の好んだ本草研究にも協力した。博識の人として知られ、南蛮船によって珊瑚枝がもたらされたときも、侍医のうち意安宗恂だけが名称・産地・採取法を答え、これを称賛した家康がその1枝を与えたという。また家康の命で紫雪(鉱物多味配合薬)を作り、諸侍医もこれに習ったという。	9939
	4月中旬	この頃、京都の原田アントニオ、イエズス会上長の許可の下に、『こんてむつすむん地』(キリシタン版系の書物)を刊行する。	9940
	4月16日	浅野長晟(長政の次男)(1586～1632)、豊国社へ参詣する。これより先、長晟は、徳川家康より、備中国足守藩(岡山市北区足守)2万4千石(木下家定(おねの兄)の遺領)を賜っている。長晟は、高台院(北政所おね)(1549？～1624)の甥で、正室は徳川家康の三女・振姫である。	9941

西暦1610

慶長15	4月18日	豊国祭。早朝、秀頼名代として片桐貞隆が豊国社へ参詣、金子1枚・鳥目百貫を奉納する。吉田兼見・萩原兼従・吉田兼治へそれぞれ銀5枚を贈る。巳刻（9～11時）、勅使として中山慶親が束帯姿にて参詣。朝廷より馬代5百疋、個人として百疋を奉納する。	9942
	4月18日	「条々　一 御譲位之義被仰出候、父子之内一人致上洛、何様にも御馳走申候はで不叶候、乍去御譲位諸事無御構、是非当年可被成と被思召候者、其通に可申付事、一親王御事御元服、当年と被仰出候者尤存候、　一……」。 家康、譲位を急ぐ後陽成天皇に対して、勅使（武家伝奏）の広橋大納言兼勝・勧修寺中納言光豊に書を呈し、七箇条の「条々」を示す。家康はできる限りの延期を臨んだ。	9943
	4月18日	前田利長、先に徳川家康の病を問ひたるを謝す。	9944
	4月20日	「東寺領山城国七条・八条・西九条・上鳥羽・福枝・幡枝・西院、合弐千三拾石之内、雖為公人、諸役者下行、今度改之、為学問料・」・「山城国当知行勧修寺村之内参百拾」・「醍醐寺山上山下領合三千九百九」・「山城国北山之内参百四拾石四斗余」・「参河国額田郡深溝之内当寺領三」。 幕府、家康黒印状・朱印状をもって東寺・勧修寺・醍醐寺三宝院・鹿苑寺（金閣寺）・本光寺（愛知県額田郡幸田町深溝内山）の寺領を安堵する。「高野山寺中法度 一衆徒中之諸沙」。金剛峯寺衆徒中にあらためて寺院法度を下す。	9945
	4月25日	二条昭実の屋敷をもって女院御所とする沙汰あり。	9946
	4月28日	是より先、武家伝奏広橋兼勝、勧修寺光豊を遣し、再び御譲位の内旨を徳川家康に伝ふ、是日、広橋兼勝等、家康奉答の七箇条を復奏する。	9947
	4月28日	将軍秀忠、朱印状を以って伯耆大山寺3000石を安堵。伯耆国の領主が大山寺の庇護者であった吉川広家から中村一忠に交替すると、大山寺の寺領を没収しようとして圧迫を加えた。西楽院（本坊）の僧正豪円（1535～1611）は、徳川家康に訴えて朱印状を授かり、再び天台宗の別格本山として寺運が隆盛した。	9948
	4月一	この月、片桐且元（「片桐市正且元」）の長子孝利（「次郎助孝利」）(1601～1638)、駿府城で徳川家康と面会する。	9949
	5月一	この月、建部内匠頭光重(1578～1610)没す。33歳。5月27日という。その子政長（「内匠政」、「政長」）未だ幼少のため、秀頼（「秀頼公」）がその遺領を預かろうとしていたが、義父である池田輝政（「池田宰相輝政」）が幕府に願い出て、家康・秀忠（「両御所」）より片桐且元（「片桐市正且元」）に対し、政長8歳へ父の遺領（尼崎七百石）を継がせるよう伝えられる。	9950
	5月4日	将軍徳川秀忠、レルマ公爵（（Duque de Lerma）スペイン国王の寵臣）宛に朱印状を下賜、スペイン船の日本への渡航を許可しスペイン国に対し通商を許可する。	9951
	5月4日	家康は、前フィリピン太守ロドリゴの要請を受けて、新イスパニア（メキシコ）との通商を行うにあたって、鉱夫50人をメキシコから派遣するように要求した。 しかしロドリゴは、鉱山採掘高の半分を鉱夫に与えて、残りをスペイン国王と徳川氏との間で折半する条件を提出し、スペイン王が銀鉱一百万両の利益を得るように企った。このため、この事柄は成立せずに終わった。	9952
	5月6日	幕府老中・本多正信(1538～1616)、桜田の上杉邸を訪ね、将軍秀忠の上杉邸御成りの意向を伝える。同3日、上杉景勝は江戸に到着した。	9953
	5月14日	「従船本御使者并びいろの錫蓋、」。 家康、有馬修理太夫（晴信）宛に書状を送り、贈物到来を謝す。慶長16年ともいう。	9954

慶長15	5月19日	「就国師成之儀、御使僧祝著候、綸」。家康、増上寺に書状を送る。観智国師（慈昌、増上寺十二世源誉上人）(1544～1620)は増上寺中興の祖といわれ、徳川家康の帰依を受け、慶長3年(1598)芝の地に移して増上寺の大伽藍を建立し、浄土宗法度や浄土宗関東十八檀林の制定に携わるなどした。この年家康の斡旋により上洛して、7月後陽成天皇より「普光観智国師」の号を賜わった。	9955
	5月19日	「就其地普請、辛労之段、察思召候、猶重而可申越候也」。将軍徳川秀忠、黒印状をもって、細川内記（忠利）(豊前国中津城主)(1586～1641)の名古屋城普請の労を謝す。	9956
	5月23日	家康(1543～1616)、駿府に登城した上杉景勝(1556～1623)・伊達政宗(1567～1636)を饗応。	9957
	5月一	この月、松前藩初代藩主であった松前慶広(1548～1616)、徳川家康に膃肭臍（オットセイ）を献上。	9958
	5月一	この月、聚楽第跡より庭石を、門弟衆・上下万民3千人ほどで、本願寺へ運ぶ。	9959
	5月一	**この月、知恩院第29代住持の満誉尊照（家康の養子）(1562～1620)、堂舎造営を終え、駿府の家康のもとへ礼賀に下る。なんと、この道中には、幕府から伝馬30疋、人足30人が付けられた。**	9960
	6月一	この月以降、角倉了以(1554～1614)・与一(素庵)(1571～1632)父子、許可を得て、豊臣秀頼の方広寺再建事業に協力するため鴨川の水流を利用して筏を流し、また川船を淀・鳥羽まで通わせる工事（鴨川疏通）に着手、年内に完成させる。	9961
	6月3日	石垣の基礎となる石材を置く「根石置き」が行われ、名古屋城天守閣の普請がはじまる。	9962
	6月12日	「秀頼の方広寺大仏殿再建」はじまる。方広寺大仏殿地鎮祭があり、再建の工事、進む。大工棟梁は、中井大和守正清が務める。	9963
	6月13日	**「家康、日本最初の洋式帆船で太平洋を横断さす」**。徳川家康の命を受け、家康の使節アロンソ・ムニョス神父や京都商人田中勝介ら20数名、フィリピン前総督ドン・ロドリゴ・デ・ビベロの帰郷に同船し、この日、浦賀を出発してメキシコに向かい、日本人最初の太平洋横断者となる。ロドリゴは、家康から三浦按針（ウィリアム・アダムズ）の建造した120トンの帆船ガレオン船（日本名・按針丸）の提供を受け、「サン・ブエナ・ベンチュラ号」と命名。この日本滞在中の見聞録は「ドン・ロドリゴ日本見聞録」として今に残されている。そして、無事に太平洋を横断し、メキシコに到達した。ロドリゴ救出の謝恩大使としてメキシコ副王の大使セバスチャン・ビスカイーノが「サン・ブエナ・ベンチュラ号」に乗船し、日本に派遣された。	9964
	6月13日	関東代官頭の一人・武蔵小室藩(埼玉県北足立郡伊奈町小室)初代1万石の伊奈忠次(1550～1610)、没。享年61。嫡男・伊奈忠政(1585～1618)が継ぐ。忠次の業績は、土地と人民を私有する土豪層を基盤とした北条氏の中世的な支配形態を解体し、徳川氏が土地、人民を直接掌握する近世的支配形態に変えた地方巧者の第一人者とされる。江戸幕府地方支配の基礎を築いた功労者という。	9965
	6月18日	禁裏の拡張・修造を計画の幕府、所司代板倉勝重・大工頭中井正清をして、禁裏敷地を測量し、その地域の公家邸を他に移し、替地を支給する。	9966
	6月20日	「其許普請被入情(精)之故、本丸早々出来、悦思食候、炎天之時分一入苦労候矣」。家康、黒印状をもって、細川内記（忠利）、伊東修理亮（伊東祐慶）、加藤肥後守（加藤清正）の名古屋城築城の労を謝す。	9967
	6月20日	将軍秀忠、江戸城本丸いて梅若能。	9968

西暦**1610**

慶長15	6月25日	徳川家康、柬埔寨（カンボジア）国主に対し、暴悪を働く日本人は柬埔寨の国法に従い処罰すべき旨の返書を発給し、鉄砲をもって贈答す。	9969
	6月26日	「常陸国筑波郡之内五百石之事　右」。家康、黒印状を以って筑波山知足院（中禅寺）に寺領500石を寄進。茨城県つくば市筑波にある大御堂（おおみどう）である。	9970
	7月6日	丹波国亀山城（京都府亀岡市荒塚町内丸）、落成する。天守は藤堂高虎（「藤堂和泉守高虎」）の普請。	9971
	7月11日	井伊家臣木俣守勝（1555〜1610）、没。56歳。井伊家の筆頭家老となり、付家老の先駆的存在だという。守勝が病に倒れると、徳川家康から薬を贈られるなど懸命な治療が行われたものの、静養先の京都で死去。金戒光明寺に葬られた。家督は養子の守安（1585〜1673）が継いだ。	9972
	7月13日	文禄3年（1594）に三男の正次（1563〜1631）に家督を譲って相模国海老名に隠居の身になった、徳川十六神将の一人、高木清秀（1526〜1610）、この日没。享年85。生涯に45ヶ所の疵を受けたという。	9973
	7月17日	「相模国大角郡大山寺領坂本畠屋」。家康、大山寺別当八大坊（現在は神奈川県伊勢原市大山）に、あらためて黒印状をもって寄進。	9974
	7月19日	江戸芝増上寺の源誉存応上人（慈昌）が、禅宗僧侶に限られていた国師の号「普光観智国師」を、浄土宗僧侶として初めて賜る。	9975
	7月25日	京都所司代板倉勝重（1545〜1624）、公家衆屋敷の替え地を、二階町・梨木町とする。現在の寺町通の西に梨木町通、二階町通があった。	9976
	7月25日	上野国吉井藩（群馬県高崎市吉井町）2代2万石の菅沼忠政（奥平信昌の三男）、実父の信昌から家督を譲られて、美濃国加納藩（岐阜市加納）10万石に移封となる。忠政は家康の娘婿・奥平信昌（1555〜1615）の三男で、生母が家康の娘・亀姫であった。吉井藩は廃藩、しばらく天領・旗本領となる。	9977
	7月27日	陸奥国棚倉藩（福島県東白川郡棚倉町）1万石の立花俊正（宗茂）（1567〜1643）、赤楯（あかだて）（陸奥国）・上総国山辺郡内で2万石加増をうけ3万石となり、加増を契機として名を「宗茂」と改める。のちに筑後国柳河藩初代藩主となる立花宗茂は、関ヶ原の戦いで改易後、大名として復帰した武将は他にもいるが、旧領を回復した武将は宗茂ただ一人である。	9978
	7月27日	細川興元（幽斎の次男）（1566〜1619）、将軍徳川秀忠より下野国芳賀郡茂木1万石を与えられて茂木藩（栃木県芳賀郡茂木町）を立藩。慶長13年（1608）、徳川家康の執り成しにより、駿府城にて細川忠興（幽斎の長男）と細川興元が和解した。	9979
	7月一	「松平忠頼殺害事件」で、改易となった遠江浜松藩主・松平忠頼の長男・忠重（1601〜1639）、この月、武蔵国深谷で8千石を与えられ、江戸幕府の旗本となる。	9980
	孟秋	「広東府之商船到著于日本、則何之」。家康、広東商人に渡海朱印状。	9981
	孟秋	「日本国源家康復章　東埔寨国主閣」。家康、渡海朱印状。	9982
	初秋	「日本国源家康謹啓　暹邏国王殿下」。家康、渡海朱印状。	9983
	8月5日	泉涌寺、諸国に勧化して、伽藍を修造する。	9984
	8月8日	徳川秀忠に仕えていた織田秀雄（信雄の嫡男、三法師）（1583〜1610）、父織田常真（信雄）に先立って京都にて没。享年28。墓所は大徳寺総見院（京都市北区紫野）で、戒名は「月松院天厳玄高」。家督は、実弟の信良（信雄の四男）（1584〜1626）が相続。	9985
	8月8日	島津家久（忠恒）（1576〜1638）、登城して徳川家康に拝謁し物を献上する。徳川義直、徳川頼宣にも進物あり。	9986

慶長15	8月11日	下野国真岡藩初代2万石の浅野長重（長政の三男）（1588～1632）、下野国塩原温泉に湯治中の浅野長政（常陸国真壁藩5万石）（1547～1611）の病状を、幕府使者の返答のため、本家家臣・関蔵人安盛に知らせる。	9987
	8月14日	**薩摩藩初代86万4千石（第18代当主）の島津家久（忠恒）、琉球国王・尚寧を引き連れて駿府城に入城。家康に拝謁する。尚寧、方物数品を献ずる。**	9988
	8月18日	秀吉十三回忌、豊国社臨時祭礼行われる。もはや、慶長9年の盛観には及びもつかぬものであった。	9989
	8月18日	徳川家康（1543～1616）、島津家久（忠恒）（1576～1638）と尚寧（1564～1620）を饗応。家康の十男の徳川頼将（頼宣）（駿河国駿府藩50万石）（1602～1671）、家康の十一男の徳川鶴千代（頼房）（常陸国水戸藩25万石）（1603～1661）は、その席で能を舞う。家久に刀脇差が下賜される。	9990
	8月19日	**徳川家康から島津家久（忠恒）・尚寧に御暇の賜物がある。**	9991
	8月20日	細川幽斎（藤孝）（1534～1610）、京都三条車屋町の自邸で没。享年77。南禅寺搭頭天授庵に墓がある。幽斎の菩提所として忠興により大徳寺山内に建立された塔頭が高桐院である。幽斎の隠居料だった6千石のうち、3千石が、慶長9年（1604）に廃嫡された忠隆（長岡休無）（忠興の長男）（1580～1646）の隠居料として認められる。	9992
	8月22日	「一自日本到ゝゝゝ也、右、慶長」。家康、渡海朱印状。	9993
	8月25日	増上寺の住持・源誉存応（普光観智国師）が、徳川家康の夢想連歌の句「植おきし竹の一本かすそひて　茂れる松の夏ふかき色」を能舜（能順の父）に伝える。この句は、能舜家の家宝として蔵された後、連歌師能順（1628～1707）により北野天満宮に寄付されたという。能舜は、北野天満宮と徳川将軍家との仲立ちの役割を担ったという。	9994
	8月28日	琉球王の尚寧（1564～1620）、江戸の将軍・徳川秀忠（1579～1632）と対面する。	9995
	8月―	「自日本到交趾之船也、慶長十五年」。家康、渡海朱印状。	9996
	9月―	**稲富一夢（祐直）（1552～1611）、駿府にありて徳川家康に鉄砲を指南す。将軍秀忠も稲富一夢から砲術の秘伝を受けた。** 関ケ原の戦いの際、細川忠興の妻ガラシャの自害に殉じず忠興の怒りを買うが徳川家康に救われる。家康は、稲富流砲術の腕と知識が絶えるのを惜しみ、忠興を宥めて、祐直を側近に侍らせて鉄砲の話を聞くなどして助命されたという。さらに尾張徳川氏に仕えた稲富一夢は、国友鍛冶集団を組織した。慶長16年2月6日死去。60歳。	9997
	9月―	慶長8年、家康の十男の徳川頼将（頼宣）（駿河駿府藩50万石）（1602～1671）、加藤清正五女・八十姫（瑤林院）（1601～1666）の婚約が調う。この月、徳川家より結納使として頼宣の守役で伯父の三浦為春（1573～1652）が、肥後に下って納幣。為春は、徳川頼宣（紀伊）と徳川頼房（水戸）（1603～1661）を生んだ家康側室「於万の方」の兄。	9998
	9月―	この月、尾張藩（名古屋藩）53万9千5百石の義利（後の徳川義直）（1601～1650）の新城名古屋に、清洲に居を構えていた武家、町屋の大半が引っ越す。これを「清洲越し」と呼んでいる。8月下旬には加藤清正が担当した天守台石垣が完成し、さらに9月になると、本丸・二之丸・西之丸・御深井丸など石垣が築き終わったため、諸大名は自分の領国へと帰国した。	9999
	9月―	これより先、古田織部（重然）（1544～1615）、茶の湯の稽古のため江戸に赴く。この月、将軍徳川秀忠（1579～1632）、織部に茶道の伝授を受ける。織部は、徳川家の茶の湯指南役となり、大茶人として天下にその名声を馳せる。	10000

西暦1610

慶長15	9月2日	幽斎の従兄弟・吉田兼見(かねみ)(1535～1610)、没。享年76。弟・神龍院梵舜(しんりゅういんぼんしゅん)(1553～1632)は、萩原兼従(かねより)(兼見の養子)(1588～1660)を連れ、豊臣秀頼、徳川家康、秀忠に拝謁した。	10001
	9月3日	幕府、琉球王尚寧一行の木曽福島に宿泊せんとするに当り、同宿に於ける振舞・人馬の徴発等を大久保長安(1545～1613)に命ず。	10002
	9月5日	**家康、鎌倉五山及び駿河清見寺・臨済寺等の僧に命じて、『群書治要』を書写させる。** 群書治要は、唐の太宗が魏徴らに命じて編纂させた政治の参考書。	10003
	9月9日	安南船が家康に、鸚鵡(オウム)・孔雀・豹を献上。	10004
	9月11日	「其地之普請一段被相稼之由、従宰相所申越候、祝著被思食候、留守中之儀、万端被入精事肝要候也」。 家康、御内書(黒印)をもって、岡崎城主本多豊後守(本多康重)(1554～1611)の名古屋城築城の労を謝す。	10005
	9月25日	「定 一八幡宮放生川之事、為霊地」。 家康、田中・新善法寺・檀・善法寺に朱印状。 家康、石清水八幡宮領を「検地免除、守護上入」の地とする。	10006
	9月27日	**家康、興福寺に3ヶ条の寺院法度を下す。**	10007
	9月28日	越後国新発田藩(新潟県新発田市)初代6万石・溝口秀勝(1548～1610)、没。享年63。12月、長男・宣勝(1582～1628)が継ぐ。相続するにあたって、弟(次男)の溝口善勝(よしかつ)(1584～1634)に、1万2千石を分与させ、沢海藩(新潟市江南区)1万4千石を立てさせる。	10008
	9月30日	「今度就名護屋普請、昼夜被入精之故、早速出来、喜思召候、猶本多上野介可申候也」。 家康、御内書(黒印)をもって、播磨姫路城主・播磨少将(池田輝政)、筑前福岡城主黒田筑前守(黒田長政)、讃岐高松城主生駒左近(生駒正俊)、豊後臼杵城主稲葉彦六(稲葉典通)の名古屋城築城の労を謝し、本多正純が申すと記す。	10009
	9月一	**この月、徳川家康は、後陽成天皇の譲位について武家伝奏を通じ、政仁親王(ことひと)(のちの後水尾天皇)の元服・即位の準備を早急に行うべきこと、後陽成天皇への奏上には母の新上東門院(「女院」)をの力を借りて奏上すべきことを伝える。**	10010
	10月1日	大久保長安、山村良安等に尾張名護屋城築城の用材を調へしむ。	10011
	10月5日	**家康、大和長谷寺に3ヶ条の寺院法度を下す。**	10012
	10月9日	「駿府城台所火くるに依り、堀直寄、消火に勤む、尋いで、徳川家康、直寄の功を賞し、美濃に於いて壱万石を加増す」。 堀直寄(1577～1639)は飯山藩4万石を領してからは、駿府にいて家康に仕えた。 この駿府城火災の際に一番に駆けつけ、宝物金銀を運び出し消火にあたった。その際に消火の器物に自分の名前を書いておき、後からきた人々はみな直寄の名の入った器を使ったので、この時の手柄は直寄のものとなり、美濃多芸郡に1万石加増されたという。	10013
	10月12日	「先度以一書奏聞申候処、被成御合」。 家康、一條他四家(五摂家)に判物発給して指示する。 家康自身の考えを示し、御譲位について五摂家で意見をまとめ、女院を通じてそのまま天皇に上奏せよ、さもなくば音信を断り絶交するとした。	10014
	10月12日	「言上 條々 一 御元服之義、先度如被仰下候、急可被成御沙汰候」。 家康、武家伝奏の広橋大納言・勧修寺中納言に3ヶ条の判物発給して、家康自身の考えを示し、武家伝奏にあらかじめ上奏するよう指示する。この日の二つの書状は、山口駿河守直友(1544～1622)がこの月下旬に持参したという。	10015

慶長15	10月12日	「知行目録 一弐百五拾四石四斗七」。	10016
		家康、石河太八に印判状をもって知行充行。石河太八家(石川光忠)(1594〜1628)は、美濃国と摂津国に合計1万300石の知行を賜る。光忠母・お亀の方は、徳川家康の側室となり松平仙千代(家康八男)、徳川義直(家康九男)を産んだ。	
	10月14日	この頃、タバコ流行し、幕府、禁煙を令する。	10017
	10月14日	「知行方目録 一参河国幡豆郡之内」。	10018
		家康、松平右衛門尉に黒印状をもって知行充行。右衛門佐の松平正久(正綱)(1576〜1648)か。正綱は、先の駿府城火災において正綱の消防の指揮がよかったということで、三千石加増される。大塚・友国・富田・荻原・酒井・善明・小牧・中野の八ヶ村(『大日本史料』)という。	
	10月14日	「知行方目録 一参河国保飯郡赤根」。	10019
		家康、松平長三郎に黒印状をもって知行充行。松平長三郎は、家光付の小姓・松平三十郎(長四郎)(松平正綱の養子、後の松平伊豆守信綱)(1596〜1662)か。	
	10月14日	家康、この日、駿府を発ち、15日、善徳寺に到り、しばらく逗留し、19日、三島、その後放鷹を楽しみしながら江戸に向かう。	10020
		善徳寺は、現在は善得寺公園(静岡県富士市今泉1015)として史跡公園となっている。	
	10月18日	徳川三傑・徳川四天王・十六神将に数えられる本多忠勝(伊勢国桑名藩本多家初代10万石)(1548〜1610)、桑名で没。享年63。慶長14年(1609)4月、嫡男・本多忠政(1575〜1631)に家督を譲って隠居している。真田信之室・小松姫の父である。	10021
	10月24日	是より先、十二日、徳川家康、書を五摂家並に武家伝奏(広橋兼勝、勧修寺光豊)に呈し、女院(新上東門院、勧修寺晴子、勧修寺晴右女)より政仁親王(後の後水尾天皇)御元服の期並に親王政務御見学の事を奏請せられんことを請ふ、是日、奏請せらる。	10022
	11月1日	義演准后、醍醐寺金剛輪院(現三宝院)の泉石を二条城に献上する。	10023
	11月15日	本多忠政(1575〜1631)、父忠勝遺領(伊勢国桑名藩10万石)を正式に継ぎ、2代藩主となる。	10024
	11月22日	女院(新上東門院、勧修寺晴子、勧修寺晴右女)並に八条宮智仁親王等、徳川家康奏請の事に就き、諫奏し奉る。諫奏は、天皇や君主に忠言を申し上げること。	10025
	11月24日	将軍秀忠、長徳寺(埼玉県川口市芝)に公帖。公帖は、禅宗寺院のうちの、五山、十刹、諸山などの官寺およびそれに準ずる寺院の住持任命の辞令。	10026
	11月26日	「豊国神社1万石を安堵」。	10027
		将軍徳川秀忠、豊国社務萩原兼従(「萩原大夫兼従」)(1588〜1660)に朱印状を発給し、豊国社社領として慶長六年に寄進された山城一万石を永代に認め、諸役怠りなく務めるべきことを命ず。また、兼従父兼治(「左兵衛兼治」)(1565〜1616)に吉田神道の神主を相続させ、兼従は吉田兼見の弟・神龍院梵舜(1553〜1632)に後見させる。	
	11月26日	江戸に滞在していた徳川家康(「大御所」)の駿府帰還に先立ち、金地院崇伝が駿府へ発つにあたり、お江(「御台所」)は、時服二襲、あや二、その他さまざまの物を崇伝に贈る。	10028
	11月28日	家康、江戸城に入る。	10029
	11月29日	家康、江戸城を発ち、途中放鷹を楽しみながら、駿府城に向かう。	10030

西暦1610

慶長15	11月30日	「前関白近衛信尹（近衛信輔、近衛信基）、叡旨を家康に伝ふ」。 前関白近衛信尹（信輔）(1565～1614)が、朝廷会議を代表して、家康の公文書に対し、山口直友(1544～1622)宛に返事を送る。**朝廷、いや天皇は家康に屈服する**。
	12月1日	下総国佐倉藩3万2千石の土井大炊頭利勝(1573～1644)、家康の命令により、秀忠付の老中に任じられるとされる。
	12月10日	**家康、駿府に帰城**。
	12月12日	**福建道商人の周性如、駿府に登城して徳川家康に拝謁す**。 長崎奉行長谷川藤広に連れられた、明の周性如は、海賊のことを訴えたという。
	12月12日	**神龍院梵舜・萩原兼従、駿府に至り、徳川家康・阿茶局（「あちゃの局」）(1555～1637)へ進物する。家康、秀忠へも参拝すべき旨伝える**。(『舜舊記』)。
	12月15日	**幕府、増上寺に寺領千石を寄進**。
	12月16日	「応天府之周性如商船来于日本時……雖為着至何之浦〝津〟加守護、速可達長崎…」。 家康、福建の商人周性如に渡航朱印を与え、福建総督陳子貞に書を送って勘合符を求める。本多正純、添状を出す。正純の此書は、道春（林羅山）が草した。
	12月21日	三河吉田藩(愛知県豊橋市今橋町)立藩初代3万石の松平家清(1566～1611)、没。享年45。後を嫡男の忠清(1585～1612)が継ぐ。家清正室は、久松俊勝の娘で母は於大の方、家康の異父妹・天桂院(1569～1590)である。
	12月22日	老中本多正信(1538～1616)、桜田の上杉邸を訪ね、将軍秀忠の上杉邸御成りについて打ち合わせる。
	12月23日	後陽成天皇（第107代）(1571～1617)、政仁親王（後の後水尾天皇）(1596～1680)元服問題で紛糾したが、家康(1543～1616)指示に従い、小御所で元服式を執り行う。続いて立太子の儀が翌年2月11日に行われることになる。
	12月25日	将軍徳川秀忠(1579～1632)、前田利長・毛利輝元・伊達政宗らと共に上杉邸を訪ねる。秀忠、景勝の嫡子・玉丸に、千徳（後の定勝）(1604～1645)と名付ける。
	12月25日	**幕府、信濃等諸大名に江戸城普請を命じる**。
	12月26日	上杉景勝(1556～1623)、将軍秀忠の御成り御礼に江戸城に登城し、秀忠に謝辞を述べ、駿府の徳川家康には使者を遣わす。
	12月26日	「豊国大明神社領城州之内壱萬石事」。 家康は、吉田兼見の孫・萩原兼従(1588～1660)を神主とした。そしてこの日、萩原兼従に朱印状を以って一万石の社領を寄進した。萩原兼従は、吉田兼治の長男、母は細川藤孝（細川幽斎）の娘であった。
	12月27日	上杉景勝、将軍秀忠の御成りの御礼に、老中本多正信に使者を遣わす。
	―	**この年、南光坊天海(1536？～1643)、駿府に招かれる。慶長14年ともいう。** **家康は天海を駿府に招き、初めて対面した。この時、家康は、「天海僧正は人中の仏なり、恨むらくは、相識ることの遅かりつるを」と嘆いたというほど、以後天海に絶大な信頼を寄せることとなる。**
	―	この年、美濃国（今尾岐阜県海津市平田町今尾）で1万石を領する市橋長勝(1557～1620)、伯耆国矢橋藩（八橋藩）(鳥取県東伯郡琴浦町八橋)2万3千石に、加増移封され立藩。

慶長16	1月7日	徳川家康、遠江の中原に出かけ、放鷹を楽しみ、17日に駿府城に帰城。	10048
	1月11日	「一自日本安南国舟也、右、慶長十」・「一自日本呂宋国舟也、右、慶長十」・「一自日本交趾国舟也、右、慶長十」・「一自日本暹邏国舟也、右、慶長十」ら。 家康、渡海朱印状発給。細川忠興は、暹羅(シャム)渡航朱印状を幕府より下付される。	10049
	1月17日	「徳川家康、大沢基宿を遣し、歳首を賀し奉り、御譲位の期等を奏請す」。 徳川幕府、禁裏に新年の祝意、御譲位の日程について奏上。	10050
	1月21日	島津龍伯(義久)(1533〜1611)、国分城(鹿児島県霧島市国分中央)にて病没。享年79。	10051
	1月吉日	「尾州西皆済事 右分小物也相済也」。家康、石黒善九郎に年貢皆済状。 天正12年(1584)の「小牧・長久手の戦い」の際、徳川家康・織田信雄の連合軍は井伊直政を先備に4月8日夜に小牧山を出陣し、小針、豊場、如意を通り9日早朝に勝川に着陣、長谷川甚助の屋敷に入った。この時の、案内役であったのが如意村の石黒善九郎重成(?〜1616)で、家康が「この土地の名は何というのか」と聞かれた。「勝川です」と答えたところ、「これは縁起のよい名前だ。明日の戦は勝利間違いなしだ」と喜んだという。郷士であった石黒重成は、小牧・長久手の功により、家康の家臣となって仕えることとなったいう。	10052
	1月吉日	「尾州西皆済事 右分少物也相済也」。 家康、尾張国奉行・寺西藤左衛門(昌吉)に自筆小物成(年貢)皆済状。自筆であることから署名・花押・印判がないという。 尾張国の慶長14年分の年貢が、雑税も含め皆済されたことを家康が確認した文書で、尾張藩主には当時すでに家康の九男義利(のちの義直)(1601〜1650)があったが、幼少のため、家康が直接尾張の政務を執っていた。	10053
	1月30日	幕府、前田利長に書を与へて、後陽成天皇譲位に付徳川家康の上洛するも、随従を要せざるべきを告ぐ。	10054
	2月8日	幕府、再び前田利長に書を与へて、利常は徳川家康に従ひて上洛すべきも、利長の在国すべきを告ぐ。前田利長は、病気が再発していた。	10055
	2月9日	義演(1558〜1626)、家康の上洛準備のため、数寄屋で使う垣柴60荷を贈る。	10056
	2月10日	**徳川家康、朝廷に雁を献ず。**	10057
	2月11日	政仁親王(のちの108代後水尾天皇)立太子の儀のこの日、儀式の準備万端整っていたのに、当日になって、突然、後陽成天皇(107代)(1571〜1617)から差止めの使者が来たため、ついに政仁親王(1596〜1680)は、皇太子となる機会を逃したとされる。後陽成天皇は、立太子を停止することによって、間接的に家康への復讐を計ったという。 しかし、家康には何ら打撃を受けなかった。却って政仁親王が、父帝による筋違いの痛烈な憎しみの矢面に立つ結果となる。後に、四辻公遠の娘お与津を添い臥しの女官とする。後の御与津御寮人(?〜1639)である。	10058
	2月21日	「丹州皆済事 右丑より酉ま九年皆」。 家康、山口駿河守に年貢皆済状。大久保長安の後任として、大和郡山城番となり、丹波郡代でもある山口直友(1544〜1622)のようだ。	10059
	2月27日	山科言経(1543〜1611)、没。69歳。『言経卿記』は、天正4年(1576)正月元旦から慶長13年(1608)8月2日まで33年間に渡って書かれた日記である。	10060

慶長16	2月28日	「江州皆済事 右卯より酉まて皆済」・「和州・江州両国皆済也、右和州丑」・「山城皆済事 右丑より未まて七年」・「和州皆済事 右丑より酉まて九年」・「和州皆済之事 右丑之年より酉ま」。 家康、猪太郎左衛門尉・中坊左近（奈良奉行を勤めた中坊左近秀政）・清水小八郎・藤林市兵衛（勝政）・楢村監物に年貢皆済状。 大久保長安の元、彼らが大和など蔵入地の代官として分担していた。	10061
	2月28日	「勢州子皆済也、仍如件、慶長拾六い」。 家康、伊勢代官・篠山資盛（資友）に自筆伊勢国年貢皆済状。 慶長5年8月1日、甲賀の兄篠山景尚は、父景春（資家）と一緒に伏見城名古屋丸で討ち死にしている。家康は、伏見城で戦死した景春の二男資盛を召出し鳥居野（滋賀県甲賀市甲賀町鳥居野）を安堵した。	10062
	3月一	この月、幕府、禁裏修造の役を諸大名に賦課する。家康は、京都にて福島正則・池田輝政・浅野幸長らの諸大名に対し、内裏造営を命令する。	10063
	3月一	この月、南光坊天海（1536？～1643）、僧正となる。後陽成天皇から毘沙門堂門室の号を賜う。	10064
	3月6日	徳川家康、後陽成天皇譲位のため、5万の兵を率いて駿府城を発つ。表向きは、政仁親王（後水尾天皇）の即位の式へ列席するためとも、尾張義直、水戸頼房、松平忠直の叙任御礼言上のためともいう。実際には、豊臣家を家臣として存続させるため、内々で交渉を行うための上洛という。	10065
	3月8日	家康、この日、浜松、10日岡崎、11日名古屋、13日岐阜、15日彦根にそれぞれ泊る。	10066
	3月17日	徳川家康、5年ぶりに上洛して二条城に入る。家康九男松平義直と十男松平頼宣は、父を東寺まで出迎える。	10067
	3月18日	武家伝奏の広橋兼勝（1558～1623）と勧修寺光豊（1576～1612）、二条城を訪ね、家康の上洛を祝う。	10068
	3月20日	家康九男・徳川義利（後の徳川義直）（尾張藩53万石余）（1601～1650）、従三位参議、右近衛権中将に叙任。家康十男・徳川頼将（後の頼宣）（駿河国駿府藩50万石）（1602～1671）、従三位参議左近衛権中将に昇叙転任。	10069
	3月20日	家康の十一男・徳川鶴千代（頼房）（1603～1661）、元服して従四位下少将に昇進。後に「頼房」を名乗る。結城秀康長男・松平忠直（1595～1650）（越前国北ノ庄藩主75万石）、従四位上右近衛権少将に昇進。三河守如元。	10070
	3月一	上洛した家康、この頃、豊臣秀頼と会見したいと大坂へ申し入れる。家康上洛の大きな目的は、後水尾天皇の即位を拝観して豊臣秀頼を家臣として拝謁させることだった。	10071
	3月22日	朝廷、家康からの要請を受けて徳川家の始祖・新田義重（1135？～1202）に鎮守府将軍を、家康父の亡き松平広忠（（1526～1549））に、権大納言を追贈する。	10072
	3月22日	三河国岡崎藩初代5万石の本多康重（1554～1611）、岡崎にて病没。享年58。後を長男・康紀（1579～1623）が継ぐ。	10073
	3月23日	徳川家康、義利「徳川義直」、頼将「徳川頼宣」及び松平忠直を従え参内。天杯を授けられる。	10074

| 慶長16 | 3月27日 | 「後水尾天皇、践祚―院政を復活」。 | 10075 |

家康の計らいで第107代後陽成天皇(1571～1617)が、政仁親王(後水尾天皇)(1596～1680)に譲位し院政が復活する。猪熊事件などの怒りが収まらぬ後陽成上皇は、譲位することを最後まで由とはせず、譲位に際し三種の神器を天皇に譲ることを拒み、京都所司代板倉勝重(1545～1624)が仲介に乗り出す事態となる。

| | 3月28日 | | 10076 |

豊臣秀頼(1593～1615)、織田有楽斎(長益)(1547～1622)・片桐且元(1556～1615)・大野治長(1569～1615)らを従え京に向かう。醍醐寺義演曰く、秀頼7歳のとき伏見城から大坂城に移徙の後初めての上洛という。実に12年ぶりの上洛である。
鳥羽まで家康の子二人(徳川義直と徳川頼宣)が迎え、歴々の大名衆もまた出迎える。秀頼、京都の片桐且元邸で衣服をあらため、二条城に向かう。

| | 3月28日 | 「家康70歳、秀頼19歳と会見」。 | 10077 |

豊臣秀頼(1593～1615)が、「千姫の祖父に挨拶する」という名目で、二条城にて徳川家康(1543～1616)と会見する。肥後国熊本藩52万石の加藤清正(1562～1611)は、精鋭の騎馬武者3百で秀頼を警護。
淀殿(茶々)(1569～1615)は、主筋の秀頼が上洛するいわれはないと主張するが、豊臣家の安泰を願う加藤清正・広島藩49万8千石の福島正則(1561～1624)や紀伊国紀伊藩(和歌山藩)37万6千石の浅野幸長(1576～1613)らが、淀殿を説得。

家康、自ら秀頼を庭先に迎え、秀頼が「慇懃」に礼をする。その後、家康から「互いの御礼あるべし」と、対等の礼をしようと提案するが、秀頼はこれを堅く「斟酌」(遠慮)し、家康に御成りの間を譲り、秀頼が家康に礼をする形となった。饗応の場では、高台院(秀吉正室寧々)も相伴した。(『当代記』)。

秀頼は、家康と会見後、豊国神社へ参拝し、方広寺大仏作事を監督した後、伏見の加藤清正邸に入る。舟にて伏見より大坂に帰還する。家康は重臣本多正信を召して、「秀頼にハかしこき人なり」と述べた。(『明良洪範』)。

| | 3月29日 | 徳川家康、仙洞御料を献じる。天皇を譲位した上皇の所領地2千石という。 | 10078 |
| | 3月29日 | | 10079 |

「猶々さう＼／御ふみかたじけなく奉存候、御書かたしけなく見まいらせ候、こゝ元ふしん申付やがて罷下御礼可申上候、めでたくかしく」(御手紙忝く拝見しました。こちらから普請を頼み、間もなく訪問しお礼を申上げます)。
家康、はりま殿宛に自筆書状を送る。この年、徳川家康は上洛した諸大名に禁裏御所修築を命じた。この書状はこの時上洛していた池田輝政に出した返礼の手紙である。仮名で書かれているのは輝政夫人が家康の娘督姫であり、夫輝政へ披露してもらう形式をとったもの。自身礼に参る旨が記されている。

	4月2日	二条城で諸礼がある。親王と摂関家が礼の先後を争い、家康が親王を先とする。	10080
	4月3日	徳川家康、二条城を出て、伏見城に入る。	10081
	4月5日	徳川家康、伏見城を出て京都に帰る。	10082
	4月7日		10083

豊臣秀吉の五奉行首座であった浅野長政(常陸国真壁藩(茨城県桜川市真壁町)5万石)(1547～1611)、下野国塩原温泉にて没。享年65。真壁5万石は三男・長重(1588～1632)が継いだ。長政は囲碁を特に好み、しばしば共に盤を囲んだ徳川家康は、長政没後、囲碁を絶ったと伝えられる。

西暦**1611**

慶長16	4月8日	家康、高野山大徳院宥雅等を二条城に召し、その論議を聴く。	10084

高野山真言宗の大徳院は、徳川家康によって文禄3年（1594）に和歌山県高野山に開かれた。高野山を開いた弘法大師の「大」と徳川家の「徳」をとって「大徳院」と称した。それ以来、徳川家の勢力を背景に、全国に末寺ができたという。

	4月8日	村越茂助（直吉）・米津親勝・安藤直次・成瀬正成・板倉勝重・大久保長安・本多正純が、徳川氏奉行連署印判状を朽木陣屋（滋賀県高島市朽木野尻）の朽木元綱（1549～1632）宛に発給。	10085

女・子供の売買は御法度であることから、板倉勝重の切手を所持していない女・子連れは（朽木谷を）通さないよう命じる。朽木谷は、京都から若狭に抜ける若狭街道の要衝である。

	4月10日	「……急度申入候、仍従松前上り申候御鷹共、御領分罷通候刻、不寄何時、……」。	10086

幕府年寄衆の青山図書助成重・安藤対馬守重信・土井大炊頭利勝・酒井雅楽頭忠世・本多佐渡守正信が、津軽越中守信枚・南部信濃守利直・秋田侍従（佐竹義宣）・最上出羽守義光・松平陸奥守政宗・米澤中納言景勝・松平飛騨守（蒲生秀行）・芦野弥左衛門政泰・大田原備前守晴清・福原雅楽頭資保・狐川（喜連川）御宿老中・奥平大膳大夫家昌の大名等へ連署奉書を下し、松前からの鷹献上道中の領内通過に支障なきように命ずる。

	4月11日	家康十男・駿河国駿府藩50万石の徳川頼将（後の頼宣）（1602～1671）、二条城で能楽を演じ、公家衆・門跡および諸大名が見物する。	10087

	4月12日	「後水尾天皇、即位」。	10088

第108代後水尾天皇（1596～1680）、即位の礼を行う。だが、父・後陽成上皇（1571～1617）との不仲はその後も続き、南光坊天海や板倉勝重の仲裁にも関わらず不仲は上皇の死まで続いた。

	4月12日	徳川家康、二条城において在京する西国（近畿・中国・四国・九州）諸大名を集め、「将軍家三ヶ条の置目」を発布、これを尊守させるために諸大名から誓詞を取る。	10089

豊前宰相忠興・越前少将忠直・播磨少将輝政・安芸少将正則・薩摩少将・美作侍従忠政・加賀侍従利光（利常）・周防侍従秀就・丹後侍従高知・若狭侍従忠高・備前侍従輝直・加藤肥後守清正・黒田筑前守長政・藤堂和泉守高虎・蜂須賀阿波守 至鎮（よししげ）・松平土佐守忠義・田中筑後守忠政・生駒讃岐守正俊・堀尾山城守忠晴・鍋島信濃守勝茂・金森出雲守可重の二十二名大名誓詞写が残る。ただし、豊臣秀頼からはこれを徴さず。

「3ヶ条の条々」は、明経博士舟橋秀賢（1575～1614）と儒者林道春（羅山）（1583～1657）が起草。内容は、「源頼朝公以降の将軍家の威光を尊重し将軍秀忠の法度を守ること・法度に違反した者や上意を無視した者を国隠してはならないこと・叛逆や謀反をした家臣を召し抱え続けてはならないこと」。
慶長20年（1615）の「武家諸法度」へ繋がる。

	4月14日	家康、二条城で能楽を行い、親王・門跡・公家衆を饗する。	10090

家康、朝廷の権限に干渉し出したという。

	4月―	この頃、家康、知恩院に参詣。	10091

慶長16	4月16日	「山城国上嵯峨之内六百拾五石、同」・「山城国愛宕郡西京之内弐百石之」・「山城国葛野郡安井村之内百石、」・「山城国葛野郡安井村之内弐百石、」。 10092
		家康、大覚寺・曼殊院宮(良恕親王(竹内曼殊院門跡、覚円、龍華院)(後陽成天皇の弟)(1575〜1643)に寺領判物を、舟橋・南禅寺伝長老(以心崇伝)に知行宛行朱印状を発給。
		舟橋は、舟橋秀賢(1575〜1614)であろうか。秀賢は、清原国賢の長男。天正12年(1584)蔵人左近将監、天正16年(1588)式部大丞。慶長7年(1602)2月明経博士。同9年(1604)8月式部少輔に任じられ従五位に叙せられた。同18年(1613)1月従四位。この間、左大臣近衛信尹の推挙によって堂上を勅許され、慶長6年(1601)2月24日それまで称していた高倉を舟橋と改名するよう申し付けられた。後陽成天皇、後水尾天皇の侍読を務めた碩学で漢文、連歌など国文学に通暁していた。また、木製による活字印刷の技術を持ち、自ら『古文孝経』などを印刷した。下級の公家であるが、自らの才能を生かし徳川家康を始め多くの人々と交流を保っており、家康昵懇の公家衆22人のうちの一人である。秀賢は、家康の命を受けて古書の収集に努めた。
	4月17日	結城秀康の三男・国松丸(後の松平直政)(1601〜1666)、二条城で祖父・徳川家康(1543〜1616)と謁見し、庇護を受ける異母兄・松平忠直(秀康の長男)(1595〜1650)から「直」をもらって「直政」と名乗る。 10093
	4月17日	朝廷、勅使(勧修寺光豊)を二条城に遣わさる、徳川家康の駿府下向に依りてなり。 10094
	4月18日	**家康、この日、京都を発ち、19日彦根、21日岐阜、22日名古屋に到着。**23日、熱田より乗船、25日に三河湾を渡海して三河の室に上陸して吉田城(愛知県豊橋市今橋町)に入る。三河国吉田藩3万石の2代藩主・松平忠清(1585〜1612)の城である。母は久松俊勝の娘で徳川家康の異父妹・天桂院。 10095
	4月22日	近衛信尹(信輔)(1565〜1614)、薩摩藩主島津家久(忠恒)(1576〜1638)らに、秀頼上洛について書状を送る。いわく、家康は譲位・即位のため上洛していたこと、更に秀頼の上洛に国民が喜んでいるとのこと。 10096
	4月23日	「慶長十六年(1611)四月二十三日、権現様(徳川家康)河和屋敷へ成らせられ光康母妙源共御目見」(『水野家御系譜』)。 10097
		戸田、水野両氏の対立は、河和城(愛知県知多郡美浜町河和)主戸田孫八郎守光が刈谷城主水野忠重の姪(水野信元の娘妙源)を室に迎えることで終止符が打たれた。天正18年(1590)、守光は秀吉の小田原攻めに従軍のために河和を出陣した。しかし、守光討死の報せが河和に届けられた。あろうことか郷民大いに乱れ、城は破却されてしまった。守光の妻は三人の子と共に城を脱した。そして野間大御堂寺に逃れ、剃髪して妙源禅尼となった。妙源はその後、叔母の於大の方(伝通院)を頼って子等と共に江戸に移り住んだ。
		慶長2年(1597)守光の遺児万千代は、徳川家康の配慮により武蔵国内に七百石を給され、外祖父水野信元の名跡を継ぎ水野氏を名乗った。慶長5年(1600)関ヶ原の戦いに出陣したときには水野惣右衛門光康と名乗っていた。翌年、家康から河和千四百六十石を与えられて地頭となり、11年ぶりの帰郷を果たすことができた。屋敷は城跡ではなく、集落の北側に築かれた。以後、河和水野氏として尾張藩に仕え、十代続いて明治となった。
	4月23日	家康はこの日、大御堂寺(野間大坊)(愛知県知多郡美浜町)に詣で、寺領250石を寄進したとされる。 10098
	4月28日	**家康、駿府城に到着。** 10099

西暦**1611**

慶長16	4月29日	メキシコ副王の答礼使セバスティアン・ビスカイノが、前年のフィリピン前総督ドン・ロドリゴ・ビベロの遭難救出に感謝するために、また、フランシスコ会士アロンソ・ムニョースに託された外交文書への回答を携えて、浦賀に来日。また、ドン・ロドリゴの帰郷に同行した田中勝介らの使節団も同乗し帰朝する。	10100
	4月一	**「宮中乱交事件（猪熊事件）慶長14年7月4日〜慶長16年4月」、終結。** 「宮中乱交事件」（猪熊事件）に連座して後陽成天皇の勅勘を蒙り、官を止められて蟄居を命じられた烏丸光広(1579〜1638)は、この月、後水尾天皇に勅免されて還任する。	10101
	5月7日	幸松（後の保科正之）(1611〜1673)、江戸幕府第2代将軍・徳川秀忠(1579〜1632)の四男（庶子）として生まれる。母は、静（志津、後の浄光院）(1584〜1635)。 秀忠は、自分の乳母・大姥局(1525〜1613)の侍女静の妊娠を知り、継室・お江（後の崇源院）(1573〜1626)に知られないよう武田信玄の次女・見性院（穴山梅雪後室）(1545〜1622)に預け、そこで生まれた幸松は、大姥局と懇意にしていた見性院に養育されたという。見性院は、家康に保護されて江戸城北の丸に邸を与えられていた。江戸神田で密に生まれたともいう。元和3年(1617)信濃高遠藩の初代藩主・保科正光(1561〜1631)は、秘匿されて見性院に預けられていた幸松（後の保科正之）を養子として迎え、その養育に当たる。	10102
	5月12日	**メキシコ副王の使節セバスティアン・ビスカイノ、江戸城で徳川秀忠に謁見、歓迎される。** さらに駿府城に出向き家康と会見。ビスカイノが家康に謁見し、沿岸測量と通商許可、オランダとの貿易停止を求める。この時家康は、時計を贈られ大層気に入ったという。久能山東照宮には、スペイン国王フェリペ3世から海難救助のお礼として徳川家康に贈られた洋時計が神宝として残されている。当時の日本では、24時間当分割な時間法ではなく、子の刻、丑の刻などを使い、季節によって昼夜の長さが変わる時間概念であった。そのため、時計は実用的ではなく、使わずに保管されてきたという。	10103
	6月4日	信繁（幸村）父・真田昌幸(1547〜1611)、配流先の高野山麓九度山で没。享年65。（慶長14年説あり）。九度山の「真田庵（善名称院）」(和歌山県伊都郡九度山町)に葬られるが、故郷を強く思う昌幸のために遺髪等は国元に運ばれ、本領の真田長谷寺(長野県上田市真田町)にある両親の墓の隣に埋葬される。	10104
	6月13日	**「御親父様、高野に於て御遠行の儀、是非に及ばざる御事に候、然れば貴公御弔ひ成され度きの由、示しに預り候、尤もの御事に候へ共、公儀御はゞかりの仁に候間、御詫を得させられ候はではいかゞの儀に候条、いつにても御父子様へ御仕合次第、御意を得させられ、其の上御赦免に於ては御弔ひ成され然るべく候はんかと存じ奉り候、御尋ねに候間、貴公御ために候条、愚意の通り啓上仕り候、殊に高野に御座成され候ても、何事も無く御入り候へば、いづれ御国御赦免の儀、御袋様より節々仰せ下され候間、御仕合をためらい申し候処に、か様の儀、幾度申し候ても是非に及ばざる御事に候、御袋様・御内様へ御力落しの由、御心得に預るべく候、恐惶謹言」。** 老中本多正信(1538〜1616)、父の死を弔いたいとして相談した、信濃国上田藩9万5千石（上野国沼田3万石を含む）の真田信之(1566〜1658)宛に、昌幸の死を悼むと同時に、信之の気持ちは分かるが、昌幸は流罪人であり、真田昌幸の弔いは幕府の許可を得るようにという書状を送る。	10105

慶長16	6月16日	「房州様(真田昌幸)御逝去之由、爲元へ其聞得候、不及是非次第二候、一度可懸御目与存、年月を送り候へ者、涙計に罷成候、御苦身被成候事一入いたはしく存候、心事雖盡筆上候、恐々謹言」(真田安房守昌幸殿が逝去されたとの事、こちらにも聞こえてきました。致し方ない次第とはいえ残念です。もう一度会って話しあおうぞ、と約束したままで、果たせない日々を過ごしてきました。今はただ涙がこぼれ落ちるばかりです。聞くところによると長く病に苦しまれたとか、一層不憫に思われます。私の心中は文章ではとても言い尽くせません。謹んでお悔やみ申し上げます)。(追伸、あなたは体調に充分注意して例え障害者になられたとしても、真田家が続くよう長生きしてください)。 旗本・城和泉守昌茂(1552～1626)、真豆州(上野国沼田城主真田信之(1566～1658))宛に書状を送り、父昌幸の死を弔問する。昌茂は、武田氏滅亡後徳川家康に仕え、武田家では父昌幸と同僚だった七千石の旗本であった。	1010
	6月17日	松江城が竣工し、富田より松江に移り、松江を出雲国の政治の中心地とした堀尾吉晴(1544～1611)が、松江で没。享年68。孫の松江藩第3代藩主(24万石)の堀尾忠晴(1599～1633)を後見していた。	10107
	6月24日	肥後国熊本藩初代52万石の加藤清正(1562～1611)、熊本で没。享年50。法名・浄池院殿永運日乗大居士。3月には二条城における家康と豊臣秀頼との会見を取り持つなど和解を幹旋したが、帰国途中の船内で発病したという。その子・虎之助(後の忠広)(清正の三男)(1601～1653)が後継者となる。	10108
	6月24日	安芸国広島藩(安芸・備後2ヶ国49万8千石)主の福島正則(1561～1624)は病が重く、次男正勝(忠勝)(1598～1620)を江戸に上らせ、家督を譲りたい旨を願い出る。許されず。	10109
	6月25日	徳川家康の養女満天姫(故福島正之の妻)(1589?～1638)、津軽弘前藩2代藩主津軽信枚(1586～1631)へ入輿。	10110
	7月1日	**この日、ポルトガル使節・東魯訥(ドン・ヌーノ・ソトマヨール)、駿府にて徳川家康への拝謁を許される。家康、本多正純(1565～1637)・後藤庄三郎光次(1571～1625)をして阿媽港(マカオ)への返書を送らしむ。これも道春(羅山)が草したであろう。** ソトマヨールは、家康に貿易再開を要求、9月、許可される。	10111
	7月1日	徳川秀忠、堀尾山城守(忠晴)(1599～1633)宛に書状を送り、堀尾帯刀(吉晴)の死去を心中察すること、委細は大久保忠隣、本多正信から伝えると記す。	10112
	7月13日	**「江戸幕府、山城の検地にかかる」。石清水八幡宮領は除かれる。家康の側室、石清水八幡宮社家志水氏の娘お亀(相応院)の縁戚故か。**	10113
	7月15日	南禅寺大方丈(国宝)、女院御所の殿舎(対面御殿)を移建して成る。	10114
	7月20日	**徳川家康、駿府城で、メキシコ副王の使節・スペインの探検家セバスティアン・ビスカイノを引見。**「我々は旅館に帰りしが、同所に皇帝の宮中の婢妾女官と称する方可なるジュリアといふキリシタン、大使を訪問し、ミサ聖祭に列せん為め待ちいたり。この婦人を歓待し硝子の玩具その他の品を与へしが、影像珠数その他信心の品に心を寄せたり。彼女は善きキリシタンなりと伝へられしが、その態度これを証明すと思はれたり。(駿府の)日本人のキリシタン多数、大使に面会し、またミサ聖祭に列席し教師等に接して慰安を得ん為めに来り。彼等より好遇せられしこと、及び他の人々が我等の正教の事を聞き、此処に述べず。この事は実に嘆賞すべきことなりき」(『ビスカイノ金銀島探検報告』)。	10115
	7月25日	**「自日本到交趾国舟也、右、慶長拾」。家康、渡海朱印状。**	10116

西暦 **1611**

慶長16	7月25日	**「阿蘭陀之船、日本江渡海之刻、逢」**。徳川家康、「ちやくす、くるうむへいけ」に [10117] 渡海朱印状。家康、オランダ商館長スペックスに、阿蘭陀(オランダ)船が風波のために日本国内のどの浦に着岸しても相違あるまじき旨の朱印状を下賜す。
	7月一	この月、幕府、寺町仏光寺の法然寺(現在は京都市右京区嵯峨天竜寺立石町)・東福寺に制札を下す。 [10118]
	7月一	この年、直江兼続(1560〜1619)、直江勝吉(老中本多正信の次男 ・ 政重)(1580〜1647) [10119] からの申し出により、養子縁組を解消する。出奔ともいう。兼続の嫡子・景明(1594〜1615)が家督を継ぐことを考慮したため、政重の実父である老中本多正信(1538〜1616)の意向との説があり、この頃から幕府が豊臣征伐の準備に入っていたとの見方をしている。本多政重、上杉家を辞して実家の本多家に帰参、程なく(7月頃)、藤堂高虎(伊勢国津藩主)(1556〜1630)から推挙され、再び、加賀家に仕官。
	8月1日	雨降。京都より飛脚が到来、去月二十七日吉日により寅刻、三種の神器が仮殿の [10120] 内侍所に奉渡、同刻、主上(天皇)仮殿に移座、即、課役の洛中地下人が古御殿を壊し始めた。板倉伊賀守勝重奉行の禁裡築地は、諸国武士に命じて築く。高さ六尺、周囲二町四方、武士・諸大夫が築くと報告。大御所家康、前殿に出御、諸侍が悉く出仕。**この日から『駿府記』が著わされる**。元和1年(1615)12月までの徳川家康の動向を記した書で、著者は後藤庄三郎光次(1571〜1625)とも、林道春(1583〜1657)ともいう。道春(林羅山)が記したものであろう。
	8月2日	宰相(家康九男義俊(のちの徳川義直))(1601〜1650)・中将(徳川頼宣)・少将(鶴君、 [10121] 徳川頼房)が、藤堂和泉守高虎之亭に渡御。椀飯以後御能五番がある。水無瀬宰相称留入道一斎(親具)・鈴木久右衛門等、平生愛好の士の戯れが演能前にある。和泉守侍児卅余人が錦袴・金銀飾り装束での風流踊りがあり、奇観(珍しい眺め)であった。本多上野介正純・成瀬隼人正正成・永井右近大夫直勝・村越茂助直吉・後藤少三郎光次等が側で見、夜に帰る。今日の事を公達(家康息子たち)が家康に語ると、家康はすこぶる御喜悦(心から喜ぶ)であった。
	8月4日	**徳川秀忠使者安藤対馬守重政(重信の間違い)(1557〜1621)が参府、徳川家康のもとを訪れ、加藤肥後守清正の遺領を、その子 ・ 虎之助(清正の三男忠広)(1601〜1653)に相続させてもよいか裁可を請う。** **家康は虎之助の遺領相続を認め、対馬守は即、江戸へ赴く。**
	8月10日	家康に禁裏造営奉行に補された、板倉内膳正重昌(勝重の次男)(1588〜1638)、上洛。 [10123] この者は京都守護板倉伊賀守勝重息男なり。
	8月10日	家康の雑談がある。武蔵国由良新六郎僕従が在った、この者は手足不自由なるも [10124] 山坂険しい所一二里を奔馬に劣る事も無く行動すると。家康は不思議に思い、その者を召した。
	8月10日	洛陽に奇異な事がある。一條裏辻の幸阿弥彌長晏(1569〜1610)が死去してで数日も [10125] 過ぎない日から、彼の邸宅に日暮れになると、山伏のような姿をしたものが数人出現、長晏の弟が奇異に思って、夜更けまで隠れて窺っていると、山伏体の者が幾千万も出てきて、邸内中に充満した。弟は恐れ戦き走り帰ったのだが、翌朝、その弟は死んだ。長晏の妻子・従類は堪えられなくなって、他所に移ったという。家康曰く、思うにこれは狐(狐)の仕業であろう。幸阿弥長晏は、慶長5年(1600)徳川家康より扶持六十人分を賜り、同15年(1610)には秀忠より二百石を授けられて江戸に召されたが、その途中の同年10月25日、遠州見付駅で誤って落馬し没したという。

慶長16	8月12日	前田家（加賀藩前田利常）に帰参した本多政重（老中本多正信の次男）（1580〜1647）、この日、3万2千石を拝領、家老としてまだ年若い前田利常（利長の弟）の補佐にあたり幕府との交渉役となる。	1012
	8月12日	金森出雲守正重（可重）（飛騨国高山藩2代藩主）（1558〜1615）が、家康に山漆草（その葉は三七）を献上し『本草綱目』に同様見本があるものである。	1012
	8月13日	**徳川家康、朝、駿河浅間に出御し鉄砲を放つ。**的を二町（約218m）先に置き五発命中する。近侍する者も同様撃つも当たらず。午刻（11〜13時）、前殿櫓上に留っていた鳶を狙って発砲し、三発命中して二羽落下し、一羽は足を射切られて飛び去る。その距離五十間（約91m）也。	1012
	8月14日	**家康、駿府城に新造した蔵に御物を納める。**	1012
	8月16日	浅野采女正長則（長重）・杉原伯耆守（長房）・羽柴美作守（堀親良）、江戸より参府。家康は、長則の父・浅野弾上忠長政の遺領を三人に割譲し給付する。采女正は三男、二人は弾上甥なり。 下野国真岡藩初代2万石の浅野長重（長政の三男）（1588〜1632）、父長政遺領の内、常陸国真壁藩5万石を拝領。真岡2万石は幕府に返上する。なお、長重領下野国真岡2万石の内3千石を長政室（長重母）長生院（未津）（？〜1616）に、5千石を杉原長房（長政娘婿、高台院おねの従兄弟）（但馬国豊岡藩2万石）（1574〜1629）に、1万2千石を、家康の命により本多正純の家臣となっていた羽柴秀家（堀親良）（長政娘婿、堀秀政の次男）（1580〜1637）へ与えられる。堀親良は、真岡藩主となる。	1013
	8月16日	**家康、駿府城書院を造替する事とし、畔柳寿学（？〜1626）を奉行とする。**	1013
	8月20日	長崎所司・長谷川佐兵衛藤広（1567〜1617）が着府、駿府城の徳川家康に、大明、南蛮等の異域の商船八十余艘が来朝、商売したことを言上する。家康は感心する。	1013
	8月21日	会津地方で大地震、蒲生秀行（陸奥国会津藩初代60万石）の鶴ヶ城（若松城）も石垣、塀、櫓がことごとく崩れ、七層の天守閣は傾き、瓦は下に落ち人馬が多く死亡。	1013
	8月22日	最上出羽守義光（1546〜1614）、駿府城新築祝いのために駿府に上府し徳川家康に菱喰（ヒシクイ）を献上する。同年3月、義光は従四位上、左近衛少将と出羽守に叙位・任官した。	1013
	8月23日	夜に至り、有馬修理大夫（晴信）が家康に巻物二十、同息左衛門佐（直純）が銀子五十枚を献上。 有馬直純（1586〜1641）は、慶長5年（1600）15歳から親元を離れ駿府城で徳川家康に側近として仕える。慶長15年（1610）には、キリシタンであった妻・マルタ（小西行長の姪）を離縁し、同年11月、家康の養女・国姫（桑名藩主本多忠政の長女）を正室として娶った。	1013
	8月24日	加藤肥後守清正息男虎之介が駿府城の徳川家康のもとを訪れ、黄金五十枚、銀百枚を献上、中将（徳川頼宣）がもてなす。父清正死去につき、江戸に人質としていた加藤虎之助（清正の三男）（忠広）（1601〜1653）が清正の遺領相続により熊本城（肥後国）に下向途中という。	1013
	8月24日	長岡越中守忠興（小倉藩初代藩主細川忠興）（1563〜1646）が、家康に、暹羅（シャム）国との交易で手に入れた象牙、白絹、孔雀、豹等を献上する。 大船建造禁止令発布後の中、忠興は、商船を暹羅へ渡航させたが、風に流されて安南国（ベトナム）へ漂着したのである。帰国後、朱印状発給に対する贈献として、忠興は家康に、象牙・白絹・孔雀・豹皮などを差し出した。	1013

西暦**1611**

慶長16	8月25日	家康、医師各人に朝鮮人参一袋を賜う。 高麗人参を日本で最初に重用したのが家康という。 去十三日会津大地震で、蒲生飛騨守秀之(秀行)(1583〜1612)の城郭石壁が悉く崩れた由。	10138
	8月26日	家康、駿府城西ノ丸にて神明膏薬を練る。 家康は本草書をよく読み、駿府城内には製薬所を設け、救急薬やその他の医薬品を作らせた。「神明膏」・「万病円」・「烏犀円」・「八味円」などが家康が製造を命じた薬という。	10139
	8月28日	「知行目録一弐百四拾四石壱斗」。 家康、跡部茂左衛門に印判状をもって知行充行。元の甲斐津金衆だろうか。	10140
	8月28日	松平忠輝(家康六男)、河中島の内二万石を松城領となし、花井吉成(?〜1613)をして、之を領知せしむ。また、忠輝、生母お茶阿(1550?〜1621)等に知行を給す。	10141
	8月一	大御所家康、将軍秀忠に命じて、武蔵川越の仏蔵院北院を建立せしめ、武蔵国川越藩主酒井忠利をして之を管せしむ。 酒井忠利(1559〜1627)は、喜多院の再興に当たった。	10142
	8月一	この月、下野国鹿沼を領する阿部正次(1569〜1647)、大番頭(将軍秀忠護衛旗本団の長)となり、さらに、伏見城番を3年ほど務める。大坂の陣でも戦功を挙げた正次は3万石にまで加増される。	10143
	8月一	「岡本大八事件—慶長14年12月9日〜慶長17年5月6日」。 この月というが、本多正純(1565〜1637)は、家臣岡本大八(?〜1612)の所業を知り、独断処分ができず、家康に申し出て、裁決を仰ぐ。 家康は、パウロ岡本大八とキリシタン大名で肥前国日野江藩(後の島原藩)4万石・有馬晴信との贈収賄事件の発覚に、「耶蘇は夷狄の邪法」とまで決め付けることになる。	10144
	9月1日	在府武士が悉く出仕。金地院崇伝長老が出仕、家康は近くに召し雑談。	10145
	9月3日	普請奉行佐久間河内守(政実)(1561〜1616)が、尾張国名古屋より参着、徳川家康に名古屋城の普請指図を献じる。	10146
	9月4日	これより先、占城(ベトナム中部)より使者が渡来し香木が請来さる。よって長谷川左兵衛藤広(長崎奉行)は、徳川家康の上意を奉じて占城国主あての書簡と贈呈品の腰刀を使者に渡す。また左兵衛からも贈呈品を送る。	10147
	9月5日	国々の諸大名が家康に、重陽之御服を奉じる。	10148
	9月9日	諸人が出仕といえども、前殿造替が無き故、家康出御は無かった。	10149
	9月11日	家康が今夜子刻(23〜1時)から不機嫌になる。いつも家康を診察する宗哲法印(与安法印)(1573〜1622)の遅参故であった。	10150
	9月11日	江戸姫君(勝姫)が駿府に到着。土井大炊頭利勝が供奉して、越前少将忠直の嫁娶であった。	10151
	9月14日	日野大納言入道唯心(1555〜1623)が着府と、後藤少三郎(光次)が家康に言上。 家康、姫君(勝姫)御覧のため、明日三之丸で御能をする由を仰せ。家康は即、座席段どりを下知。 福阿弥(茶坊主)が今晩から料理をはじめる。この者は昨年琉球王が来府の時、体を悪くし任を果たせず、家康の不興を買った。今日、家康に初赦免され料理をはじめた。	10152

慶長16	9月15日	駿府城三之丸にて勝姫饗応能が催される。勝姫は、鵞眼一万疋・被物二領を金春大夫に賜う。 勝姫は秀忠の三女で家康の内孫。母はお江（浅井長政の三女）。9月5日（8日とも）に江戸を出発し、11日駿府着、祖父・家康のもとで饗応を受け、16日（18日）駿府を発し、9月28日に越前国北荘で福井藩主忠直（伯父・結城秀康の嫡男）と結婚した。	1015[ ]
	9月15日	**呂宋（ルソン）人、駿府に登城し、二の丸にて徳川家康に拝謁し、葡萄酒・南蛮蝋・巻物を献上す。**書簡もあったであろう。フィリピン占領のイスパニア人か。	1015[ ]
	9月16日	**神龍院梵舜**（1553〜1632）、**徳川家康**（1543〜1616）**に「藤氏系図」を進上する。** 日本の氏族・藤原氏は、姓（カバネ）は朝臣。略称は藤氏。	10155
	9月16日	宰相（家康九男義利（のちの徳川義直）（1601〜1650）、駿府城内で感冒に罹る。	10156
	9月17日	中井大和守正清（1565〜1619）が、方廣寺大仏殿の虹梁（社寺建築で使われるやや反りを持たせて造った化粧梁）について、容易に動かないので、轆轤を以って脚代に載せると、家康に話す。	10157
	9月17日	夜、本多上野介正純亭に於いて、姫君（勝姫）供奉衆の土井大炊頭・渡辺山城守・長谷川筑後守、その他諸侍に招請があり、その後酒宴が開かれる。	10158
	9月18日	姫君（勝姫）が駿府から越前に赴く。宰相がこの二、三日感冒気味、医師皆が営中に伺候、一昨夜、宗哲法印を召し、紫雪を服用したところ、病気の勢いが去った。侍医たちが集結して服薬評議を行った際に、家康は他の処方にこだわる医師の意見を退けて漢方薬の紫雪を服用させた。侍医の宗哲法印（片山宗哲）（1573〜1622）に調合させたものだったが、熱気が鎮まり快癒した。 **家康は政治や歴史の書だけでなく、医学書・薬学書も愛読していた。また薬草等の知識も豊富で、自ら多くの薬を製剤、服用していた。家康は、中国の医薬書『新刊官本類証 医林集要』（全20巻）（明の嘉靖8年（1529）刊）を参考としたという。**	10159
	9月19日	松平陸奥守政宗（伊達政宗）が大鷹を、浅野紀伊守幸長が故弾正（父・長政）遺物の刀（銘 長光）・茶壺（銘 鎮西）を家康に進上する。 南都喜多院が明日上洛と聞いた家康は、喜多院を召し、被物三領・銀二十枚を下賜。山形（最上）駿河守家親（義光の次男）が大鷹を徳川家康に進上する。	10160
	9月19日	**「其得失給、建春式目令、道春読之、議論其得失給、」。** 徳川家康、林道春（林羅山）（1583〜1657）に命じて、「建武式目」を読ませ、その得失を議論させる。「建武式目」は、室町幕府の施政方針を示した法令集。 「家康公書籍を好せられ、南禅寺三長老・東福寺哲長老・外記局郎・水無瀬中納言・妙寿院・学校兌長老など常々被成御咄候故、学問御好、殊之外文字御鍛錬と心得、不案内にて詩歌の会の儀式有と承り候、根本詩作歌連歌は御嫌ひにて、論語・中庸・史記・漢書・六韜・三略・貞観政要・和文延喜式、東鑑他、其外色々大明にては高祖寛仁大度を御褒め、唐の太宗・魏徴を御褒、張良・韓信・太公望・文王・武王・周公、日本にては頼朝を常々御咄被成候」（板坂卜斎の覚書『慶長年中記』）。	10161
	9月19日	**「日本国源家康啓呂宋国主足下、其」。**家康、渡海朱印状。 家康、呂宋人に返書を出して謝礼し、通商に疎意なき旨を伝える。	10162
	9月一	**「自五和使者到来、黒船欲来朝之由」。**家康、明五和に渡海朱印状。	10163

西暦1611

慶長16	9月20日	将軍秀忠使者井上半九郎正就(1577〜1628)が江戸より着府、家康に生鮭を進上、家康は即料理。家康は半九郎に、来月六日鷹狩に出御の旨を仰出。正就母(永田氏)が徳川秀忠の乳母であったため、正就も早くから秀忠に近侍した。 **南蛮世界闇屏風を見た家康は、異城国々の話をするように命じ、後藤少三郎（光次）・長谷川佐兵衛(藤広)が伺候する。**	10164
	9月22日	水野対馬守重央(重仲)が遠江国で求めた隼を家康に献上するも、家康御意が叶わず、返却される。鶴君(徳川頼房)に、今日、内藤主馬が御庫から紫羅紗を出して来る、家康は、鷹狩の羽織とするようにと仰出。 東海に濃毘須般国(新イスパニア＝メキシコ)が有り、古来から通船があったが去年に京町人田中勝介が後藤少三郎に望み渡海、今夏(4月)帰朝し、数色の羅紗並びに葡萄酒を持ち帰った。紫羅紗はその一つなり。その海路は八、九千里という。	10165
	9月22日	施薬院宗伯法印(1576〜1663)が駿府城に到着し、徳川家康は即召し、与安法印(片山宗哲)(1573〜1622)と共に本草について雑談する。 堀尾帯刀吉晴の遺物として金百枚、真壺を献上と、本多上野介正純が家康に報告する。畔柳寿学(？〜1626)に江尻橋改築の家康御錠がある。巴川の江尻橋(静岡市清水区江尻稚児橋)は、稚児橋(別名・河童橋)と呼ばれた。	10166
	9月23日	本多佐渡守正信が、徳川家康に鮭を献上する。 家康は、来る二十七日、藤堂和泉守(高虎)亭で能があり、渡御すると仰せ出。	10167
	9月24日	今日朝、家康は、府中近辺で初鷹狩。鴨四羽を獲り、即料理させ近習衆の下賜。	10168
	9月25日	京都の板倉伊賀守勝重よりの松茸一籠、紅柿二籠が、駿府城の徳川家康のもとに届く。 家康が明後日、藤堂和泉守(高虎)亭で御能と告げ、永井右近(直勝)に、今頃藤堂和泉守(高虎)が前殿の在り、能組之次第を仰せ付け。後藤少三郎(光次)が出仕、家康は即召し、能組之儀を仰せ付け、少三郎は、料理且又生鮭一箇を拝領する。	10169
	9月26日	中将(徳川頼宣)の諸侍に所領賜うの御錠あり。徳川家康、徳川頼宣付の安藤帯刀直次(1555〜1635)、水野対馬守(重央)(1570〜1621)、彦坂九兵衛尉光正(1565〜1632)に遠江国内にて所領を宛行う。 毛利中納言輝元入道宗瑞が梨子五籠を、大久保相模守忠隣が生魚(鮭)・乾鮭魚(干鮭)を、但馬国代官間宮新左衛門が朝倉山椒三箱を家康に献上する。間宮新左衛門は、初代生野奉行を勤めた間宮直元(1571〜1615)であろう。	10170
	9月27日	辰刻(7〜9時)、徳川家康、駿府の藤堂高虎邸に渡御。宰相(義直)・中将(頼宣)が家康に従う。本多上野介(正純)、安藤帯刀(直次)、成瀬隼人正(正成)、村越茂助(直吉)、永井右近(直勝)、松平右衛門佐(正久(正綱))、水野対馬守重央、西尾丹後守(忠永)、竹腰山城守(正信)、秋元但馬守泰勝(泰朝の間違い)、板倉内膳正(重昌)、後藤少三郎(光次)、長谷川佐兵衛(藤広)、浅井七平(元吉？)、大岡兵蔵(忠吉)、小姓の佐久間伊予守頼勝、日根野左京亮(高継)、高力河内守(左近大夫忠房の間違い)、北見長五郎、野尻万助、その他数十輩、医師施薬院宗伯法印・与安法印宗哲等、その他数えきれない者が御供する。椀飯以後御能がある。	10171
	9月27日	能の後、日野大納言入道惟心が家康御前に出、昨今之御能を見せたと家康は仰せ。次に圓光寺長老・金地院長老を召し、少進法印及び大蔵(権右衛門)道意が古来乱舞を舞う。午時に餅、晩に至り御膳、日野惟心・水無瀬一斎・両長老が家康に相伴。その節を以って佐久間伊予守頼勝が、下間少進法印に今日の能は良かったとの家康御意を伝える。	10172

慶長16	9月28日	駿府城で藤堂和泉守(高虎)ための後宴があり、能十一番が催され、諸士が悉く群集。青銅二万疋が舞台に積まれ、銀十枚・被物一重を金春大夫に徳川家康が与える。午時、本多上野介(正純)、安藤帯刀(直次)、成瀬隼人正(正成)が起座、昨晩、江戸より将軍秀忠使者が参着登城と報告。家康は能見物之由仰せ。藤堂高虎邸に在った松平右衛門佐(正久(正綱))・後藤少三郎(光次)・長谷川佐兵衛(藤広)が再到する。	10173
	9月28日	勝姫(徳川秀忠・お江の三女、後の天崇院)11歳(1601～1672)が、故結城秀康の子で従兄にあたる越前国北ノ庄藩75万石・松平忠直16歳(1595～1650)と婚儀。結城秀康生前から決まっていたという。	10174
	9月28日	この年8月に、清正の跡を封襲を認められた虎之助(後の加藤忠広)(清正の三男)(1601～1653)、肥後国熊本に、江戸から到着。52万石を相続するも、11歳の江戸育ちであり、重臣による合議制となり、藤堂高虎(伊勢国津藩主)(1556～1630)らが後見人となる。	10175
	9月29日	毛利三次郎(就隆、輝元の次男)(1602～1679)が、徳川家康に銀百枚を、福原越後守(広俊)(1567～1623)が鞦を献上する。本多上野介が取り次ぐ。三次郎は、宗端(毛利輝元)息・松平長門守(毛利秀就)の弟。当時長門守は江戸に(人質として)在り、三次郎は江戸に赴く、福原甚助介錯の由。三次郎は同年10月17日、江戸で将軍秀忠に御目見。これ以降、兄・秀就の代わりに証人(人質)として、江戸へ滞在することとなる。 亀井武蔵守(茲矩)(1557～1612)が、家康に銀百枚、鉄炮一挺を献上する。本多上野介・成瀬隼人正が披露。松平陸奥守政宗(1567～1636)が鮭魚十箇を家康に献上する。	10176
	9月30日	今朝、家康が、駿府城二之丸中将亭に於いて藤堂和泉守(高虎)を饗応、即、宰相(義直)が出御。	10177
	10月1日	諸士が出仕。駿府城前殿造替が出来、家康が出御。山科少将言緒(1577～1620)、舟橋式部少輔秀賢(1575～1614)、冷泉侍従為満(1559～1619)が着府。秀賢が家康に諸家略系図、屏風一隻を献上する。舟橋式部少輔・下間少進法印(仲之)が出仕。家康、金春以下を召し、寶子御馬を賜う。少進法印に銀三十枚、被物一重を下賜、金春大夫その他六十余輩には纏頭(褒美)として被物を下賜、永井右近が取り次ぐ。 少進法印・金春以下は、明日、江戸に赴く由。家康、日野唯心、舟橋式部少輔、円光寺(元佶)、金地院(崇伝)が、家康御前で京都の院内や倭漢・古今について雑譚。家康、藤堂和泉守(高虎)に明日肥後国に赴き、肥後守子息(加藤虎之助)幼年故、彼の領国経営の後見を命じる。 遠江国住人市野が生姜を献上、家康は、御厩別当諏訪部宗右衛門尉を召し、牧馬を談じる。市野は馬を知ればなり。浜名代官の市野五郎右衛門(?～1616)と諏訪部定吉(?～1653)か。京都より本因坊算砂(1559～1623)が来府、当時囲碁名人である。	10178
	10月2日	今晩、日野惟心、山科少将(言緒)、舟橋式部(秀賢)、冷泉侍従(為満)、両長老(円光寺元佶、金地院崇伝)が、駿府城前殿に於いて徳川家康に召され饗食茶を賜う。山岡修理が銀百枚、山岡新太郎が羽織二領を献上、本多上野介・永井右近が伝える。天台西楽院僧正の遺物「三大部六十巻」を岩本坊が献上。家康御前にて天台法問があり、雑譚。今日、大鷹一聯を後藤長乗(1562～1616)が拝領。後藤長乗は、江戸時代前期の装剣金工。	10179
	10月3日	初代・神善四郎(?～1633)、京に出て公家に仕え秤座を開き、この日、朝廷より豊後掾に任ぜられる。慶長期末ごろには製品を二条城にいた家康に納め、やがて西国33ヶ国の秤支配を分掌するという。	10180

西暦 1611

慶長16		
	10月3日	所々の代官が納米の価金一万九千里両を納め、松平右衛門佐（正久）（1576〜1648）が駿府城の「殿守御庫」に納める。 10181
	10月3日	家康、呂宋国に御書と信物（進物）として腰刀・脇刀各一柄を送る。 10182
		担当の長谷川左兵衛藤広（長崎奉行）は、呂宋（ルソン）太守あての家康書簡に副書を添えて出す。また刀等を送る。
	10月4日	鷹匠彦六・文九郎その他数輩が関東より来て、当年は雁・鴨諸鳥が甚だ多くいると言上。 10183
		中井大和守正清が京都より来府、家康は即召し、大和守は命ぜられていた前殿以下造替を報告する。また、方廣寺大仏殿の大虹梁（差鴨居）立てについて、容易に成し遂げることができることを家康に伝え、家康は気色快然。
		今日、将軍秀忠が家康に生鮭を進上。
		片桐主膳正（貞隆）が御服三領・渋紙二百張を進上、これは鷹狩用となる。
		生駒讃岐守正俊が紫皮百枚を家康に献上する。
	10月5日	徳川秀忠使者成瀬豊後守（正武）（1585〜1616）、駿府城の徳川家康のもとに参着。 10184
	10月6日	巳刻（9〜11時）、徳川家康は、鷹狩と称して関東の向かうべく駿府城を出立する。 10185
		供奉は本多上野介（正純）、安藤帯刀（直次）、成瀬隼人正（正成）、村越茂助（直吉）、松平右衛門佐（正久（正綱））、後藤少三郎（光次）、その他供奉の輩は数えられない多さである。
		家康、日野唯心（輝資）に米五十石、水無瀬一斎（親具）に米八十石、山科言緒・舟橋秀賢・冷泉為満には黄金一枚・被物二領を賜う。
		家康が画工狩野を召し、大内図・日本大社図を新たに作成するよう命じ、駿府城前殿で書くよう、また、画工舟橋式部と相談すべしと仰せ。活字印刷の技術に通じた舟橋式部少輔秀賢（1575〜1614）と、「狩野」は狩野孝信（1571〜1618）であろうか。
		家康は駿府八幡辺で鷹狩、雁を獲り、日野唯心に賜う。今晩、清水（駿河国）に着御。
	10月6日	美濃国上有知藩（岐阜県美濃市小倉山）2万3千石の金森長光（1605〜1611）、没。享年7。なんと、金森長近82歳の時の子という。上有知藩の金森家は無嗣断絶で改易となる。 10186
	10月7日	早朝、徳川家康は清水（駿河国）を出御、今泉（静岡県富士市）の善徳寺に止宿。 10187
	10月8日	家康、三島（伊豆国）に止宿。 10188
	10月9日	徳川家康、大久保相模守忠隣（小田原藩初代藩主）を召し出し、忠隣の子・加賀守（忠常）の病の容態を尋ねる。その後、当年は雁・白鳥等が多いか少ないかを尋ねる。忠隣は多いと言上。本多佐渡守（正信）が江戸より迎えとして家康のもとを訪れ、雑譚。佐渡守は将軍後見である。 10189
	10月10日	武蔵国私市（騎西）藩（埼玉県加須市根古屋）2万石の大久保忠常（忠隣の長男）（1580〜1611）、父に先立って没。長男の仙丸（忠職）（1604〜1670）が継ぐ。大久保忠隣（1553〜1628）は、忠職に代わり政務をこなすも、愛する嫡男の急死に意気消沈して屋敷に引き籠もりがちになる。家康や他の幕閣の不興を買ったともいう。 10190
	10月10日	徳川家康、相模国中原（神奈川県平塚市御殿二丁目）に御着。将軍秀忠の命により安藤対馬守（重信）が家康の御膳を用意する。家康、翌日まで中原に逗留する。 10191
		今朝、大久保加賀守（忠常）が卒去、相模守（忠隣）嫡男で幕府の重臣也。
	10月12日	徳川家康、相模川辺りまで移動するが、雨により中原（相模国）に還御し逗留。 10192
	10月13日	家康、藤沢（相模国）に止宿。 10193
	10月14日	家康、神奈川（武蔵国）に御着。将軍秀忠が江戸より出向き雑譚する。秀忠は江戸城に還御する。還御は、天貴人が外出先から居所に帰還することを言う。 10194

慶長16	10月15日	家康、稲毛(武蔵国)に着御、今日も途中、鷹狩をし真名鶴を獲り、気色快然であった。	10195
	10月16日	**家康、江戸着御**。江戸詰めの諸大名が、金杉・芝・品川辺りで家康を出迎える、数えられない人数であった。	10196
	10月17日	将軍秀忠、江戸城「新城」に渡御(お出まし)、家康と対面。	10197
	10月18日	江戸詰めの諸大名、徳川家康に御目見と江戸城に登城、その献物は数えきれないものだった。	10198
	10月19日	海上(江戸湾)に白鳥が多く飛んでいるのを聞いた徳川家康、鉄炮上手数輩を引き連れ船にて海上に出るが、波が高く鉄砲の狙いが定まらないため還御。	10199
	10月19日	松平忠直に嫁いだ勝姫(徳川秀忠の娘)を越前国に送るべく供奉していた土井大炊頭利勝ら、今晩、江戸城に戻る。家康は即召し、越前の雑談。	10200
	10月20日	増上寺観智国師(源誉存応)(1544~1620)が登城、家康と対面、装束を給う。呑竜・了的・廓山等が出仕。観智国師の弟子で当時浄土之知識也。	10201
	10月20日	今朝、将軍秀忠は、本多上野介正純、大久保石見守長安、安藤帯刀直次、成瀬隼人正正成、永井右近直勝、松平右衛門佐正久(正綱)、後藤少三郎光次、長谷川佐兵衛藤広に、茶と鶴料理を賜う。	10202
	10月20日	お江(御台所)、江戸逗留中の舟橋秀賢より進物を受ける。	10203
	10月20日	山科言緒(1577~1620)、今川氏真の姉貞寿尼の取次ぎにより、秀忠正室浅井氏(お江)(1573~1626)に贈物をする。氏真の姉貞寿尼は不明。	10204
	10月21日	家康、江戸近辺にて鷹狩、鶴・雁等数えきれない数を獲る。 徳川秀忠により、江戸城本丸南庭にて能十一番が催される。少進法印・金春大夫・宝生・金剛等を召し、近侍にも見せる。山科言緒、冷泉為満、舟橋秀賢が、将軍傍で見物する。 以後、青銅三万疋を舞台に積み配る。唐織小袖一重を金春・宝生・金剛各々が纏頭(褒美)として給い、その他被物一重を諸役者が下賜する。酒井雅楽頭忠世が担当する。	10205
	10月22日	家康、江戸城にて能を催す。家康は、将軍秀忠・御台所(お江)をはじめ、江戸に人質として来ている諸大名の母・息女を登城させ、能五番を見せる。以後、鵝眼三万疋を下賜。唐織小袖二領を金春・宝生・金剛に纏頭(褒美)を給い、被物一重を諸役者が皆、頂戴する。	10206
	10月23日	家康、江戸近辺にて鷹狩、鶴二・雁十・鴨二十を獲る。	10207
	10月24日	**「家康、世継決定を確定」**。家康、江戸城本城に渡御。大門にて徳川秀忠が出迎える。座席の縁上にて徳川竹千代・国松兄弟が家康の左右の手をとる。家康は御台所(江)とも対面する。その後、山海物垸飯が行われ将軍秀忠の相伴。本多佐渡守正信が出て挨拶。家康は「天下之政務」を述べ、雑談して還御。 家康は秀忠夫妻に長幼の序を明確にし、長子竹千代(家光)(1604~1651)こそ継子、次子国松(忠長)(1606~1634)は一大名として将軍に仕えるものとしたという。家康は、竹千代と国松(国千代)へ菓子を渡す際に、嫡子の扱いを区別したという。(『武野燭談』)。 竹千代(家光)の世継決定が確定したと言われる。	10208
	10月25日	大御所家康、増上寺に渡御、国師(源誉存応)に銀百枚、被物十領を贈る。国師が辰から未まで仏法、のち雑譚。	10209

西暦**1611**

慶長16	10月25日	今朝、将軍秀忠が茶壺（銘 鎮西）の口を切る。 秀忠は「数寄屋」にて、本多佐渡守正信、本多上野介正純、大久保石見守長安、安藤帯刀直次、成瀬隼人正正成、村越茂助（直吉）、永井右近直勝、松平右衛門佐正久（正綱）、後藤少三郎光次、長谷川佐兵衛藤広を召し、鶴の料理と茶を賜う。	10210
	10月26日	家康、戸田に鷹狩に赴く。将軍秀忠は、安藤対馬守重信を遣わし、諸事を差配する。	10211
	10月27日	将軍秀忠、金春大夫・下間少進（仲之）（1551～1616）を召し出し、江戸城本丸にて能を催す。秘曲関寺小町が演能されるという。秘曲故、数年致す者が無かったが、少進所望により、皷観世・新九郎・大蔵助三役で演じられるという。二十九日まで三日間催す。金春大夫安照（1549～1621）か。	10212
	10月29日	家康、川越（武蔵国）に赴く。	10213
	10月一	この月、幕府が朝廷に籠輿丁（朝廷の枢や輿をかつぐ人）奉仕する八瀬童子に、その諸商売を安堵する。	10214
	11月1日	家康、鷹狩。夜、山門南光坊・仙波北院等が出仕して要請。家康は因て仙波所化堪忍料として寺領寄附の旨を仰出。所化は、僧の弟子。	10215
	11月2日	家康、鷹狩。三日も。	10216
	11月5日	家康、忍（武蔵国）の鷹場に至る。徳川秀忠使者土井大炊頭利勝が、家康のもとに参上、諸事執行。	10217
	11月6日	将軍秀忠、鷹狩のため鴻巣（武蔵国）に出御。これは、大御所の御意である。成瀬隼人正正成、安藤帯刀直次、永井右近直勝、松平右衛門佐正久（正綱）、後藤庄三郎光次、長谷川佐兵衛藤広が、忍から鴻巣に至り、秀忠に御目見。	10218
	11月7日	増上寺国師（源誉存応）が、御錠が給された皆の長老と呑竜長老を伴い、家康に参候。家康御前にて仏法があり、雑譚。	10219
	11月8日	大御所家康、忍にて鷹狩、鶴・雁を数多く獲る。家康は、駿府出御以来の鷹狩の鳥を使った料理を近侍衆に賜う。夜になって、松平陸奥守政宗が参候、馬十匹・鷹十聯を献上。伊達政宗は、忍より江戸に向かう。	10220
	11月9日	**増上寺国師（源誉存応）が新田（上野国）に赴く。** **徳川先祖、新田義重が征夷将軍贈官を給わった新田にて代々の菩提所を建立するにあたり、然るべき地形が有るや無しやと家康に聞かれたからであった。土井大炊頭利勝、成瀬隼人正正成が添えられた。**	10221
	11月10日	家康、忍にて鷹狩、卯刻（5～7時）から始めて申刻（15～17時）に還御。	10222
	11月11日	家康、忍にて鷹狩、高麗鷹により真名鶴・黒鶴を獲る。 夜、南部信濃守利直が家康に茶・料理を献上する。利直は家康に茶湯を賜る。近侍衆も皆呑む。 家康、紹一検校を召し出し平家（平曲）を奏でさせる。 家康は、将軍秀忠は三種嘉の者と褒め、珠物（美しい物）を献上し、使者を以って機嫌の好悪を窺い、孝行も超越しており、古代中国の舜のようだと例え、称えた。	10223
	11月12日	家康、忍にて鷹狩。 今晩、駿府より飛脚が到来、駿府城宰相（徳川義俊（義直））が去八日より不例、十日に疱瘡（天然痘）を発症したとの報が家康のもとにもたらされる。家康は、明朝、帰府することを仰せ。	10224

慶長16	11月13日	今朝、家康、忍を発ち、川越(武蔵国)に着する。鴻巣(武蔵国)にて鷹狩をしていた徳川秀忠が川越に居る家康のもとに赴く。秀忠が大御所近侍衆の本多上野介正純、安藤帯刀直次、永井右近直勝、松平右衛佐正久(正綱)、後藤少三郎光次、長谷川佐兵衛藤広に各々黄金・馬・御服を下賜する。 **今夜、増上寺国師(源誉存応)、成瀬隼人正正成、土井大炊頭利勝が上野国新田より帰参し、新田義重・義貞の菩提所について旧跡が存在したことを報告する。** **家康のそのことで気色快然。後に源誉存応は、家康の申請により、遠祖新田義重の菩提所(大光院)を上野国新田郡太田の故地に定めた。**	10225
	11月14日	家康、武州府中に着する。徳川秀忠、江戸に還御。	10226
	11月15日	秀頼(1593~1615)により、再興の方広寺大仏殿、完成。その雄姿が、山麓に現る。	10227
	11月15日	家光付の小姓・松平三十郎(長四郎)(後の伊豆守信綱)(1596~1662)、元服して前髪を取り、「正永」と名乗る。	10228
	11月15日	宰相(徳川義俊(義直))疱瘡容易の報が、駿府の施薬院宗伯及び宗哲法印から徳川家康にもたらされる。喜悦の家康は鷹狩を行うと仰せして稲毛(武蔵国)に赴く。	10229
	11月16日	家康、鷹狩、鶴雁鴨之類多く獲る。今晩、家康は神奈川(武蔵国)に着する。 暇乞いとして徳川秀忠が家康のもとを訪れる。対面の後、秀忠は家康に逸物の白兄鷹並びに鶏を贈り、鷹狩の雑談。秀忠は金蔵寺に宿泊する。 米沢中納言景勝が家康御目見に参上、綿子五百把、蝋燭五百挺、馬一匹を献上する。 今夕、宰相疱瘡が弥容易之由が申し来る。	10230
	11月16日	「返すがえす、めでたく思ひまいらせ候。さいせう(宰相)いよ、／＼、いよくよく候よし、うれしさ、御すもじ候べく候。かるがると、いでき候へば、心やすく、めでたく、うれしく候こと、御すもじ候べく候。めでたく、かしく」。 (宰相(義俊、義直)の病状がますます快方に向かったとの由、めでたくも嬉しくも思います。疱瘡ではあっても軽症であると聞いて、安心もし、めでたくも思い、嬉しく思っている)。 家康がおかめ・あちゃ宛に自筆書状を出す。 家康は関東におり、鷹狩の途上で義直の疱瘡にかかったこと知らされ、急遽駿府へ引き返した。その途上で義直快復の報せを受けたもの。「めでたく」の言葉は本文で三度使われ、返し書きでも一度使われていることから家康自身もよほど嬉しかったものとみられる。家康九男義直は、関ヶ原合戦の2ヶ月後に生まれた。母はお亀(後の相応院)(1573~1642)。あちゃ(阿茶局)(1555~1637)も、お亀と同様、家康の寵愛を受けた側室。宛名が連名になっているのは、「阿茶局」が家康に徳川の「奥」を任されているからという。	10231
	11月17日	徳川家康、大風のため予定していた鷹狩を中止し、神奈川(武蔵国)に逗留する。徳川秀忠も神奈川に留まり、夜になり前殿に渡御、家康と雑談する。本多佐渡守(正信)が家康に伺候。	10232
	11月18日	家康、路次中鷹狩、藤沢(相模国)に着御。幕下(徳川秀忠)は江戸城(武蔵国)に還御。夜、増上寺弟子玄恵上人(源誉の間違いであろう)が出仕、家康と仏法について語り、雑談する。家康は増上寺上葺料として銀百枚を源誉存応に下賜する。 鎌倉荘厳院賢融(1853?~1634)が出仕する。家康に尋ねられた荘厳院は、鎌倉三代将軍・北条九代の旧規之事に詳しい『保暦間記』所持を言上する。家康はその書を見たいと仰せ。 佐竹中将義宣(左京大夫)が藤沢を訪れ家康に御目見、蝋燭千挺を献上する。	10233

西暦**1611**

慶長16	11月19日	家康、鷹狩、中原(相模国)に着する。今日もたくさん獲れ、家康は気色快然。夜、鎌倉荘厳院(賢融)が『保暦間記』を持ち参上、家康の御前で読む、その他鎌倉の旧跡の話があり、雑談。 駿河より飛脚が参着、宰相(徳川義俊(義直))疱瘡が治り元気になったとの報告がある。	10234
	11月20日	家康、鷹狩、鶴三・雁三十・鴨二十を獲る。家康、小田原城(相模国)に着する。 小田原城主大久保相模守(忠隣)は、嫡男・加賀守(忠常)の卒去につき、憚って家康との対面を遠慮する。	10235
	11月21日	家康、三島(伊豆国)に着御。	10236
	11月22日	家康、路次で鷹狩しながら今泉(駿河国)に着御する。 伏見(山城国)より飛脚が到来し、去十七日の未刻(13~15時)、伏見町の家千余が火災により焼失したと家康に伝える。亀井武蔵守(茲矩)・古田大膳大夫(重治)・嶋津右馬頭(以久)・稲葉右近大夫(方通)・田中筑後守忠政・池田備中守(長吉)・石川長門守(康通)(故人)・森右近忠政・毛利伊勢守(高政)・加藤左衛門佐(故人の清正か)・日根野左京亮(高継)・堀久太郎(秀治)(故人)・筒井紀伊守(順斎)(故人)・松平大隅守(重勝)・松平土佐守忠茂・松平陸奥守政宗・松平伊予守忠昌・永井右近大夫直勝等宅などが焼亡。 この去十七日は、相州小田原で在家千余が焼失、豆州下田村・駿州丸子里でも火災があった。	10237
	11月23日	**家康、駿府に帰着**。中将(徳川頼宣)が迎えに出御。鶴君(徳川頼房)は、宰相(徳川義俊(義直))疱瘡時、府中小児で罹っていない者は遁れたが、少しもそうした様子もなく出御した。 大御所家康は、先ずは宰相の許に行き、宰相疱瘡の平復ぶりに驚き、喜んだ。	10238
	11月24日	日野入道唯心、円光寺長老(三要元佶)(1548~1612)が出仕、新談、即、家康は饗を賜う。徳川秀忠使者土井大炊頭利勝、江戸より参上、家康の駿府城への無事の帰城を賀す。また宰相疱瘡の様子を度々使者を以って問い給う、家康、感悦(心に深く感じて喜ぶ)。	10239
	11月26日	池田備中守(長吉)(因幡鳥取藩初代藩主)が徳川家康に銀台子一飾・御服十領を献上する。 浅野左衛門佐(氏重)(紀州田辺3万石)が御服五領を献上する。この者は、浅野紀伊守幸長の従弟で信臣である。宰相(徳川義俊(義直))の疱瘡見舞いの参府であった。宰相は浅野紀伊守幸長の聟であり、当時幸長は所労のため、左衛門佐(氏重)を使者として遣わしたという。 この間、諸国遠近武士は、宰相疱瘡を聞き及び東西南北から馳せ参じた。	10240
	11月27日	宰相(徳川義俊(義直))の疱瘡平復、沐浴之儀(病の気を洗い流す沐浴の儀式)が行われ、御母儀(お亀)より酒肴を賜り、営中伺候諸侍が酒宴。施薬院宗伯法印・与安法印他、この間携わった医師らは各々銀を賜う。	10241
	11月28日	**「唐船の長崎集中令」**。明商が駿府に登城し、前殿にて徳川家康に謁見す。明商申請に家康は、即、明国商人に長崎での貿易を行うことを許可する。家康は、明国の商船の商売地を長崎(肥前国)に一元化する。長谷川佐兵衛(藤広)がその許可書を発行することとする。 しかし、その後、令を解いたり復帰したり、一貫しない政策が続く。	10242

慶長16	11月29日	これより先、角倉了以(1554〜1614)、高瀬川開削を幕府に申請。6月、許可を得る。この日、角倉了以長男・与一(素庵)(1571〜1632)、駿府に下り、家康(1543〜1616)のもとを訪れる。 与一(素庵)は、方廣寺大仏殿の瓦葺きが成ったこと、父・了意(了以)と共に、淀(山城国)・鳥羽(山城国)の船が三条橋まで乗り入れることができるよう鴨川を開削したこと、この開削により禁裏造営時に材木の搬入ができるようになったことを家康に報告する。 鴨川開削は、慶長19年(1614)に完成し、京と伏見が舟運で直結された。	10243
	11月30日	京都所司代板倉勝重(1545〜1624)、三代目茶屋四郎次郎(清次、又四郎)(1584〜1622)に、検地帳作製を依頼。	10244
	11月30日	松平陸奥守政宗(伊達政宗)、徳川家康に初鱈を献上する。 「政宗領所海涯人屋、波濤大漲来、人屋悉流失、溺死者五千人、世日津波云々……」。後藤少三郎(光次)が言上。	10245
	12月1日	家康、府中近辺にて鷹狩。その折、水を張っている田地を見て怒り、彦坂九兵衛(光正)(1565〜1632)・畔柳寿学(？〜1626)・松下浄慶に命じて、彼田之名主十余名を禁獄する。これは、毎年、刈田以後の田地には水を張らないように触れを出しているにもかかわらず、その触れを破ったためであるという。	10246
	12月2日	豊臣秀頼が、遊佐新左衛門(高教)(1571〜1638)を以って宰相(徳川義俊(義直))の疱瘡平癒を祝す直書を給う。 家康、前殿にて在府諸侍に、関東での鷹狩で得た白鳥料理を振る舞う。	10247
	12月4日	家康、府中近辺にて鷹狩。	10248
	12月7日	寺沢志摩守(広高)が着府。徳川家康に、銀五十枚・緞子十巻を、同子次郎(寺沢忠晴)が銀五十枚を献上する。 去春、父豊後守康重死去以後遺跡を継いだ本多康紀(三河岡崎藩第2代藩主)が、初めて出仕。 **家康、安藤対馬守(重信)を召し、明年、江戸の船入の普請を中国九国の諸大名に相勤めるよう仰出。**	10249
	12月8日	家康、鷹狩。	10250
	12月10日	家康、府中近辺にて鷹狩。摂州大坂より織田入道有楽斎(長益)(大和国内32000石)(1547〜1622)が着府。	10251
	12月11日	家康、鷹狩をする。今晩、有馬左衛門佐直純(晴信の嫡男)(1586〜1641)が着府。家康に謁し、緞子(ドンス)十巻を献上。 有馬直純は、慶長5年(1600)15歳から親元を離れ駿府城で徳川家康に側近として仕えた。	10252
	12月12日	雨降。今夜、徳川家康は、幸若弥次郎大夫を召し出し舞曲を催す。明日、田中に於いて鷹狩と、家康が仰せ。	10253
	12月13日	田中(駿河国)での家康鷹狩が、天気不晴故、延引となる。	10254
	12月13日	伊達虎菊丸(政宗の次男)(1600〜1658)、元服し、将軍徳川秀忠(1579〜1632)より一字を賜り、「忠宗」と名乗る。正五位下美作守に叙任。 事実上、伊達家の家督後継者となり、長男でありながら母は側室だった伊達秀宗(1591〜1658)は、「秀」の通字を受けて秀吉・秀頼の側に仕え、一時は豊臣姓まで賜った故、徳川氏の世では仙台藩主としてふさわしくないという理由で後継者から除外されたという。	10255

慶長16	12月14日	今朝、徳川家康、駿府城数寄屋にて織田有楽斎(長益)(1547～1622)に茶を賜う。日野唯心、山名禅高(豊国)が相伴する。楢柴肩衝、朱衣肩衝、虚堂の掛物、古銅の花入で数寄屋を設える。花は大御所家康が生け、茶は有楽斎が点てる。その後前殿に於いて、有楽が家康に黄金三枚、御服五領を献上する。	10256
	12月14日	宰相(徳川義俊(義直))の疱瘡平癒を賀儀として豊臣秀頼が銀三百枚、御服十領を義俊に進上。使者は石河伊豆守(石川貞政)(1575～1657)。	10257
	12月15日	家康、府中(駿河国)にて鷹狩。	10258
	12月15日	島津家久の使者が、尚寧の謝使を連れて駿府に来て、島津龍伯(義久)の遺物、長光刀・左文字脇差を献上し、明の要請もあり琉球王(尚寧)帰国のことを言上する。よって徳川家康が琉球人謝使を駿府城に召し、前殿において拝謁を許す。その時、薬種・彼邦之異物等献上物あり。この後、中山王尚寧は、薩摩国を出て琉球に帰る。これは徳川家康の恩免と、明の神宗からの要請があったためである。また、島津家久が尚寧に渡唐船のことにつき指令する。	10259
	12月15日	今晩、富士本門寺相承の校割二筒を、後藤少三郎(光次)が家康に見せる。その詞は釈尊五十年仏法で白蓮阿闍梨日興の相承付属物という。家康は、日蓮は爾前経を捨てなかった事は分明ではないか、後の末流に至って僅かに四十余年未顕真実の一語をもって爾前経を棄てると主張するのは祖師の本意ではないと、沙汰する。	10260
	12月16日	家康、府中(駿河国)近辺にて鷹狩。	10261
	12月18日	家康、鷹狩。	10262
	12月20日	家康、府中近辺にて鷹狩。駿府城にて城中の煤払いが行われる。	10263
	12月21日	徳川家康が鷹狩をするため田中(駿河国)に赴く。今晩、越後国の仕置きおよび甲斐国・武蔵国の所領見回りをしていた大久保石見守長安が着府。	10264
	12月25日	板倉伊賀守勝重(1545～1624)、米津清右衛門(正勝)(?～1614)が、田中に於いて家康に御目見。	10265
	12月26日	**申刻(15～17時)、徳川家康、田中より駿府城に還御。**今夜、大久保石見守長安が出仕。板倉伊賀守勝重、米津清右衛門(正勝)が出仕。この両人は山城国の検地が終わったことを報告するため参府。当時成瀬隼人正(正成)が常在駿河役であり、昵近故、伏見に在った清右衛門はそうした由。	10266
	12月27日	石川主殿助敦高(石川主殿頭忠総の間違いか)が越年のため参着、家康御前で礼。美濃・尾張・三河・遠江の諸侍が越年のため参府。対馬国の柳川豊前守(調興)が朝鮮人参等の薬種を家康に献上。	10267
	12月30日	**徳川十六神将の一人、尾張藩主徳川義俊(義直)付の家老・平岩親吉(尾張国犬山藩11万3千石)(1542～1611)、名古屋城二の丸御殿で没。享年70。**無嗣廃絶となる。代わって、徳川義直の同母(家康の側室お亀の方)兄で家康側近の竹腰正信(1591～1645)が、22歳の若さで尾張藩執政に任じられる。	10268
	12月30日	両三日、日本国諸大名が歳暮之慶賀ため、金銀御服等献上、不遑枚挙。不遑枚挙は、あまりにも数が多くて、いちいち数えきれないさま。	10269
	12月-	「馬三疋・人足六人、従駿府江戸迄」。家康、宿中に朱印状をもって伝馬らを命じる。	10270

西暦 1611

慶長16	12月-	今川五郎直房(1594～1662)、将軍徳川秀忠に初めて拝謁する。祖父・今川氏真(1538～1615)に養育された。 [10271]
	―	この年、京都所司代板倉勝重(1545～1624)、三条堀川に第を営み、これに入る。 [10272]
	―	この年、徳川家康、小浜藩家中の対立を解決。京極家中が対立しこれを家康が解決しているように、この時期重臣同士が対立し、幕府の裁許に持ち込まれることも珍しいことではなかったが、本多富正と今村盛次の対立は政治路線の違いというより、主導権争いから起ったとみられる。 [10273]

西暦 1612

慶長17	1月1日	家康、巳刻(9～11時)、前殿に出御、剣持ちは高力河内守(高力摂津守忠房であろう)。将軍秀忠名代神尾五兵衛(守世)・越前少将(忠直)名代・越前少将(忠輝)が御礼、本多上野介正純が披露。 [10274] 今日、出仕輩は大沢少将(基宿)・松平和泉守(家乗)・同河内守(定行)・同玄蕃頭(忠清)・同主殿頭(忠利)・水野日向守(忠元)・本多縫殿助康俊・同豊後守(康紀)・戸田土佐守(尊次)・三好日幡守(為三)・同丹後守(三好房一)・松倉豊後守(重政)・水野河内守重弘・有馬左衛門佐(直純)・桑山左衛門佐(一直)・堀田若狭守(本多一継)・池田備後守(光重)・堀丹後守直寄・滝川豊前守(忠征)・佐久間河内守(政実)・市橋下総守(長勝)・山代(山城)宮内少輔(山城忠久)・桑山左近(貞晴)・岡越前守(家俊)、宮木丹波守(宮城丹後守(豊盛))、能勢伊予守(頼次)、近藤信濃守(政成)、徳永左馬助(昌重)、山岡主計頭(景以)、分部左京亮(光信)、川勝信濃守(広綱)、猪子内匠助(一時)、別所豊後守(吉治)が各太刀・馬を献上。本多上野介正純・永井右近直勝・西尾丹後守光教が披露。その他無官・無位侍輩が数えられない多数が出仕。
	1月2日	巳刻、家康出御。豊臣秀頼名代・某が家康に金十枚を進上。今日、出仕之輩は西尾豊後守(光教)、遠藤但馬守(慶隆)、竹中丹後守(重門)。 [10275]
	1月3日	諸大名が年頭之賀儀で、金銀御服を家康に献上。 [10276]
	1月4日	将軍秀忠使者土井大炊頭(利勝)が、年始祝儀のため家康の元に参上、また、自分の年始祝儀も献ず。 [10277]
	1月5日	将軍徳川秀忠、津軽信枚ほかの東北諸大名へ、法令三ケ条の条書を下し、幕府への忠誠と法度遵守を命じる。 [10278]
	1月5日	**関東甲信越・奥羽の諸大名50名は、家康・秀忠・江戸幕府の法令3ヶ条に対して誓詞を出す。**「一、去年四月十二日前右府様如仰出右大将家以来代々将軍法式可奉仰之被考損益而重而従江戸被出御目録者弥堅可守其旨事　一、諸侍於或背御法度或違上意者其国々不可隠置事　一、各抱置諸侍之中若為叛逆殺害人之由於有其届者互不可相抱事　右条々若有相背輩者被遂御糺明速可被処厳科者也仍如件」。津軽越中守(信枚)、南部信濃守(利直)、安房侍従(里見忠義)、最上侍従(義光)、会津侍従(蒲生秀行)、秋田侍従(佐竹義宣)、立花侍従(宗茂)、大崎侍従(伊達政宗)、丹羽宰相(長重)、越前少将(松平忠直)、米沢中納言(景勝)らの連署誓紙である。 [10279]
	1月6日	家康が遠州可睡軒(斎)宗珊の曹洞宗の法問を聴聞。法問者三十余人で丹光寺長老・金地院長老らであった。終ると家康は、宗珊(のちの士峰宋山)(1543～1635)に銀子を下賜、また曹洞宗曽我山正法寺(静岡県掛川市高御所)修理料として、銀子百枚を曽我山雲達(道中雲達)に下賜する。 [10280]
	1月7日	**家康、名古屋に向けて駿府を発つ。**三河吉良で狩りをするとして、田中(駿河国)(静岡県藤枝市田中)に着御。着御は、貴人を敬って、その到着や着座することをいう語。 [10281]
	1月8日	家康、相良(遠江国)に宿つ。 [10282]

106

_{西暦}**1612**

| 慶長17 | 1月9日 | 家康、横須賀（遠江国）（静岡県掛川市）に着御。 | 10283 |

| 1月10日 | 家康、中泉（遠江国）（静岡県磐田市中泉）に着御。
将軍徳川秀忠へ礼を終えて上洛途中の織田有楽斎（長益）（1547〜1622）が、今晩、家康のもとへ訪れ御目見、家康は鷹狩の鶴を下賜。 | 10284 |

| 1月11日 | 家康、中泉にて鷹狩をし、逗留。 | 10285 |

| 1月11日 | **「自日本到昆耶宇島舟也、右、慶長」。**家康、渡海朱印状。 | 10286 |

| 1月11日 | **「自日本到広南舟也、右、慶長十七」。**家康、渡海朱印状。 | 10287 |

| 1月12日 | 家康、浜名（遠江国）（静岡県浜名郡）に着御。 | 10288 |

| 1月13日 | 家康、鷹狩りのため再びの三河国入り、吉田城（愛知県豊橋市今橋町・豊橋公園内）に着御。城主松平玄蕃頭（忠清）（1585〜1612）に銀百枚を下賜する。 | 10289 |

| 1月14日 | 家康、幡豆郡吉良_{（はずぐんきら）}（愛知県西尾市吉良町）着御。
家康、本多縫殿助康俊_{（ぬいどのすけ）}（酒井忠次の次男）（西尾城城主）（1569〜1621）に銀百枚を下賜する。康俊生母は松平広忠の妹碓井姫なので、家康とは従兄弟の関係にあたる。
本多美濃守（忠政）・松平下総守清正・水野日向守（勝成）・菅沼右近（正勝か）等が吉良に至り、家康に御目見。
夜、熊本城主加藤忠広の後見役として肥後国仕置に赴いていた藤堂和泉守（高虎）が家康のもとを訪れ、肥後国地図を家康に見せる。和泉守は、将軍秀忠に報告するため江戸に赴く。 | 10290 |

| 1月16日 | 家康、吉良にて鷹狩をする。
将軍秀忠使者青山図書助（忠成）が、未だ狩りをしてない地の見廻りをして参候。京極若狭守忠高（若狭国小浜藩第2代藩主）（1593〜1637）・同丹後守（高知）（丹後藩初代藩主）（1572〜1622）が共に使者を以って、家康に、御服等と嘉肴を献上する。 | 10291 |

| 1月17日 | 家康、吉良にて鷹狩をする。家康、仙洞（後陽成上皇）（1571〜1617）に鷹狩で狩った鶴を進上し、伝奏の広橋兼勝、勧修寺光豊に雁各三羽を遣わす。 | 10292 |

| 1月18日 | 家康、吉良にて鷹狩をし、その鶴を豊臣秀頼に贈る。 | 10293 |

| 1月19日 | 家康、吉良にて鷹狩。成瀬隼人正（正成）・竹腰山城守（正信）が参候。家康は二人に、名古屋城普請の状況を駿府に報告するよう仰せ。 | 10294 |

| 1月20日 | 家康、岡崎城に着御。家康、本多豊後守（康紀）（第2代岡崎城主）（1579〜1623）に銀子百枚を下賜する。 | 10295 |

| 1月20日 | **徳川家康、朝廷に大沢基宿（1567〜1642）を遣し、歳首を賀し奉り、物を献ず。** | 10296 |

| 1月21日 | 家康、鷹狩をする。松平摂津守（奥平忠政）（美濃加納藩第2代藩主）が家康御前。 | 10297 |

| 1月22日 | **家康、主上（後水尾天皇）に鷹狩の鶴を進上する。** | 10298 |

| 1月23日 | 家康、鷹狩をする。名古屋から成瀬隼人正（正成）・竹腰山城守（正信）が参候。 | 10299 |

| 1月24日 | 家康、鷹狩。松平筑前守利光（前田利光（利常））（加賀藩3代藩主）が、徳川家康に御服廿領を献上する。家康は利光に鶴を遣わす。 | 10300 |

| 1月25日 | 徳川家康、鷹狩をする。
羽柴右近忠政（森忠政）（美作津山藩初代藩主）が、家康に緞子・袴を献上する。 | 10301 |

| 1月26日 | 家康、この日、岡崎の大樹寺（家康祖父の菩提寺）に参詣。家康は、法要のあと住持僧に銀五十枚を寄せ、さらに大納言（父・広忠）の菩提所・正応寺（松應寺）に詣でて法要を営み、同様に銀五十枚を院主に下賜する。 | 10302 |

| 1月27日 | **「名古屋城、完成」。家康、名古屋に着御、築城を検分。**大工頭に中井大和守正清（1565〜1619）といった建築の大家が揃い、この頃には、ほぼ完成。 | 10303 |

慶長17	1月28日	**家康、名古屋城の屋敷普請、堀普請を命じる。** 浅野紀伊守(幸長)が、使者をもって家康に御服五領を献上する。家康は幸長に大鷹一居と鷹狩で得た鶴を下賜する。	1030
	1月29日	家康、岡崎城(三河国)に帰着。	1030
	1月30日	雨降り。池田三左衛門(輝政)が御服五領を献上、家康は、輝政に鷹狩の鶴を下賜する。池田左衛門督忠継が、大鷹一聯を徳川家康に賜る。	1030
	1月一	「**自日本到交趾国船也、**」。家康、渡海朱印状。	1030
	1月一	**幕府、諸大名に禁裏の四壁の改築を命じる。**	1030
	2月1日	雨降りで徳川家康、岡崎城(三河国)に逗留。二日も。	1030
	2月3日	徳川家康、遠江国堺川・二川山にて鹿狩り。五、六千人が弓・銃を持ち駆け、唐犬六、七十匹が縦横に追い、大御所は鉄炮上手数十輩に撃たせ、猪二、三十を獲る。その時、大雨が降り出し、鷹狩を止める。今晩、浜松(遠江国)着御。	1031
	2月4日	家康、中泉(遠江国)着御。 江戸より徳川秀忠使者成瀬豊後守(正武)(1585~1616)が参着。将軍御内書を以って安藤帯刀(直次)・村越茂助(直吉)両人に、大御所御機嫌も好悪を度々尋ねる。 家康は使者に感心し、鷹狩で得た鶴二翼を下賜する。 五日、雨降り。	1031
	2月6日	家康、鷹狩り、晩は雨降り。七日雨降り。八日、風大吹、滞留。	1031
	2月9日	家康、懸川(掛川)(遠江国)着御。	1031
	2月10日	徳川家康一行、連日の大雨により大井川が水増し渡川が困難につき、金谷、伊呂宇(色尾)と経由し、浅瀬を見つけ渡川する。近辺村々の水錬者千余人が川越に供奉、御女中方は棒肩輿で渡川。田中(駿河国)着御。	1031
	2月11日	**家康、駿府城に帰城。**家康、府中(駿河国)にて鷹狩、鶴七十六、その他数えきれない程の雁・鴨を獲る。	1031
	2月12日	江戸より徳川秀忠使者・神尾五兵衛尉(守世、家康側室阿茶局の長子)(1574~1633)が参府。徳川家康、鷹狩から還御して会う。 家康、前殿に於いて日野唯心・円光寺長老(元佶)・金地院長老(以心崇伝)に膳を賜い、雑譚する。	1031
	2月12日	京都女院が、使者井家摂津守をして、家康に薫物を贈る。	1031
	2月14日	家康、『東鑑盛衰記』の異同を校せしむ。 江戸の少将(徳川鶴千代、徳川頼房)が疱瘡になり、医師が治療中との報告が家康にある。	1031
	2月15日	三河国大樹寺九世鎮誉和尚の浄土宗当初の知識、その辞世が出来た由。 将軍秀忠使者安藤対馬守(重信)が駿府参着。	1031
	2月16日	成瀬隼人正(正成)・竹腰山城守(正信)、名古屋(尾張国)より来府。 安藤対馬守(重信)が、江戸城の船入の図面を持参し、家康に見せ、意見を伺う。	1032
	2月17日	江戸より徳川秀忠使者・水野監物忠元(1576~1620)が駿府城に参上。家康は、少将(徳川鶴千代)の疱瘡の容態を尋ねる。徳川家康の十一男で水戸徳川家の祖、徳川頼房(1603~1661)である。	1032
	2月18日	江戸より板倉伊賀守(勝重)が帰府。	1032
	2月20日	浅間宮之廿日会があり、宰相(義直)・中将(頼宣)が座敷で御覧。	1032

慶長17	2月21日	徳川家康、府中(駿河国)近辺にて鷹狩をする。 家康、夜、御能を興行、諸役者参上の旨を仰せ。 その後家康は、板倉伊賀守(勝重)・永井右近(直勝)を召し、高野山に隠居している観世大夫(黒雪)(1566~1626)の赦免を伝える。黒雪は、18歳まで祖父の宗節の薫陶を受ける。徳川家康に厚く用いられ、駿府から京に進出して徳川家お抱えの観世大夫として活躍。慶長15年(1610)5月に駿府を出奔して高野山に籠もり、服部慰安斎暮閑を名乗った。黒雪は、帰参して観世左近大夫暮閑と称する。	10324
	2月22日	**家康、板倉伊賀守を召し、朝廷に申し入れる。前代より相伝する宝物は禁中に返し、後陽成院の御代に属するものは仙洞御所に移せしめよ。**	10325
	2月23日	**「岡本大八事件—慶長14年12月9日~慶長17年5月6日」。** **この事件に驚愕した家康、駿府町奉行・彦坂光正(1565~1632)に事件の経緯を調査させ、この日、岡本大八(?~1612)を逮捕拘束する。** 本多上野介(正純)の与力・岡本大八は、有馬修理大夫晴信(1567~1612)に先年の黒船討ち取りの功により肥前国三郡の返付があるとして偽造した朱印状を渡すと共に、幕府老中への謝礼として白銀六百枚を納めるようにと指示し、その白銀を横領したことについて、有馬晴信からの疑義があり裁判が行われ、大八は無罪を主張するも、晴信が証拠となる文書(数通の証文)を所持していたことから、大八の敗訴となり、大八も白状する。駿府町奉行の彦坂九兵衛光正が大八を鞭打ちのうえ禁固する。大八は処刑されるならば有馬晴信も道連れにするべく、途方も無いことを言い出す。	10326
	2月25日	**「……まつ／\日増に暖気に相成候、くらし能候、其御程いよ／\御無事、若達も息才候哉、承度候、冬としハ緩々御目かゝり、悦入候、…」。** 徳川家康(1543~1616)は、お江(後の崇源院)(1573~1626)に手紙を送り、子供の養育法、中でも次子の養育法の訓戒を与える。徳川家の家督はあくまでも竹千代(後の家光)に渡すので、国松(後の徳川忠長)については、それを補佐する人物として育てるよう丁寧に説いている。この手紙は、竹千代の乳母であったお福(後の春日局)(1579~1643)が竹千代廃嫡を恐れて、大御所家康に手を回して出してもらったものという。後世の創作ともされる。	10327
	2月25日	家康、宰相・中将を連れ鷹狩。	10328
	2月26日	駿府城前殿に於いて田中筑後守忠政(筑後柳河藩第2代藩主)(1585~1620)が徳川家康に対面。忠政は家康に銀子百枚、黒羅紗十間を献上する。 今晩、家康が本多上野介(正純)、板倉伊賀守(勝重)を召し、来月中旬に幕下(徳川秀忠)を招き、天下政務の相談をすることを伝える。生駒讃岐守正俊が着府。	10329
	2月27日	徳川家康、府中近辺にて鷹狩をする。松平陸奥守政宗が着府。	10330
	2月28日	源誉存応門下の呑竜・了的・傳札が江戸より駿府城に来る。家康は常御所に召し法談。	10331
	2月28日	家康、前殿出御。松平陸奥守政宗(伊達政宗)が銀百枚・鮭塩引十箇を、生駒讃岐守(正俊)(讃岐国高松藩第3代藩主)(1586~1621)が銀百枚・御服十領を徳川家康に献上する。同城の数寄屋にて家康が両人(政宗・正俊)に茶を賜う。日野唯心が相伴する。茶入は「銘　投頭巾」。この日用ひられし茶入を投頭巾といふ。こはその昔この技の宗匠とよばれたる紹鴎(武野紹鴎)が始めこの器を見たりし時、歓美のあまり手に持し頭巾を投出しけるより。	10332
	2月29日	徳川家康、鷹狩をする。藤堂和泉守(高虎)が江戸より駿府城に到着する。	10333

西暦 *1612*

慶長17	3月1日	囲碁の本因坊算砂 (1558〜1623)、将棋の大橋宗桂 (1555〜1634) が江戸より帰参。府中諸侍が出仕。大御所家康は午刻 (11〜13時)、出御。家康は囲碁、将棋を愛好した。	1033
	3月2日	徳川家康、鷹狩をする。	1033
	3月3日	在府諸武士が出仕。前殿にて算砂・宗桂が将棋、宗桂が勝つ。	1033
	3月4日	徳川家康、鷹狩をする。土井大炊頭利勝 (1573〜1644)、江戸より来府。	1033
	3月5日	土井大炊頭 (利勝)、江戸に戻る。	1033
	3月9日	駿府城の家康、夜近侍の輩に対し、これからの短い夜の間は夜番勤めを免ずる。	1033
	3月10日	伊豆山般若院快運が、家康に『続日本紀』を献ずる。家康、道春 (羅山) に読ませる。	1034
	3月11日	**「家康のキリシタン弾圧が始まる」。** 家康 (1543〜1616)、「南蛮記利支旦之法　天下可停止之旨」を言明して、駿府町奉行・彦坂光正 (1565〜1632) に、キリシタンの登録をさせる。何と、駿府の家臣が53人が発覚したという。「このころ天主教は倫理を害し風俗をやぶる事をしろしめし、厳に禁制せしめられんとて御家人10人ずつ一隊とし、隊ごとに検査を命ぜらる。原主水某年頃邪宗に惑溺するゆへ此制を恐れて亡命す」。	1034
	3月11日	家康、林道春 (羅山) (1583〜1657) と湯武の放伐を論じる。放伐とは、中国史において、暴君や暗君を討伐して都から追放するという行為をさす。殷の湯王、周の武王のような、次の天子となるべき有徳の諸侯が行った。	1034
	3月13日	京極若狭守が着府、宿衣物二領を家康に献上。若狭国主京極若狭守忠高 (1593〜1637) は、将軍秀忠の壻である。	1034
	3月13日	将軍秀忠、駿府城の徳川家康と天下政務について相談すべく、江戸城を出立する。藤沢 (相模国) に着御。	1034
	3月14日	秀忠、小田原城に着御。翌日15日、三島 (伊豆国) に着御。	1034
	3月15日	今日、山門より竹林坊に多武峯学頭が認可。下間少進法印 (1551〜1616) が御能のため、京都より駿府に到着。	1034
	3月16日	将軍秀忠、清水 (駿河国) に着御。大御所近侍衆がお迎えに参候。	1034
	3月17日	**辰刻 (7〜9時)、将軍徳川秀忠が駿府城西丸に入御。**供奉は本多佐渡守 (正信)・大久保相模守 (忠隣)・酒井雅楽助 (忠世)・土井大炊頭 (利勝)・青山図書助 (忠成)・山口但馬守 (重政)・神尾五兵衛 (守世)・水野監物 (忠元)・井上半九郎 (正就) ら数えきれない人数であった。午刻 (11〜13時)、将軍秀忠が駿府城本城に渡御、父・家康と雑談する。将軍は還御の時、宰相 (義直)・中将 (頼宣) にそれぞれ馬・刀を進上。将軍座間時、家康は近習衆に夜番になる旨仰せ。	1034
	3月17日	**家康、触書をもって諸大名にキリシタンの召し抱えを禁止する。**	1034
	3月18日	**「岡本大八事件ー慶長14年12月9日〜慶長17年5月6日」。**家康の命令で、大久保石見守 (長安) 邸にて長安 (1545〜1613) の立会の下で、岡本大八 (?〜1612) と肥前国日野江藩 (後の島原藩) 4万石・有馬修理 (晴信) (1567〜1612) が直接対決する。 晴信、長崎奉行長谷川佐兵衛 (藤広) 暗殺未遂を白状してしまう。禁獄中の岡本大八が有馬晴信について、長谷川藤広を殺害せんと企んでいると申告する。これにより、大八を牢より出し、大久保長安邸に移し、晴信の居る前で大八に晴信の企てについて述べさせる。晴信は閉口してしまい回答ができなかったため、晴信の身柄を拘束する。大八は再度牢に入れる。これにつき、家康は、晴信の所領は子・有馬左衛門佐 (直純) に与え、直純には国の仕置きのため帰国を許す。	1035
	3月19日	将軍秀忠、駿府城本城に渡御、父・家康と対面、雑談する。	1035

西暦1612

慶長17	3月19日	栄任法師(亀屋栄任((？～1616)、京都より来て、駿府の家康に「京都御雑譚」を行う。栄任は、家康側近となっており、家康臨終の折も、日夜、侍っていたという。	10352
	3月20日	将軍秀忠、山名入道禅高(1548～1626)を召し将棋合手をさせる。	10353
	3月21日	「幕下於加護鼻令竹腰山城守放鉄炮而御覧」。徳川秀忠、加護鼻にて竹腰正信(1591～1645)をして三度鉄砲を放たせる。その玉は五十目(188ｇ)にして十三町(1417m)まで飛んだ。徳川義直の同母(家康の側室お亀の方)兄で家康側近の竹腰正信は、秀忠の御前で砲術の腕前を披露し、褒美として1万石を賜った	10354
	3月21日	将軍近侍衆大久保右京(大久保右京亮教隆)・同主膳・鳥井讃岐(鳥居讃岐守忠頼か)等数十人が、家康に御目見。	10355
	3月21日	「岡本大八事件(慶長14年12月9日～慶長17年5月6日)―岡本大八火刑」。家康の朱印状偽造・有馬晴信からの収賄と詐欺により、本田正純家臣でキリシタンの岡本大八(？～1612)が牢から出され駿府城下引き回しの末、安倍川の河原において火あぶりの刑に処される。	10356
	3月21日	「江戸幕府最初のキリシタン禁教令」。岡本大八事件が直接の契機となり、家康、京都所司代板倉伊賀守(勝重)(1545～1624)を召し、南蛮記利志旦之法(キリシタン宗)を禁じ、京都彼宗寺院(京都南蛮寺)破却を命じる。板倉と同じく、おりから駿府にいた長崎奉行長谷川藤広(1567～1617)にも、急ぎ帰任し、キリシタン弾圧を指示する。	10357
	3月22日	将軍秀忠、山名入道禅高を召し将棋。	10358
	3月22日	「岡本大八事件―慶長14年12月9日～慶長17年5月6日」。有馬修理大夫が、大久保石見守(長安)により甲斐国に配流。肥前国日野江藩(後の島原藩)4万石・有馬晴信(1567～1612)、長崎奉行・長谷川藤広暗殺計画と、勝手に旧領回復を策した不届きを咎められて甲斐国都留郡に流罪に処される。	10359
	3月22日	将軍徳川秀忠(1579～1632)は、天領(幕府の直轄地、江戸・京都・駿府・長崎・有馬など)内でのキリスト教禁止令を布告し、直属の家臣(旗本・御家人)のキリシタン信仰を禁止。また京都の諸教会の破壊を命じる。教徒は山中や離島に逃れて「隠れキリシタン」になる。	10360
	3月23日	将軍秀忠御前で、本因坊算砂(1558～1623)と宗桂法印(大橋宗桂(1555～1634)が将棋、算砂が勝つ。この年、幕府は算砂・宗桂らに俸禄を与え、プロの棋士が誕生がしたとされる。	10361
	3月23日	松平摂津守(奥平忠政)・同下総守(松平忠明)・水野日向守(忠元)・石川主殿助(忠総)・本多縫之助(康俊)らが、将軍の使いとして、家康に御目見のため参府。	10362
	3月24日	中井大和守正次(正清の間違い)、京都より駿府城の徳川家康のもとに訪れ、大仏造立の雑譚。	10363
	3月25日	家康、駿府城三ノ丸にて能を催す。将軍秀忠が見学。	10364
	3月26日	大御所家康、駿府城数寄屋に将軍秀忠を招く。日野唯心・若狭守(京極若狭守忠高か)が相伴。その後二刻、将軍秀忠は本丸に渡御、家康は秀忠に、「投頭巾茶入」を与える。	10365
	3月28日	将軍秀忠、宰相(徳川義利(義直))を従えて藤堂和泉守邸渡御、能がある。	10366
	3月29日	将軍秀忠使者・本多佐渡守(正信)、家康に御目見のため参府。	10367
	4月1日	在府諸士が出仕。	10368

西暦 *1612*

慶長17	4月2日	加藤虎之介(忠広)、父・肥後守清正の遺領相続につき、徳川家康に礼をすべく駿府城に到着する。加藤虎之介は家康に御目見、黄金百枚、御服十領を献上する。	10366
	4月2日	鍋島勝茂の所領が有馬修理晴信に給付されるとの風聞があったが、それは岡本大八による虚説であったことが分かり、信濃守勝茂がそれを喜ぶ使者を家康に遣わし、黄金五十枚・猩々皮卅間を、父鍋島加賀守直茂が家康に黄金十枚を献上する。	10373
	4月2日	夜、将軍秀忠が本丸に渡御、家康と対面する。	10373
	4月3日	盗人が南都興福寺宝蔵に入った由が申し来る。家康はすぐ、板倉伊賀守勝重に糾明の旨を仰せ付け。	10373
	4月8日	現天皇と後陽成上皇の宝物がようやく整理でき、中院通村(1588～1653)と山科言緒(1577～1620)が符をつけた。	10373
	4月8日	駿府城三ノ丸にて能、金春・少進が勤める。徳川家康、徳川秀忠が見物する。	10374
	4月9日	明日、将軍還御。	10375
	4月10日	**将軍秀忠、江戸城に帰城すべく、早旦、駿府城本城に赴き家康に対面する。**	10376
	4月13日	「巌流島の決闘」。宮本武蔵(1584 ?～1645)と佐々木小次郎(？～1612)の決闘が行われたとされる。	10377
	4月14日	京で蹴鞠や歌会に参加などして過ごす今川入道宗誾(氏真)(今川義元と定恵院(武田信虎の長女)との間の嫡子)(1538～1615)、郷里である駿府の徳川家康(1543～1616)の元を訪ねる。昔物語を懇談。 今川氏真「歌道は師範に習わなければ和歌は詠めない」、家康「とかく武士は武士の勤めあり、公家は公家の勤めあり」。 家康は、氏真に対して武蔵国品川に屋敷を与えたという。	10378
	4月19日	**山門南光坊僧正天海(1536 ?～1643)が参府。家康は天海の申すにより、銀三十枚・物等を賜い、寺領三百石を寄付。関東天台宗の本山を「中院」から「喜多院」へ変更と上意する。**	10379
	4月19日	藤堂和泉守(高虎)が将軍秀忠の命により江戸に赴く。 秀忠使者・安藤対馬守重信が参着、宰相・中将・少将の成長ぶりを見て秀忠が喜んでいること、「投頭巾茶入」も頂いた事も喜悦浅からずと家康に申し上げる。	10380
	4月20日	三河吉田藩(愛知県豊橋市今橋町)2代3万石の松平忠清(1585～1612)、没。享年28。吉田藩は、無嗣除封となる。 幕府、竹谷松平家のこれまでの貢献度を鑑み、忠清の異母弟・松平清昌(1593～1655)に、三河国宝飯郡西ノ郡に5千石を改めて与え、交代寄合として存続させる。	10381
	4月22日	中将((徳川頼宣))が、駿府城三ノ丸にて能を催す。父・大御所家康が見物する。しばらく見た後、本城に還御、猿楽が気に入らず怒った由。	10382
	4月22日	三河国吉田城主松平玄番頭(忠清)が昨日頓死(急死)の由、申し来る。	10383
	4月24日	家康、駿府のキリシタン家臣18人の中、転ばない(棄教しない)14人を追放。その筆頭が、家康の鉄砲隊長・原主水(胤信)(1587～1623)であった。原主水は両手の指を切られ、火印(焼印のこと)を額にあてられ追放となった。駿府城下町には2ヶ所の教会があり、家康の侍女の中にも敬虔なキリシタン信者が多くいた。	10384
	4月24日	陰陽頭土御門久脩(1560～1625)が、京都より参府。昨年、15年ぶりに官位昇進して従四位下・左衛門権佐に叙任された御礼であろう。	10385
	4月25日	両伝奏広橋兼勝・勧修寺光豊の使者が来て、経年の雨で破壊された春日大宮の件で御錠を頂きたいと。家康は、将軍秀忠より社殿修造下知をするよう仰せ。	10386

西暦1612

慶長17	4月26日	相国寺呆西堂(承呉)が、家康に『春秋左氏伝』三十巻・『斉民要術』十巻を献上、道春(林羅山)が取り次ぐ。	10387
	4月28日	家康、前殿出御。丹羽勘解由、御前出仕。丹羽式部少輔氏信(三河伊保藩第2代藩主)(1590～1646)か。	10388
	4月30日	「馬五疋、従江川駿府迄可出者也、」。家康、宿中に伝馬朱印状。	10389
	5月1日	在府諸侍が出仕、家康、午刻(11～13時)、前殿出御。	10390
	5月1日	「当院領百貫拾石、山林竹木門前境」・「山城国葛野郡太秦之内市川村百石」・「山城国西院之内五拾石六斗余、七」・「近江国甲賀郡信楽宮町村之内弐」。 江戸幕府、家康朱印状をもって二尊院・高台寺・遍照心院(大通寺)・飯道寺(滋賀県甲賀市水口町三大寺)に寺領を寄せ、諸役を免じる。 徳川家康は、高台寺に寺領4百石を寄進する。	10391
	5月1日	「戸隠山 信濃国水内郡栗田村、二条、上楠川合弐百石者先寄進也、上野村、栃原村内下楠川、宇和原、奈良尾合八百石者新寄進也、都合千石、内別当五百石、社僧三百石、社家弐百石、全可寺納、並社領門前境内山林竹木為守護不入、令寄附上者、永代不可有相違者也、弥可抽天下安全之祈疇状如件」・「戸隠山法度 一顕光寺三院之衆徒」。 徳川家康、水内郡戸隠社(長野市戸隠)に朱印状を以って社領千石を寄進し、その条規「戸隠山法度」を定む。	10392
	5月2日	駿府惣持院・伊豆山般若院快運・聚僧徒等が真言論議、家康が聴聞。	10393
	5月3日	家康、駿府城前殿出御。昨日、真言論議があり、伊豆山般若院快運等と語る。	10394
	5月3日	加藤左衛門尉貞泰(伯耆国米子藩主)(1580～1623)、伯耆国より参府、徳川家康に銀三十枚、白絹三十疋を献上する。 松前伊豆守(慶広)が、膃肭臍(ほぞへそ)二箱を献上。アイヌ語でオットセイを意味するonnep又はonnewなどに、交易のある中国商人等により「丸々太った」を意味する漢語「膃肭」が当てられ、漢方薬として、「膃肭の臍」と名づけられたとされる。	10395
	5月3日	「山城国乙訓郡灰方村之内百石、全」。 家康、瑞雲院(京都市下京区岩上通五条上ル東側柿本町)に、朱印状をもって寄進。	10396
	5月3日	「参河国設楽郡之内東條村五百石・」。 家康、彦坂九兵衛(光正)(1565～1632)に黒印状をもって知行充行。	10397
	5月3日	「武蔵国橘樹郡池辺村之内三百石・」。 家康、増上寺普光観智国師(源誉存応)に判物をもって武蔵国に所領を下賜する。慶長15年、源誉存応は上洛し、後陽成天皇に宗旨仏戒を伝授して、普光観智国師の勅諡号を受けた。	10398
	5月4日	徳川家康、大久保長安(1545～1613)をして、山村良安(1592～1618)等に命じ、上野新田の寺大光院(群馬県太田市金山町)の用材を木曽等にて求めしむ。 大光院は、慶長18年(1613)春、徳川家康によって一族の繁栄と始祖新田義重を追善供養するために開かれた浄土宗の寺。開山には芝増上寺の観智国師の門弟で四哲の一人といわれた呑竜上人が迎えられた。	10399
	5月4日	徳川秀忠使者・神尾五兵衛(守世)が参府、端午之賀儀として帷子五領を進上する。国々の諸大名が、五日之御服献上。	10400

慶長17	5月5日	在府諸武士が出仕、巳刻（9〜11時）、家康が出御。日野唯心（1555〜1623）・水無瀬一斎（1552〜1632）・土御門久脩（1560〜1625）が出仕。飛鳥井中納言雅庸（1569〜1616）・冷泉三位為満（1559〜1619）・舟橋式部少輔秀賢（1575〜1614）は、昨日着府で今日家康御前に出仕。皆雑談。	10401
	5月5日	本願寺門主大僧正が初めて駿府城に出仕、袷衣五領・銀子五十枚を家康に献上。家康は立媖座を贈るよう命じた。准如（浄土真宗本願寺派第12世宗主）（1577〜1631）か。	10402
	5月5日	「山城国葛野郡上嵯峨之内九拾七」。 家康、嵯峨釈迦堂清涼寺に朱印状を以って寄進。	10403
	5月6日	**「岡本大八事件ー慶長14年12月9日〜慶長17年5月6日」、終結。** 事件によって、肥前国日野江藩（後の島原藩）4万石の有馬晴信（1567〜1612）が死罪を賜る。晴信はキリスト教徒であったため、自殺を選ばず、妻たちの見守る中で家臣に首を切り落とさせたという。しかし、晴信嫡子・直純（1586〜1641）は、15歳から親元を離れ、駿府城で徳川家康に側近として仕える。慶長15年（1610）、妻マルタ（小西行長の姪）を離縁して家康の養女国姫（実父は本多忠政）と再婚、キリスト教も棄教したなど、家康との縁が深かったために連座を免れ、父の所領を受け継いで肥前日野江藩2代となる。	10404
	5月7日	将軍秀忠よりの知らせで、甲斐国郡内に於いて有馬修理大夫（晴信）が自害と、本多上野介正純が家康に言上。 家康は、是欲殺の長谷川佐兵衛（藤広）の罪であると、のたまった。	10405
	5月8日	近衛龍山（前久）（1536〜1612）、没。享年77。京都東福寺に葬られる。晩年は慈照寺（銀閣寺）の東求堂に隠棲したという。	10406
	5月8日	日野唯心・水無瀬一斎・飛鳥井雅庸、冷泉三位為満、土御門佐馬助久脩、舟橋式部少輔秀賢が、駿府城の徳川家康に出仕、各々物を賜い雑談。	10407
	5月8日	羽榮越前守（前田利長）が使者を以って家康に、領内土産の銀子千枚、染絹百疋、白絹百疋、白布百疋を献上、宰相・中将には金熨斗付刀十腰をそれぞれ献上する。堀尾山城守忠晴が参府、家康に銀子三百枚、単物五領、帷子五領、蚊帳一張を献上する。同家士数十人も御目見。 村上周防守忠勝（越後国村上藩2代藩主）が参府、家康に銀子百枚、蝋百貫目を献上する。	10408
	5月11日	「一禁中御作事奉行之事 板倉伊賀」・「一尾州那古屋御城御作事奉行衆」。 徳川家康、黒印状をもって中井大和守正清（1565〜1619）に禁中御作事奉行之事を命じる。同日、中井は、尾州那古屋御城御作事奉行衆を命じられる。	10409
	5月13日	高野山宝性院・宝亀院・無量寿院等が出仕、仏法及び雑談。家康は、明日、真言論議をし、聴聞すると仰せ。	10410
	5月13日	「常陸国茨木郡常葉郷之内三百石、」。 家康、佐竹八幡宮・光明院に朱印状を以って寄進。	10411
	5月13日	「多武峰領之内、為学頭領参百石、」、「大和国式上郡長谷村之内三百石、」。 家康、延暦寺竹林坊、小池坊に朱印状を以って寄進。	10412
	5月13日	「遠路為音信銀子千枚、色々染絹百」。 徳川家康、先に越中中納言（前田利長）の銀子等を贈れるを謝す。利長は先に、秀忠に銀千枚・白布百端・蒔絵長持ち十柄を、家康に銀千枚・染絹百匹・曝布百を贈った。	10413

西暦1612

慶長17		
5月14日	駿府城で真言論議がある。家康、宝性院に施物銀百枚を賜う。 文殊院権僧都勢与が、宋徽宗皇帝鷹盡(尽)二軸、遊行上人自盡自賛を家康に献上。	10414
5月14日	陸奥国会津藩初代60万石の蒲生秀行(1583～1612)、没、享年30。後を長男の忠郷11歳(1602～1627)が継ぎ、2代藩主となる。秀行正室は、振姫(家康三女)(1580～1617)。	10415
5月15日	板倉伊賀守勝重・米津清右衛門正勝、徳川家康に暇乞いをして駿府城を発ち上洛。	10416
5月15日	娘䔥・蒲生飛騨守(秀行)の病を聞きつけた家康、薬を給うべく牧野清兵衛(正成)を会津に遣わす。	10417
5月17日	家康、宝性院を召し、真言秘密を伝授するよう仰せ。	10418
5月19日	**蒲生飛騨守(秀行)死去の知らせが来て、家康は驚き嘆く。**	10419
5月21日	**家康の宗教行政を担った圓光寺閑室(三要元佶)(1548～1612)、没。家康、哀惜の念をあらわす。** 外交文書を取り扱った金地院崇伝(1569～1633)が、これに代わるも、家康は京都所司代板倉勝重(1545～1624)にも宗教行政に参与させた。伏見の円光寺は、慶長8年(1603)には、相国寺の境内に移されていたという。さらに寛文7年(1667)に現在地・左京区一乗寺に移された。	10420
5月22日	越後少将(松平忠輝)江戸邸が焼失。	10421
5月23日	実性院が、家康より暇を頂き、高野山に帰山。	10422
5月28日	**「天下曹洞宗法度 一、不在三十年修行成就之人、立法…… 一、為末山背本寺掟事、右条々若於此旨者可寺中追放者也」。** 徳川家康、大洞院(静岡県周智郡森町橘)・素玄寺(岐阜県高山市天性寺町)衣鉢閣下に、朱印状をもって「曹洞宗法度」を下す。一、30年の修行を達成した僧でなければ、法幢を立ててはならない事(30年以上の修行実績がなければ、僧侶を養成する法座の師家にはなれないという規則)など。	10423
5月29日	**「未申通候處、貴札令拝見候、仍先度越中殿御使者へ、御言傳申入候處、相届候旨、得其意、本望之至存候、誠松井殿儀、別而申談候ツるニ、」。** 土井大炊頭利勝、長岡式部少輔(松井興長)宛に返書状を送り、細川家筆頭家老の死を悼み、役立つ事があれば何なりとお申し付けくださいと記す。同年1月23日、松井康之が死去した。	
6月1日	日野唯心、水無瀬一斎、冷泉三位(為満)、土御門佐馬権助(久脩)、舟橋式部少輔(秀賢)と、駿府城在府中の武士たちが徳川家康に出仕する。 家康は巳刻(9～11時)出御、各々に富士山の氷を賜う。	10425
6月2日	**幕府、後藤庄三郎光次(1571～1625)に、江戸新開地の市街町割りを命じる。** 光次は、屋敷を与え、京・堺から商人を移住させる。後藤庄三郎家は京都にあっては、茶屋四郎次郎家、角倉了以家と共に京都の三長者と呼ばれた。	10426
6月3日	昨日、土井大炊頭(利勝)の江戸第宅が焼失。	10427
6月4日	将軍秀忠(1579～1632)、堀尾忠晴(堀尾吉晴の孫)(1599～1633)の出雲・隠岐両国の領有を認める。	10428
6月6日	後藤少三郎(光次)が、家康に甜瓜(マクワウリ)一筐を献上。	10429
6月8日	**「公家衆放鷹の禁」。**家康(1543～1616)、公家衆に、放鷹を停止し家学を励み、行跡(普段の行い)を慎む旨を伝える。	10430
6月10日	医師駒菴法印瑞渓が、江戸御番の途次、駿府城の家康に礼し、すぐ江戸に赴く。 半井成信(駒菴法印瑞桂)(1545～1639)であろう。	10431

慶長17	6月11日	将軍秀忠使者青山図書助（成重）(1549〜1615)が江戸より来府、秀忠よりの江戸城普請状況を家康に報告する。	10432
	6月14日	加藤虎之助（忠広）(1601〜1653)、江戸より肥後国へ帰国の途次、駿府城の家康に礼をする。家康は、虎之助（忠広）に刀（銘 国次）、脇差（銘 国光）を下賜、虎之助（忠広）は帰国する。	10433
	6月14日	**「肥後国拾弐郡、此高五拾壱萬九千余石、幷於豊後国之内弐万石 、都合五拾四万石事、」。** 徳川家康、朱印状をもって加藤虎之助（肥後守忠広、加藤清正の三男）(1601〜1653)に肥後国熊本藩54万石を継がす。幕府は、藤堂高虎（伊勢国津藩主）(1556〜1630)を政情視察のため送り込む。	10434
	6月14日	板倉伊賀守（勝重）が飛脚を以って仙洞の不例（病い）、友竹法印が薬を処方して少し快方と、家康に報告する。半井友竹院法印か。	10435
	6月16日	嘉定。日野惟心・水無瀬一斎・飛鳥井中納言・冷泉三位・土御門佐馬権助・舟橋式部少輔が出仕、在府諸武士が伺候。午刻(11〜13時)、大御所家康は南殿に宰相・中将・少将を従えて出御。膳・菓嘉を振舞う。	10436
	6月16日	駿府城にて若原右京良長（池田家家臣）(？〜1620)が、徳川家康に対面する。家康は良長に馬を、池田三左衛門（輝政）に薬を下賜する。	10437
	6月17日	冷泉・舟橋が家康に暇を頂き、銀二十枚・綿子百把・帷子五領をそれぞれ賜う。院の病の上洛であった。 下間少進法印が暇を頂き綿三百把を拝領、家康は本願寺門跡のために萬円丹・烏犀円等の薬を遣わす。	10438
	6月18日	飛鳥井・土御門が家康に暇を頂き、銀二十枚・綿子百把・帷子二領をそれぞれ賜う。板倉伊賀守が飛脚を以って、院の病を伝え、医師が薬を以ってしても難しい症状であると家康に報告する。	10439
	6月19日	江戸より肥前国に帰国途中の寺沢志摩守広高（肥前国唐津藩初代藩主）・五島淡路守（盛利）(肥前国福江藩2代藩主)が、駿府城の家康に御礼。広高は緞子五巻を、盛利は黄緞（おうどん）二巻を献上する。	10440
	6月20日	美作侍従忠政（森忠政）(美作津山藩初代藩主)が着府、銀三百枚、帷子十領、単物十領を家康に献上する。 九鬼長門守（守隆）(志摩鳥羽藩初代藩主)が、息男二人（良隆・貞隆）を伴い家康に御目見、江戸に赴く由言上。嫡子（良隆）は太刀・馬・単物五領を、二男（貞隆）は太刀・馬を家康に献上する。	10441
	6月20日	金地院（崇伝）が帰府、家康と雑談、院御不例之事（後陽成上皇の病）について相談する。	10442
	6月24日	板倉伊賀守（勝重）の飛札、院の病、快方に向かう事を報せる。	10443
	6月24日	浅間之蓮池坊に於いて真言論議。家康、納涼のため渡御して聴聞。	10444
	6月25日	松平摂津守（奥平忠政）が家康に、美濃瓜一篭を献上。	10445
	6月25日	家康、林道春（羅山）(1583〜1657)と、二度目の湯武の放伐を論じる。	10446
	6月26日	藤堂和泉守高虎（伊勢津藩初代藩主）、江戸より帰府。 盛方院法印（吉田浄慶）が医師として江戸勤めを終え着府、帷子二領・単物一領を家康より賜り、御暇いただき即上洛。	10447

慶長17	6月26日	成瀬隼人正(正成)が堺瓜二篭を家康に献上。 赤井豊後(赤井豊後守忠泰)(1582～1655)が宗都より帰府。 院御所が病との由、言上の広橋・勧修寺宰相書状を本多上野介(正純)が家康に披露。北豊後守(本多康紀？)が先日家康に命じられ、院に遣わされた。	10448
	6月一	**「日本国源家康復章 濃毘数般国主」。** 徳川家康、新イスパニア国(メキシコ)に対し返書を送る。朱印状では、商船の日本往来は許すが、キリシタンの布教は不許可の旨を示す。6月26日とされる。	10449
	6月28日	江戸より讃岐国に帰国途中の生駒讃岐守正俊(讃岐国高松藩第3代藩主)が、駿府城の徳川家康に暇乞いし帰国する。	10450
	6月29日	将軍秀忠使者永井信濃守尚政(1587～1668)が江戸より参府、家康への酷暑見舞いである。	10451
	6月一	この月、家康、東寺を修造し、安祥寺(下寺)(京都市山科区御陵平林町)を再興する。 安祥寺は、二十八世・政遍に帰依した徳川家康から藤原順子皇太后施入の山林及び境内地復旧の令を受けるなどの支援を受けて復興し、伽藍を整えていった。	10452
	7月1日	在府諸武士が出仕、午刻(11～13時)、家康が駿府城南殿出御。 花山院大納言が下着、即、家康と対面。花山院定熈(1558～1634)か。	10453
	7月4日	駿府城文庫の書籍を日干しする。 今日、島津陸奥守家久陪臣・伊勢兵部少輔貞昌(1570～1641)が、使者として参府。緋綾子二十端、伽羅三斤、沈香一箱を、貞昌自身として巻物五巻を献上する。 伊勢貞昌は、関ヶ原の戦いの後は、島津家の筆頭家老となり、忠恒に徳川家康の諱を賜れるよう働きかけたり、家久と名を改めた忠恒が参勤する際は必ずその供をした。	10454
	7月7日	七夕之賀儀につき徳川秀忠使者・水野監物(忠元)(1576～1620)が駿府城に参着、帷子五領・袷衣・単物等進上。 豊臣秀頼使者・佐々孫平が参府、星節之賀儀につき黄金十枚を進上、また佐々自身の献上として単物・帷子を差し出す。	10455
	7月7日	江戸御番衆の芝山権左衛門の小姓が去月二十五日、咎があり成敗したところ、仲間の小姓が抜刀して主人の権左衛門を殺し逐電。将軍がそれを聞き、追跡させ捕らえた。その者が言うには、その小姓とは約束した、相手が主人といえども理不尽な事をしたら報いると、血判をして徒党を組んだのだと。その徒党を拷問して白状させた。その族、いわゆる歌部妓者である。切下髪・髪染・狂紋、長柄太刀所帯でその容貌は尋常では無い。輩は白状すれど逃散、捜索して捕らえた者七十余人、逃げ去った者五六十人。一両輩者には家内持もいた。穂坂長四郎ら若年数十人は、その所領番頭に預け置いたと、家康に報告する。 **家康は、悪党を雇う事禁止、政道が肝心と仰せ、駿府に於いてカブキ者類が在るか無しかを糺明を命じた。**	10456
	7月8日	「是ヨリ先、後水尾天皇ト御不和ノ事アリ、徳川家康之ガ調停ヲ図リ奉リ、是日、宝器ヲ禁裏ニ、譲渡アラセラル、次イデ御融和アラセラル」(『後陽成天皇実録』)。 **これより先、天皇と上皇の不和につき、家康の命で京都所司代板倉勝重(1545～1624)が調停に当り、この日、後陽成上皇(1571～1617)、歴代の宝器・御草紙を禁裏に戻す。** 新天皇に引き継ぐべき歴代の宝器の引き渡しは、家康の命を受けた山科言緒・中院通村・舟橋秀賢が使者の任に当たり、第108代後水尾天皇(1596～1680)は三種の神器を継承する。板倉勝重は、将軍秀忠披見のため目録を作成した。	10457

慶長17	7月9日	織田信長正室・濃姫(帰蝶)(1535?～1612?)、没。享年78。「妙心寺史」は、「養華院殿要津妙玄大姉」という法名で大徳寺総見院に埋葬という。 10458
	7月9日	南都喜多院(無量寿寺)が御暇を頂き帰京、銀子五十枚・裃衣・単物等進呈され、家康より「十重禁戒二百五十戒次第」説を尋ねられる。 10459
	7月10日	美濃国高須藩(岐阜県海津市)初代5万石余)の徳永寿昌(1549～1612)、没。享年64。後を長男の昌重(1581～1642)が継ぐ。2代藩主・徳永昌重は、寛永5年(1628)に、大坂城石垣普請助役工事の遅延を理由に除封される。 10460
	7月13日	彦坂九兵衛(光正)が家康に言上。一昨夜、飯田伝吉(元高麗人)と、朝比奈甚太郎ならびに松野勘助(徳川頼宣の小姓)が駿府街中で喧嘩。その子細は、朝比奈と松野が飯田伝吉に対して悪口を吐き、あまつさえ抜刀して切りかかったため、伝吉はこれを堪忍できず切り合い、勘助とその郎従を殺害した。甚太郎も二、三箇所傷を受けて倒れ伏したので、伝吉は逐電した。 家康は、伝吉の神妙の働きを感心されて、速やかに飯田伝吉を呼び戻した。朝比奈甚太郎の悪口の罪軽からずと切腹を仰せ付け。 10461
	7月14日	晩に及び家康が霍乱気、宗哲法印が薬を出す。霍乱は、暑気当たり。 10462
	7月18日	閑室長老の遺物が家康に献上される。家康の命を受けて、京都伏見の円光寺で伏見版とよばれる出版事業にあたった、閑室長老は、三要元佶(1548～1612)である。 10463
	7月18日	幸若大夫、御暇を頂き越前に帰国、銀三十枚は賜われなかった。 今日、日野唯心・山名禅高・藤堂和泉守(高虎)が家康に湯茶を賜う。近習衆も拝領。 10464
	7月23日	勘定糾明のため在府していた安藤対馬守(重信)(1557～1621)が、鼻下腫物を外科医伯安に診てもらう。熊谷(曽谷)伯安宗祐である。 10465
	7月24日	近江国長浜藩4万石を領し、長浜城を居所とした内藤信成(家康の異母弟説あり)(1545～1612)、没。享年68。嫡男・内藤信正(1568～1626)、2代藩主を継ぐ。 10466
	7月24日	薬制始め。宗哲法印(1573～1622)により、烏犀四・万病円・雲母膏等が剤られた。 10467
	7月25日	九条忠栄(後の幸家)(1586～1665)、関白を退任。鷹司信尚(1590～1621)、関白に就任。 10468
	7月25日	近衛信尹(1565～1614)、山科言緒(1577～1620)に対して『源氏物語』の書写を命じる。書写に用いる親本は「越後源氏」という写本だったという。 10469
	7月25日	家康が駿府城南殿出御、藤堂和泉守(高虎)・山名禅高・日野唯心・金地院(崇伝)が伺候。高野多聞院長深が出仕、真言法問があり、その後雑談。 10470
	7月25日	**今日、明・ルソンに派遣していた商船二十六艘が長崎に着く。白糸廿万斤を積載との由の長谷川佐兵衛(藤広)書状到来を後藤少三郎(光次)が家康に報告する。** 10471
	7月26日	**家康が三島代官を召し、先年、桑板目が八丈島より来ているが在るのかと尋ねる。代官は六枚があり厚さ四五寸と答える。十余年以前の事を家康失念無きを皆が驚く。** 10472
	7月26日	武蔵忍代官八九郎、大津内孫十郎が来府と、松平右衛門(正久(正綱))(1576～1648)が言上。家康は、当年の関東田畠の事を尋ねる。 10473
	7月27日	忍代官衆が年貢米、金子数千両を上納。松平右衛門が家康に取り次ぐ。 10474
	7月28日	徳川家康、駿府城前殿出御。日野唯心、花山院父子(定熙と徳大寺実久父子か)、山名禅高、傳長老(以心崇伝)その他諸士が出仕。高野多聞院が家康に真言の法談があると言上。 藤堂和泉守(高虎)が駿府城にて能を興行、和泉守小姓左京のためであると熱心であった。 10475

西暦1612

| 慶長17 | 7月30日 | **暹羅(シャム)商船、長崎に入津し、船主、この日に駿府城に登城し、緞子、緋羅、鮫皮等献上品を奉呈する。徳川家康、蛮夷の物語を問う。** | 10476 |

| | 7月30日 | 今夕の雨入りで駿府城殿主窓戸に雨漏。家康は、大工源右衛門を呼び出し、中井大和守の入念な仕事が無かったといい、名護屋殿主であったら曲事と仰せ。中井大和守は常時上京故、源右衛門に代棟梁を指示する。中井正清は家康の出頭人として、家康から「関東の番匠は正清の弟子になるべき」・「普請に関しては何事も正清次第」と言われるほどに重用された。大工源右衛門に対する訓戒であろう。 | 10477 |

| | 7月30日 | 因果居士が京都から来府。家康が、まだ活躍する果心居士に、年を尋ねたところ、居士は八十八歳と答えた。
廓山上人(1572～1625)が江戸より来府、家康はすぐ召し、浄土宗など雑談。 | 10478 |

| | 7月30日 | 徳川家康、一昨夕、中風に罹った大久保石見守長安(1545～1613)に、烏犀円を与える。烏犀円とは、家康の、家康による、家康のための調合薬。幼少期より薬草採集と薬の調合を趣味とした徳川家康が自ら開発し、家康のみがその調合を知っていたという。 | 10479 |

| | 7月— | **この月、かぶき者の首領・大鳥居いつ兵衛(大鳥一兵衛、同逸兵衛、逸平などともいう)(1588～1612)ら多数が、捕縛・処刑される。**
大鳥居は、中間・小者といった下級の武家奉公人を集めて徒党を組み、異装・異風、男伊達を気取って無頼な行動をとり、武家に対抗したとされる。 | 10480 |

| | 7月— | この月、下総国古河藩(茨城県古河市)2万石・松平(戸田)康長(1562～1633)、3万石で常陸国笠間藩(茨城県笠間市)に転封。代わって武蔵国本庄藩(埼玉県本庄市)初代1万石の小笠原信之(徳川四天王の筆頭・酒井忠次の三男)(1570～1614)が加増移封され、2万石で古河藩に入り、本庄藩は廃藩。 | 10481 |

| | 8月1日 | 家康、前殿に出御、在府諸士その他僧徒等が出仕。
阿部(安倍)川が洪水により堤が決壊する。昨夕、安西衆・諸人が薪・材木・土俵でもって防ぐ事、そして普請を彦坂九兵衛(光正)が報告する。 | 10482 |

| | 8月1日 | 今日、家康御前で将棋がある。(亀屋)栄任・(畔柳)寿学・(山名禅高)元豊・宗佐(大橋宗桂か)の合手を家康が見学、常平生(常日頃)があると仰せ。 | 10483 |

| | 8月2日 | 「一城州西賀茂村之内五拾八石、一」。
家康、岡本宮内少輔に黒印状を以って知行充行。岡本義保(1579～1642)であろうか。 | 10484 |

| | 8月2日 | **「勘定之糺明被改正」を子年以来十数年してきたが、今日大方済んだと、家康が仰出。家康は徳川財産目録など作っていたか。** | 10485 |

| | 8月3日 | 金地院長老・廓山上人・多聞院が駿府城出仕。 | 10486 |

| | 8月4日 | ルソン(呂宋)商船の船頭・西類子(ルイス)(?～1646)、駿府城の徳川家康に御目見、緞子及び蜜二壺を献上する。 | 10487 |

| | 8月4日 | 長崎(肥前国)より家康のもとに飛脚が到来。飛脚は去月二十三日に黒舟が長崎津に着船し、白糸十四万斤、その他緞子等を多数を積載していたことを、後藤少三郎(光次)を介し家康に報告する | 10488 |

| | 8月4日 | 伊豆山般若院快運が豆州から来参。般若院は文禄1年(1592)、徳川家康が高野山の快運を招いて伊豆山神社の別当として創建。 | 10489 |

| | 8月6日 | 「一自日本到暹羅国舟也、右、慶長」。家康、渡海朱印状。 | 10490 |

慶長17	8月6日	「**家康、初めて人民に対して、伴天連門徒御制禁也(キリシタン禁教)を令す**」。	10491
		一連の処置を総括した「条々」であるといい、幕領へ出されたものという。	
		関ヶ原後に改易された小西行長・宇喜多秀家らの旧家臣である多数のキリシタン	
		牢人が豊臣に仕官する動きへの対応と共に、家臣にもキリシタンが多くいたのに	
		驚愕した家康は、キリシタンの象徴的存在であった高山右近(1552〜1615)らの追放	
		に向かう。	
	8月6日	「…**牛殺事御禁制也、自然殺べき輩は一切責べからざる事、…**」。	10492
		将軍秀忠、令す。またまた、肉食を理由として宣教師追放を打ち出したようだ。	
	8月8日	「**此船雖為何之湊、著岸不可有相違**」。家康、「るいす」(西類子)宛に渡海朱印状。	10493
	8月8日	南都一乗院が駿府城の家康に対面。春日社造替のお願い下向といい、陽明(近衛殿)	10494
		(近衛信尹)(1565〜1614)の舎弟である。	
		南都一乗院は、近衛前久の子、興福寺別当 ・ 連歌師の尊勢(尊政)(1563〜1616)で、	
		近衛信尹の兄である。	
	8月12日	高野無量寿院が、駿府城の家康に御目見。南都不動院が御目見。	10495
	8月12日	阿蘭陀(オランダ)舟が平戸に来たと、駿府に聞こえる。	10496
	8月12日	幕府老中本多正純、松井式部少(松井興長)宛に「御死去」、「御力落」と、お悔やみ	10497
		状を送る。同年1月23日、松井康之が死去した。	
	8月14日	朝、駿府城にて徳川家康が一乗院を召し茶湯を催す。日野入道(唯心)、金地院(崇	10498
		伝)、藤堂和泉守(高虎)が相伴する。古田織部助重然(1543〜1615)が駿府下着だっ	
		たことから、重然が茶を点てる。この頃、重然(織部)は「数奇之宗匠」で、徳川秀	
		忠の崇敬が厚かったとされ、茶湯を志す諸侍は、朝から晩まで茶湯するという。	
	8月15日	諸人が駿府城に出仕。片桐市正且元が家康御前に出て銀三十枚・羽織一領・鳥子紙	10499
		六束を、古田織部正(重然)が紫皮二十枚を献上する。	
	8月15日	明の一官・祖官の両人、駿府にて徳川家康に謁見。一官は薬種などを献上す。そ	10500
		の後雑談。	
		甲斐国松木紹哲(松木五郎兵衛)と畔柳壽学が囲碁を指し、家康は見て助言する。	
	8月16日	徳川家康、駿府に在府中の一乗院の宿所に本多上野介(正純)を遣わし、春日社頭	10501
		造替料として米二万石を寄進することを伝える。	
	8月16日	秀忠使者・井上半九郎正就(1577〜1628)、江戸より来府する。	10502
		井上正就は、母が徳川秀忠の乳母であったため、早くから秀忠に近侍していた。	
	8月18日	京都角倉与一(素庵)、駿府城の徳川家康のもとを訪れ、紅糸・緋紗綾・沈香・薬・縮・	10503
		砂斑猫・葛上・亭長等を献上する。後藤少三郎光次が申すには、与一(1571〜1632)は、	
		(父・了以の跡を継いで)安南国に商船を毎年派遣している者という。	
	8月18日	**家康、傳長老(金地院崇伝)と板倉伊賀守(京都所司代板倉勝重)両人に、諸寺事御**	10504
		諚(寺院統制)を命じる。	
		家康は、キリシタンの禁制によって宗門改め制と寺請制を実施し、国民全員を寺	
		の檀家とすることを制度化し、寺院を通じての国民の支配体制を確立を目論んだ。	
		この制度は寺院に経済的な安定を与える結果となり、寺院の保護政策として打ち	
		出された寺領や、特権の付与と共に、寺院の宗教活動の低調化、そして僧侶の無	
		気力化をもたらす大きな要因となる。	
	8月18日	片桐市正(且元)・古田織部正(重然)、江戸に向けて駿府城を出立する。家康は且元、	10505
		重然に薬を賜う。	

西暦1612

慶長17	8月19日	家康、駿府城前殿に出御、奈良不動院が出仕。 **徳川家康、雑談の中で、自分が幼少の時に、又衛門某という者に銭五百貫で売られ、九歳から十八、九歳まで駿河国にいたことを語り、伺候諸人が皆聞いた。**	10506
	8月20日	江戸将軍秀忠より初雁進上を本多上野介正純が言上。	10507
	8月21日	今日昼、徳川家康は、日野惟心、山名禅高、藤堂和泉守高虎、三好因幡守(為三)、同丹後守(三好房一)、堀田若狭守(本多一継)、池田備後守光重等に、料理と茶を振る舞う。	10508
	8月21日	日本沿岸の測量を終えたセバスティアン・ビスカイノは、家康、秀忠の返書を受け取り、ヌエバ・エスパーニャへの帰途に就く。	10509
	8月23日	家康、前殿に出御。日野唯心、山名豊国、藤堂和泉守(高虎)、金地院(崇伝)、玄陽坊が出仕する。 松浦肥前守隆信(肥前国平戸藩第3代藩主)、家康御前で緞子五巻を献上する。	10510
	9月1日	呂宋(ルソン)人、また徳川家康に拝謁し、商船の往来とバテレン保護を願う。時に本多正純と後藤庄三郎にも書簡と礼物が送られる。	10511
	9月1日	7月に長崎に来た阿媽港(マカオ)の使者、8月28日に駿府に至り、この日、徳川家康に拝謁して臥亜(ゴア)国官人の書簡と礼物を奉呈す。先年の朱印状下賜と東魯訥への厚遇を謝礼す。また徳川秀忠・本多正純・後藤庄三郎にも来書あり。	10512
	9月9日	**「一自日本到遥邏国舟也、右、慶長」。** 家康、渡海朱印状。	10513
	9月13日	金戒光明寺が焼ける、御影堂や方丈、法然像焼亡。 第26世 盛林上人(1545～1617)は、徳川家康に懇願し、光明三昧院(広島県尾道市)に安置されていた法然上人坐像を譲り受けたという。	10514
	9月25日	阿媽港使節に家康返書と渡海朱印状を交付す。本多正純・後藤庄三郎からの返書も送る。	10515
	9月―	**「日本国源家康報章 五和国刺史麾下、手簡披閲殊方物領之、……」。** 家康、インドのゴアに印判状発給。	10516
	9月27日	**「興福寺法度 一坊舎并寺領、為私不可売買事、一号旧檀那従俗方寺之裁判不可有事、……」。** 家康、当寺々務一乗院に判物をもってあらためて「興福寺法度」を下す。	10517
	9月29日	オランダ商館長、家康に、ポルトガルは領土への野心ありと告げる国王の返書を差し出す。オランダ国王、書簡で徳川家康にポルトガルの密謀を密告する。	10518
	9月30日	**「日本国源家康報章 呂宋国主麾下」。** 徳川家康、呂宋(ルソン)太守に返書を出す。また本多正純・後藤庄三郎からも返書が出される。	10519
	9月―	**「黒船并南蛮人之船着岸于長崎、市」。** 家康、渡海朱印状。	10520
	9月―	この月、播磨国姫路藩52万石の池田輝政(1565～1613)、松平姓を賜る。	10521
	10月4日	**「長谷寺法度 一為学問住山之所化、不満廿年者不可執法幢事、」。** 家康、大和長谷寺能化坊に朱印状をもって、あらためて法度を下す。	10522
	10月8日	阿蘭陀(オランダ)使節、駿府にて徳川家康に拝謁し、国書を奉呈す。また慶長14年次の返書発給のことを謝礼す。国王の名代「ヘイトルボット」よりも本多正純あてに書簡が出され、渡海御免と居館地の下賜のことを謝す。家康・本多正純より各々返書あり。	10523

慶長17	10月17日	播磨国姫路藩52万石の池田輝政(1565～1613)、正三位、参議に叙任。「松平播磨宰相」となる。参議(=宰相)に叙任するのは徳川一門以外では、初めてとなる。	10524
	10月18日	慶長16年(1611)、松平忠直の越前国北ノ庄藩(福井藩)に、**久世騒動(越前騒動)が起こる。**この日、忠直(1595～1650)、「家中騒動」で、藩政を運営する重鎮・久世但馬守と一族を成敗する。	10525
	10月20日	**「徳川家康知行充行朱印状」。**幕府、大番頭松平重勝を忠輝の老臣とし三条城に置く。家康六男・松平忠輝(越後国福嶋藩主75万石)(1592～1683)は、家老として能見松平重勝(1549～1621)を、2万石で越後国三条藩(新潟県三条市元町)に置いた。	10526
	10月22日	上野国伊勢崎藩(群馬県伊勢崎市)初代1万石・稲垣長茂(1539～1612)、没。享年74。長男の重綱(1583～1654)が継ぐ。	10527
	10月22日	帰国の途に就いたセバスティアン・ビスカイノ、暴風雨に遭遇「サンフランシスコ2世号」が破損し浦賀に戻る。翌慶長18年の慶長遣欧使節団のサン・フアン・バウティスタ号に同乗することになる。	10528
	10月28日	**「美濃国多芸郡大坪村四百壱石五斗」。**家康、朱印状を以って知行充行。この年、木曽川の流路が移動したため、以下の地域等が尾張藩となったという。	10529
	10月28日	**「美濃国池田郡山洞村山年貢共弐百」。**家康、石黒善十郎重玄に朱印状を以って知行充行。	10530
	10月30日	**「美濃国武義郡小屋那村参百石・同」。**家康、池田図書頭に黒印状を以って知行充行。	10531
	10月30日	**「美濃国武義郡下伊久子村四百五」。**家康、肥田主水に黒印状を以って知行充行。	10532
	10月ー	**「日本国源家康復章 阿蘭陀国主庵」。**家康、渡海朱印状。	10533
	閏10月2日	**家康、駿府を発ち、放鷹しながら江戸に向かう。**	10534
	閏10月2日	**久世騒動(越前騒動)」。**松平三河守忠直の越前国北ノ荘藩(福井藩)の久世騒動(越前騒動)、この日付で、「伝え聞く、越州三川(河)守内ニハ、成敗人ニ付、数百人打ち死に云々、不慮」(『義演准后日記』)。	10535
	閏10月12日	**家康、江戸城西の丸に入る。**	10536
	閏10月20日	家康、秀忠と共に武蔵の戸田、24日川越に放鷹し、忍に到り遊猟などする。	10537
	11月7日	朝廷、徳川家康の申請に依り、山科言緒(言経の長男)(1577～1620)等をして『源氏物語』を書写せしめらる。源氏絵制作が進められたようだ。	10538
	11月12日	関ヶ原の戦いの功により、父祖の旧領・三河国深溝(愛知県額田郡幸田町深溝)に1万石を与えられた松平忠利(1582～1632)、三河吉田藩(愛知県豊橋市今橋町)3万石に加増転封。深溝藩、廃藩。	10539
	11月26日	放鷹三昧の家康、江戸に戻る。	10540
	11月27日	**「久世騒動(越前騒動)」。**本多富正、今村盛次らが江戸に呼び出され、江戸城西の丸において、家康、秀忠の立ち会いのもと、土井利勝ら幕閣らによる尋問が行われる。若い松平忠直(1595～1650)(越前国北ノ庄藩主75万石)はこれを処理しえず、幕府の裁許に委ねられる。	10541

西暦**1612**

慶長17	11月28日	**「久世騒動（越前騒動）」。家康、秀忠は裁定を下した。** 本多富正（1572〜1649）の失脚を企て騒動に持ちこんだ今村盛次に非があると断じた。今村掃部盛次（丸岡城2万5千石）・林伊賀守定正（勝山城1万石）・清水丹後守孝正（1万1千石）らは大名預け、岡部自休（1700石）は死罪と処罰される。竹島周防守は無罪なるも、北庄城内に監禁され、また駿府へ罪人として護送されたため恥じて帰国の途次のこの日、鞠子にて自殺。 本多富正はこの後、家康に呼び出され直々に厳しく叱責されると共に、その忠義を賞賛され、「幼少の忠直を今後とも補佐せよ」として改めて国中仕置を命じられた。慶長18年（1613）5月、今村盛次の後任は本多成重（1572〜1647）となる。成重の父・重次は本多富正の父・重富の弟であった。成重を推挙したのは富正であった。対抗勢力を排除した富正は北ノ庄藩を牛耳ることになる。これは幕府の意向でもあった。豊臣家との決戦は目前に迫っている。越前の親豊臣勢力を追放し、徳川系家臣でまとめる、これが家康の狙いだった。 10542
	12月一	この月、老中安藤重信（1557〜1621）、下総国小見川藩（千葉県香取市小見川）1万6千6百石の所領を与えられ、大名となる。元和1年（1615）に2万石の加増を受ける。 10543
	12月2日	**家康、江戸を発ち、再び放鷹しながら駿府に向かう。** 10544
	12月3日	幕府、保科正光（信濃国高遠藩初代藩主）（1561〜1631）等信濃の諸大名に命じ、材木を伊那山に採り、江戸に運ばしむ。 10545
	12月11日	**禁裏造替、木作始め式が行われる。家康は、秀吉建造の建物を取壊して新しく内裏を造営する。** 10546
	12月12日	幕府、福井藩ら諸大名に、翌年の禁裏仙洞築地普請手伝を命じる。 10547
	12月15日	**家康、関東での鷹狩から駿府城に還御。** 諸大名が江戸にて越年するため家康に御目見。 10548
	12月17日	駿府城の徳川家康のもとに、京極丹後守高知（丹後国宮津藩初代藩主）が銀百枚・御服十領を、松平武蔵守玄隆（利隆）（池田輝政の長男）が銀百枚・御服十領を、黒田筑前守長政（筑前国福岡藩初代藩主）が銀二百枚・御服十領を、子息万徳丸（黒田忠之）が綿二百把・銀三千両を、有馬玄蕃頭豊氏（丹波福知山藩初代藩主）が銀五十枚・御服二領を、稲葉彦六典通（豊後国臼杵藩第2代藩主）が御服二領・銀五十枚を、山崎佐馬允家盛（因幡国若桜藩（鳥取県八頭郡若桜町）初代藩主）が御服二領・銀五十枚、古田大膳大夫重治（伊勢国松坂藩2代藩主）が御服・銀子を進上する。 10549
	12月18日	徳川家康、諸大名に茶を振る舞う。日野惟心、山名禅高が同席する。 各々の退席後、黒田筑前守父子（長政・万徳丸（忠之））が家康御前に出て銀五百枚を献上。家康は、広間に黒田父子を召し酒盃を下賜、万徳丸を右衛門佐に任ずことを告げる。また、家康は万徳丸に刀（銘 長光）・脇差（銘 岡本正宗）・真壺を下賜し、長政に鷹・馬を贈る。本多上野介正純が取次。 万徳丸（忠之）は、慶長7年（1602）11月9日、福岡藩初代藩主・黒田長政と継室・栄姫（家康の姪大涼院・徳川家康養女・保科正直の娘）（1585〜1635）の嫡男として筑前福岡城内の藩筆頭家老・栗山利安の屋敷にて生まれた。 10550
	12月19日	関ヶ原の戦い後、改易、慶長9年（1604）に赦免され、常陸国麻生藩（茨城県行方市麻生）3万石を与えられて立藩した新庄直頼（1538〜1613）、没。享年75。嫡男・直定（1562〜1618）が継ぎ、2代藩主となる。 10551

西暦1612

慶長17	12月20日	細川内記忠利（忠興の三男）（豊前国中津城主）(1586～1641)、駿府城の徳川家康に御目見。忠利は家康に綿二百把を献上する。 木下右衛門大夫延俊（豊後国日出藩(大分県速見郡日出町日出藩初代藩主))、家康に御目見。	1055
	12月20日	将軍秀忠(1579～1632)、南部利直邸に御成り。南部重直（利直の三男、後の陸奥国盛岡藩2代)(1606～1664)が拝謁という。	1055
	12月26日	「参河国額田郡之内、芦谷村弐百三」。 家康、内藤左七政俊(1572～1664)に黒印状を以って芦谷村240石を充行。家康の誕生日である。政俊は、家康に近侍し、左七と名付けられた。	1055
	12月26日	藤堂和泉守高虎（伊勢津藩初代藩主)が駿府城の徳川家康に出仕する。 島津陸奥守家久（薩摩藩初代藩主)、家康に泡盛（「焼酒」)(「琉球酒」)二壺・砂糖五桶を献上する。	1055
	12月26日	今夕、石川主殿頭忠総（実父大久保忠隣の次男）（美濃大垣藩第3代藩主)、駿府城の徳川家康に出仕する。	1055
	12月27日	大坂豊臣秀頼が贈った鶴が、駿府城の徳川家康のもとに届く。	1055
	12月27日	三河国より越年のため、松平和泉守（美濃国岩村藩主松平家乗）、松平主殿頭忠利（三河国吉田藩初代藩主)、水野日向守忠元（秀忠の側近）、本多豊後守康紀（三河岡崎藩第2代藩主)、本多縫之助康俊（三河西尾藩主)、菅沼左近定芳（伊勢国長島藩第2代藩主)、丹羽勘助氏信（三河伊保藩(愛知県豊田市)第2代藩主)が、駿府城を訪れる。	1055
	一	この年には、駿府銀座が江戸京橋に移されて、銀貨幣鋳造の銀座役所を設置。当時、町名は新両替町とされたが、通称で銀座町と呼ばれ今日の東京の銀座が生まれたとされる。	1055
	一	この年、徳川家康、幼年、身を寄せた今川義元の霊を弔う為、今川義元の孫・門庵宗関(1546～1621)を開山に、江戸城に近接する外桜田（現在の桜田門付近）に泉岳寺建立。山号の萬松山は松平の松より、「松萬代に栄ゆる」の意から、寺号泉岳寺は、徳川に因み、「源の泉、海岳に溢るる」の意から付けられたという。	1056

西暦1613

| 慶長18 | 1月1日 | 将軍徳川秀忠の名代（酒井左衛門尉家次(自分の御礼太刀)・大沢少将基宿)、越前少将忠直（松平忠直)、越前少将忠輝（松平忠輝)、松平和泉守（家乗)、松平玄蕃頭（清昌)、松平主殿助（忠総)、水野日向守（忠元)、本多縫殿助康俊、本多豊後守（康紀)、戸田土佐守（尊次)、三好因幡守（為三)、戸川肥後守（達安)、三好丹後守（房一)、松倉豊後守（重政)、水野河内守重弘、桑山左衛門佐（一直)、本田（堀田）若狭守（一継)、池田備後守（光重)、堀丹後守直寄、滝川豊前守（忠征)、佐久間河内守（政実)、市橋下総守（長勝)、山代（山城）宮内少輔（山城忠久)、桑山左近（貞晴)、岡越前守（家俊)、宮城丹後守（豊盛)、能勢伊予守（頼次)、近藤信濃守（政成)、徳永左馬助（昌重)、山岡主計頭（景以)、分部左京亮（光信)、朽木兵部少輔（宣綱)、川勝信濃守（広綱)、猪子内匠助（一時)、別所豊後守（吉治)、布衣・平侍衆が、駿府城の徳川家康に年始の礼をする。 | 10361 |

124

西暦1613

慶長18	1月2日	豊臣秀頼の名代・速水甲斐守守久（取次・大沢少将（基宿））、日野大納言入道唯心、水無瀬宰相入道一斎（太刀献上）、山名入道禅高、畠山左近、土岐市正（持益）、土岐佐馬助（頼勝）、上杉党、木曽党、西尾豊後守（光教）、遠藤但馬守（慶隆）、竹中丹後重門、古田大膳中（重治）、稲葉右近大夫（方通）、谷出羽守（衛友）、平野遠江守（長泰）、片桐市正旦元、同主膳正（片桐貞隆）等が太刀を献上して、駿府城の徳川家康に年始の礼をする。	10562

	1月2日	医者衆・法印・法眼、羽柴対馬守（宗義智）の名代・柳川豊前守（智永）が家康に年始の礼をする。退出時、京・堺・大坂・奈良・伏見の町人が家康に年始の礼をする。	10563

	1月2日	夜、謡初が行われ、家康、宰相（徳川義利）、中将（徳川頼宣）、少将（徳川頼房）、日野唯心、山名禅高、永井右近（直勝）、本多上野介（正純）が伺候する。謡五番、観世大夫、梅若大夫その他に服二領が下付される。	10564

	1月2日	江戸城謡初、松平忠輝・小笠原秀政等、之に参列す。	10565

	1月3日	駿府城にて三献の祝が行われる。宰相（徳川義利）、中将（徳川頼宣）、少将（徳川頼房）が参席する。装束の国持衆名代が家康に太刀・馬を献上。羽柴肥前守（前田利長）・米沢中納言景勝（上杉景勝）・毛利輝元入道宗瑞・松平三左衛門尉輝政（池田輝政）・嶋津陸奥守家久（島津家久）・松平陸奥守政宗（伊達政宗）・佐竹左京大夫義宣・松平下野守忠郷（蒲生忠郷）・京極若狭守忠高・同丹後守（京極高知）・南部信濃守利直・最上出羽守義光・羽柴左近忠政（森忠政）・松平長門守秀就（毛利秀就）・細川内記忠利・松平武蔵守松平武蔵守・浅野紀伊守幸長・蜂須賀阿波守至鎮・羽柴左衛門大夫正則（福島正則）・黒田筑前守長政・堀尾山城守忠晴・松平土佐守忠義（山内忠義）・田中筑後守忠政・鍋島信濃守勝茂・加藤左馬助嘉明・生駒讃岐守正俊らであった。	10566

	1月4日	駿府町人が駿府城の徳川家康に礼をする。	10567

	1月5日	巳刻（9～11時）、徳川家康、鷹狩に赴き、未刻（13～15時）還御。	10568

	1月6日	金地院崇伝和尚が、駿府城奥之書院で徳川家康に御目見。増上寺観智国師（慈昌、源誉存応）の使僧・廓山上人（1572～1625）、天台宗、真言宗、浄土宗、法華宗の諸僧が家康に礼をする。伊勢内宮・下宮、諸社の社人が家康に礼をする。遠州可睡斎宗珊は出られず、家康は御布施青銅百貫を遣わす。宗珊（土峰宋山）（1543～1635）は、天正18年（1590）5月21日、可睡斎十一世仙麟等膳が没した後の十三世か。	10569

	1月6日	常陸国牛久藩（茨城県牛久市）1万石・大番頭の山口重政（1564～1635）、大久保忠隣（1553～1628）の養女と嫡男・重信（1590～1615）が、幕府に許可なく縁組したことを咎められて改易された上、武蔵国の龍穏寺に蟄居させられる。8日とも。「大久保長安事件」に繋がる。重政の山口家再興にかける執念がはじまる。	10570

	1月11日	「**慶長十八癸丑年正月十一日付呂宋渡海朱印状**」、「**慶長十八癸丑年正月十一日付交趾国渡海朱印状**」。将軍秀忠、渡海朱印状。	10571

	1月11日	「**一自日本到東京舟也、右、慶長十**」・「**一自日本到交趾国舟也、右、慶長**」・「**一自日本到暹邏国舟也、右、慶長**」・「**一自日本到呂宋国舟也、右、慶長**」・「**一自日本到柬埔寨国舟也、右、慶**」ら。幕府、貿易商角倉了以らに対し、家康朱印状をもってトンキン（ベトナム北部一帯）・ルソン（フィリピン）・シャム（タイ）・カンボジアなどの諸国渡航を許可。	10572

	1月25日	「西国将軍」と呼ばれた播磨国姫路藩52万石の池田輝政（1565～1613）、申刻（15～17時）姫路城にて、没。享年50。正室は家康次女督姫。京都の墓所は、妙心寺の護国院。輝政の構築した姫路城はその天守の美しさにおいて日本一の名城と称された。	10573

	1月26日	秀忠（1579～1632）の乳母・大姥 局（1525～1613）、没。89歳。	10574

慶長18	1月28日	兄と共に西軍に与して改易された立花(高橋)直次(立花宗茂の弟)(1572~1617)、家康・秀忠父子に拝謁。	1057
	1月28日	家光付の小姓・松平正永(後の伊豆守信綱)(1596~1662)、秀忠に近侍する井上正就(1577~1628)の娘を娶る。正就母は、徳川秀忠の乳母であった。	1057
	1月29日	播磨国より駿府城の徳川家康のもとに使者が到来。去二十四日巳刻(9~11時)、松平三左衛門輝政(池田輝政)が俄かに大中風で無言の由を報じる。本多上野介が言上。家康は驚き、黒田八左衛門という大番衆に仰せ付け、中風の薬として烏犀円を遣わす。夜になりまた使者が到来、去二十五日申刻の輝政死去を報じる。家康は聟である輝政の死を悲嘆する。輝政は熱心な愛宕信者であった。 家康は輝政の死を知り、「死んだか、不便なことをした。惣別愛宕などせせって、天下は取れるものぢやない」 (死んだか、可哀そうなことをした。大体愛宕などにうつつをぬかして、天下はとれるものではない)と言ったという。(永井直清『永日記』)。	1057
	2月5日	徳川秀忠使者土井大炊頭利勝が参府、池田輝政の死去につき、将軍の意向を密々に家康に上申。播磨国仕置きについて議す由。	1057
	2月14日	「近江国蒲生郡清水脇村弐百五拾三」。 家康、日野唯心(輝資)(1555~1623)に判物発給して、近江国蒲生郡内において1,030石を与える。	1057
	2月14日	「近江国蒲生郡賀茂村之内東鍛冶谷」。 家康、小林田兵衛宛に黒印状を以って近江国蒲生郡に知行充行。	1058
	2月18日	徳川家康、天台宗の論議を聴く。比叡山正覚院豪海と行元寺亮運、また南光坊天海と亮運と問答を行った。同月23日と28日にも行い、家康は、亮運に酒食と銀十枚さらに被物二領を賜う。	1058
	2月19日	**江戸幕府、直轄地へ出していた「キリシタン禁教令」を全国に広げる。**	1058
	2月20日	公家・猪熊教利の逃亡を助けて処罰された織田頼長(有楽斎の次男)(1582~1620)、京都に逗留していた木下延俊(豊後国日出藩3万石)(木下家定の三男)(1577~1642)を訪ねる。木下延俊は(「慶長日記」)を遺す。	1058
	2月20日	黒田筑前守(黒田長政)子息・右衛門佐(黒田忠之)が、江戸で将軍より御名字を授かった御礼に駿府城登城。銀子三百枚、父筑前守は銀子百枚を献上。家康から盃と太刀(銘 守家)、馬(鹿毛)を賜い、暇を頂き帰国する。	1058
	2月20日	駿府浅間神事が、昨日の洪水で延引される。建徳寺僧が浅間祭の役勤であったが、建徳寺往還が不通となったためであった。	1058
	2月20日	老中でもあった常陸国江戸崎藩(茨城県稲敷市江戸崎)青山家初代2万5千石の青山忠成(1551~1613)、没。享年63。1万石を領していた次男の忠俊(1578~1643)が継ぎ、3万5千石の2代藩主となる。	1058
	2月21日	駿府浅間神事が執行される。	1058
	2月23日	叡山より天台衆五六輩が参府。論議があり、終わると家康から饗を賜る。	1058
	2月24日	駿河国興国寺藩(静岡県沼津市根古屋)主を改易された天野康景(1537~1613)、小田原の西念寺にて没。享年77。 子・天宗(1574~1645)は寛永5年(1628)に赦免され、天野氏は1,000石を知行する中堅旗本として存続を許されてた。	1058

西暦1613

慶長18	2月28日	叡山正学院僧正、千波南光坊僧正、上野国クロ子（黒子）（茨城県筑西市黒子）ノ千妙寺僧正が家康から饗を賜る。三人僧正三方膳で、施物は銀十枚、物二領を賜る。老僧衆は銀五枚、物二領を賜る。若輩僧は青銅三百疋、物一領を賜る。	10590
	2月28日	**「関東天台宗諸法度 一不伺本寺、恣不可住持之事、……、一為末寺不可違背本寺之下知之事、」。** 家康、武蔵喜多院に判物発給して8ヶ条の寺院法度を下す。秀忠、同じく7ヶ条の寺院法度を下す。 関東天台宗の本寺は、天海（1536？～1643）の川越喜多院におかれる。山号を東叡山に変更。関東天台宗諸法度には、比叡山延暦寺との関係を規制する条文があり、家康は、天台宗の勢力を二分することや、主導権を比叡山から関東に移そうとしたという。この法度により、喜多院は東の比叡山を意味する「東叡山」と改められ（後に上野忍ヶ岡の寛永寺に移る）、ますます隆盛を誇る。 **家康は、関東天台宗の全権を喜多院に与えることにより、朝廷側の比叡山の勢力を関東に移すことに成功した。**	10591
	2月28日	**「武蔵国大田庄慈恩寺法度 一法流」・「武州比企郡慈光山中道院法度 一」・「常陸国河内郡下妻庄黒子郷千妙寺」・「常陸国椎尾山法度 一法流以下并」。** 家康、武蔵慈恩寺・同中道院・常陸千妙寺・同薬王院に3ヶ条の寺院法度を下す。	10592
	2月29日	和泉国岸和田藩2代3万石の小出吉政（1565～1613）、没。享年49。吉政の長男・吉英（但馬出石藩6万石）（1587～1666）が、5万石で3代となる。出石藩は、吉英弟・吉親（1590～1668）が3万石で継ぐ。	10593
	2月─	この月、肥後国熊本藩52万石の加藤虎之助（後の忠広）（清正の三男）（1601～1653）、従五位下肥後守となり、第2代将軍秀忠が名付け親となり、「忠広」と名乗る。	10594
	3月2日	江戸神田で密に生まれた幸松（後の保科正之）（1611～1673）、見性院（穴山梅雪の正室、武田信玄の次女）（1545～1622）に預けられるという。異説あり。 武田遺領を確保した徳川家康は、武田遺臣を保護して家臣団に加えているが、見性院も家康に保護されて江戸城北の丸に邸を与えられ、江戸2代将軍の徳川秀忠が侍女のお静に生ませた保科正之を養育する。	10595
	3月3日	節句で諸大名が出仕、駿府城南殿で家康に御目見。	10596
	3月4日	駿府城にて天台論議。	10597
	3月5日	徳川家康、駿府城三ノ丸にて慰み能。中将が能五番・少将が能二番・宰相が小鼓一番を勤め、大御所、御母堂方（亀、お万）御見物。日野唯心、山名禅高（豊国）、藤堂和泉守、天台僧衆が見物。	10598
	3月11日	秀忠使者・安藤対馬守（重信）、江戸より駿府に到着する。	10599
	3月13日	**「武蔵国豊島郡浅草寺 一寺領五百石此内弐百五拾石別当分修理免共　一衆徒跡猥平僧不可住居同無寺而明屋敷不可抱置事、付諸法度可随寺務之下知並公用造営之時不勤其役者坊領可召放事　一山林竹木門前屋敷如旧規諸役令免許事　右堅可守此旨者也」。** 家康、黒印状を以って武蔵浅草寺に寺領500石寄進、3ヶ条の寺院法度を下す。	10600
	3月15日	神龍院梵舜（1553～1632）、徳川家康に『続日本紀』20冊を贈る。	10601
	3月15日	徳川家康、播磨国仕置きのため安藤対馬守重信（下総国小見川藩3万6千石）（1557～1621）・村越茂助直吉（1562～1614）を播磨国に遣わす。二人は、池田利隆（1584～1616）の播磨国姫路藩42万石の領地に赴き、国政を監督する。	10602

慶長18	3月吉日	「東寺之儀、大御所様為御改寺法被仰付条々、一、東寺者真言依為本寺、別而教相・事相共二相研学問所立概、論鼠講尺可被肝煎旨被 仰出遡源、一、伽藍之儀幷願等諸事、……」。 京都所司代板倉勝重、東寺惣中宛に「東寺法度」を下す。	10600
	3月18日	「請取皆済、戌亥子三年のかんせう」。 家康、伊加・三戸代中に年貢皆済状。	10600
	3月18日	駿府城三ノ丸にて慰み能が催される。観世、金春、大蔵大夫、梅若大夫、藤堂高虎の小姓・浅井喜之助（のちの藤堂可政）、池田備後守（光重）、鈴木久右衛門、水無瀬一斎が勤める。	10600
	3月29日	修験道、本山派と当山派で争論。	10600
	3月29日	駿府城三ノ丸にて能が催される。徳川頼宣（家康の十男）(1602〜1671)が能二番、下間仲孝（少進）(1551〜1616)が能三番、金春大夫四番、観世大夫一番が勤める。	10607
	3月29日	出羽国久保田藩（秋田藩）初代藩主・佐竹右京大夫（義宣）(1570〜1633)、参府。	10608
	3月29日	昨秋より江戸にいた古田重然（織部）(1543〜1615)、参府、家康に御目見。	10605
	3月30日	佐竹右京大夫（義宣）、駿府城の家康に礼をし、家康に銀百枚・服十領を献上する。	10610
	3月―	「馬五疋、従駿府相馬まて可出者也」。 家康、宿中に朱印状をもって伝馬を命じる。	10611
	3月―	この月、幕府、一年季奉公・武家奉公人の商人化・農民の行商などを禁止する法度を出す。	10612
	4月1日	「大樹ヨリノ儀」として、仙洞御所から禁裏に「御草紙」などの品が引き渡された（『言緒卿記』）。	10613
	4月3日	越後少将（松平忠輝（家康の六男））（越後国福嶋城（新潟県上越市港町2丁目）主）(1592〜1683)、参府。	10614
	4月4日	越後少将（松平忠輝）、駿府城の父・家康に礼をし、家康に銀百枚・服十領を献上する。	10615
	4月5日	家康、駿府城三之丸にて慰み能九番を開催。	10616
	4月6日	駿府城三之丸にて能。	10617
	4月6日	家康の臣本多忠次(1547〜1613)、没。享年66。 天正9年(1579)の高天神城攻めでは、落城に際して武田方の首級21を討ち獲った。同10年には酒井忠次の次男・九十郎（のちの康俊）を迎え養嗣子とした。同11年(1581)に家康の娘が北条氏直に嫁ぐ際、その御輿添えとして相模国に随従したという。その後、天正17年(1589)に養嗣子・本多康俊(1569〜1612)に家督を譲る。関ヶ原の戦いの戦功で康俊が三河国西尾城2万石に転封されるとこれに同行した。	10618
	4月8日	徳川家康、新義真言宗の論議を聴く。	10619
	4月9日	奥州政宗（伊達政宗）が参府。越後少将舅である。	10620
	4月9日	佐竹義宣、駿府から江戸に入る。	10621
	4月10日	「近江国浅井郡早崎浦之内参百石之」・「当寺領江州坂田郡之内百弐拾石事」・「当寺領江州浅井郡小谷之内四拾四」。 家康、豊臣秀吉と同じく、竹生島（三百石）・擽持寺・小谷寺（四十四石一斗三升）に朱印状を以って所領を保つ。	10622
	4月10日	「智積院法度 一為学問之住山之所」（一、学問のため住山の所化、二十に満たざる者、法幢を執るべからざる事）。幕府、当院能化坊に、家康朱印状をもって江戸四箇寺より智積院の3ヶ条の寺院法度を定める。	10623

西暦1613

慶長18	4月10日	伊達政宗（陸奥国仙台城主）(1567〜1636)、駿府城の徳川家康に御礼し、家康に銀百枚・服十領を献上する。	10624
	4月12日	徳川家康、駿府城数寄屋にて伊達政宗に茶を振る舞う。日野唯心、禅高(山名豊国)両人が相伴する。	10625
	4月13日	加賀国主松平筑前守利光(利常)が、長女・亀鶴(1613〜1630)の誕生につき駿府城の徳川家康に遣わした奥村備後守(易英)(1571〜1644)が参府する。 亀鶴母は、徳川秀忠の次女・珠姫(1599〜1622)。 易英は家康に祝儀として銀百枚・服十領を献上する。	10626
	4月18日	最上義光(出羽国山形藩主)(1546〜1614)、病躯を押してこの日江戸に入り、翌日には早々に登城し将軍秀忠に会う。	10627
	4月18日	家康、駿府城三の丸にて松平陸奥守慰み能九番開催。 陸奥国仙台藩初代61万石の伊達政宗(1567〜1636)である。	10628
	4月19日	陸奥守(伊達政宗)、家康から暇を頂き帰国。	10629
	4月19日	「人足参拾人、伝馬弐疋、従京都江」。 家康、宿中に伝馬朱印状。	10630
	4月20日	駿府城にて真言新儀の論議、題は「自力他力」。参加者は智積院祐宜、和州長谷寺玄翁、関東明星院祐長。	10631
	4月25日	**「天下の総代官」までいわれた大久保石見守長安**(1545〜1613)、**全国鉱山からの金銀採掘量の低下から、徳川家康の寵愛を失い、美濃代官をはじめとする代官職を次々と罷免されていくようになる。この日、駿府屋敷にて急没。享年69。** **長安の預籾勘定目録、谷中の慶長五年より同十六年までの勘定目録、慶長十七・八年分土井樽木代銀勘定書などが駿府勘定所に指出される。**	10632
	4月26日	京都所司代板倉伊賀守勝重(1545〜1624)、駿府に登城して、京都の政務を家康に報告	10633
	4月26日	徳川秀忠の使者土井大炊頭利勝(下総国佐倉藩主)(1573〜1644)、越前国仕置御用ため江戸より参府。越前騒動(久世騒動)仕置であった。	10634
	4月27日	播磨国仕置き(池田輝政死後の後処理)に赴いていた村越茂助(直吉)・安藤対馬守(重信)、駿府城に戻り言上。池田家重臣中村主殿助(正勝)・若原右京(良長)(？〜1620)による領国経営が問題だったため、家康は、右京亮良長を罰す。高砂城(兵庫県高砂市高砂町東宮町　高砂神社)の中村主殿助正勝は病死する。 若原良長は、輝政の妻・督姫(徳川家康の娘)と家康から専横ぶりを咎められたが、良長は堂々とこれに反論し、申し開きは立ったものの改易され、播磨国内で蟄居した。その後、藤堂和泉守高虎と知り合いだったため、高虎を通じて幕府から許しを得る。	10635
	4月29日	照高院宮道勝(興意法親王)が駿府下着。	10636
	4月一	**「禁制 能満寺 一境内山林竹木伐」。** 家康、能満寺(静岡県榛原郡吉田町片岡)に判物発給して、禁制を与える。	10637
	4月一	土井利勝、越前国仕置御用で北庄へ到着。	10638
	5月1日	三宝院門跡(義演)、駿府下着。	10639
	5月2日	照高院宮道勝(1575？〜1620)・三宝院義演(1558〜1626)両門跡、駿府城に登城し、南殿にて徳川家康に対面する。	10640

慶長18	5月2日	堺奉行・米津田清右衛門尉(米津正勝(親勝))(?～1614)、下代の不行儀(部下の収賄)ということで、奉行職を解任され、阿波国に配流される。摂津国嶋上郡芥川村(大阪府高槻市)で部下が賄賂を受け取り、犯人を捕縛しなかったため、奉行職を解任され阿波国に流罪とされた。 翌慶長19年(1614)2月22日、同地において斬罪に処された。この時、弟・春親も士籍を削られる処罰を受けた。これは、正勝が大久保長安と親しかったため、大久保長安事件に連座して処罰されたともいわれる。
	5月3日	西園寺右大将実益息・三位中将公益(1582～1640)が、駿府下着。
	5月4日	ウィリアム・アダムズ(三浦按針)の書簡により、イギリス船(ジョン・セーリス、イギリス東インド会社貿易船隊司令官))が初めて、平戸に入港。後に、平戸商館長となるリチャード・コックスも、同船。
	5月4日	公家衆、駿府城の徳川家康のもとに出仕し、南殿にて対面する。
	5月5日	諸公家・諸大名、駿府城の徳川家康に礼をする。
	5月5日	**幕府、修験宗本山(天台宗系)・当山(真言宗系)両派の争いを裁く。** 家康、照高院宮道勝(興意法親王)と三宝院義演を召し、本山派(聖護院)・当山派(三宝院)の双方に出入りする山伏について裁定を下す。三宝院と本山派が本寺と仰ぐ聖護院に対して江戸幕府から修験道法度が出され、一派による独占は否定され、両派間のルールが定められた。武蔵不動院(埼玉県春日部市小淵)は追放と、裁許がなされる。
	5月6日	駿府城家康御前で幸若八郎九郎大夫の舞曲がある。
	5月6日	**「大久保長安事件—慶長18年5月6日～慶長19年7月27日」、はじまる。** 徳川家康は大久保石見守長安跡(死後)の勘定(財産)について、長安の下代を召し出し調査をしたところ、過分の横領が発覚し、家康は激怒、諸国にある石見守長安の「賊宝」調査の触れを出すようにと命じる。江戸幕府成立後、幕府内部では大久保忠隣(1553～1628)と大久保長安(1545～1613)ら武断派と、本多正信(1538～1616)・正純(1565～1637)父子を中心とした文治派が互いに派閥を形成し、権力をめぐって激しく闘争していた。忠隣は家康の青年期から仕えた武将で、徳川四天王に劣らぬ武功を挙げた人物であり、正信は家康(1543～1616)の側近としてその知略において幕府創設に貢献した人物である。忠隣には長安や本多忠勝(1548～1610)、榊原康政(1548～1606)といった正信にかねてから反感を抱いていた武断派が与し、正信・正純には土井利勝(1573～1644)、酒井忠世(1572～1636)といった徳川氏の家老的存在が与していた。長安が生前に収賄を犯していたという罪で、長安の属吏・戸田藤左衛門、雨宮忠長、原孫次郎、山田藤右衛門、山村良勝(1563～1634)らが逮捕される。また、長安長男・藤十郎(1578～1613)はじめ7人の息子も捕縛される。山村良勝は、後に許された。**文治派本多正信・正純父子は、政敵である大久保長安の死に乗じて勢力の巻き返しを謀った。**
	5月9日	**「家康の肝煎による灌頂」。**家康、西南院良尊・鎌倉荘厳院賢融(1853？～1634)ら真言宗僧侶らに、灌頂を受けることに「内々上意」を示す。駿府に滞在していた良尊ら真言宗僧侶は、醍醐寺三宝院義演より許可灌頂を伝授する。 灌頂とは、頭に水をかけて、悟りの位に進んだことを証する儀式
	5月17日	「大久保長安事件」。家康の命令で奸賊となってしまった長安の遺族は、遠江国掛川藩3万石の松平定行(1587～1668)や相模国小田原藩6万5千石の大久保忠隣(1553～1628)らに預けられる。

西暦**1613**

慶長18	5月19日	「久世騒動(越前騒動)」。井野(茨城県取手市井野)に陣屋を置いていた本多成重(1572~1647)、福井藩の付家老として4万石で丸岡に入る。結城秀康長男・松平忠直(1595~1650)(越前国北ノ庄藩主75万石)は、江戸にて家臣中川出雲守一茂・広沢兵庫頭重信を、久世騒動(越前騒動)に関連して配流。この日、江戸幕府、本多富正(1572~1649)に、忠直幼少の内は補佐するべき旨を家康朱印を賜い国政を執らせ、同時に一族の本多成重に、丸岡の地を与えて越前家附家老として派遣、冨正と共に国政を執らせる。	10651
	5月19日	**「久世騒動(越前騒動)」。今日、越前国主家老本多伊豆守冨正が、国中仕置を家康に仰せ付けられ、朱印を頂戴して帰国する。** 去年越前少将家中で闘争、伊豆守冨正相手の今村掃部助・清水丹後守は旧冬改易、今度中川出雲守(一茂)・広沢兵庫助(重信)、林伊賀守(定正)が遠流。竹島周防守は、去年訴人斬罪し、越前少将により北庄城内に監禁され、また駿府へ罪人として護送されたため恥じて帰国の途次の黄昏時、自殺という。	10652
	5月19日	「大久保長安事件」。 家康、大久保石見守(長安)の下代をことごとく捕らえ諸大名預かりとする。	10653
	5月20日	松平筑前守利光(前田利常)、駿府に至り家康に御礼。銀子五百枚、綿五百把、紅絹百疋、朽葉色絹百疋を献上。陪臣横山山城守(長知)・奥村河内守(栄明)・同摂津守(栄頼)、御礼、進物を献上、家康に御目見。	10654
	5月21日	**「本山之山伏、対真言宗不謂役儀令」・「修験道之事、従先規如有来諸国之」。** 幕府、家康判物をもって、修験道両本山の聖護院(本山派)と醍醐寺三宝院(当山派)に3ヶ条の寺院法度を定める。	10655
	5月21日	**「関東新儀真言宗法度 一為学問住」。** 幕府、関東新儀真言諸本寺に家康・秀忠判物をもって、5ヶ条の寺院法度を定める。6月6日もある。初めの三項目は学問の奨励、次の二項目は本寺末寺制度の確立であって、本寺の命に背いてはならない。また本寺の了解を得ないで末寺に居住してはならないことを法度として定めた。	10656
	5月22日	松平筑前守(前田利光(利常))、暇を頂いて駿府より江戸下向。	10657
	5月23日	将軍秀忠(1579~1632)、江戸城にて御能開催。24日も。	10658
	5月25日	**「出羽守就病気、使者差上候刻、被成下御書候、御書之写　銀子弐百枚・蝋燭三百挺并鶴到来、入念候歓思召候、所労養生肝要也、猶本多佐渡守可申也」。** 大御所家康、最上少将義光宛に謝礼書状を送る。	10659
	5月27日	**「当寺領五百九拾弐石余、同常住領」。**家康、南禅寺に判物発給。	10660
	5月27日	播州輝政後室(良正院(家康次女督姫))(1565~1615)、召しにより(駿府)下着。輝政の死去に伴う相続の処理のためか。	10661
	6月一	この月、肥前国佐賀藩初代35万7千石の鍋島勝茂(1580~1657)に、幕府より領地安堵の沙汰が下りる。	10662
	6月2日	将軍秀忠、藤堂和泉守邸御成。能がある。3日も。	10663
	6月3日	徳川家康(1543~1616)、林道春(林羅山)(1583~1657)に、論語を講じさせる。	10664
	6月4日	吉田神龍院梵舜(1553~1632)が神道を伝授すると言上。家康は、明後六日卯刻(5~7時)と定めると仰せ。	10665
	6月5日	長谷川左兵衛(藤広)が長崎(肥前国)に暹羅(シャム)舟二艘、エゲレ(イギリス)舟一艘、その他漳州舟六艘が着岸の旨を徳川家康に報告する。	10666

慶長18	6月6日	吉田神龍院（梵舜）、出仕、駿府城前殿に出御した徳川家康に神道を伝授する。家康は梵舜に伝授の秘密を口外しないように伝える。その後、梵舜と金地院崇伝が仏法について家康と雑談する。	10667
	6月7日	**「其許長々普請、炎気之節昔、別而辛身思召之通、岩瀬吉左衛尉可申候也」。** 徳川秀忠、黒印状をもって、秀忠に仕える平野遠江守（長泰）（1559～1628）の二条城普請の功を賞す。	10668
	6月7日	江戸城にて御能。	10669
	6月7日	徳川家康、江戸の徳川秀忠に、本多上野介正純を密に遣わす。	10670
	6月8日	江戸城にて御能。	10671
	6月9日	三井寺備衆八人が下着。即、駿府城南殿に於いて家康の御目見。金地院（崇伝）が、明後十一日論議、大御所聴聞を申し次ぐ。	10672
	6月13日	本多上野介（正純）、江戸よりが帰府。密に家康に言上。	10673
	6月16日	**「公家衆法度 一公家衆、家々之学」。徳川家康（1543～1616）・幕府、朝廷の行動の統制を目的として、朱印状をもって公家条目5ヶ条の法度「諸公家法度」を定め、所司代板倉勝重に摂関家・伝奏衆に通達させる。** 違反者は朝廷ではなく幕府が処罰するため、朝廷の権威を侵害する法である。 一、公家衆家々之学問、昼夜無油断様可仰付事。 二、老若によらず、行儀法度を背くの輩はきっと流罪に処すべし。但し罪の軽重により年序を定むべき事。 三、昼夜の御番、老若ともに懈怠なく相勤め、その外威儀を正し伺候の時刻を相調え、式目のごとく参勤仕るよう仰せ付けらるべき事。 四、夜昼とも指したる用なき所、町小路徘徊、堅く停止の事。 五、公宴の外、私にて不似合いの勝負、并せて不行儀の青侍以下拘え置く輩においては、流罪先条に同じき事。右の条々相定むる所なり。五摂家并せて伝奏その届けこれ有る時、武家より沙汰行うべきものなり。	10674
	6月16日	**「勅許紫衣之法度 大徳寺・妙心寺等諸寺入院法度」（七大寺入院法度）を制定。** 徳川家康・幕府、朱印状をもって勅許紫衣之法度（僧が紫の袈裟を着用するには勅許を必要とする）および大徳寺・妙心寺等の法度を定め、伝奏広橋大納言兼勝に通達させる。違反者は朝廷ではなく幕府が処罰するため、朝廷の権威を侵害する法である。 **「大徳寺、妙心寺、知恩寺、知恩院、浄華院、栗生光明寺、黒谷金戒光明寺 右住持職之事、不罷成勅許以前、可被告知、撰其器量事相計、以其上入院之事、可有申沙汰者也」。** （右、住持職の事、勅許をなさらず、前もって告知さるべし。その器量を撰び相計るべし。その上をもって入院の事、申し沙汰有るべきものなり）。	10675
	6月16日	**播磨国主池田輝政の遺領について徳川家康が裁定する。** 播磨国は池田武蔵守玄隆（嫡男利隆）（1584～1616）に、備前国および播磨国宍粟郡・佐用郡・赤穂郡は、家康孫の次男・池田左衛門督忠継（家康の孫）（1599～1615）に給付することが決まる。従来の同三男池田忠雄（家康の孫）（1602～1632）の淡路洲本藩6万5千石、輝政弟池田長吉（恒興の三男）（1570～1614）の因幡国鳥取藩6万石を合わせ、一族で計92万石余もの大領を有した。	10676
	6月18日	照高院興意法親王（1576～1620）が駿府より上洛。	10677

西暦1613

慶長18	6月18日	北野松梅院に宮仕座論がある。家康は、松梅院に宮仕能閑を改易するよう下知し、竹内曼殊院門跡に北野寺務万事仕置きを仰せ付け。南光坊天海の介入とされる。松梅院は、北野天満宮の社僧を務めた天台宗寺院。徳勝院・妙蔵院と共に北野天満宮の三院家の一つ。竹内曼殊院門跡は、曼殊院良恕法親王（後陽成天皇の弟）（1575〜1643）で、竹内曼殊院は御所内公家町に所在したという。曼殊院が現在の一乗寺に移転したのは、明暦2年（1656）のことであった。	10678
	6月20日	**「其許普請入精之故、本丸早々出来、悦思召候、炎暑之時分一入苦労候也」。**家康、黒印状をもって、大和国十市郡田原本近隣七ヶ村を領する平野遠江守（長泰）（1559〜1628）の二条城普請の功を賞す。	10679
	6月20日	板倉伊賀守（勝重）が駿府より上洛。	10680
	6月20日	将軍秀忠（1579〜1632）、江戸城にて御能開催。	10681
	6月21日	駿府城に於いて、天台論議。	10682
	6月22日	播磨御後空（良正院（家康次女、督姫））（1565〜1615）が、駿府から帰国する。家康の配慮で池田輝政を亡くした督姫を慰めるためにそれまで留めていたといたという。	10683
	6月22日	京都に於いて座頭検校が決まっていない。六十一輩が在るのに不座と聞かされた家康は、大久保石見守（長安）出入りの中で、高山誕一検校が近年、平家琵琶上手の誉高いので、総検校とするよう仰せ付け。高山検校は、平曲家（平家琵琶家）で、たびたび徳川家康・秀忠の前で平曲をかたったという。	10684
	6月24日	美作国主森右近忠政（1570〜1634）、家康の召しに応じ参府。	10685
	6月26日	森忠政、駿府城の徳川家康の御前で直談。忠政は、青木紀伊守（一矩）の肩衝茶入を拝領する。忠政は池田忠継の舅であるので、若輩の忠継を後見するようにと帰国を命じられる。	10686
	6月26日	長崎（肥前国）より飛脚が駿府城に到来、唐船が数隻来る由と後藤少三郎（光次）が家康に取り次ぐ。	10687
	6月26日	暹羅（シャム）国より堺の商人・木屋弥三右衛門が帰朝したため、弥三右衛門は家康に御目見、家康は同国のことについて諮問する。弥三右衛門はシャム国には僧が多く、黄法衣を着ていたという。	10688
	6月28日	駿府城に於いて、論議。	10689
	7月6日	南光坊僧正叡山が駿府下着。高野宝性院が下着。	10690
	7月7日	浅間において能七番が行われ、梅若大夫が勤める。大御所家康、宰相（義利（義直））、中将（頼宣）、少将（頼房）が見物する。家康は黄昏に還御。	10691
	7月8日	駿府城に於いて、能七番。藤堂和泉守小姓（左京、喜之助）、池田備後守（光重）、鈴木久右衛門、水無瀬一斎らが勤める。	10692
	7月9日	「大久保長安事件―慶長18年5月6日〜慶長19年7月27日」。徳川家康、大久保石見守（長安）（1545〜1613）の息・藤十郎、同弟外記、同弟権之佐、同弟内膳、同弟雲十郎とその他越後国・播磨国にて預け置かれている子七人に切腹を命じる。預け先の諸大名に切腹を命じるよう伝える。埋葬されていた長安の遺体が掘り起こされ、かつて岡本大八が処刑されたのと同じく駿河国安倍川河原で磔に処され、また、戸田藤左衛門・山田藤右衛門ら腹心も配所で処刑となる。その後も翌年まで粛清は続いた。	10693
	7月13日	越後国福嶋藩（高田藩）主・松平忠輝（家康六男）生母の茶阿局（？〜1621）、侍女考蔵主（？〜1626）を通じ、金地院崇伝（1569〜1633）に築城の地の占いを求める。	10694

133

慶長18	7月15日	近衛前子(中和門院)(1575〜1630)、禁中にて天皇と上皇の和解について論議。 前子は、後陽成上皇(1571〜1617)の女御で、第108代後水尾天皇(1596〜1680)の生母。 近衛前久の娘で関白豊臣秀吉の養女として入内した。 10695
	7月17日	駿府城に於いて、論議。 10696
	7月17日	幕府、上野国白井藩(群馬県渋川市白井)1万石の井伊直孝(直政の次男)(1590〜1659)や渡辺大隅守茂らに、伏見城交替守衛を命じ、その法度を授ける。 直孝は、父・井伊直政の死後は江戸にあって2代将軍秀忠の近習として仕え、慶長13年(1606)に書院番頭となり上野国刈宿5千石を与えられ、次いで慶長15年(1608)には白井藩1万石の大名となり、同時に大番頭に任じられていた。慶長13年、その優秀さは評判となり、福島正則や毛利輝元らが5万石で抱えたいとの申し出もあったほどだという。この話を本多正信から聞いた徳川家康は、井伊直孝を呼び寄せて面会したとされている。渡辺大隅守茂は、渡辺茂(幸庵)(1582？〜1638？)か。 10697
	7月17日	「戸隠山神領信濃国水内郡之内所〃都合千石事、任去年五月朔日先判之旨、至当職五百石、社僧分三百石、社家分弐百石可令社納、弁社領村里門前境内、山林竹木等為守護不入之地、永不可有相違者也、弥可勤国家安治懇祈之精誠状如件」。 家康、戸隠山の別当・社僧中・社家方に黒印状を以って、国家の安治を祈願する条件で守護不入の地とする、と同時に所領配分をする。 10698
	7月19日	徳川秀忠、水内郡戸隠社に神領を寄進し、同社の掟を定む。 10699
	7月23日	駿府城に於いて、論議。 10700
	7月23日	「定 一石清水八幡宮放生川、為霊」。 大御所家康、田中・新善法寺・檀・善法寺に黒印状をもって、石清水八幡宮定めを発する。家康は、石清水八幡宮(京都府八幡市)一帯の神職らに、領地を保証する朱印状361通を出したとされる。 10701
	7月25日	伏見城(山城国)に城番交替につき江戸より伏見城に向かっている松平阿波守(信吉)、井伊掃部助(直孝)、渡辺大隅守、一色宮内少輔が参府。 10702
	7月26日	伏見城番交替の輩が駿府城にて徳川家康に御目見。その後、伏見城に向けて出立する。 10703
	7月29日	「江州寺辺村之内五百七拾九石余、」。 家康、近江石山寺に朱印状を以って、慶長6年の検地の打出6石余を追加して、合計579石余の寺領を安堵する 10704
	7月29日	「勢州度会郡山上村之内百石之事、」。 家康、朝熊岳金剛證寺(三重県伊勢市朝熊町岳)に寺領安堵朱印状。 10705
	8月―	「大久保長安事件―慶長18年5月6日〜慶長19年7月27日」。 この月、下総飯田藩(千葉県香取市)初代(1万石)の青山成重(1549〜1615)が改易、7千石を没収され、幕府年寄役も解任されて閉門処分、廃藩。大久保長安の三男・成国(1584〜1613)を養子にしたことから、「大久保長安事件」に連座という。 10706
	8月1日	諸士が駿府城に出仕。南殿で家康に対面。 10707
	8月3日	徳川家康が長崎(肥前国)よりやってきた花火唐人と対面する。六日の夜に花火を打ち上げることになる。 10708

西暦1613

| 慶長18 | 8月3日 | 家康が駿府城にてイケレス（イギリス人）と対面する。イギリス人は家康に猩々皮十間・弩一張・象眼入鉄炮二挺、長一間程之「遠目金」六里見之ト見ユ即是ナリを献上。「遠目金」は望遠鏡である。オランダに遅れること4年、ジョン・セーリス（イギリス東インド会社貿易船隊司令官）は、イギリス人ウィリアム・アダムス（三浦按針）の紹介を得て、駿府城にて徳川家康に拝謁して諳厄利亜（イギリス）国王ジェームス1世の国書を捧呈した。更に、翌々日には、江戸城にて将軍徳川秀忠にも謁見する。「ジョン・セーリス日本渡航記」を著す。国書は、アダムスが平仮名に翻訳、それを金地院崇伝が和漢混交の文体にし、本多正純が家康に手渡したという。この国書は英国大英博物館に現存。イギリス国王使節ジョン・セーリスは、駿府郊外の安倍川でむごたらしいキリシタン信者の死体の山を目撃した。「予らが、ある都市に近づくと、磔殺（たくさつ）された者の死体と十字架とがあるのを見た。なぜならば、磔殺は、ここでは大多数の罪人に対する普通の刑罰であるからである。皇帝の宮廷のある駿府近くに来たとき、予らは処刑されたたくさんの首をのせた断頭台を見た。その傍らには、たくさんの十字架と、なおその上に縛りつけたままの罪人の死体とがあり、また仕置きの後、刀の切れ味を試すために幾度も切られた他の死骸の片々もあった。駿府に入るには、是非その脇を通らねばならないので、これはみな、予らにもっとも不快な通路となった」（『セーリス日本渡航記』村上堅固訳）。 |

慶長18	8月13日	増上寺国師（源誉存応）が参府。 10721
	8月15日	巳刻（9〜11時）、大御所家康、増上寺観智国師（源誉存応）が居る報土寺（静岡市葵区宮ヶ崎町）に渡御。供は本多上野介（正純）、安藤帯刀（直次）、成瀬隼人（正成）、村越茂助（直吉）、松平右衛門佐（正久（正綱））等百余輩。家康は源誉存応の法問「一念弥陀仏即滅無量罪」を聴聞する。午刻（11〜13時）、家康は駿府城に還御。 その後、家康は南光坊（天海）邸に渡御、仏法について雑談する。夜、還御。 10722
	8月17日	国師源誉存応（1544〜1620）、駿府城に登城、法問が行われる 10723
	8月18日	**「城州八幡領之内四拾三石余、片岡」**。家康、豊蔵坊に判物発給。 京都府八幡市にあった南谷豊蔵坊は、家康が早くから祈願所とし、正法寺の開祖である志水家の娘で、家康の側室となったお亀の方（相応院）のおかげで、江戸幕府の手厚い保護があったといい、石高は、男山四十八坊といわれた坊のなか随一であった。 10724
	8月18日	駿府城にて国師（源誉存応）による法問が行われる。 10725
	8月21日	「大久保長安事件―慶長18年5月6日〜慶長19年7月27日」。 越後国福嶋藩（高田藩）主・松平忠輝（家康の六男）（1592〜1683）の家老・花井吉成、城代を務める松城（松代城）（長野市松代町）にて自害。武田信玄の孫で出家した顕了道快（武田信道）（1574〜1643）とその子である武田信正（教了）（1600〜1675）は、松平（戸田）康長（1562〜1633）（常陸国笠間藩主）に預けられる。後に、伊豆国大島に流罪と決まる。「大久保長安事件」に連座という。 松城（松代城）城代は、吉成の長男・花井義雄が継ぐ。 10726
	8月21日	**家康、江戸より吉祥寺に出御**。家康御前で野狐話法問。松平武蔵守玄隆（利隆）・同左衛門督忠継が、父輝政逝去継目御礼のため参着。 10727
	8月22日	京都所司代板倉勝重（1545〜1624）、寺中の扇細工を保護し、門前で御影堂と称して、商売することを禁止する。 10728
	8月22日	呂宋（ルソン）人、徳川家康に拝謁して書簡と礼物を奉呈する。本多正純（1565〜1637）・城昌茂（1552〜1626）が奏者を勤め、金地院崇伝（1569〜1633）が書簡を奉読す。日本亡命の徒を送還されたき内容なり。また本多正純・後藤庄三郎（光次）にも書簡と礼物あり。 10729
	8月22日	池田輝政の遺領相続につき、伴両人（池田玄隆（利隆）・忠継兄弟）が駿府城の徳川家康に対面する。武蔵守玄隆は銀三百枚・太刀（銘 守家）を、左衛門督忠継は銀二百枚・太刀（銘 長光）を家康に献上する。江戸で将軍御諚を頂戴し罷り越した由。 10730
	8月25日	京都所司代板倉勝重、武士や牢人の寺院寄宿を禁じる。 10731
	8月25日	紀伊国紀伊藩（和歌山藩）37万6千石の浅野幸長（1576〜1613）、没。享年38。 幸長には男子が無かったため、幸長の死後、備中国足守藩（岡山市北区足守）2万4千石の弟・長晟（長政の次男）（1586〜1632）が家督を継ぐことになる。幸長は、紀伊国九度山の真田氏には理解があったという。足守藩はしばらく天領となる。これ以後は真田氏に対する監視は厳しくなったといわれる。 10732
	8月26日	「院御所長持三棹返納申候、珍重々」（『時慶記』）。 後陽成上皇から後水尾天皇に、長持三棹が返納された。 10733
	8月26日	**家康、関東天台宗（喜多院）に七ヶ条の寺院法度を下す。寺領五百石寄進、中院に黄金十枚を与える。** 10734
	8月27日	卯刻（5〜7時）、大風雨、駿府近辺の武士家屋・民家破壊、申刻（15〜17時）、止まる。 10735

慶長18	8月28日	「一、いきりすより日本へ、今度初面渡海之船万商売方之儀、無相違可仕候渡海仕付而ハ諸役可令免許事　一、」。 家康、「いんきらていら（イギリス）」に朱印状。 家康（1543〜1616）、イギリス国王の国書に返信し、金屏風5双を渡す。また通商のことにより7箇条の朱印状を与える。これによって、10月25日イギリス領東インド会社司令官ジョン・セーリスは、平戸に商館を設置することを決めた。そして、平戸にリチャード・コックスを商館長、ウィリアム・アダムスを館員としてイギリス商館が開かれた。	10736
	8月28日	佐和山城（近江国）から来た井伊兵部少輔（直継（直勝）、直政の長男）（1590〜1662）、駿府城の徳川家康に礼をするため駿府に到着する。	10737
	8月29日	浅野紀伊守幸長が廿四日巳刻（9〜11時）煩い再発、存命不定の注進が家康にある。	10738
	9月1日	浅野紀伊守幸長が廿五日辰刻（7〜9時）死去の由、家康に言上がある。	10739
	9月2日	増上寺源誉国師（存応、浄土宗）が駿府城に登城、徳川家康と仏法について密譚する。しかし、家康の理解が得られず、天台宗を崇敬するという。	10740
	9月3日	豊臣秀頼、金戒光明寺御影堂を造営し、竣工する。	10741
	9月3日	「当寺領城州岡崎之内百五石、同浄」。 家康、金戒光明寺に130石寺領安堵状。	10742
	9月3日	大坂総奉行・片桐市正（且元）（1556〜1615）が着府、駿府城の徳川家康と対面する、家康は且元に一万石を加増する。これは、豊臣秀頼が関東に給付したものである、且元は家康に憚り、加増を受けなかったので、家康が給付したところ拝領したという。	10743
	9月7日	秀忠の重陽を祝す使者・神尾五兵衛守世（1574〜1633）が、江戸より参府。	10744
	9月9日	「一自日本到暹邏国舟也、右、慶長」。家康、渡海朱印状。	10745
	9月9日	神尾五兵衛守世、徳川家康に服五領を献上、関東に多く鳥が来ている事を申上。	10746
	秋上旬	「日本国源家康復章 伊伽羅諦羅国」・「日本国源家康報章 呂宋国主麾下」。 家康、印判状発給。	10747
	9月15日	「慶長遣欧使節団、出航―慶長18年9月15日〜元和6年（1620）8月26日」。 陸奥国仙台藩初代61万石の伊達政宗（1567〜1636）が命じた慶長遣欧使節団・支倉常長（1571〜1622）ほか180人が、「幕府の支援」で、サン・フアン・バウティスタ号に乗り込み、牡鹿郡月の浦（宮城県石巻市）からヨーロッパへ出航、メキシコのアカプルコに向かう。フランシスコ会宣教師ルイス・ソテロを正使、支倉常長を副使としたとされる。「幕府の支援」とは、メキシコとの交易を希望する家康と秀忠の親書を携え、将軍秀忠からの具足や屏風など進物を積み、使節船の建造に幕府の船大工が動員され、使節船にメキシコまで幕府の船奉行向井将監忠勝（1582〜1641）の家臣10人ほどが乗り組んでいたのである。	10748
	9月16日	大久保長安に出入りしていた検校よりの詫び言について、松平右衛門佐（正久（正綱））・後藤少三郎（光次）が徳川家康に取り次ぐ。 家康は検校を赦免する。家康の小姓・河内梅千世が俄かに盲目となったため、梅千世を検校にするようにと家康が仰せ。	10749
	9月17日	巳刻（9〜11時）、徳川家康が鷹狩りのため駿府城を出立する。清水に動座。関東へ放鷹の旅である。	10750
	9月18日	家康、善徳寺着御。	10751

慶長18	9月19日	徳川家康、降雨のため駿河国富士郡瀬古の善徳寺（静岡県富士市今泉）に逗留する。鉄炮で捕らえた菱喰（ヒシクイ）を二羽を連れ給う。	10752
	9月20日	徳川家康、善徳寺を発し、三島(伊豆国)に御着。大久保相模守(忠隣)が迎えに参上。 浮島原にて伊豆銀山の者が大久保石見守（長安）の悪名について家康に申上する。家康は長安が生きているうちに報告せず、死後になって報告することを叱責する。	10753
	9月21日	家康、小田原城(相模国)に着御。徳川秀忠の仰せにて、本多佐渡守(正信)・加藤助右衛門が家康を出迎える。家康、御機嫌甚状然。加藤左馬助嘉明であろうか。	10754
	9月21日	「今度出羽守不厭老病、今生之為暇乞令参府候条、諸事御懇意専一候、以上」。家康、秀忠宛に書状を記し、最上義光に賜う。最上義光は病を押して駿府に参府してきた。	10755
	9月22日	家康、中原(相模国)に御着。二十四日まで逗留。	10756
	9月25日	家康、藤沢(相模国)に御着	10757
	9月26日	家康、神奈川(武蔵国)に着御。徳川秀忠が出迎え。旅館にて父子対面する。移刻、将軍(秀忠)江戸城に還御。	10758
	9月27日	「沼津藩、無嗣断絶」。徳川十六神将の一人、駿河国沼津城2万石を領した大久保忠佐(ただすけ)(1537～1613)、没。77歳。沼津藩は無嗣断絶で改易となった。 翌年、沼津代官は長野清定(1563～1639)が就任。長野清定は、家臣となるも知行なし。その5年後、無禄のままの清貞と会った家康は、5年前に500石を与えていたとすっかり勘違いをしていたので、5年分の知行を与え、駿河国沼津代官に任じたという。	10759
	9月27日	**未刻(13～15時)、徳川家康、江戸城(「江戸新城」)に着御。**諸大名が家康に御目見	10760
	9月28日	徳川秀忠が江戸城新城にいる徳川家康のもとに渡御、対面。	10761
	10月1日	江戸城新城の徳川家康に諸大名が御礼。増上寺国師(源誉存応)が家康のもとに出仕。	10762
	10月1日	「大久保長安事件―慶長18年5月6日～慶長19年7月27日」。 上野国板鼻藩（群馬県安中市板鼻町）1万石の里見義高(？～1650)、改易とされ、正室の父である酒井家次(上野国高崎藩5万石)預かりの身となる。表向きの理由は「勤務怠慢」であったが、大久保長安事件による連座という。	10763
	10月2日	卯刻(5～7時)、徳川家康が葛西にて鷹狩、鶴・雁四・鴨九を獲る。また、菱喰(ヒシクイ)三を鉄炮で撃つ。申刻(15～17時)、江戸城還御。	10764
	10月3日	江戸城新城にて南光坊僧正(天海)(1536？～1643)が新儀論義。題は「現世安穏後世善所」。両御所(徳川家康・秀忠父子)が聴聞、その他諸大名が聴聞、浄土宗廓山、江戸誓願寺聴衆。	10765
	10月4日	家康、江戸城南殿に出御、近習衆が伺候。将軍秀忠が渡御し、家康と閑談。閑談後、将軍は還御。家康は本多佐渡守正信・本多上野介(正純)父子を召し閑談。	10766
	10月6日	南部信濃守(利直)(1576～1632)(陸奥国 三戸城（青森県三戸郡三戸町梅内城ノ下）主)が、奥州より参着。江戸城新城の徳川家康に、白根山（秋田県鹿角市十和田瀬田石）より産出の砂金千両を献上する。	10767
	10月8日	駿府城新城に於いて、吉祥寺法問、泉竜法問。	10768

西暦1613

慶長18	10月8日	伊予国宇和島藩主富田信濃守(信高)(？～1633)が坂崎出羽守(直盛)(石見津和野藩主)(1563～1616)を訴えた件につき、両御所(家康・秀忠)が江戸城南殿出御して直盛勝訴の裁許を出す。8年前の件で断罪されたのは表向きの口実で、真相は大久保長安事件に連座したという。 夜、浅野紀伊守(幸長)の遺物として玉堂肩衝茶入・脇差(銘 吉光)・キ子ノオレ古銅花入が家康に進上されたことを本多佐渡守(正信)が披露する。	10769
	10月9日	南光坊僧正が江戸新城にて論議、その他十三人。両御所(徳川家康・将軍秀忠)が聴聞する。持戒、毀戒、威儀、具足、正見、邪見、利根、鈍根、等雨、法雨、煩悩、不断成仏、五逆罪滅について論じる。精義(詳しい解釈)は南光坊僧正、講師は那須法輪寺。 法華経お経に「貴賎上下持戒毀戒威儀具足及不具足、正見邪見利根鈍根等法雨而無懈倦」とある。	10770
	10月10日	**「今度為学問、廓山其地之進候、彼仁取立之僧候之間、不被置心御伝候而可給候、万事頼思召候、恐々謹言」。** 家康、奈良の一乗院門跡尊勢(尊政)宛に書状を送る。 廓山(存応の弟子)(1572～1625)は、家康が生母於大の方の菩提を弔うために建てた小石川伝通院の僧(中興開山)で、奈良に遣して一乗院門跡尊勢に就いて修学させた。その時の依頼状である。	10771
	10月10日	**「今度為学問、廓山其地え進候、彼仁取立僧候間、不被置心御伝候而可給候、万事頼思召候、謹言」。** 家康、喜多院(埼玉県川越市小仙波町)空慶に書状を送る。廓山の修学依頼である。	10772
	10月10日	辰刻(7～9時)の徳川家康の江戸城本城御成が、去夜よりの家康の体調不良により延引となる。	10773
	10月13日	「大久保長安事件—慶長18年5月6日～慶長19年7月27日」。 鵜殿兵庫介(長秀)、寄藤半左衛門、川毛備後守、中村伊豆守の家屋破却が命じられる。兵庫(長秀)は土井大炊頭(利勝)預かり、備後守は内藤若狭守(清次)預かりとなる。伯耆中村氏の老臣依藤半右衛門・中村伊豆守及び河毛備後守の三名が財宝を隠匿していたことが発覚し、摘発されたという。 「太守中村落城の時、金銀其外諸道具隠し置くこと露顕し公聴に達し、慶長十八年十月十三日、駿府に於て御穿鑿の上、家康公の御勘気を蒙り、同十六日、三人の屋敷破却仰付られ此時の隠し物置きし所なり」。	10774
	10月13日	「大久保長安事件」。旗本の久貝正俊(1573～1648)・大納戸の弓気多昌吉(1571～1626)ら、俸禄を没収される。久貝は、ほどなく許され、大坂の陣には使番として参陣する。弓気多も許される。	10775
	10月17日	家康、体調が回復、明日、将軍本城渡御を仰せ。	10776
	10月18日	辰刻(7～9時)、徳川家康が復調により江戸城本城渡御。本多上野介(正純)、成瀬隼人正(正成)、安藤帯刀(直次)、永井右近(直勝)、松平右衛門佐(正久(正綱))、後藤少三郎(光次)、医師衆、その他近習衆百余輩が供奉する。 申刻(15～17時)、浅野但馬守(長晟)が本城に召し出され、兄・紀伊守幸長の無実子、舎弟のため遺領を継ぐことが認められる。母・長生院(高台院おねの妹)(？～1616)の意向に従い、故幸長弟・浅野長晟(長政の次男、備中国足守2万4千石)(1586～1632)が、この日、紀伊国紀伊藩(和歌山藩)37万6千石の家督を継ぐ。	10777

慶長18	10月19日	卯刻(5～7時)、本多上野介(正純)、成瀬隼人正(正成)、安藤帯刀(直次)、永井右近(直勝)、松平右衛門(正久(正綱))、与安法印、後藤少三郎(光次)、道春(林羅山)等、本城で料理。巳刻(9～11時)、将軍秀忠、新城渡御。南光坊論議聴聞。	1077
	10月19日	「大久保長安事件—慶長18年5月6日～慶長19年7月27日」。入夜、石川玄蕃頭(康長)が日来不儀により知行没収、大久保石見守(長安)の縁座。信濃国松本藩(8万石)の石川康長(三長、石川数正の長男)(1554～1643)、改易されて豊後国佐伯藩初代2万石の毛利高政(1559～1628)に大名預けとなる。「大久保長安事件」に連座し、領地隠匿の咎を受けたという。幕府は、小笠原秀政(1569～1615)に三長の旧領を領知させた。小笠原氏旧領への復帰である。	1077
	10月20日	**家康、卯刻(5～7時)、鷹狩のため戸田に渡御。**	1078
	10月21日	家康が鷹狩、鶴一、雁五、鴨を獲る。	1078.
	10月23日	家康、川越(武蔵国)渡御。	1078:
	10月25日	「大久保長安事件—慶長18年5月6日～慶長19年7月27日」。伊予国宇和島藩12万石の富田信濃守信高(？～1633)、改易されて陸奥国磐城平藩(福島県いわき市平)10万石の鳥居左京亮忠政(元忠の次男)(1566～1628)のもとへ配流(表向きの理由は坂崎直盛との争い)。 同日、日向国県藩(延岡藩)5万石の高橋右近元種(1571～1614)も、信高と同じ理由で改易されて、長男・左京(後に一斎)(1603？～1684)と共に、陸奥国棚倉藩(福島県東白川郡棚倉町)3万石の立花左近宗茂預かりとなる。「大久保長安事件」に連座という。県藩(延岡藩)は、一時幕府預かりとなる。	1078:
	10月25日	「大久保長安事件」。弟の石河肥後守(石川康勝)(奥仁科藩(信濃国安曇郡)1万5千石)(？～1615)、同弟半三郎(石川康次)(5千石)が、兄玄蕃(石川康長)儀ニ付改易。石川康長は、大久保長安と縁戚関係にあったことから、大久保長安事件に連座。領地隠匿の咎を受けて弟の康勝、康次と共に改易され、康長の身柄は佐伯藩主毛利高政の預とされて、豊後佐伯に流罪に処された。 「佐々孫介同内記所領被召放(所領没収)依富田事也云々」。佐々孫介(佐々行政の間違い)も弟内記と共に改易された。富田信高が殺人犯を隠匿庇護した罪に連累したものとされる。佐々内記は、佐々木長穐であろうか。	10784
	10月26日	川越(武蔵国)の旅館にいる徳川家康が、藤堂和泉守(高虎)を召し閑談する。富田知行十万石改易の話。	10785
	10月27日	徳川家康、松平右衛門(正久(正綱))に命じて岩付(岩槻)(武蔵国)にて白鳥三十三を捕る。	10787
	10月29日	巳刻(9～11時)、仙波(川越喜多院)にて南光坊(天海)が論議。講師は、行元寺亮運(1558～1648)がつとめた。申刻(15～17時)、論義が終わり、家康は川越(武蔵国)の旅館に還御。	10788
	10月30日	家康、川越(武蔵国)より忍(武蔵国)に渡御。	1078!
	10月—	**幕府、越後国高田築城に従う13大名を定める。**出羽国米沢の上杉景勝、加賀国金沢の前田利光(利常)、信濃国上田の真田信之など、東北・北陸・信濃の13名の大名に助役を命じた国役普請(幕府の命による工事)であった。	10790
	10月—	この月頃、伊勢踊が流行する。	10791

慶長18	11月2日	将軍秀忠、卯刻(5〜7時)、鷹狩に鴻巣(武蔵国)渡御。	10792
	11月4日	徳川家康が鷹狩をする。酉刻(17〜19時)、家康は忍御殿に真儀論議を聴聞する。	10793
	11月9日	佐野修理大夫(信吉)(のぶよし)(下野佐野藩(栃木県佐野市)主)(1566〜1622)、徳川家康に御目見。「富田信濃守弟雖蒙、御気色無誤旨達、上聞如此云々」。 伊予宇和島藩主の兄富田信濃守(信高)の改易に連座する形で、同年7月27日に改易され、嫡男の久綱と共に信濃松本藩主小笠原秀政に預かりの身となっていた。信吉の兄・富田信高は改易されたが、信吉は誤ったことはないとして許される。	10794
	11月10日	家康が鷹狩をする。十三日まで。	10795
	11月14日	家康、鷹狩に十七日岩付(岩槻)への出御を仰せ。	10796
	11月15日	大御所家康、寸白気故、鷹狩は休止。 寸白(すばく)は、条虫などの寄生虫。また、それによって起こる病気。	10797
	11月16日	**幕府、キリシタン名簿作成の命を京都及び伏見、大坂に下す。**	10798
	11月16日	徳川家康が体調不良により、明日に予定していた岩付(岩槻)への出御を十九日まで遅引を仰せ。	10799
	11月17日	家康が体調復調により鷹狩をする。	10800
	11月18日	家康が鷹狩をする。その道中、百姓が代官・深津八九郎(孝勝)を訴えたので、双方を召し出し対決させたところ、八九郎の専横が明るみになったため、八九郎の代官職を罷免し、高木九助(正綱)(1568〜1632)・小栗庄右衛門(正勝)・遠藤豊九郎・天野彦右衛門(忠重)に代官を仰せ付け。	10801
	11月19日	卯刻(5〜7時)、徳川家康、忍(武蔵国)を動座。道中、鷹狩をする。申刻(15〜17時)、岩付(岩槻)(武蔵国)に到着する。 岩槻城城主の高力左近(ただふさ)(忠房)(1584〜1656)が家康お迎えに参向。	10802
	11月20日	徳川家康、岩付(岩槻)を出御、未刻(13〜15時)、越谷(武蔵国)に渡御。小山(下野国)より本多上野介(正純)が越谷に参向。	10803
	11月20日	将軍秀忠が鴻巣(武蔵国)より江戸城に還御。	10804
	11月21日	家康、鷹狩、鶴三、雁十六を獲る。	10805
	11月23日	徳川秀忠使者・神尾五平衛(守世)(1574〜1633)が徳川家康のもとに参着。	10806
	11月24日	近辺の百姓が、徳川家康に鷹場にて代官を訴える。還御後の夜、代官と百姓を召し裁判をしたところ、百姓に無法があったため百姓棟梁六人を召搦(召捕)る。	10807
	11月25日	家康、越谷鷹狩で鶴五、雁・鴨多く獲る。	10808
	11月26日	家康、明日、葛西渡御を仰せ。越谷の鷹狩では鶴十九を獲り、家康は気色甚快然であった。	10809
	11月27日	家康、卯刻(5〜7時)越谷(武蔵国)を出御。葛西に赴き鷹狩、鶴六を獲る。申刻(15〜17時)葛西に渡御。	10810
	11月28日	家康、鷹狩で鶴五を獲る。明日、江戸還御の旨を仰せで。	10811
	11月29日	**家康、卯刻(5〜7時)葛西を出御。道中、鷹狩、鶴六、多くの雁を獲り、未刻(13〜15時)江戸新城に還御。**	10812
	11月―	「家康、天海を日光山別当とする」。座禅院昌尊が退山し、天海(1536?〜1643)が光明院(栃木県日光市今市)座主となる。華蔵院が昌寿本坊留守居となる。慶長18年(1613)権別当昌尊は一山と異議を生じて退山し、同年天海が入山の際これを宿院としたが、本院光明院を再興するに及んで座禅院は廃絶した。	10813

慶長18	12月1日	徳川家康が江戸城南殿に出御、将軍家（徳川秀忠）と対面。数えきれない諸大名が家康に礼をする。午刻（11～13時）、南光坊（天海）と仙波中院が家康の前で仏法について雑談する。移刻、気色状然の家康は、僧正（天海）に仙波（武蔵国）近辺で五百石を寄進することと、仙波中院に黄金十枚を遣わすことを伝える。両僧退出後、増上寺国師（源誉存応）が家康のもとに出仕し、仏法について雑談する。 家康、明後三日動座を仰出。	1081
	12月2日	巳刻（9～11時）、幕下（徳川秀忠）が江戸城新城に渡御、家康と密談。未刻（13～15時）、幕府（秀忠）は江戸城本城に還御。 大御所供奉の輩が本城出仕、秀忠に暇乞いをし、秀忠より黄金・呉服を拝領。	1081
	12月3日	未明、幕下（徳川秀忠）が、家康に暇乞いに江戸城新城に渡御。辰刻（7～9時）、**大御所家康が駿府に向かうため江戸城を発つ**。稲毛に着御。鶴・雁多くを獲る。	1081
	12月5日	家康、鷹野より還御、明暁、中原渡御を仰せ。入夜、本多佐渡守（正信）が家康へ暇乞いとして江戸に帰るにあたり、隼一、居方病円二百粒、八味円百粒を拝領。来春の諸大名普請を相触れるよう仰せ。飛騨国主金森出雲守正重（可重）（1558～1615）については、当春尾州名護屋城の臨時普請を引き受けているので、諸大名普請からは除外するよう旨を家康が仰出。	1081
	12月6日	家康が中原（相模国）に着御。板倉伊賀守（勝重）よりの飛脚が到来し、堺政所の細川喜三郎（政成）の頓死（急死）が伝えられる。同年11月28日享年42歳を以て病歿した。	1081
	12月6日	「大久保長安事件ー小田原城主大久保忠隣の異心ありの訴え」。 元・武田氏の重臣穴山梅雪家老・馬場八左衛門、相模中原において、駿府に戻る途中の家康に対して、小田原城主・大久保忠隣（1553～1628）が謀反を企んでいる旨の駕籠訴。本多正信・正純父子の差し金という。 **家康（1543～1616）は、駿府帰城を中止し、相模中原に滞在する。**	1081
	12月7日	中原（相模国）に徳川秀忠使者・板倉周防守重宗（1586～1657）が参着し、肴を家康に進上する。	1082
	12月12日	家康、江戸から土井利勝（1573～1644）を呼び寄せ密議。	1082
	12月12日	金地院崇伝（1569～1633）、京都から駿府に至る。すぐに江戸に呼び寄せられる。	1082
	12月13日	**徳川家康、俄かに中原（相模国）から江戸還御を御綻**。辰刻（7～9時）動座、申刻（15～17時）稲毛（武蔵国）に渡御。飼育鷹が多くある故、来正月に上総国土気・東金にて鷹狩をするためである。幕下（将軍秀忠）が迎えとして、夜半、小杉に渡御、家康と対面。対面後、幕府（秀忠）は江戸に還御。	1082
	12月14日	**午刻（11～13時）、大御所家康、江戸城「新城」に入御。幕下（将軍秀忠）、新城に渡御、家康と対面。**	1082
	12月14日	「大久保長安事件」。江戸に戻った家康、駿府年寄・成瀬正成（1567～1625）を駿府に遣わし、家康九男・義利（後の徳川義直）（尾張藩53万石余）（1601～1650）・頼将（後の徳川頼宣）（駿河国駿府藩50万石）（1602～1671）の守護をさせる。 さらに、近習出頭人・板倉重昌（勝重の次男）（1588～1638）を京都に送り、途中、伊勢・三河の大名に、年賀の上洛の中止を命じ、駿府の馬廻衆や番衆を江戸に呼び寄せる。	1082
	12月15日	「江戸幕府年寄連署奉書」。 安藤対馬守重信、土井大炊頭利勝、酒井雅楽頭忠世、本多佐渡守正信が、稲葉彦六（典通）・相良左兵衛（頼房）宛に連署して、日向国県城請取状を送る。	1082

西暦**1613**

慶長18	12月17日	「所労験気之由弥養生尤二候、然者駿河守参在江戸之条、年来之役儀三ケ一免除候間、可得其意、猶本多佐渡守可申也、」。 10827 将軍秀忠、最上出羽守（義光）宛に書状を送り、最上駿河守家親(いえちか)(1582～1617)の江戸での役儀三分之一免除を知らせる。将軍秀忠は、家親が江戸に在勤している間の国役三分の一を免除した。
	12月19日	土御門内裏が完成し、卯刻(5～7時)、後陽成上皇・後水尾天皇、新営の土御門内裏に移徒する。 10828
	12月19日	「大久保長安事件」。徳川家康、伴天連門徒追放のため、大久保相模守忠隣(1553～1628)を京都に遣わす旨仰せ。 10829
	12月22日	京都より板倉伊賀守（勝重）の飛脚が家康のもとに到来。去十九日卯刻（5～7時）、禁裡御移徒、内侍所以下、無事如先規、渡御と報告。 10830
	12月22日	金地院崇伝(1569～1633)、伴天連追放の条文を一夜で書き上げたという。徳川家康・秀忠に強い影響を与えたのは、長崎代官長谷川左兵衛藤広（元キリシタン）(1567～1617)、三浦按針（英国人ウイリアム・アダムズ、家康の外交顧問）、僧侶・崇伝と天海（家康の政治顧問）という。 アビラ・ヒロンは、「日本王国記」の中でキリシタン信徒および宣教師が、徳川家康によってどんなに迫害されたかを記し、ウィリアム・アダムズによって始まったと、次のように厳しく指摘している。「この王国（日本）で難破した船の水先案内であったイギリス人が造った小帆船で、一六一〇年、ドン・ロドリゴはメヒコ（メキシコ）に向け出船した。このイギリス人はアダムズといい、われらの主とキリシタン宗徒たちに不利になるでたらめごとを国王（家康）に告げ口して、われわれをひどい目に合わせたのである」。 10831
	12月23日	「「慶長十八癸丑臘月日付徳川秀忠朱印状（伴天連追放文）」一家康、全国にキリシタン禁令を発する」。 10832 金地院崇伝の手による「排吉利支丹文」（伴天連追放文）によって、キリスト教信仰の禁止が明文化され、将軍秀忠の名において全国に布告。日本にいる宣教師や主なるキリシタンは、ことごとく追放される。
	12月24日	「江戸幕府年寄連署奉書」。土井大炊頭利勝、酒井雅楽頭忠世、本多佐渡守正信が、稲葉彦六（典通）・相良左兵衛（頼房）宛に連署して、日向国県城家財処理条書を送る。 10833
	12月25日	家康、鷹狩のため越谷（武蔵国）に渡御。 10834
	12月26日	「大久保長安事件」。相模国小田原藩6万5千石・大久保相模守忠隣、出発準備のため、江戸を発ち小田原に向かう。 10835
	12月28日	家康、節分により越谷（武蔵国）より江戸城に還御。幕下（将軍秀忠）、新城に渡御。 10836
	12月29日	徳川家康のもとに赴き、歳暮の礼として織田有楽（長益）が銀五十枚・小袖五領を、羽柴越中守忠興（細川忠興）が銀三百枚・小袖十領を、鍋島信濃守（勝茂）が銀三百枚・小袖十領を、松平土佐守（山内忠義）が銀二百枚・小袖十領を、堀尾山城守（忠晴）が銀百枚・小袖五領を進上する。 10837 松平摂津守（奥平忠政、松平忠明の兄）、同下総守（松平忠明）、石川主殿助（忠総）、本多美濃守（本多忠政か）、松平和泉守（家乗）、本多豊後守（康紀）、松平主殿助（忠総）その他多くの諸大名が家康に進物を献上する。
	12月30日	諸大名、幕府（将軍秀忠）に歳末御礼。 10838

慶長19	1月1日	天晴風静。巳刻（9～11時）、将軍秀忠が渡御。江戸新城南殿にて家康に対面する。秀忠は太刀（銘 守家）・馬代銀百枚を家康に献上する。披露は大沢少将（基宿）。奥の座敷上段で御祝が行われる。御酌を松平右衛門佐正久（正綱）、御加を水野金十郎、陪膳を金森左兵衛（重頼）・北見長九郎・内藤掃部助が勤める。以後、諸士が御礼。	1083
	1月2日	幕府謡初、小笠原秀政（1569～1615）等、之に参列す。	1084
	1月5日	**「大久保長安事件」。大久保忠隣（1553～1628）、小田原を発ち京都に向かう。**	1084
	1月5日	徳川家康、江戸城本丸に渡御。祝儀の後、南殿に出御、能三番が開催される。幕府二男国君八歳（のちの忠長）（1606～1634）が勤める。幕府（徳川秀忠）、御台所（お江）、大御所（家康）、女中衆が簾中より見物。御女中・見物諸士の出仕は無かった。	1084
	1月6日	未刻（13～15時）、増上寺観智国師（源誉存応）（1544～1620）、徳川家康に礼をする。法問僧衆・弘経寺・新智恩寺・勝願寺・了的その他天台衆・真言衆・諸宗が御礼。入夜、南光坊論議。**家康、常陸笠間郡月山寺（がっさんじ）に寺領三百国寄付を仰せ。**	1084
	1月7日	家康、鷹狩、入夜、葛西に渡御。徳川秀忠が成瀬豊後守）（正武）（1585～1616）を遣わし家康に肴を進上する。	1084
	1月8日	家康、千葉（下総国）に渡御。	1084
	1月9日	家康、東金（下総国）着岸、路次で鶴四を獲る。この辺り形地は、家康御意に叶う。将軍秀忠使者・水野監物（忠元）（1576～1620）が参着、御鷹祝儀を言上、家康、気色快然。	1084
	1月9日	**江戸の細川忠興（豊前国小倉藩（福岡県北九州市小倉北区）40万石）、国元への手紙で、大久保忠隣の立場が悪いことを記す。**	1084
	1月10日	家康が鷹狩、鶴五・雁十八・鴨七を獲る。	1084
	1月11日	**「慶長十九年甲寅正月十一日付柬埔寨国渡海朱印状」、「慶長十九年甲寅正月十一日付交趾国渡海朱印状」、「慶長十九年甲寅正月十一日付交趾国渡海朱印状」。** 将軍秀忠、渡海朱印状。	1084
	1月11日	家康が鷹狩、鶴六・雁十六を獲る。	1085
	1月11日	**「一自日本到東京舟也、右、慶長十九年甲寅正月十一日」・「一自日本到呂宋國舟也、右、慶長」・「一自日本到暹邏國舟也、右、慶長」・「一自日本到柬埔塞國舟也、右、慶」・「一自日本到交趾國舟也、右、慶長十九年甲寅正月十一日」ら。** 家康、渡海朱印状。	1085
	1月11日	**幕府、真田信之・前田利光（利常）らの大名に、徳川家康六男松平忠輝の居城となる越後国高田城の普請を命じる。**	1085
	1月12日	家康、近辺猪が多いと鷹狩、鶴三を獲る。家康、翌後日に江戸還御する旨を仰出。	1085
	1月13日	京都所司代板倉勝重（1545～1624）、キリシタン改めに関する身許請状を徴す。	1085
	1月13日	土井大炊頭（利勝）・永井右近（直勝）・松平右衛門佐正久（正綱）その他近習衆百余輩が、家康鷹狩の吉田・佐倉辺りに参向。即、猪四等を獲る。	1085
	1月14日	雨により徳川家康の江戸動座は無い。今日、江戸で村越茂助直吉が死去。	1085
	1月14日	**徳川家臣・村越直吉（なおよし）（1562～1614）、没。享年53。** 家督は、子・吉勝（1601～1681）が継ぐ。直吉は、本多正純（下野国小山藩3万3千石）（1565～1637）らと共に、吏僚派のブレーンとして重用されていた。	1085

慶長19	1月15日	徳川家康が鷹狩。鷹場近くに知行地を有す本多出雲守忠将（忠朝の間違い、本多忠勝の次男）（上総大多喜藩第2代藩主）が酒肴を家康に献じる。家康か気色快然。 こんな話もある。家康に「父忠勝に似ぬ臆せし」のレッテルを貼られていた忠朝は、行元寺亮運に同行を頼み、荻原村の村人は家康乗馬の藁株を進上、忠朝は大多喜名物の紫鯉を贈り、さらに村人は行元寺の唄と踊りで歓待した。家康は満足し、荻原の村人に鷹場免除の黒印と鳥銃十挺を下賜したという。	10858
	1月16日	卯刻（5～7時）、家康は東金（上総国）を発し、申刻（15～17時）、千葉（下総国）に着御。家康は村越茂助（直吉）の死去言上を受け、悲しみ憐れむ。	10859
	1月17日	「大久保長安事件」。大久保忠隣、入京して北野辺のキリスト教寺院を焼く。 江戸時代に入って徳川氏もまた秀吉の切支丹禁制の遺策を継いで、基督教の信仰を禁止した。一方明国はじめ諸外国との通商貿易を奨励する政策もあって外教禁止の実効は中々あがらず、耶蘇教厳禁令がしばしば発せられ、耶蘇会堂の破毀、教徒の処刑など弾圧が度重なった。	10860
	1月17日	徳川家康、千葉を動座、道中、鷹狩をし未刻（13～15時）、葛西に到着。	10861
	1月18日	申刻（15～17時）、家康、放鷹から江戸新城に還御。将軍秀忠が家康を出迎える。夜、家康が藤堂和泉守（高虎）を召し、密談。	10862
	1月18日	最上義光（山形藩初代）（1546～1614）、出羽国山形城にて病没。享年69。江戸にいた次男・家親（1582～1617）が跡目を継ぎ、最上氏第12代当主、並びに山形藩57万石の第2代藩主となる。	10863
	1月19日	「大久保長安事件」。徳川家康、本多佐渡守（正信）を召し寄せる。 家康は大久保相模守（忠隣）と山口但馬守（重政）（常陸国牛久藩初代藩主）が上意（家康・秀忠父子）の許可を得ず、婚姻を結んだことを咎め、右京（大久保教隆（忠隣の三男）（1586～1643）・主膳（幸信）（1587～1642）兄弟を追放し、安藤対馬守（重信）をして小田原城を接収させ、相模守（忠隣）従者を城より追い出すよう正信に仰出。	10864
	1月20日	江戸城で天台論義が行われる。精義は南光坊天海、講師は法輪寺。その後家康は、羽柴越中守忠興に鷹二聯を、鍋島信濃守（勝茂）に鷹一聯を賜う。	10865
	1月21日	巳刻（9～11時）、徳川家康が江戸城（武蔵国）を発し、申刻（15～17時）、神奈河（川）（武蔵国）に到着する。	10866
	1月22日	巳刻（9～11時）、徳川家康が神奈川を発し、藤沢（相模国）に着御。終夜雨。	10867
	1月23日	晴。巳刻（9～11時）、徳川家康が藤沢を発し、中原（相模国）の旅館に着御。	10868
	1月24日	徳川家康、中原を発し、路次で放鷹、鶴一、雁多く獲る。未刻（13～15時）、小田原（相模国）に到着。夜、佐渡守（本多正信）・上野介（本多正純）・帯刀（安藤直次）・大炊助（土井利勝）・対馬守（安藤重信）連判状を、大久保相模守（忠隣）に発給する。	10869
	1月25日	「大久保長安事件」。未刻（13～15時）、将軍秀忠が小田原城に着御。秀忠は小田原にいた父・家康と対面、閑談する。移刻、佐渡守（本多正信）、藤堂和泉守（高虎）が加わり余人を近づけず密談する。秀忠は小田原城二ノ丸に戻る。 明朝早天より、小田原城を破却するように家康が命じる。それにより、江戸・駿府の諸卒が、早くも石垣を崩し、大門を破却する。 家康は江戸・駿府の諸卒に対し勝手な行為をしないように命じる。	10870

慶長19	1月25日	最上駿河守(家親)の飛脚が江戸より小田原に到着し、去十八日に最上出羽守少将義光が卒去(身分ある人が死去すること)したことを、佐渡守(本多正信)が家康に言上。 これにより、家康は、駿河守家親に領国へ下国し、仕置きをするよう仰出。	10871
	1月25日	徳川家康、朝廷に大沢基宿を遣して蔵首を賀し奉る。	10872
	1月26日	前田筑前守利光(利常)より小田原にいる徳川家康のもとに使札(使者に持たせる書状)が到着する。 利光より、高山右近(重友)(1552～1615)、内藤飛騨守(如庵、小西如安)(1550？～1626)を伴天連(キリスト教徒)により捕らえ、京都所司代の板倉伊賀守(勝重)のもとに移送したこと、領内のキリスト教について宗旨替えしない者を記録し、家康に献上したことを、本多佐渡守(正信)・同上野介(正純)父子を介し家康に報告する。 **家康より、日本国内のキリスト教徒について、宗旨替えしない者については津軽(陸奥国)に流罪とすることを、正信・正純父子に命じ、両名が回触状を出す。**	10873
	1月26日	常陸国真壁藩5万石の浅野長重(長政の三男)(1588～1632)、相模国小田原城主・大久保相模守忠隣の改易につき、安藤対馬守重信(1557～1621)(下総国小見川藩(千葉県香取市小見川町)3万6千石)・本多出雲守忠朝(上総国大多喜藩5万石)(1582～1615)・松平越中守定綱(下総国山川藩(茨城県結城市)1万5千石)(1592～1652)・高力左近大夫忠房(1584～1656)(武蔵国岩槻藩2代2万石)・牧野忠成(上野国大胡藩(群馬県前橋市河原浜)2代2万石)(1581～1655)・西郷正員(下総国生実領主)(千葉市中央区生実町)((1593～1638)・小笠原信之(下総国古河藩2万石)(1570～1614)らと共に、小田原城請取を命ぜられる。 浅野長重、この日、江戸を出発。	10874
	1月27日	徳川家康、小田原を発し、三島(伊豆国)に到着する。 保田甚兵衛(則宗)、島弥左衛門が、今日の家康の箱根山通行の安全を期すため、昨夜より三島に駐留し往来の者を止める。徳川秀忠よりの使者として成瀬豊後守(正武)が家康のもとに到着し、酒肴を献上する。	10875
	1月28日	家康、善徳寺((静岡県富士市今泉)着。	10876
	1月29日	**家康、善徳寺を発し、駿府に帰城。** 川江橋まで宰相(徳川義利(義直))、中将(徳川頼宣)、少将(徳川頼房)兄弟が出迎える。	10877
	1月30日	徳川家康のもとに徳川秀忠使者・土井大炊頭(利勝)が参着。即、本多上野介(正純)と同道、将軍秀忠の意向を、家康に密に言上する。移刻、退出。	10878
	1月30日	長谷川佐兵衛(藤広)が献上した砂糖二十斤が駿府城に到着する。	10879
	2月1日	徳川家康、駿府城南殿に赴く。諸士が出仕する。 家康は、土井大炊頭(利勝)を召し徳川秀忠への返書を認めると共に密談する。大炊助(利勝)は江戸に戻る。	10880
	2月1日	**家康、大久保相模守と相親の輩が在る由を将軍は立腹していると、近習之輩にお聞かせになる。**	10881

慶長19	2月1日	**「大久保長安事件（慶長18年5月6日〜慶長19年7月27日）―大久保忠隣改易」**。 切支丹禁令の奉行として京にいた相模国小田原藩6万5千石の大久保忠隣（1553〜1628）、「大久保長安事件」に関係した疑いにより、京都所司代板倉勝重（1545〜1624）より、改易・近江配流を申し渡される。ほかに、忠隣が家康の豊臣氏討伐に反対していたこと（忠隣の孫娘が豊臣氏家老の片桐且元（大和国竜田藩（奈良県生駒郡斑鳩町竜田）立藩2万8千石）の甥・片桐貞昌に嫁いでいた）、忠隣の養女と山口重信（常陸国牛久藩1万石で大番頭・重政の長男）の無断婚姻などの諸因から、またも本多正信・正純父子に讒訴されて、近江国彦根藩預かりとなった。 **徳川重鎮の改易で、京都市中は大騒ぎとなる。** **幕府の二元政治は幕府内で大きな矛盾を与えた。そして家康に信任される本多正信・正純父子と、秀忠側近・大久保忠隣の政争にまで発展していた。**

10882

	2月2日	「大久保長安事件」。改易の大久保忠隣、配所・近江国栗太郡に着く。忠隣は、井伊直孝に御預けの身となった。

10883

	2月2日	紀伊国紀伊藩（和歌山藩）2代37万6千石の浅野長晟（1586〜1632）、駿府へ参着。昨冬、兄浅野紀伊守（幸長）の跡目相続の許可を得たことへの礼のためと、本多上野介（正純）が徳川家康に取り次ぐ。家康は三日に御目見と仰せ。

10884

	2月2日	「大久保長安事件」。家康、大久保忠佐（1537〜1613）の居城であった沼津城（駿河国）の破却を上野介（本多正純）、帯刀（安藤直次）、隼人正（成瀬正成）に命じる。この処置は、次右衛門忠佐が大久保相模守（忠隣）の伯父であるためという。慶長18年（1613）9月27日に忠佐が77歳で死去すると、沼津藩は無嗣断絶で改易となっている。

10885

	2月3日	浅野但馬守（長晟）、駿府城に登城し、徳川家康に紀伊国拝領の礼として銀三百枚、服二十領を進上する。家康、但馬守に江戸参勤を仰せ。

10886

	2月8日	寺沢志摩守（広高）（肥前国唐津藩初代藩主）（1563〜1633）、駿府城の家康に礼をする。

10887

	2月9日	徳川家康、真言宗の論議を聴く。

10888

	2月10日	徳川家康が鷹狩をする。宰相（徳川義利（義直））、中将（徳川頼宣）、少将（徳川頼房）が供奉、率いる輩、数百人。申刻（15〜17時）、還御。

10889

	2月12日	羽柴右近（大夫）忠政（森忠政）、蜂須賀阿波守至鎮、有馬玄蕃頭豊氏が参府。

10890

	2月14日	徳川家康、駿府城南殿に出御。羽柴右近（森忠政、美作津山藩初代藩主）が銀二百枚・服十領を、蜂須賀阿波守（至鎮）（阿波国徳島藩初代藩主）が銀百枚・服十領を、有馬玄蕃頭（豊氏）（丹波国福知山藩主）が銀五十枚・服五領を家康に献上する。

10891

	2月14日	徳川家康・徳川秀忠、松平伊予守「松平忠昌」（上総姉ヶ崎藩主）の賓客・宇津宮三郎左衛門（宇津宮朝来）を、病気のため救恤する。 宇都宮朝末は、天正16年（1588）、城井氏の第17代（最後）の当主・城井朝房の子として誕生。所領安堵をめぐる争いで祖父・鎮房と父・朝房は、黒田孝高嫡男長政に謀殺されたため、身籠っていた朝房の妻・竜子（秋月種実の娘）は英彦山の南の宝珠山に逃れ、朝末を産んだという。朝末は外祖父の秋月種実に引き取られ、宇都宮姓に復して、この年に松平忠昌に仕官し、徳川家康に拝謁して朝末の名を賜った。その際、「そのうち家臣を率いて参陣すれば、関東にて所領を与えよう」と御家再興の手形を与えられ、城井谷の旧臣を集めた。ところが壊疽となり歩行が困難となってしまったという。

10892

	2月15日	駿府城で真言論議。

10893

	2月16日	羽柴丹後守（京極高知）、参府。

10894

	2月17日	羽柴丹後守、駿府城の徳川家康に礼をする。

10895

慶長19	2月18日	駿府城で真言論議。
	2月19日	美濃国岩村藩 (岐阜県恵那市岩村町) 2万石の松平和泉守家乗 (美濃国岩村藩主) (1575～1614)、没。40歳。長男・乗寿 (1600～1654) が継ぐ。
	2月19日	佐竹右京大夫 (義宣) (出羽国久保田藩初代藩主)、徳川家康に、領内の銀山より出た南鐐銀二百貫目・砂金千両を献上する。
	2月20日	今日、浅間神事。土井大炊頭 (利勝) 使者が参着。午刻 (11～13時)、洞家宗法問。洞家宗は、曹洞宗のようだ。
	2月21日	徳川家康が土井大炊頭 (利勝) を召し、本多上野介 (正純) と共に閑談する。移刻、他人不知之真言論議。
	2月22日	「大久保長安事件—慶長18年5月6日～慶長19年7月27日」。 「大久保長安事件」の連座で、阿波国に配流された米津正勝 (親勝)、同地において斬罪に処された。正勝 (親勝) は、大久保長安に抜擢され堺奉行となった。この時、堺奉行副役を務めた弟の米津春親も士籍を削られるという。切腹ともいう。
	2月22日	徳川家康、土井大炊頭 (利勝) を召し密談。利勝は江戸に向けて出立する。
	2月24日	高野宝性院、宝亀院、無量寿院、明王院、遍明院、正智院その他十余輩が参府。金地院崇伝が参府言上、家康は明日出仕を仰せ。
	2月25日	生駒讃岐守正俊 (讃岐高松城主)、参府。正俊は、即、駿府城に出仕、家康に銀百枚・服十領を献上する。真言論議、題「発心即到」。
	2月26日	駿府城で論議、題「大悲代受苦」。
	2月27日	「多武峯学道衆法度」・「多武峯寺中法度」が定められる。
	2月28日	駿府からの高野山の学侶十三名が江戸城で真言論議。将軍秀忠が聴聞。
	3月1日	配所・近江国栗太郡の大久保忠隣 (1553～1628)、南光坊天海 (1536？～1643) を頼り、家康に無実を訴える。実らず。 家康亡きあと、井伊直孝は彦根藩に預かりの身で蟄居している忠隣に、申し開きを勧めた。しかし、忠隣は首を横に振る。ここで取り立てられれば、大御所 (家康) の過ちを表すようなものゆえ、「古人謂はすや君辱かしめらるるときは臣死すと、然らば何ぞ己を立んと欲して君を辱かしめんや」と述べ、申し開きをしなかったという (『井伊家家譜』)。忠隣はその後、出家して渓庵道白と号し、寛永5年 (1628) 6月27日に死去。享年75。将軍家の許しが下ることは遂に無かった。
	3月1日	徳川秀忠使者・水野監物 (忠元) (1576～1620) が、駿府城の徳川家康のもとに到着し上巳の祝儀を祝う。
	3月5日	論議を望む徳川家康の召しに応じた奈良一乗院門跡 (尊政)、興福寺の北院 (喜多院の空慶)・東北院の兼祐、法隆寺阿弥陀院実秀らが駿府に到着する。
	3月6日	南禅寺五山、天竜寺慈済院彭長老、相国寺慈照院保長老、鹿園院晫長老、建仁寺常光院紹益、両足院、東福寺不二庵、竜眠庵、南昌院が徳川家康の召しにより、駿府に参着。
	3月6日	伝奏広橋大納言兼勝、同辨兼賢、三条西大納言実條、藪宰相、高倉少将、参府。
	3月7日	徳川家康、五山の僧を駿府に集め、課題文を書かせ九日出仕を命じ、僧の学を験す。

西暦1614

慶長19	3月8日	「**和子入内、内意**」。第108代後水尾天皇(1596〜1680)が即位すると、大御所・家康73歳(1543〜1616)は、徳川和子(秀忠の五女)(1607〜1678)の入内を申し入れていた。 朝廷はこの日、勅使並びに武家伝奏広橋兼勝、同三条西実条、広橋兼賢竝に日野光慶、藪宰相、高倉少将等を駿府に遣され、徳川家康の孫女・和子「源和子、徳川和子、東福門院、徳川秀忠女」入内の事竝に家康昇任の内旨(太政大臣、准三后宣下)を伝えた。しかし、徳川家康はこれを拝辞している。	10915
	3月8日	今日、黒田筑前守参着、松平武蔵守参着。	10916
	3月9日	黒田筑前守(長政)、家康に銀二百枚・服十領を献上する。 松平武蔵守(池田玄隆(利隆))、出仕、家康は利隆に暇を賜い、利隆は江戸下向。	10917
	3月9日	午刻(11〜13時)、五山衆、駿府城の家康に御目見。即、御前にて詩文が行われた。この年1月、家康は、板倉勝重に命じて五山衆を駿河に招し上げた。	10918
	3月10日	雨降、浅間神社能、延引。	10919
	3月12日	駿府浅間神社にて能九番が催される。卯刻(5〜7時)、徳川家康が渡御、宰相(徳川義利(義直))、中将(徳川頼宣)、少将(徳川頼房)、近習衆数百輩が供奉する。 一乗院、北院(喜多院)、天台南光坊(天海)、月山寺、薬樹院、真言衆、宝亀院、大楽院、明王院、その他五山衆が見物する。	10920
	3月13日	**幕府、守随兵三郎に、関東諸国の秤衡を管理させる。江戸秤座である。** 守随兵三郎は、3代目正次であろう。	10921
	3月13日	前田家(加賀藩主前田利常)の家老・本多政重(老中本多正信の次男)(1580〜1647)、幕府宛の書状で、加賀藩主隠居の前田利長(1562〜1614)が政治から離れ京都に隠棲し、大坂や前田家とも関係を絶とうとしていると記し、利長の病は悪化し、手足は不自由で飯を食うにも女中の手を借りるほどに難儀し、もはや来年までは持たないと記した。 本多政重は、慶長18年(1613)、幕府から越中の返上を迫られたが、これを撤回させた功により2万石を加増され5万石となっていた。	10922
	3月13日	**家康、伯耆国大山寺西楽院に、5ヶ条の寺院法度を下す。**	10923
	3月14日	駿府城にて法相宗論議、同日真言論議が行われる。両伝奏(広橋兼勝、三条西実条)、その他公家衆(広橋兼賢、藪宰相、高倉少将)、南光坊(天海)、月山寺、薬樹院、浄土宗、五山衆が聴聞する。	10924
	3月15日	「**大久保長安事件**」。堀利重(8000石)(1581〜1638)、大久保忠隣の改易に連座して改易され、奥平家昌預かりの身となる。利重の正室の母親(本多康重正室)は、忠隣の正室の姉であり、縁戚関係だったためとされる	10925
	3月15日	「**高田城、普請開始**」。幕府、北陸・奥羽の外様諸大名13家に、越後国高田城(新潟県上越市本城町)の築城を命じ、この日、普請開始。城主松平忠輝(家康六男)(1592〜1683)の舅にあたる陸奥国仙台藩初代61万石の伊達政宗(1567〜1636)が、普請総裁を勤める。普請奉行は滝川豊前守忠征(木全彦次郎)(1559〜1635)、伊東政世(1557〜1628)、山城宮内少輔忠久。	10926
	3月17日	駿府城にて法相宗論議が行われる。	10927
	3月21日	細川内記(忠利)(1586〜1641)、駿府城の徳川家康に礼をし銀子・服等を献上する。	10928
	3月23日	駿府城にて法相宗論議が行われる。	10929
	3月25日	論議終了につき、徳川家康が駿府城数寄屋にて興福寺の一乗院門跡尊政、喜多院の空慶、東北院の兼祐、法隆寺の阿弥陀院実秀に茶を賜う。茶入れは銘大海。	10930

慶長19	3月26日	駿府城常之書院にて管弦の藪宰相、楽人三人による演奏が行われる。一番・千秋楽、二番・青海波、三番・陵王。奥之間にて女中方・会津後室が演奏を聴く。 会津後室は、家康の三女振姫(1580〜1617)。	10931
	3月27日	大御所家康(1543〜1616)、古今伝授を受けるため、冷泉中納言為満(1559〜1619)を駿府に招く。為満、「古今和歌集」を講じる。	10932
	3月29日	将軍秀忠使者・土井大炊頭(利勝)が参府。田中筑後守忠政、江戸普請を終え参府。	10933
	3月30日	田中筑後守忠政、駿府城の徳川家康に礼をし銀二百枚・黒羅紋を献上。本多上野介(正純)が披露。	10934
	3月30日	備前松平左衛門督(池田忠継)、郎従の荒尾但馬守(成利)、福原清左衛門、石原市右衛門が、家康に礼をしそれぞれ服二領を献上する。	10935
	3月30日	土井大炊頭(利勝)が家康と密談。	10936
	4月1日	諸士が駿府城恒例出仕。幸若舞あり。	10938
	4月3日	昨日夕陽、今朝日が銅赤色、見る人驚く。 木下右衛門大夫(延俊)(1577〜1642)、駿府城の徳川家康に礼をし銀二十枚・御服を献上する。	10939
	4月4日	駿府城にて明星院による真言の論議が行われる。 真言宗智山派寺院の明星院祐長か。	10940
	4月4日	加藤肥後守忠広(1601〜1653)、駿府城の徳川家康に礼をし、銀二百枚・服十領・袷衣十領を献上する。忠広の郎従五人も家康と御目見。	10941
	4月4日	代官の間宮新左衛門(直元)(1571〜1615)、田辺十郎左衛門(宗政)(大久保山城)、佐渡国より駿府に到着。銀千貫目余を持参する。	10942
	4月5日	**徳川家康、京都五山の僧に命じ、『群書治要(太宗の奉勅撰)』、『貞観政要(太宗の言行録)』、『日本紀(続日本紀)』、『延喜式(律令の施行細則)』より、武家・公家諸法度の参考となるものを抜き出させる。金地院崇伝、道春(林羅山)が担当する。**	10943
	4月5日	浄土宗西福寺長老が家康に『選択集』二巻を献上する。長老が家康に読みあげる。総寺院が法華経二十八品歌二十八首を献上する。冷泉(為満)・金北院が読みあげる。	10944
	4月5日	駿府前浜で亀に似た物を魚網で捕らえ、魚人廿余人で背負い、家康の元に持って来る。黒い亀甲頭(おおがしら)、大顔で尾が三股、大鰭、斑腹色。諸人が見物。	10945
	4月5日	肥前大村丹後守(喜前(よしあき))(1569〜1616)、家康に礼をし、銀廿枚・緞子五巻を献上する。	10946
	4月6日	午刻(11〜13時)、冬天の如く霰(あられ)降る。越前国北ノ庄藩(福井藩)2代75万石の越前少将(松平忠直、結城秀康の長男)(1595〜1650)、駿府に到着。御礼として銀二百枚・綿三百把を献上。 家康は忠直の家老である本多伊豆守(富正)(1572〜1649)と同丹下(本多成重)(1572〜1647)を召し、忠直若輩の内、両人が後見をするよう仰せ。忠直は八日、祖父・大御所家康(1543〜1616)に御目見。家康より江戸下向の命。	10947
	4月7日	**「起請文前書之事 一、近年手前之儀御所様御前滞申候処、貴老様御父子以御執成、恠家相続之儀至子孫長御芳志不可有忘却事、……」**。(近年、御所様(徳川秀忠)に対して差し控えることがあったが、本多正信・正純父子の取り成しにより、黒田家を継続できた芳志を子孫に至るまで長く忘却しないこと、隠密に知ったことは一切他言しないこと、本多正信に対して表裏を構えないことを誓約します)。 黒田長政、将軍秀忠付年寄・本多正信宛に起請文を送り、誓約する。	10948

西暦1614

| 慶長19 | 4月8日 | 「**慶長十九年甲寅四月八日付呂宋国渡海朱印状**」。将軍秀忠、渡海朱印状。 | 10949 |

4月8日　「**一自日本到呂宋国舟也、右、慶長**」。家康、渡海朱印状。　10950

4月8日　越前少将(松平忠直)、駿府の大御所徳川家康に御目見、忠直は江戸に赴くべく駿府を発つ。忠直は、家康より江戸下向の命、江戸に至り秀忠に拝謁、白銀・綿を献上という。　10951

4月8日　山科安祥寺飛脚が家康の元に到来。去三日、高野山前検校宝性院(政遍)が死去。後住は大楽院との由、家康は内々御気色であった。　10952

4月8日　**西国諸大名が江戸城石壁の修築に着手する。江戸城外郭の工事が行われた。**　10953

担当大名は、池田武蔵守利隆(32万石岡山城主)・池田備中守長吉(6万5千5石鳥取城主)・細川越中守忠利(35万9千石小倉城主)・浅野但馬守長晟(39万5千石和歌山城主)・田中筑後守忠政(32万5千石久留米城主)・池田佐衛門督忠継(44万5千石姫路城主)・鍋島信濃守勝茂(35万7千石佐賀城主)・加藤肥後守忠広(52万石熊本城主)・黒田筑前守長政(52万3千石福岡城主)・島津右馬頭忠興(三万石佐土原城主)であった。

4月9日　智積院(祐宜)等、駿府城の家康の元に出仕。家康、明後日に論議あるを仰せ。　10954

4月11日　駿府城にて新儀法問あり。　10955

4月12日　「**慶長十九年於江戸佐渡守殿江申入覚　一、先年井伊兵部少輔殿ヲ以得御意候已後、佐州公御心中被対拙者不相替御懇之段忝存候、以来共ニ諸事御指南奉頼候事、……**」。
黒田長政、本佐州(本多正信)宛に5か条の申し入れを呈出。大久保忠隣の改易にともない、世間でさまざまな嫌疑をかけられていた黒田家は危機であった。　10956

4月13日　駿府城にて真言新儀論議あり。**この日、群書治要、貞観政要、続日本紀、延喜式から抜き書きしたものが家康に届けられ、崇伝・道春が読み上げる。**　10957

4月14日　駿府城三ノ丸にて初日能が行われる。五山長老衆、冷泉黄門(為満)が見物する。　10958

4月15日　駿府城三ノ丸にて能が行われる。　10959

4月15日　「**馬十疋、従江戸駿河まて可出之者**」。家康、伝馬宿中に朱印状。　10960

4月16日　「**方広寺梵鐘が鋳造される**」。　10961

秀頼により、南禅寺長老の文英清韓(1568〜1621)の銘文を刻んだ方広寺の梵鐘が鋳造される。京の人々もこぞって見物する。この鐘のために鋳師百人・棟梁14人・小工2百人・其の外鋳師の下々3千人が動員されたという。
その後、普請奉行の片桐且元(1556〜1615)、続いて京都所司代板倉勝重(1545〜1624)が鋳造の様子を視察に訪れる。高台院おね(1549？〜1624)、この夜秘かに豊国社を参詣し、銀子5枚と散銭2百貫を奉納する。その帰り、高台院もまた鐘鋳造の様子を見物する。

4月16日　「**態以飛脚申入候、院御所様へ日本之記録共、文徳実録・三代実録・延喜儀式なと御座候哉、……貴殿御存知之通を御書付候而、可有御進上由被仰出候。摂家・諸公家・御門跡方にも、何様之記録御座候哉、……**」。　10962

家康の意向を受けた、金地院崇伝と本多正純が、明経博士舟橋秀賢(1575〜1614)宛に書状を記す。

慶長19	4月16日	徳川家康は、京都所司代板倉勝重に対して、公家や門跡等がどのような記録を所持しているか調査するよう命じた。	10963
		諸記録や書籍の提出命令に対して、冷泉家は藤原定家の日記「明月記」を、小槻孝亮は、源高明により執筆された有職故実書である「西宮記」を提出した。 こうした古記録の収集は、「禁中並公家中諸法度」や諸寺院へ出された法度などを制定するためにも必要であった。	
	4月16日	駿府城で新儀論議。	10964
	4月18日	傳巻衆が江戸より帰府、法相論議。	10965
	4月18日	「上総国武射郡下武射村百四拾三」。家康、本目権十郎に判物発給。 本目正重(1591～1629)か。	10966
	4月18日	「武蔵国比企郡一之川村之内百拾」・「相模国東郡七木郷之内弐百石之」。 家康、浅井三九郎・遠藤善九郎に黒印状を以って宛行。「七木郷」の200石、幕領支配から遠藤善九郎重次の知行地となる	10967
	4月18日	「武蔵国橘樹郡小机郷下小田中内弐」。 家康、山下弥蔵に朱印状を以って知行宛行。	10968
	4月19日	板倉伊賀守(勝重)の飛脚が駿府城徳川家康のもとに到来、十六日卯刻(5～7時)に方廣寺大仏殿の鐘鋳成就と。 今日、高野衆が江戸より帰府、家康は即座に論議を仰せ。	10969
	4月20日	駿府城で真言論議。	10970
	4月20日	勅使の広橋大納言兼勝・三條西大納言実條、其外、薮宰相、日野弁、広橋弁兼賢、高倉少将が駿府城に登城し徳川家康に会う。勅使の意趣は、徳川秀忠の娘を女御として入内すること、大御所家康に太政大臣か准三后従一位に任官するという勅定が出たことを伝える。家康は辞退し、将軍秀忠に十二日右大臣従一位仕官の由言上。また、「公家中之法式」を糺すこと、諸公家の記録を書写し、あることを伝える。三條西が『三代実録』を所持していることを家康に言上。	10971
	4月20日	道三玄朔(曲直瀬玄朔)(1549～1632)、家康に謁し、江戸滞留を告げる。 玄朔は、慶長13年(1608)に徳川秀忠の療養のため江戸に招かれ邸宅を与えられた。以来、京都と江戸を往復して朝廷と幕府の典医として仕えた。	10972
	4月20日	京都より家康のもとに飛脚が到来。方廣寺大仏殿の鐘鋳に唐金一万七千貫目余、輻 数百三十二丁、桶四筋、鋳物師棟梁は山城国釜之座弥右衛門・同助左衛門、脇棟梁十一人、諸国鋳物師都合三千百余人、鋳口九尺一寸五分、高サ一丈八寸、厚サ九寸だったことを報告する。	10973
	4月21日	駿府城三ノ丸にて、勅使公家衆饗応の能が行われる。	10974
	4月22日	羽柴越中守忠興(細川忠興)、江戸に詰めるべきところ病により暇を得ていたことについて、徳川家康に御目見。忠興は、家康に袷衣十領・緞子廿巻を献上する。	10975
	4月22日	池田備後守(光重)(?～1628)が、目安直訴の手紙で神子等を捕えたところ、悪状を白状し備後守が被害を蒙った話をした。家康、不快になる。	10976
	4月23日	駿府城で新儀論議、題「心法色形」。	10977
	4月24日	普請奉行片桐且元(1556～1615)、方広寺大仏殿鐘完成の礼のために駿府へ向けて出発する。	10978
	4月26日	小笠原信之(下総国古河藩2万石)(徳川四天王の筆頭・酒井忠次の三男)(1570～1614)没。享年45。死後、その家督は長男の小笠原政信(1607～1640)が継ぐ。	10979

_{西暦}**1614**

慶長19	4月27日	徳川秀忠の使者安藤対馬守(重信)、江戸より参府。	10980
	4月28日	**安藤対馬守(重信)、駿府城の徳川家康に対面。朝廷からの任官の申し出について、秀忠には異議がないことを家康に伝える。**	10981
	4月一	この月、肥後国熊本藩52万石の加藤忠広(清正の三男)(1601～1653)、将軍秀忠の養女・琴姫(後の崇法院)(1602～1656)を娶る。琴姫父は、会津藩初代60万石・故蒲生秀行(1583～1612)、母は、家康三女振姫(1580～1617)。忠広が幼少なため、幕府より肥後観察役が派遣される。	10982
	5月1日	駿府城で御拍子。「御拍子」は、現在の能楽の演奏形式でいう舞囃子または居囃子のような部分演奏の形という。	10983
	5月2日	駿府城で論議。題「西方否西方」。	10984
	5月3日	「尾州戌亥皆済事　右分皆済也、仍」。家康、市部甚右衛門・寺西藤左衛門(尾張国奉行)に康年貢皆済状。	10985
	5月3日	**片桐市正(且元)、駿府城の徳川家康に礼をする。豊臣秀頼は方広寺大仏殿供養を挙行しようとし、その期日等を片桐且元を通じて、家康に尋ねる。**	10986
	5月4日	駿府城で論議。	10987
	5月5日	能が雨のため延引される。徳川秀忠使者・酒井雅楽頭(忠世)(1572～1636)が参府。秀忠の右大臣従一位の任官の礼のためという。家康は、日次が悪いとして忠世の出仕は八日と仰せ。	10988
	5月6日	「仙石秀久、卒す、尋いで、子忠政、嗣ぐ」。信濃国小諸藩初代5万7千石・仙石秀久(1552～1614)、没。享年63。三男・仙石忠政(1578～1628)が継ぐ。	10989
	5月6日	駿府城で論議。題「自證法授他否」。	10990
	5月6日	**「遠路普請、不嫌昼夜依入、精早々出来之由感悦候、仍、帷子并羽折裕遣之候也」。**家康、吉川蔵人頭(広家)に書状を送り、江戸城修築の労を謝す。	10991
	5月7日	**「遠路普請、不嫌昼夜依入、精早々出来之由感悦候、仍、帷子并羽折裕遣之候也」。**家康、福原越前守(広俊)に書状を送り、江戸城修築の労を謝す。	10992
	5月8日	将軍徳川秀忠、酒井雅楽頭(忠世)を使者として徳川家康に銀三千枚・太刀(銘 光長)・馬(黒床毛)を献上する。家康は、銀三百枚を奥之常之御座上段に召し置く。酒井雅楽頭自身の礼として、蝋燭五百挺・太刀・馬を献上する。家康は忠世に暇を与え、腰刀(銘 長光)を下賜する。本多上野介(正純)、阿茶局が披露する。忠世は江戸に帰るべく駿府を発つ。	10993
	5月8日	熊本城主加藤肥後守(忠広)(1601～1653)の名代として加藤右馬允(正方)(1580～1648))が礼をする。蒲生飛騨守(秀行)の娘を将軍秀忠の養女としたうえで忠広に嫁がせたことを謝し、緋繻子廿、黒繻子廿、御服十領、銀二百枚を献上、右馬允自身も御服五領、銀三十枚献上。	10994
	5月8日	**片桐市正(且元)、駿府城の徳川家康に御目見、移刻、雑談あり。**飯二箱・一倉炭三箱の献上もあった。「一庫炭」であろう。	10995
	5月10日	京都より板倉周防守(重宗)が駿府城に到着し家康と対面。移刻、家康と密談をする。	10996
	5月11日	十四日まで霖雨。霖雨とは、何日も降り続く雨。	10997
	5月15日	駿府城にて天台論議。	10998
	5月16日	江戸より五山врем文頒が駿府に到来。家康は「君子之徳風云々」を題にして文を作らせ呈出させた。金地院(崇伝)・道春(林羅山)が読む。家康は褒美を賜る。	10999

慶長19	5月19日	加藤式部少輔(明成)(1592~1661)が徳川家康に礼をする。左馬助子息は、三ヶ年間、腫物のため伊予国に居住し、家康への礼が遅れる。明成は銀百枚・綿二百把・袷衣十領を家康に献上する。本多上野介(正純)が披露する。 この間、父・加藤左馬助(嘉明)(1563~1631)は江戸に在府する。	11006
	5月19日	京都より板倉伊賀守(勝重)の飛脚が家康のもとに到来。五畿内で大雨があり洪水が起こり、賀茂川の堤が切れ、町家に流れる。また、瀬田橋の板が傾き落ちる。板倉内膳正(重昌)がその旨を家康に伝える。家康は、瀬田橋の修復を仰せ。	11001
	5月19日	前田肥前守利長が死去した旨が家康に伝えられる。もう、服毒自殺していたのか。	11002
	5月20日	加賀藩初代藩主で隠居の前田肥前守利長(1562~1614)、高岡城において没。享年53。利長は、病ますます重くなり京都隠棲を幕府に願って許されるが果たせず、「我死なば、即ち天下自ら統一して太平ならん」と言い残したという。 『東福寺誌』には、「為に家康は最早や世に憚る人なきに到り、一念、大坂城壊滅を図れり」との評があるという。	11003
	5月20日	**片桐市正(且元)が出仕、徳川家康は市正(且元)に暇を下す。家康は豊臣秀頼に巣鷹を、且元に巣鷹・馬を賜る。**	11004
	5月20日	申刻(15~17時)、延暦寺の正覚院僧正、南光坊権僧正(天海)、五智院、泉福寺、恵光坊、西楽院、仏眼院、竹林坊、恵心院、行光坊、日増院、寂光院、東光坊、学林坊が参府。	11005
	5月21日	叡山僧衆が駿府城にて徳川家康に御目見、仏法について雑談をする。天台僧徒の退出後、奥之間にて南光坊天海が家康に血脉(血脈)を相伝する。 「血脉」とは、教法が師から弟子に伝えられること。	11006
	5月21日	家康が池田備後守(光重)の知行を没収する。慶長18年(1613)家臣の関弥八郎が貸金横領を咎められた。この日、池田光重(?~1628)は連座する形で所領を没収され、駿河国法命寺に蟄居した	11007
	5月21日	尼崎(摂津国)代官の池田越前守が家康に礼をする。播磨姫路藩第2代藩主池田利隆重臣の池田重利(1586~1631)。	11008
	5月22日	天台衆が参上、家康、南殿出御。南光坊僧正が比叡山珍事を語る。	11009
	5月23日	戸田采女正(氏鉄)(1576~1655)が家康に御礼、銀五十枚、袷衣、帷子十領を献上。この者は、近江膳所城主息男だった。	11010
	5月24日	南光坊僧正(1536?~1643)、駿府城に出仕、雑談。南光坊、徳川家康に上野国日光山麓にて銅が、また銀も産出したと留守僧から申し越しがあったことを報告する。そして、仏法を話す。	11011
	5月26日	肥前国平戸藩初代であった松浦鎮信(1549~1614)、没。享年66。江戸城普請中の第3代藩主6万3千石の松浦隆信(宗陽)(1592~1637)を後見していた。	11012
	5月26日	五山衆、江戸より帰府。	11013
	5月27日	五山衆、家康に出仕。	11014
	5月27日	**「其許就普請、昼夜被入精之段、悦思召候也」。** 家康、大崎少将(伊達政宗)に御内書を送り、松平忠輝(家康の六男)の高田城普請を労う。忠輝の室は、政宗の長女五郎八姫であった。	11015

西暦**1614**

慶長19	5月28日	駿府城にて天台論議。	11016
	5月29日	徳川家康、五山衆に銀服を賜う。	11017
	5月29日	安房館山藩の里見安房守(忠義)(1594～1622)、駿府城の家康に礼をし、銀百枚・単物・帷子を献上する。	11018
	一	**「今度為片桐市正条数申越候処、一」。** 家康、大野主馬(治房)に書状を送る。片桐市正の申し入れに対する返答ではないか。	11019
	6月1日	家康、辰半時、出御、諸士出仕。幸若舞がある。 南都東大寺清涼院・同花厳宗が家康に御礼。 清涼院実英が「當時倶舎」を読む。四世紀頃の物という。	11020
	6月2日	松平和泉守(家乗)子息・松平乗寿(1600～1654)、駿府城で徳川家康に継目の礼をし、銀五十枚・帷子等を献上する。	11021
	6月2日	**家康、『続日本紀』不足の十巻を、五山衆に書き写すよう仰せ。** 『続日本紀』写本は、北条実時(1224～1276)が築いた金沢文庫の旧蔵書で、慶長17年(1612)に伊豆山神社の別当寺般若院の僧から家康に献上された。この時すでに巻一～十が欠けており、不足分を五山の僧に書写させており、巻十一～四十が現存最古の写本という。	11022
	6月3日	駿府城にて華厳宗論議。今晩、妙法院宮・梶井宮・青蓮院宮が駿府到着。	11023
	6月4日	徳川秀忠使者・成瀬豊後守(正武)が駿府城の徳川家康に、諸大名による江戸城の石垣を構築が過半成就していることを言上、併せて雨により少々延引していること、四月廿三日から今日まで霖雨(長雨)、諸国で四月二三四五六朝夕雨で洪水が起こり堤や橋が損壊、畠が流れ、百姓迷惑していることを報告する。 家康は将軍に斗鶏を進上。	11024
	6月5日	駿府城にて幸若舞。	11025
	6月6日	妙法院宮・梶井宮・青蓮院宮の三門跡が駿府城登城し、妙法院宮は袷衣十領・帷子十領、梶井宮は五束五巻、青蓮院宮は帷子単物十領を、家康に進上。家康は前殿で対面。三門跡は、五山衆の論議を聴聞する。	11026
	6月7日	駿府城で能。三門跡、同天台宗、その他僧衆が見物。	11027
	6月9日	「永井直勝・本多正純連署奉書」。永井右近(直勝)・本多上野介(正純)が、稲葉彦六(典通)・相良左兵(頼房)宛に連署して日向国県城請取状を送る。	11028
	6月9日	駿府城にて天台論議。能役者六十余輩が、家康から服・帷子を賜う。	11029
	6月10日	駿府城にて華厳宗論。 播磨良照院(良正院)が駿府より帰国。池田輝政後室、家康娘督姫。	11030
	6月11日	駿府城にて幸若舞。	11031
	6月12日	庭田宰相が江戸より駿府に到着する。庭田重定(1577～1620)か。	11032
	6月12日	下間少進法印(頼孝)が江戸に赴くべく、駿府を発つ。下間頼孝(頼之、仲之、仲康など)は駿府にあって能の勤仕をしていたので、徳川家康が金子十枚・綿百把を賜う。	11033
	6月13日	駿府城にて天台論議。	11034

慶長19	6月16日	巳刻(9～11時)、駿府城南殿にて嘉定が行われる。 徳川家康、宰相(徳川義利)、中将(徳川頼宣)、少将(徳川頼房)、配膳は西尾丹後守(忠永)。日野大納言入道(唯心)、傳長老(金地院崇伝)、冷泉中納言(為満)、水無瀬宰相入道(一斎)、大澤少将(基宿)、山名禅高、佐々木中務少輔、畠山長門守(政繁)、土岐左馬助(頼勝)、同市正(持益)、その他、三好因幡守(為三)、同丹後守(三好房一)、猪子内匠助(一時)、本田若狭守(堀田若狭守(本多一継)であろう)、徳永左馬助(昌重)、戸川肥後守(達安)、市橋下総守(長勝)、堀丹後守直寄(直寄)等が出席する。 午刻(11～13時)、天台論議。 嘉定(嘉祥)は、室町時代末から始まった年中行事。陰暦6月16日に疫病を防ぐため、16個の餅や菓子を神前に供えてから食べた風習。江戸時代には主君が家臣に菓子を賜る行事となり、民間では16文で菓子を買って笑わずに食べる風習となった。名称は、年号の嘉祥、または室町時代に用いられていた宋の嘉定通宝によるものという。「嘉定通宝」の略称「嘉通」が「勝つ」に通ずることが武家に喜ばれたとされる。	11035
	6月17日	駿府城にて天台論議。	11036
	6月18日	**松浦鎮信(1549～1614)が国に在りて病篤きの報有り、この日、徳川家康は、松浦肥前守隆信(肥前国平戸藩の第3代藩主)(1592～1637)を駿府に召し、役を免して帰国せしめ、更めて西国平戸の切支丹検察を命ず。松浦隆信は、江戸城普請中であった。**	11037
	6月19日	嶋津右馬助(島津忠興)(日向国佐土原藩2代藩主)(1600～1637)、駿府城の徳川家康に礼をし、伽羅巻物・太刀・馬を献上する。	11038
	6月20日	駿府城にて真言新儀論議。	11039
	6月20日	「其許普請被入精之故、本丸早々出来悦思食候、炎天之時分、一入苦労候也」。 家康、丹波福知山城主有馬玄蕃頭(有馬豊氏)(1569～1642)・日向縣城主高橋右近大夫(元種)(1571～1614)に書状を送り、江戸城修築の労を謝す。	11040
	6月22日	「伊勢国多気郡磯村之内百石、如先」。 家康、伊勢内宮慶光院周清上人に寺領安堵朱印状。	11041
	6月22日	駿府城にて天台論議。	11042
	6月22日	**片桐主膳正(貞隆)、大野修理大夫(治長)、駿府城の徳川家康に対面する。貞隆、治長は、江戸に赴くべく駿府を発つ。**	11043
	6月24日	駿府城にて真言新儀論議。	11044
	6月24日	越後少将(松平忠輝)使者・吉田某が駿府城の徳川家康のもとに到着し、高田城(越後国)普請の進捗状況を報告する。	11045
	6月24日	徳川秀忠、事を以て青山善四郎重政を駿府に遣す。徳川家康、召して(江戸城)工事(石垣普請)の状を問ふ。青山善四郎重長(1578～1639)であろうか。	11046
	6月25日	駿府城にて天台論議。	11047
	6月26日	駿府城にて真言新儀論議。	11048
	6月28日	駿府城にて天台論議。	11049
	6月29日	駿府城にて真言新儀論議。	11050

西暦 **1614**

慶長19		
6月29日	江戸に着いた僧録・有節瑞保(1548〜1633)、孝蔵主((？〜1626)に会う。 突如、高台院おね(1549？〜1624)の元を離れた孝蔵主は、この年、まず、駿府に向かい、次いで江戸に移っていた。孝蔵主は、江戸城大奥の取り締まりのため徳川秀忠に招かれて江戸城下に屋敷を与えられ、寛永2年(1625)10月23日には河内国深井村に200石の領地を与えられたという。	11051
6月30日	**執政酒井忠世・酒井忠利・安藤重信・土井利勝連署、本多正純・金地院崇伝に復書し、大工棟梁中井大和をして方広寺大仏上棟式挙行の為めに上京せしむ、嚮に(先に)二人は徳川家康の命を以て、幕府に照會する所有りたるを以て也。**	11052
6月一	徳川家康の命により池田忠継(備前岡山藩初代藩主)と森忠政(美作津山藩初代藩主)の娘が婚約する。池田忠継は、婚姻前に死去した。	11053
7月1日	駿府城にて新儀論議。飛鳥井中納言雅庸(1569〜1616)が駿府城にいる徳川家康に礼をする。	11054
7月2日	美濃加納藩2代10万石の奥平忠政(1580〜1614)、父信昌(1555〜1615)に先立って没。享年35。後を、幼少の奥平忠隆(1608〜1632)が継いだが、幼年のために祖父の奥平信昌(1555〜1615)が政務を代行する。	11055
7月3日	秀頼執事・片桐且元(1556〜1615)、大仏開眼供養と堂供養を、8月3日に行うことを決める。	11056
7月3日	駿府城にて天台論議。 **方廣寺大仏殿の大仏開眼供養、導師は仁和寺門跡であるとの勅定が出たことを、金地院(崇伝)が徳川家康に申し上げる。**	11057
7月4日	駿府城にて新儀論議。家康は、御暇上洛の智積院に銀三十枚、帷子、長存に銀十枚、鏡識に銀十枚、服・帷子等賜う。その他四人も同賜う。	11058
7月5日	「高田城竣工。松平忠輝(家康の六男)、福島城(新潟県上越市港町2丁目)から移転する」 越後国高田城(新潟県上越市本城町)の築城、ほとんど成り、普請奉行の滝川豊前守忠征、伊東政世、山城宮内少輔忠久、国元に戻る。幕府をあげての大工事となり、わずか4ヶ月という短い期間で竣工させた。天守と石垣がない特徴を持ちながらも、越後一国と北信四郡の石高75万石を治める巨大な城郭が完成。	11059
7月7日	将軍秀忠使者・水野監物(忠元)が駿府に至る、七夕の祝儀として帷子五領を進上する。徳川家康は江戸城普請の状況を問ふ。	11060
7月7日	豊臣秀頼使者として山口左馬允(左馬助弘定)(？〜1615)が家康のもとを訪れ、七夕の祝儀として黄金十枚を進上。また左馬允からの進物として紫皮十枚・太刀・馬を家康に献上する。	11061
7月7日	長谷川佐兵衛(藤広)が、稲葉彦六(典通)・相良左兵衛(頼房)宛に、「県城引渡指示」書を送る。	11062
7月8日	梅尾地蔵院・度善院が家康に御礼。南光坊僧正が披露。 梅尾は、京都洛北梅尾。厄除け祈願のかわらけ投げ名所か。	11063
7月8日	**南光坊天海が徳川家康に、方廣寺大仏開眼供養に仁和寺門跡が導師として出仕することへの異論を、秀吉時代の例を上げ訴える。天台宗と真言宗、どちらを左班に据えるおつもりかと、家康に申し出る。左班とは上席のことである。天台宗を左班としなければ、天台宗の僧侶は開眼供養に出席しないと主張したのだ。** **家康は、近代の事例ではなく聖武天皇や源頼朝の時代の例を調べるよう、傳長老(以心崇伝)を介し片桐市正(且元)に命じる。**	11064
7月9日	徳川家康、「飛鳥井中納言家系図」と「歌道宗匠日記」を閲覧する。	11065

慶長19	7月10日	冷泉中納言、江戸より駿府に到着、徳川家康に対面する。冷泉為満（1559～1619）は定家卿歌書を家康に見せ、歌道の雑談をする。 幸若、舞曲あり。幸若は暇を頂き、銀三十枚・服等を拝領した。	1106
	7月11日	駿府城にて天台論議。	1106
	7月12日	角倉了以（1554～1614）、没。享年61。宇治川を開削し、琵琶湖から京都に至る水路を完成させ、琵琶湖の水位を下げることで約20万石の新田を開拓しようと構想していたという。墓は二尊院。大悲閣千光寺に、林道春（羅山）著の「吉田（角倉）了以碑銘」、角倉了以座像がある。	1106
	7月12日	駿府相伴衆の三好丹後守房一（1554～1614）、駿府において没。享年61。	1106
	7月13日	**徳川秀忠使者・土井大炊頭利勝、駿府城の徳川家康のもとを訪れ、前田肥前守利家（利長の間違い）の隠居領である能登国拾六万石について、筑前守（前田利光（利常））に給付すべきか否か相談する。** 家康は前田家陪臣の前田対馬守（利種）、水原左衛門尉、奥村摂津守（栄頼）、本多安房守政重を晩に及び召し、筑前守利光の妻である珠に三万石を給付すると仰せ。珠姫は将軍秀忠御息女也。また、筑前守（利光）は若輩により、よくよく後見するようにと頼む。家老衆は感涙し退出する。家老衆はそれぞれ家康に加賀絹五十疋を献上する。また、肥前守（利長）の遺物である脇差（銘 不動正宗）・刀（銘 備前三郎）を家康に献上する。本多上野介（正純）が披露する	1107
	7月14日	山門代僧五智院が江戸に赴き、一切経を進上する。一切経は、毛利中納言（輝元）が如庵（織田有楽斎）に申し込み、宗瑞（輝元）献上の物という。	1107
	7月14日	定家自筆『伊勢物語』を将軍秀忠が家康に贈る。土井大炊頭（利勝）が持参したこの奥書を、道春（林羅山）が家康御前で読む。この本は後土御門院の御物で、能登の畠山入道（義総）、三好修理大夫長慶と伝わり、三好家没落後は泉州堺にあったが、細川幽斎（藤孝）が入手し、尾州下野守（松平忠吉）が幽斎（藤孝）に所望して入手し、下野守（忠吉）死去後は、将軍（秀忠）に進上されたものという。	1107
	7月14日	申刻（15～17時）、城内の竹腰山城守（正信）宅が焼失する。	1107
	7月15日	公家衆・諸士が出仕。 徳川家康、日野唯心・飛鳥井中納言・冷泉為満に定家自筆本『伊勢物語』を見せる。	1107
	7月15日	土井大炊頭（利勝）、江戸に戻るべく駿府を発つ。	1107
	7月16日	駿府城にて天台論議。冷泉為満（1559～1619）、徳川家康に、冷泉家重宝の定家自筆『卅六人歌撰』一冊を見せる。定家自筆は冷泉家の重宝だけれども、これは、とりわけの物という。	1107
	7月17日	大坂城にあって姫孫である豊臣秀頼（1593～1615）を補佐していた丹波柏原藩（兵庫県丹波市柏原）立藩初代3万6千石の織田信包（信長の弟、織田老犬斎）（1543～1614）、喀血して急没。享年72。嗣子無くして廃藩となり、その所領は天領となる。	1107
	7月17日	午刻（11～13時）、俄かに風雨、夜に及び大風。仙石兵部少輔（忠政）（信濃小諸藩第2代藩主）（1578～1628）、駿府に至り御座間にて徳川家康に謁して、亡父越前守（秀久）の跡目相続の御礼。銀百枚・絹五十疋・帷子・単物十領、越前守（秀久）遺物として金百枚・脇差（銘 長光）・茶壺を献上する。本多上野介（正純）が披露する。	1107
	7月17日	権太小三郎死去により、江戸より没収家財目録が家康の元に到来。金千二百五十両余り来る、廿分之一は未済と。元赤坂一・二丁目の代官、権太小三郎らしい。	1107

西暦1614

慶長19	7月18日	京都より板倉伊賀守(勝重)・片桐市正(且元)が参上して、駿府城にいる徳川家康に方廣寺(山城国)の大仏開眼供養について報告がある。来月三日早天、仁和寺門跡を導師とし開眼供養し、退出以後の日中の供養は天台宗を左座とすること、その他鷹司殿が大仏殿に着座し、公家衆は堂内に着座すること、童子が綱を執り、三門跡の他、天台宗引頭は竹内曼殊院門跡、真言引頭は隨心院などを伝える。その他、布施目録が到来。傳長老(崇伝)が披露する。家康は、頼朝の大仏供養の例、『東鑑』を読ませる。	11080
	7月18日	冷泉為滿が、為家自筆の仮名遺左枚右枚書様書物を持ち、家康に見せる。	11081
	7月18日	傳長老(以心崇伝)と延暦寺竹林坊が、多武峰(大和国)が崩れ、大織冠社檀が破損したこと、ただし神像(藤原鎌足像)は無事で他所に移したことを、家康に言上する。	11082
	7月19日	嶋津陸奥守(島津家久)の使者が駿府城にいる徳川家康のもとに到着し、染絹百疋・琉球酒二壺を献上する。同維新入道(島津義弘)の使者が家康のもとに到着し、緋緞子廿巻・香一箱を献上する。	11083
	7月19日	**家康、相国寺第92世・西笑承兌の遺領良西堂・西堂寺領三百石を割き、豊光寺と大光明寺の寺領とする。**両人は兌長老(西笑承兌)弟子である。大光明寺は、家康によって相国寺塔頭として再興される。秀吉の追善のため建立された豊光寺は衰えていく。	11084
	7月19日	彦坂九兵衛(光正)が家康に言上。福嶋掃部助(福島高晴)従者が申すには、駿府町奉行彦坂光正の許可を取らず、駿府城のある当地で、幕府に訴え出た家臣を捕える騒動を起こした。左衛門大夫(兄・福島正則)の旧功あるも家康は不快になった。	11085
	7月20日	秀康養父・結城晴朝(1534〜1614)、越前北庄にて没。享年81。 結城国松丸(後の松平直基、結城秀康の五男)(1604〜1648)は、養父晴朝の隠居料である5千石を相続する。家督を継いだ養子・故結城秀康(家康次男)(1574〜1607)は、関ヶ原の戦いでは、上杉家の監視を務めたことで加増転封となり、越前国北ノ庄藩(福井藩)67万石の大名となる。慶長9年(1604)には徳川家に戻った秀康は、松平姓に改姓された。そのため晴朝は秀康の五男である直基を養子とし、結城の姓を与えて養育しはじめた。	11086
	7月20日	飛鳥井中納言雅庸(1569〜1616)が新歌撰写を家康に献上する。家康は、明日『源氏物語』講釈を聴くと仰せ。	11087
	7月20日	谷出羽守(谷衛友)(丹波国山家藩初代藩主)(1563〜1628)、駿府城にて徳川家康に御目見。江戸詰めのため家康が衛友に暇を下す。本多上野介(正純)が披露する。	11088
	7月20日	**「誓紙之覚　一、毛利殿家中之楽誓紙三之内壱つハ井兵部殿ヘ渡申候事、…」。**黒田長政、再び本佐州(本多正信)宛に八ヶ条の覚書を提出、誓約する。	11089
	7月21日	飛鳥井中納言が徳川家康に『源氏物語』を講釈する。	11090
	7月21日	**「方広寺鐘銘事件がはじまり、大坂の役につながる」。大御所家康、駿府城数寄屋において近習四五輩と傳長老(金地院崇伝)、板倉内膳正(重昌)両人を召し、方広寺の鐘銘に問題あり(大仏鍾銘(国家安康)が関東不吉の語、棟札の不備、上棟の日は吉日にあらず)と不審の意を示す。**作事方・中井正清の入れ知恵で、吉日でない日に上棟(8月1日)を行うことに不快感を抱いた家康、開眼供養が8月3日なら、同日を避け、大仏殿供養を8月18日にすべきと主張する。8月18日は豊臣秀吉の17回忌である。普請奉行の片桐且元は、梵鐘の銘文を南禅寺長老の文英清韓(1568〜1621)に選定させていた。梵鐘は、4月には完成していた。	11091
	7月22日	駿府城にて華厳宗論議。	11092

慶長19	7月23日	成瀬藤蔵・同半左衛門が、父同隼人（正成）が病のため代わって江戸より駿府に参着。[1109] 成瀬藤蔵は正虎（1594～1663）、同半左衛門は成瀬之成（1596～1634）か。
	7月23日	**「起請文前書之事　一、勿論之儀と乍申、奉対両御所様無二可抽忠勤覚悟ニ御座**[1109] **候事、…」。** 黒田長政、またまた、本上州（本多正純）宛に起請文四ヶ条を記す。
	7月24日	徳川秀忠使者・成瀬豊後守（正武）、駿府城に参着。[1109]
	7月25日	徳川秀忠使者・成瀬豊後守（正武）（1585～1616）、駿府城の徳川家康に対面する。[1109]
	7月26日	南光坊（天海）、徳川家康に天台血脈を伝授する。[1109]
	7月26日	**「大御所家康、鐘名に異議を唱える」。**[1109] 片桐市正（且元）と板倉伊賀守勝重のそれぞれの書状が家康のもとに届く。内容は方広寺大仏供養は来月三日、開眼供養は十八日にするようにとの家康の指示だったが、十八日は豊国臨時祭のため三日早天に開眼供養その後堂供養を開催したいと豊臣秀頼が述べていたことを伝える。家康はこの返事として、大仏供養のことについて棟札の記載と鐘の銘文に立腹していることを伝え、頼朝時代には大仏開眼と堂供養は十ヶ年隔てて実施しているので先例に倣うようにと本多上野介（正純）・傳長老（金地院崇伝）をして伝えさせる。
	7月27日	**「近江国伊香郡坂口村五拾石之事、」。**[1109] 家康、菅山寺（滋賀県長浜市余呉町坂口）に黒印状を発給。
	7月27日	南光坊（天海）、駿府城数寄屋にて徳川家康に天台法問の伝授をする。[1100]
	7月27日	成瀬豊後守（正武）、江戸に帰るべく駿府を発つ。[1101]
	7月27日	大御所家康は『晋書』、『玉海』、『朱子大全』、『朱子語類』、『大学衍義補』、『二程全書』、[1102] 『文章辨体』、『文章正宗』、『李白詩集』、『東莱南軒集』等の書籍卅（三十）冊を江戸に送る。いずれも江戸の文庫に無い書籍で、道春（林羅山）が移送する。
	7月27日	**「大久保長安事件（慶長18年5月6日～慶長19年7月27日）、終結。しかしまだ続く」。**[1103] 下野国佐野藩（栃木県佐野市若松町）初代3万9千石 ・ 佐野修理大夫信吉（一白の五男）（1566～1622）、「身のふるまひ不良」と改易されて、長男の久綱（1600～1679）と共に信濃国松本藩へ配流。伊予国宇和島藩主の兄、富田信高（？～1633）に連座「大久保長安事件」という。佐野藩は廃されて天領となる。
	7月28日	改易された佐野信吉、松本城主小笠原秀政（1569～1615）の下に赴く。[1104]
	7月28日	小笠原政信九歳（下総古河藩初代藩主 ・ 小笠原左衛門佐信之の長男）（1607～1640）、[1105] 駿府城の徳川家康に御目見、帷子十領・銀百枚を献上する。
	7月29日	**「方広寺鐘銘事件」。** 秀頼執事 ・ 片桐且元（1556～1615）、神龍院梵舜（1553～1632）に、[1106] 大仏殿落慶供養の延期を告げる。
	7月29日	日野唯心が、家康に金沢文庫本『侍中群要』抄十巻を献上。先年関白豊臣秀次から[1107] 与えられた日野殿本という。 侍中群要は、平安時代以後、朝廷にあって機密の事務をつかさどった高級官僚の蔵人（侍中）に関する種々の事例を集めて記した有職故実書。
	7月29日	**「方広寺鐘銘事件」。** 徳川家康、鐘銘及び棟札の写しの提出を求める。[1108] 中井正清は、棟札に大工棟梁の名が無いことを訴え出ていた。
	7月29日	**「御懇札拝見忝存候、仍為御使黒田内膳・久右馬助殿御越被成、被存其旨候、…」。**[1109] 本多上野介正純、黒田筑前守（長政）宛に返書を記す。
	7月一	**「い子両年あかり知行皆済也、右分」。**[1110] 家康、伊賀に年貢皆済状。

西暦1614

慶長19	7月一	この月、肥前国日野江藩（後の島原藩）4万石・有馬直純(1586〜1641)、日向国県藩(あがた)（延岡藩）5万3千石に加増転封、有馬の地は天領とされた。父の故・有馬晴信(1567〜1612)と疎遠であったといわれ、これが有馬家存続に幸いした。 長崎奉行・長谷川藤広(1567〜1617)は、所領を継いだ有馬直純の後見人となり、同時にその目付として有馬氏の所領でのキリスト教弾圧を推進、また、有馬の地を長崎の管内への併合を家康に働きかけていた。	11111
	8月1日	徳川家康、出御、前庭に諸士が出仕する。長袴の大御所家康は、南光坊（天海）・傳長老（以心崇伝）・東大寺衆・日野唯心・飛鳥井雅庸・冷泉為満・唐橋（在通か）等も出仕、雑談する。	11112
	8月2日	**「方広寺鐘銘事件」**。 **中井大和守（正清）が駿府城の徳川家康に送った方広寺の鐘の銘文が到来。銘文の筆者は東福寺の清韓長老で、家康は「国家安康」の語をはじめ文章に不快感を示す。銘文の写しを作成し、江戸の徳川秀忠に送る。道春（林羅山）が担当する。**	11113
	8月3日	**「方広寺鐘銘事件」**。この日、方広寺供養のため、醍醐寺三宝院が導師を、妙法院が呪願師を務め、天台宗5百人、真言宗5百人の僧侶が参加。6百石もの餅がつかれ、3千余名が参集する。しかし、徳川家康が立腹していると伝わると、こうした人々は帰って行った。（『当代記』）は記す。	11114
	8月3日	徳川家康、駿府城奥ノ座間前の泉水について、島を築き池を掘って魚を放つように命じる。担当は諏訪部惣右衛門。諏訪部宗右衛門定吉であろうか。	11115
	8月4日	**「方広寺鐘銘事件」**。中井大和守（正清）より駿府城の徳川家康のもとに方広寺大仏殿の棟札写しが到来する。棟札執筆者は照高院興意（道勝）法親王。家康は棟札の文章に不快感を示す。鐘の銘文についても、奈良の大仏の鐘銘になぞらえるようにと伝えたのに相違していたこと、また豊臣秀頼が京都に赴くならば、供奉の輩を諸大夫に任官すべきと伝えたが、諸大夫の任官だけして秀頼の京行きは中止となったことに不審の由を仰せ。	11116
	8月5日	**「方広寺鐘銘事件」**。片桐市正（且元）より駿府城の徳川家康に方広寺大仏殿の鐘銘・棟札が到着する。金地院（崇伝）が読み上げ、中井大和守（正清）が差上書付と相違無いことを確認する。家康は鐘銘の善悪を五山衆に評判（判定）させるべく、板倉内膳正（重昌）を京都に遣わすことを仰せ。	11117
	8月6日	傳長老（以心崇伝）が家康に『大蔵一覧』を献上。家康はこの書は重宝なり、百部・二百部作製のため、銅字廿万字がある事を仰せ。	11118
	8月7日	徳川家康、山崎宗鑑自筆『廿一代集』を日野唯心、飛鳥井（雅庸）、冷泉（為満）に見せる。	11119
	8月8日	**「知行之目録 一三百拾七石八斗」**。家康、成瀬右衛門に黒印状を以って知行充行。	11120
	8月8日	板倉内膳正（重昌）、今日上京、鐘之銘棟札之時座配之儀を家康より仰せつかった。	11121
	8月8日	南都東大寺上生院が徳川家康御前で、奈良大仏ノシクシが傾いたので修復すべく真柱を取り替え、諸国勧進をし銅をもって鋳造することを言上。家康は承諾し、中井大和守（正清）に修復工事を仰せ付け。 源頼朝が重源に与えた自筆文書二通、『東大寺縁起』を上生院が家康に見せる。	11122
	8月8日	洞下僧松薫、家康に御目見。天南松薫（てんなんしょうくん）(1573〜1640)は泉水作りに長けており、大中寺（栃木市大平町西山田）に住まいする由。	11123

西暦 *1614*

慶長19	8月8日	松本城主小笠原兵部大輔秀政 (1569〜1615)、同忠脩 (1595〜1615) 父子、駿府に至り、徳川家康に御礼。	11124
	8月9日	駿府城にて天台論義が行われ、題は「法華入実者、何含之但空歟、方等之弾呵ニヨル歟」。精義は南光坊(天海)、月山寺、真光寺、法輪寺、日増院、実泉院。	11125
	8月9日	徳川家康が尊應・栄雅両人の奥書がある『定家古今集』、逍遥院・称名院筆の『三代集』を冷泉(為満)、公家衆に見せる。 為満は『定家古今集』を見て頗る不審の念を持つ。	11126
	8月一	「方広寺鐘銘事件」。本多正純・金地院崇伝、片桐且元へ、大仏鐘銘等の事で家康に弁明するため、駿府へ赴く事を勧める。	11127
	8月10日	公家衆、金地院(崇伝)が家康に、弘法心経・道風佐理行成(小野道風・藤原佐理・藤原行成)の手跡『尊圓一巻』、逍遥院・称名院筆『伊勢物語』二部、同『源氏物語系図』、定家筆『新勅撰』等を見せ、諸人驚く。	11128
	8月11日	南光坊僧正(天海)、徳川家康に天台仏法の奥儀を述べる。	11129
	8月11日	この日晩、畔柳寿学(?〜1626)が家康に、長尺余白ある鯛に似た大魚を献上する。	11130
	8月12日	駿府城にて、徳川家康が山名禅高元豊(1548〜1626)に両吟連歌を仰付。 禅高は八句を即座に発句、家康は興に入る。	11131
	8月13日	「方広寺鐘銘事件」。普請奉行・片桐且元(1556〜1615)、大仏殿鐘銘の弁明のため、鐘銘文の起草者である東福寺の清韓長老 (1568〜1621) を連れて大坂を発ち、駿府に向かう。	11132
	8月13日	南蛮人黒舩頭(諳厄利亜(イギリス)のカピタン)、駿府城にて徳川家康に御目見しして白糸巻物を献上する。	11133
	8月14日	「方広寺鐘銘事件」。京都所司代板倉勝重(1545〜1624)、林道春(羅山)(幕府御用学者)(1583〜1657)、家康から京都に派遣された板倉重昌(勝重の次男)(1588〜1638)ら、五山僧を集めて方広寺鐘銘を批評させる。 妙心寺海山(海山元珠)(1566〜1642)のみが決し難しと評するほか、みな不穏の拙文字なりと批判したという。 それは徳川家康の触忌を買い、海山元珠は祥雲寺(現在の智積院の場所にあった)から追放、寺地も没収され、智積院に与えられた。海山元珠は、秀吉の子・鶴松の菩提寺・祥雲禅寺の二代目住職で、初代南化玄興の弟子である。	11134
	8月15日	「方広寺鐘銘事件」。幕府、東福寺の文英清韓の住庵を毀す。	11135
	8月15日	駿府城にて天台論議。夕暮れに及び常座間にて観世大夫の舞がある。	11136
	8月16日	「方広寺鐘銘事件」。集雲守藤 (東福寺住持) (1559〜1621)、文英清韓の免罪に尽力する。	11137
	8月16日	不穏な空気は漂う中、蜂須賀家政(1558〜1639)・至鎮(阿波国徳島藩初代17万5千石)(1586〜1620)父子、豊国神社を阿波に勧請する。この年は、秀吉の十七回忌である。時勢のため後に廃祀されたが、寛政6年(1794)に再建される。	11138
	8月17日	「方広寺鐘銘事件」。 徳川家康が、中井大和守(正清)より提出された興福寺南大門、法隆寺の御持堂・聖霊院・法華堂の棟札写四通を見て、各棟札には大工棟梁姓名が入っているのに、方広寺大仏殿の棟札にはそれがないとして立腹する。	11139
	8月18日	秀吉十七回忌も幕府介入により延期される。	11140

西暦1614

| 慶長19 | 8月18日 | 駿府城にて天台論議。 | 11142 |

8月18日 「方広寺鐘銘事件」。板倉内膳正（重昌）が、京都より駿府城の徳川家康のもとに戻る。方広寺大仏殿梵鐘の銘文について五山碩学長老七人の批判文を持参する。 11143
五山の僧の答申はいずれも当時の諱の扱いに対する常識や礼儀として問題視し、諱を避けなかったことについて非難した。家康の予期した回答であった。
文英清韓は決して、不穏の意にて撰文したものではないと申し開きをする。

家康はその批判文を読んだうえで、南光坊（天海）、傳長老（以心崇伝）、道春（林羅山）を呼び、批判文より文英清韓の文書の難点を指摘するよう命じる。

8月18日 「方広寺鐘銘事件」。片桐市正（片桐且元）、丸子（駿河国）の寺に到着する。秀頼執事・片桐且元（1556〜1615）、文英清韓（1568〜1621）と共に駿府へ到り、使者を本多正純（1565〜1637）のもとへ送り弁明し、駿府城の大御所家康（1543〜1616）に謁見を申し入れるも、家康の命令によって駿府国鞠子（丸子）の徳願寺に足止めされる。 11144
文英清韓は、家康の諱を祝意として「かくし題」とした意識的な撰文である（「国家安康と申し候は、御名乗りの字をかくし題にいれ、縁語をとりて申す也」）と弁明したが、その場で拘束されたという。

8月18日 「方広寺鐘銘事件」。家康、清韓長老に怒りを示す。 11145

8月19日 「律令到来、是者金澤文庫本関白秀次執之、今日今出川殿被遣之、今日日進之、令廿篇内十一篇不足、律ハ二巻有之云々」。 11146
関白豊臣秀次が収集した金澤本律令が、今出川晴季から家康の元に到来した。

8月19日 「方広寺鐘銘事件」。「片桐市正（且元）干駿府可参之旨被仰せ」。 11147
家康、片桐且元駿府入りを許すを仰せ。

8月19日 「方広寺鐘銘事件」。徳川家康、方広寺（山城国）鐘銘についての京都五山衆の批判文の七通写しを江戸（徳川秀忠）に送る。道春（林羅山）（1583〜1657）が遣わされる。 11148

8月19日 御大母（家康母・於大）十三回忌として家康が、銀百枚を江戸増上寺に遣わす。 11149

8月20日 家康取次であった、佐渡金山奉行を勤めた初期豪商田中清右衛門正長（玄重・清六）、没。晩年、京都に隠居し、剃髪して常秀と号したという。 11150

8月20日 「方広寺鐘銘事件」。徳川家康、傳長老（以心崇伝）・上野介（本多正純）に、方広寺棟札・鐘銘がどこで食い違ったのか、また豊臣秀頼が諸牢人を数多、召し抱えていることについて不審の念を仰せ渡す。 11151

8月20日 **「方広寺鐘銘事件」。豊臣秀頼の使者として、片桐且元がようやく駿府に入るも、徳川家康との対面は叶わず、訪ねて来た本多正純と金地院崇伝から詰問を受ける。本多正純らは片桐且元に対し、鐘名の件と牢人招集について詰問。鐘銘をすり潰すこと、布施の具体的な作法、また且元に不届きがあったと家康が思っていないことなどを伝えられた、鐘銘については片桐且元に理があったが、牢人招集については否定することは出来なかった。** 11152

8月21日 駿府城にて天台論議があり、題は「法華涅槃二経勝劣」。講師は薬樹院、月山寺、真光寺、法輪寺、日増院、法泉院。精義は南光坊（天海）。 11153

8月21日 家康六男・松平忠輝（越後国高田藩75万石）（1592〜1683）の越後国蔵王城代2万石・山田隼人正勝重（石田三成の長女の婿）（1576〜1655）、さらに6千石を加増される。 11154

8月22日 飛鳥井雅庸が、「源氏三箇大事」を徳川家康に相伝する。「源氏三箇大事」は弘法大師御記文らしい。 11155

慶長19	8月23日	**「方広寺鐘銘事件」**。淀殿（茶々）(1569～1615)、この日、鐘銘事件の弁明のため、大蔵卿局（大野治長母、淀殿の乳母）(？～1615)と正栄尼（豊臣秀頼の乳母、渡辺内蔵助糺の母）(？～1615)を駿府城に差し向ける。この時、大蔵卿局は、家康に謝罪するための言葉を間違えないように、一言一句その全てを暗誦していたという。渡辺内蔵助糺 (？～1615)は、「内助流槍術」なる流派を立てた槍の名手で、秀頼の指南役を務めていたが、大坂城落城の際、自害という。
	8月23日	駿府城にて真言論議。
	8月24日	長崎（肥前国）より長谷川忠兵衛（長谷川藤広の弟）、茶屋又四郎清次が駿府城にいる徳川家康のもとを訪れ、南蛮唐人の商船が来航していることを報告する。家康より忠兵衛と清次に切支丹追放のこと尋ねる。
	8月25日	村上周防守（忠勝）（越後国村上藩2代藩主）、溝口伯耆守（宣勝）（越後国新発田藩2代藩主）、駿府城にて徳川家康に御目見、蝋燭等を献上する。
	8月25日	木下宮内少輔利房（備中国足守藩2代藩主）の子、木下熊之助（利当）(1603～1662)、初めて家康に御目見。
	8月25日	本多佐渡守正信、相良左兵衛（頼房）宛に、「県城引渡落着」の書状を送る。
	8月26日	駿府城大広間にて御能。
	8月27日	駿府城にて天台論義が行われ、題は「法華弥陀観経弥陀同躰斈別体斈」。精義は南光坊（天海）、講師は月山寺、薬樹院、真光寺、法輪寺、日増院、東光坊、法泉院等。
	8月27日	飛鳥井雅庸、江戸に赴くべく駿府を発つ。
	8月27日	**「方広寺鐘銘事件」**。大御所家康 (1543～1616)、文英清韓 (1568～1621)の紫衣勅許を得たるを怪しみ、京都所司代板倉勝重 (1545～1624)に命じて旧記を検めさせる。
	8月27日	徳川家康生母「伝通院」十三回忌増上寺へ賜銀あり。
	8月28日	**「方広寺鐘銘事件」**。古田織部（重然）(1544～1615)、茶会に「国家安康」の鐘銘を草した文英清韓をもてなしたため、この日、幕府より咎めを受ける。
	8月28日	山城国・河内国・近江国にて堤が崩れ、百姓は家を流され溺死するとされる。
	8月28日	江戸にて大風があり、城下の家屋や寺社が倒壊する。大風で増上寺山門、品川九品寺五重塔ら、倒れる。伊達政宗・前田利光（後の利常）・酒井与四郎（忠世）・山内忠義の邸宅破損。
	8月28日	**「方広寺鐘銘事件」**。徳川秀忠使者・水野監物（忠元）が、駿府城にいる徳川家康と対面。本多上野介（正純）を交え、大坂城にて豊臣秀頼が牢人を召し抱えていることについて家康が立腹している件で密々の相談をする。
	8月28日	播磨・摂津国など転々としたキリシタン原主水（胤信）(1587～1623)は、徳川・豊臣の反目に乗じて母方の粟飯原一族を頼り、武蔵国岩槻城下へと隠れる。
	8月29日	**「方広寺鐘銘事件」**。「今晩、大蔵卿局従大坂参府云々」。淀殿（茶々）の使者として、大蔵卿局と正栄尼が駿府に入るが、駿府城登城をはばかって七間町に寅居し某邸宅に家康側室阿茶局（後の雲光院）(1555～1637)を招いて方広寺鐘銘の陳謝をしたという。その後、対面した家康は「離間の計」を仕掛け、大蔵卿局らに対し、殊勝な態度で甘い要求を出し、帰らすという。
	8月29日	「忍丑皆済事　右分相済也、仍如件」。家康、九介に年貢皆済状。
	8月30日	「常陸国久慈郡天神林村之内百石、」・「常陸国久慈郡天神林村之内百石、」・「常陸国久慈郡天神林村之内四拾」。家康、ほしや才蔵・あさ倉源八・伊藤半四郎に黒印状を以って知行充行。

西暦1614

慶長19	8月30日	徳川家康の使者として本多上野介（正純）が、江戸の徳川秀忠のもとに赴くべく、今朝俄かに駿府を発つ。	11175
	8月30日	宝性院が登城、家康が召すと宝性院什物の恵果卯信大師自筆大日経七巻の内三巻不足、願行之劔その他黒箱過去帳が紛失、宝亀院に在るとの由。 家康は、届けて無いのは落度であるとの仰せであった。	11176
	8月―	この月、越後国高田城（新潟県上越市本城町）、竣工する。福嶋城（新潟県上越市港町二丁目）を廃した藩主・松平忠輝（家康六男）（1592～1683）、入城。福嶋藩は、終わり、厳密には、これ以降が高田藩である。	11177
	8月―	「方広寺鐘銘事件」。 この月、大仏を兼管する興意法親王（誠仁親王の第5王子）（1576～1620）が、方広寺大仏殿の棟札銘文に書くべき大工頭の名を入れなかったという江戸幕府の嫌疑を受け蟄居する。後を受け、妙法院常胤法親王（1548～1621）が、大仏を兼管し別当職に就く。	11178
	8月―	「方広寺鐘銘事件」。 慶長5年（1600）以降、高野山を出て、当時、武蔵国岩槻藩（2万石）主・高力清長（1530～1608）預かりとなっていた増田長盛（1545～1615）、この月、家康より召喚され大坂方への和睦の仲介を依頼されるも、これを断る。	11179
	8月―	徳川家康、武蔵川越喜多院の大堂を建立す、武蔵国川越藩主酒井備後守忠利をして其総奉行たらしむ。	11180
	9月1日	「方広寺鐘銘事件」。相国寺鹿苑院内の蔭涼軒より、文英清韓の紫衣位なる事を、金地院（以心）崇伝（1569～1633）に復命する。	11181
	9月1日	公家・諸士、駿府城にいる徳川家康に出仕する。	11182
	9月1日	阿蘭陀（オランダ）人、駿府城にて徳川家康に御目見、白糸二丸、龍脳二斤、丁子（ちょうじ）二囊、大木綿、緞子など献上品を捧ぐ。	11183
	9月1日	家康の外交顧問役ヤヨウス（ヤン・ヨーステン）、江戸の若君に奉りたいと、駿府で家康に虎の子2頭を献上する。	11184
	9月3日	駿府城三の丸にて御能。	11185
	9月3日	「今度江戸普請付而、日夜入精之由、従将軍被申越候、乍恒も苦労之儀、喜悦候也」。 駿府に在った家康、藤堂和泉守（高虎）（1556～1630）に黒印状を送り、江戸城修築工事の労を賞す。	11186
	9月4日	徳川家康、地謡役者に当座のため米二十石を下賜する。担当は永井右近（直勝）。	11187
	9月4日	駿府城にて天台論義が行われる。題は「提婆権者欤実者欤」。精義は南光坊（天海）、講師は法輪寺・月山寺・真光寺・日増院・東光坊・法泉院・観音院。月山寺・真光寺・法輪寺三人は、家康から御暇を賜い、関東下向。	11188
	9月4日	京より飛脚到来。去廿八日、大雨洪水で山城・河内・近江方々で堤が崩れ、百姓の家が流され溺死が多数でた由。今年は三合歳故という。 三合歳（さんごうさい）は、陰陽道でいう厄年の一つ。暦の上で一年に大歳・太陰・客気の三神が合すること。これを大凶とし、この年は天災、兵乱などが多いとする。	11189
	9月5日	「定一上野国群馬郡天台宗榛山厳殿寺」。 家康、榛名山厳殿寺（寛永寺末の学頭光明寺・別当満行院）に、印判状もって3ヶ条の法度（榛名山法度）を下す。現在の榛名（はるな）神社である。	11190
	9月6日	駿府城にて真言論議。	11191

慶長19	9月7日	**「方広寺鐘銘事件」。本多上野介(正純)、江戸より帰着。家康、さらに「離間の計」** ^11192^ **を仕掛ける。**徳川家康が片桐市正(且元)のもとに本多上野介・金地院崇伝を遣わ し、家康の意向として、豊臣秀頼から且元・片桐貞隆に知行給付するようすると 伝える。断れば不義となることを且元兄弟に伝える。また、秀頼が御父子(家康・ 秀忠父子)を調伏しているとの風説があること、将軍秀忠は心底奈何することも 出来ぬと思っているとを伝える。大蔵卿局にも同じ事を伝える。 市正(且元)、大坂に向かう。
	9月7日	舟橋秀賢(1575〜1614)の子・大炊助清原(伏原賢忠)(1602〜1666)が、家康に継目の礼 ^11193^ をする。秀賢の遺物である『三代実録』五巻を家康に献上する。十巻足りないという。
	9月7日	**徳川幕府、西国大名50名及び東国大名から、二心なき旨の誓詞を提出させる。** ^11194^ 「敬白　天罰霊社起請文前書事　一、奉対　両御所様不可存表裏別心事　一、対 背上意輩、一切不可申談事　一、被仰出御法度以下、毛頭不可相背事、」。 酒井忠世邸に集められ、秀忠付年寄の本多佐渡守正信(1538〜1616)と酒井雅楽頭忠 世(1572〜1636)宛に起請文を提出した。
	9月7日	江戸城普請の細川忠利(豊前国中津城主)(1586〜1641)、起請文を提出したこの日付 ^11195^ で、豊前中津の父・細川忠興に書状を送り、起請文提出の事実を報じる。
	9月8日	徳川家康、南光坊天海・傳長老(以心崇伝)・宝性院(政遍)・飛鳥井(雅庸)・冷泉(為 ^11196^ 満)に、重陽の御服各二領ずつを賜う。
	9月9日	**「一自日本到邏邏国舟也、右、慶長」。**家康、渡海朱印状。 ^11197^
	9月9日	巳刻(9〜11時)、徳川家康、駿府城常之御書院に赴く。公家衆が出仕する。徳川秀 ^11198^ 忠の使者・神尾五兵衛(守世)が、家康に重陽の御服五領を献上する。家康、公家 衆に酒盃を賜う。 家康、今日は清和天皇貞観之時、僧正僧都位階を定めた。近代亀山院之時、僧 正准参議まで近代之令不可用(用いて無い)と言う。
	9月9日	**「慶長十九年甲寅九月九日付邏羅国渡海朱印状」。**将軍秀忠、渡海朱印状。 ^11199^
	9月9日	安房国館山藩(千葉県館山市城山)2代12万石の里見忠義(1594〜1622)、重陽の節句の賀 ^11200^ 儀を述べるため江戸に参府するが、登城を差し止められた上に、老中土井利勝ら の派遣した使者に、常陸鹿沼郡・行方郡9万石に移封すると伝えられる。 **不始末のかどとした老中大久保忠隣の失脚事件への連座で、所領替えである。** その後、鹿島3万石の替地として伯耆国に3万石を与えられ、倉吉に移ることとな る。忠義は、慶長16年(1611)、忠隣の孫娘を室として迎えていた。 佐貫藩(千葉県富津市佐貫)3万石の内藤政長(1568〜1634)、館山藩里見忠義の転封に伴 い、館山城取壊しの総指揮を命じられる。
	9月10日	雨降り。駿府城にて華厳宗論、題「因明声論勝論之問」。各講師は、清凉院・妙喜院・ ^11201^ 大喜院師君。師君は師を敬っていう語。
	9月11日	**「方広寺鐘銘事件」。徳川家康、片桐市正(且元)・大蔵卿局に対し、淀殿への伝達** ^11202^ **事項を伝える。**
	9月11日	朝鮮国より家康に、肉蓯蓉一壺・牛黄(牛の胆石)の献上あり。生薬のようだ。 ^11203^
	9月12日	**「方広寺鐘銘事件」。「今朝、片桐市正上洛、今度無御目見、大蔵卿局モ大坂帰」。** ^11204^ 幕府と豊臣家がどうしたら不和にならずにゆけるのか、大坂に帰り相談せよと、 厳しく告げられた片桐且元、三週間近くを滞在した駿府を朝出発する。大蔵卿局、正 栄尼も帰坂する。且元は駿府滞在中、家康に一度も会えなかった。

西暦 1614

慶長19	9月12日	**「方広寺鐘銘事件」**。金地院(以心)崇伝(1569〜1633)、集雲守藤(東福寺住持)(1559〜1621)よりの、文英清韓執成方を拒絶する。	11205
	9月13日	飛鳥井中納言(雅庸)が、家康に暇を遣わされ、銀三十枚・綿二百把を賜う。	11206
	9月13日	東大寺大仏殿の修造について、宝性院は什物紛失を、大楽院・文殊院は高野山に帰る事を言上。上性院・清凉院両人が、奈良大仏修造の諸国勧進の不足分の供出を家康に請う。家康は不足分の供出に応じる。 宝性院政遍が、家康に京山科安祥寺を仰せつけられ上洛。	11207
	9月13日	原主水(胤信)が関東より駿府に身柄を移送される。主水(胤信)は両手指を切り落とされ、額に焼印が入った状態で、切支丹につき召し抱える者は許されざる者であると記した制札を添えて放逐される。担当駿府町奉行・彦坂九兵衛(光正)は、この者は切支丹なり、数年隠れていたが唯今捕まえたと。	11208
	9月14日	因幡国鳥取藩立藩初代6万石の池田長吉(輝政の弟)(1570〜1614)、没。享年45。長男の長幸(1587〜1632)が継ぎ、2代藩主となる。	11209
	9月14日	徳川秀忠使者・土井大炊頭利勝が駿府に到着する。本多上野介(正純)が密々に利勝参府を家康に言上。	11210
	9月15日	**「下野国足利郡猿田郷百三拾石余、」・「下野国足利郡羽刈之内弐百七拾」**。家康、天野勘七・天野小三郎に黒印状を以って知行充行。	11211
	9月15日	駿府城数寄屋にて徳川家康が南光坊天海と密々仏法、そして雑談をする。恒例の如く諸侍が家康に出仕する。 幸若小八郎が江戸より駿府に到着する。家康の前で舞曲烏帽(子)折を舞う。	11212
	9月16日	**「方広寺鐘銘事件」**。近江国土山で、大蔵卿局は、且元の宿所を訪問。帰国後に大坂で行う報告について、且元とすり合わせをするためであった。大坂強硬派を説得すべく「秀頼の江戸参勤、淀殿(茶々)の人質、国替えのどれかを認めることが和解の条件」と大蔵卿局に告げる。且元の自作である。	11213
	9月16日	今朝、松平筑前守利光(前田利常)が駿府に到着する。午刻(11〜13時)、駿府城にいる徳川家康のもとに利光が礼をする。利光は黄金三百枚・紅染絹二百疋・白絹百疋を献上し、家康に対面する。家康は利光に太刀(銘 守家)・脇差(銘 長光)を賜う。本多上野介(正純)が下賜物を伝達する。利光の家臣である奥村河内守(栄明)・同摂津守(栄頼)が家康と御目見、服を献上する。	11214
	9月16日	**「加賀能登越中三ヶ國之事、一圓被仰付訖、者守此旨、可柚忠勤者也、仍如件」**。**「家康、前田利光に加賀・越中・能登3ヶ国を与える」**。 家康(1543〜1616)、この夜、加賀藩2代藩主・松平筑前守(前田利光(後の利常))(1594〜1658)に対し、加賀・越中・能登3ヶ国の「領地判物」継目の朱印領土安堵状を発給する。本多正純、土井利勝が利光のもとに持参する。百十九万二千五百石余の相続である。利常は、徳川秀忠の次女・珠姫(1599〜1622)を妻に迎えていた。家康は利光(後の利常)に、17日朝に徳川秀忠のもとに戻るよう命じる。	11215
	9月18日	**「方広寺鐘銘事件」**。片桐市正(且元)、駿府より大坂城に戻る。 且元は豊臣秀頼・淀殿に、今後、徳川秀忠との不和を生じないよう、秀頼は諸大名と同じく駿府と江戸に参勤する、秀頼か淀殿のいずれかが江戸在府をするか、秀頼が大坂城を出て他国(伊勢・大和)に国替えをしてはどうかと徳川家康より提案があったことを伝える。秀頼・淀殿はこの提案を不快とする。	11216

慶長19	9月18日	「方広寺鐘銘事件」。徳川家康、江戸城石垣修築普請を終え、駿府に暇乞いに来訪した松平武蔵守（池田利隆、播磨国姫路藩2代42万石）(1584～1616)へ、尼崎に出陣するように密命する。	11217
	9月18日	遠州可睡宗珊（士峰宋山）が出仕して曹洞宗仏法、雑談。その後、幸若舞曲信田がある。	11218
	9月19日	原主水を匿った廉で、岡平内は改易となる。一方、父の岡越前守は赦免された。駿府槇谷（牧ケ谷）耕雲寺住職が、原主水を匿った曲事による。これについては、越前守が平内を義絶したためともいう。	11219
	9月19日	「三河国額田郡深津村千弐百三拾」。 家康、板蔵内せんに黒印状をもって深津（三河国）に千五百石を知行充行。 板蔵内せんは、板倉勝重の次男・板倉内膳正重昌(1588～1638)。重昌は、松平正久（正綱）・秋元泰朝と共に徳川家康の近習出頭人と呼ばれた。	11220
	9月20日	「方広寺鐘銘事件」。大坂城に出仕した片桐且元(1556～1615)は、秀頼に対して、今回の報告をした上で、淀殿（茶々）の江戸での人質等の解決策を提案するも聞き入れらず、さらには、且元殺害計画まで出る。	11221
	9月20日	上総国東金西福寺日善上人(？～1617)が家康に御目見。 蒔田権佐（広定）（備中浅尾藩初代藩主）が菓子を家康に献上。 幸若小八郎が駿府城にて舞曲（文覚）を舞う。	11222
	9月20日	江戸より伊丹善之介康勝(1575～1653)・鎮目市左衛門惟明(1564～1627)が駿府に到着する。勘定代官である。	11223
	9月20日	大久保忠隣の娘婿・里見安房守忠義が館山（安房国）より米子（伯耆国）に国替となる。本多出雲守忠朝・内藤左馬助政長が館山城（安房国）の請取に赴くこととなる。	11224
	9月21日	「雲岩寺、今度改号龍泉寺、遠江国」。家康、士峰宋山（可睡斎十三世）に黒印状、三十五石を下賜。当初は洞巌山雲岩寺といった、現在の浜松市浜北区根堅にある龍泉寺。可睡斎の末寺となり改号。遠州最初の曹洞宗寺院という。	11225
	9月23日	「尚々此の地の様子能々御聞き合せ肝要に候、其の為墨印を以て申させ候、以上態と申入れ候、今度大仏供養の儀候については、駿河機嫌悪くなり申し候間、使を以て種々理申し候えども、大仏の儀差し置かれ、市正を以てこの三カ条申し掛けられ候、大坂の城を明け候か、また屋敷を取り諸大名の如く江戸にあるか、これかなわず候わば、母にて候者を人質に出し候えと申され候、…」。 豊臣秀頼(1593～1615)、自筆書状を薩摩少将（島津家久（忠恒）（薩摩藩初代藩主））(1576～1638)に送り、家久を心より頼みとして至急上洛を要請する。 「尚々重ねて高屋遣わし申し候間、御分別専要に候、以上、…」。 別状で証拠のため銘正宗脇差を使者・高屋七郎兵衛（長崎商人）に持たせるとした。 大野修理大夫　副書が添えられた。	11226
	9月23日	「方広寺鐘銘事件一片桐且元暗殺計画が発覚」。 大坂城城内にて片桐且元・貞隆兄弟を殺害するとの風聞があったため、且元・貞隆が登城を控える。秀頼側は、且元を裏切り者として看做した。	11227
	9月23日	将軍秀忠(1579～1632)、前田利光（後の利常）(1594～1658)に対し加賀・越中・能登3ヶ国の「領地朱印状」を発給する。その中から3百領を利光室（珠姫、秀忠と江の二女）へ与える。	11228
	9月24日	全国で伊勢踊流行し、この日より禁中でも行われ、翌月に及ぶ。	11229

慶長19	9月24日	大御所家康（1543～1616）、高山右近（1552～1615）、小西如安（内藤如安）（1550？～1626）・宣教師らに国外追放を命じる。	11230
	9月25日	「**方広寺鐘銘事件**」。大坂にて豊臣秀頼の命により大野治長、青木一重、石川貞政、薄田兼相、渡辺糺、木村重成、織田頼長等が、片桐且元を殺害せんとする。 且元（大和国竜田藩（奈良県生駒郡斑鳩町竜田）立藩2万8千石）（1556～1615）はこの計画を知り、自邸に籠居する	11231
	9月25日	「**方広寺鐘銘事件**」。片桐且元の飛脚が駿府（駿河国）に到着する。その飛脚は、18日に且元が秀頼・淀殿（茶々）に、徳川秀忠との関係悪化を回避するため、秀頼・淀殿のいずれかが江戸（武蔵国）に在府するか、秀頼が大坂城（摂津国）を出て国替えに応じるか徳川家康より提案があったことを伝えたが、秀頼・淀殿は不快の意を示したこと、その後、且元を殺害するとの密告があったため且元は出仕を控えていることを伝える。本多正純が家康に飛脚の報告内容を伝える。	11232
	9月26日	「**方広寺鐘銘事件**」。片桐且元、重ねて説得を試みるも、秀頼は、これを受け入れず、家康へ対抗する意思を示す。	11233
	9月26日	「**方広寺鐘銘事件**」。「そもしよりほか御たのみ申候ほか候ハす」。 淀殿（茶々）（1569～1615）、秀頼執事・片桐且元（1556～1615）へ書状を送る。	11234
	9月27日	「**方広寺鐘銘事件**」。「関ヶ原の戦い」後、改易され、後に豊臣家に出仕した織田常真（信雄）（1558～1630）、大坂城下を出奔し京都嵯峨野に移る。 家康に内通ともいわれる信雄は、豊臣方から徳川方へ転身する。	11235
	9月28日	「**方広寺鐘銘事件**」。**豊臣家、片桐且元（大和国竜田藩（奈良県生駒郡斑鳩町竜田）立藩2万8千石）を不届者として禄を取り上げた旨を、江戸・駿府に知らせる。**	11236
	9月28日	「**方広寺鐘銘事件**」。穏健派・石川貞政（1575～1657）、大坂城を退去、高野山に上り剃髪。大坂の役には、徳川方として戦い、旗本となるという。	11237
	9月29日	「**方広寺鐘銘事件**」。京にて、高台院おね（1549？～1624）が大坂へ駆けつけるという噂が流れる。高台院おね、屋敷の門を堅く閉じ、人の出入りを禁じる。	11238
	9月一	長崎でキリシタン教会の破壊が始まる。	11239
	9月一	「**方広寺鐘銘事件**」。この頃、京都所司代板倉勝重（1545～1624）、京坂緊迫につき、過書船奉行に軍需物資の輸送確保を命じる。淀船が担う。	11240
	9月一	この頃、江戸で、浄瑠璃・三味線が流行。	11241
	10月1日	「**方広寺鐘銘事件**」。**大坂私邸の片桐且元（1556～1615）・貞隆（1560～1627）兄弟、居城である摂津・茨木城に入城、立て籠もる。** **且元は戦いを避けるために家康との和平交渉に奔走したが、交渉している間に大野治長や淀殿（茶々）から家康との内通を疑われるようになってしまった。片桐家は遂には豊臣家を見限り、徳川家に味方することを決意した。**	11242
	10月1日	「**方広寺鐘銘事件**」。「大坂に変事あり」の報が駿府に達する。板倉伊賀守勝重よりの飛脚が駿府（駿河国）に到着する。勝重の書状には大坂にて豊臣秀頼の命により大野治長、青木一重、石川貞政、薄田兼相、渡辺糺、木村重成、織田頼長等が、片桐且元を殺害せんとし、計画を知った且元が自邸に籠居したことを、本多正純・板倉重昌が徳川家康に報告する。家康はこの事件に立腹し、大坂に向けて出陣することを近江国、伊勢国、美濃国、尾張国、三河国、遠江国に触れ、徳川秀忠にも伝える。勝重よりの書状が、再度、駿府（駿河国）に到着し、織田頼長が、且元が駿府に赴いたならば、秀頼を大坂城（摂津国）より追い出し、織田常真（信雄）を大将として籠城するつもりであると家康に報告する。	11243

慶長19	10月1日	「大坂冬の陣（10月1日〜12月22日）—大坂城討伐令」。 [1124]

大御所家康、大坂討伐を決意、伏見城代・松平定勝（家康の異父弟）（1560〜1624）に厳戒を命じ、関東奥羽の諸大名に対し、大坂出陣の陣触れを発する。
近江、伊勢、美濃、尾張の諸大名に大坂出陣を命じたともされる。
家康六男・松平忠輝（越後国高田藩75万石）（1592〜1683）は、江戸城西の丸守備を命じられるが、不服として幕閣の酒井忠世（1572〜1636）の指示に従わず、舅・伊達政宗（1567〜1636）の催促を受けるまで領国から動かなかったという。

	10月1日	「大坂冬の陣」。高台院おね（1549？〜1624）、大坂へ駆けつけるため屋敷を発つも、道を阻まれ、鳥羽の関を越えられず立ち戻る。 [1124]
	10月2日	「大坂冬の陣」。京都所司代板倉勝重（1545〜1624）、諸国に対し、豊臣家への武器、兵糧の販売を禁止する。 [1124]
	10月2日	「大坂冬の陣」。仙石秀久の次男秀範、豊臣秀頼に召されて大坂城に入る。 [1124] 仙石秀範は、慶長4年（1599）、豊臣家から3000石を与えられて従五位下、豊前守に叙任された。慶長5年（1600）の関ヶ原の戦いでは西軍に与したため、戦後、東軍に与した父から廃嫡された上に勘当されて浪人となり、出家して京都で寺子屋の講師を務めていたという。
	10月2日	本多正純、藤堂高虎宛に書状を出す。二通出したといい、二人は入魂であった。 [1124]
	10月2日	**「大坂冬の陣」。豊臣秀頼（1593〜1615）、「対徳川戦」の檄を出す。豊臣方、旧恩ある大名や牢人に檄を飛ばし戦争準備に着手。** [1124] 兵糧の買い入れを行い、大坂にあった諸大名の蔵屋敷から蔵米を接収。 送った相手は、南から島津家久・細川忠興・蜂須賀家政・福島正則・浅野長晟・池田利隆・前田利常・蒲生忠郷・伊達政宗・佐竹義宣といずれも有力大名ばかりで、これらが味方につけば戦況はかなり有利になるはずだった。だが、そのうちの誰もが豊臣家に味方につこうとせず、それどころか豊臣家の使者を切り捨てたり捕らえたりして徳川家に忠誠の証を見せるものまでいた。ただ、福島正則だけは豊臣家のために大坂屋敷にあった福島家の米8万石を自由に使っていいと伝えている。
	10月3日	「大坂冬の陣」。 [1125] 越前国北ノ庄藩2代75万石の松平忠直（結城秀康の長男）（1595〜1650）、駿府にて大坂への出陣を命じられる。忠直、江戸より軍勢派遣の書状を越前へ遣わす。
	10月3日	「大坂冬の陣」。 [1125] **老中奉書（本多正純・酒井忠世・土井利勝）が東国の諸大名に出され、武具を調えて早々江戸に参上するよう命じられる。**
	10月4日	「大坂冬の陣」。宰相（徳川義俊（義直））、名護屋（名古屋）を進発、成瀬隼人正・竹越山城守その他尾張衆数百人が供奉。 [1125]
	10月4日	**「大坂冬の陣—大坂参陣の陣触を発令」。** **将軍秀忠・幕府、東北諸大名に令し、その軍勢を江戸に集結させる。また江戸にある西国諸大名らを帰国させ、後命を待たせる。** [1125]
	10月4日	「大坂冬の陣」。伊予国松山藩20万石の加藤嘉明（1563〜1631）は、豊臣恩顧の有力大名であるがために、徳川秀忠から江戸留守居として残ることを命じられる。 [1125]
	10月4日	「大坂冬の陣」。上野国沼田城の真田信之（信濃国上田藩9万5千石）（1566〜1658）、幕府より大坂参陣を命じられるが、病臥中のため、嫡男信吉（1595〜1635）・次男信政（1597〜1658）らを参陣させる。 [1125]

慶長19	10月5日	「大坂冬の陣」。江戸参勤途上の上杉景勝(出羽国米沢藩30万石)(1556~1623)に徳川秀忠から豊臣秀頼討伐の兵を上げよとの命が届いた。 景勝、下野国那須郡鍋掛で大坂城攻めの命を知り、米沢に出陣の準備を命じる。 11256
	10月5日	東本願寺第十二代法主・教如光寿(1558~1614)、没。享年57。子・宣如光従(1604~1658)が継ぐ。宣如は後に、将軍徳川家光(1604~1651)から寺地の寄進をうけ、その一画に別邸渉成園(枳殻邸)を営む。 11257
	10月5日	「大坂冬の陣」。 「京都伊賀守飛脚到来、大坂之躰、彌構城郭諸牢人拘置籠城支度之由註進云々」。板倉伊賀守勝重の飛脚が駿府に到来し、豊臣秀頼が大坂城を整備し、牢人を召し抱え、籠城の準備をしていると、駿府城の徳川家康に注進する。 11258
	10月一	**「大坂冬の陣」。この頃幕府、軍の大坂への行軍に際し、東海地方の村々に兵糧、薪、藁などを通りに運ぶよう命じる。また、徳川家は、大坂での補給を容易にするため、近隣の港に入港する商船を保護した。** 11259
	10月6日	**「大坂冬の陣」。** 大御所家康(1543~1616)、藤堂高虎(伊勢国津藩主)(1556~1630)を江戸から駿府に召し寄せ、軍議。 11260
	10月6日	「大坂冬の陣」。京都伊賀守(板倉勝重)の飛脚が駿府に到来し、勝重宛の織田有楽斎(長益)書状を駿府城にいる徳川家康に届ける。 織田有楽斎(1547~1622)の書状には、市正(片桐且元)による駿河(家康)との交渉が不調に終わったことを豊臣秀頼が折檻したため、市正(且元)・主膳(貞隆)兄弟は、主膳(貞隆)自領・攝津棘木(茨木城)に退くことになり、大坂城は大騒動となったが、我等(有楽斎(長益)・頼長父子)は、両御所(家康・秀忠父子)に対する野心はない伝える。 11261
	10月6日	「大坂冬の陣」。江戸城普請役を終えた細川忠利(豊前国中津城主)(1586~1641)が箱根(相模国)にて大坂の騒動を聞きつけ、この日、駿府に到着する。 忠利は、父・忠興が肥後国に在国しているので、両御所(家康・秀忠)に供奉し、大坂城攻めに先手を命じるようにと本多上野介(正純)を介して家康に言上。家康は忠利の申し出を神妙として、江戸に赴くよう指示する。 11262
	10月6日	「大坂冬の陣」。 江戸城普請役を終えた中川内膳正(久盛)が駿府に到着し、家康に御目見。家康は久盛に岡城(豊後国)に帰国し、軍勢を整え、指示を待つようにと仰せ。 11263
	10月6日	「大坂冬の陣」。美濃加納(奥平信昌)の飛脚が駿府に到来。松平摂津守(奥平忠政)が去朔日俄かに腹痛、翌二日午刻(11~13時)に死去したことを、上野介(本多正純)を通じて家康に言上。家康は加納は、忠政の舎弟・伊勢亀山城主松平下総守清正(清匡である)(松平忠明)が率い、大坂に出陣し、父・美作守(信昌)は定めし愁嘆であろうから加納城(美濃国)を守備するようにと仰せ付け。 11264
	10月7日	**「大坂冬の陣」。京都所司代板倉勝重（1545~1624）、淀川往来の船を止め、京中に命じて、米塩の大坂移送を禁じる。また、山崎の年寄に命じ、「女とめ」と称して、大坂に向かう女人を検問さす。** 11265
	10月7日	「大坂冬の陣」。江戸城普請役を終えた京極丹後守高知(丹後一国12万3000石)、同若狭守忠高(若狭国小浜藩2代9万2千石、森右近忠政(美作国一国18万6,500石(津山藩))、田中筑後守忠政(筑後国柳河藩第2代藩主)が駿府に到着する。駿府城の徳川家康に御目見。 家康は四名に急ぎ領国に帰国し、軍勢を整え出陣の指示を待つようにと伝える。 11266

慶長19	10月7日	「大坂冬の陣」。先に、豊臣秀頼の命を受けて大野治長と布施屋(伏屋)飛騨守が片桐且元の改易を下知した。今日、片桐市正(且元)・主膳(貞隆)兄弟の使者として小島勝兵衛・梅津忠介が駿府に到着する。両使は本多上野介(正純)を介し、且元・貞隆が大坂城より茨木城(摂津国)に退いたことを家康に言上する。 家康は両使を召し出し、服・羽織を下賜したうえで、且元・貞隆へ茨木城への退出を神妙と書状を遣わし、詳しくは本多上野介が伝えるとした。	11267
	10月7日	**「今度倭人之族、種々就致申事、其方事一入案思召之処、無異儀茨木迄被立還之由、御満足思召候、猶本多上野介可申候也」。** 家康、大坂城中の主戦派と軋轢を生じ、茨木城に退去した片桐市正(片桐且元)にその尽力を謝し、帰城を喜ぶ御内書を送る。	11268
	10月7日	**「今度市正茨木迄被立退之処、被致」。** 家康、片桐主膳正(貞隆)(片桐且元の弟)宛に書状を送り、且元が居城茨木城に無事立ち退いたことを悦ぶ。	11269
	10月7日	**「大坂冬の陣」。**大坂城攻めにあたり家康は、駿府城の留守居を松平紀伊守(形原松平家信)、三宅宗右衛門(惣右衛門康貞)に命じる。駿府町奉行彦坂九兵衛(光正)に、伊豆所々の湊における西国の早船を調べ櫓を取り上げるように命じる。沼津城(駿河国)の留守居を、沼津代官の長野九左衛門(清定)に命じる。	11270
	10月7日	「大坂冬の陣」。去廿八日、市正(且元)縁者・石河伊豆守(石川貞政)(1575〜1657)は、豊臣秀頼に仕えて大坂城に詰めていたが、片桐市正(且元)・貞隆と共に内通を疑う讒言を受けて、妻子を引き連れ、城を追われる。大野修理(治長)・布施尾飛騨守の下知という。貞政は、その後、京都に移り住んだ。そこを家康によって召し出されて、白銀五十貫目を授かり、本知安堵の約束を与えられ、旗本となった。	11271
	10月7日	「大坂冬の陣」。伊達政宗(1567〜1636)、江戸城にて大坂城への先鋒を命じられる。	11272
	10月7日	「大坂冬の陣」。参勤のため出羽国久保田城(秋田市千秋公園近辺)を出立していた佐竹義宣(1570〜1633)、この日、大坂への出陣命令を受ける。	11273
	10月8日	「大坂冬の陣」。この頃、町人、資財を禁中に託す者が多いため、京都所司代板倉勝重、これを禁じ、また、夜中市街の木戸通行を禁ずる。	11274
	10月8日	「大坂冬の陣」。板倉勝重(1545〜1624)、石清水八幡宮に命じて、武器・兵糧を大坂輸送の者を監視させる。	11275
	10月8日	**「大坂冬の陣」。未明、徳川家康は、藤堂和泉守(高虎)に大坂城攻めの先鋒として、大和辺りから天王寺(摂津国)へ攻め入るべく、紀伊・美濃・尾張・伊勢・遠州・三州(三州、三河)の諸勢と大和国まで進むようにと命じる。**	11276
	10月8日	**「大坂冬の陣」。**将軍秀忠使者・土井大炊頭利勝が駿府に到着する。利勝は、大坂城攻めにつき、大御所(家康)が出陣なさるとのことだが、秀忠の意向としては家康は関東・江戸の仕置きをして欲しいとの思いがあり、再三、家康に翻意を促すが、家康は先ず上洛し、大坂城の状況を見て、さしたる事がなければ処置をした後、駿府に戻るが、豊臣秀頼が籠城するならば秀忠に同城を攻撃を指示するという。なお、その際は、秀忠に軍勢拾万をもって奥州の仕置きをした後、上洛するようにと伝える。加えて、江戸城の留守居を越後少将(松平忠輝)、蒲生下野守忠郷、奥平大膳亮家昌、最上駿河守家親、鳥居左京亮(忠政)、酒井河内守(重忠)、同備後守忠利、内藤若狭守(清次)とするよう大炊頭利勝に指示する。 利勝は江戸に向けすぐに駿府を発つ。	11277

慶長19	10月8日	**「大坂冬の陣」**。江戸城普請を終えた竹中伊豆守(重利)が駿府に到着し、家康に御目見。家康は、汝(重利)が福島左衛門(正則)と知音(知り合い)なので、使者として赴くようにと伝える。 家康が重利を通じて、このたび秀頼の「野心・非行」が織田有楽(長益)、大野修理(治長)、木村長門(重成)、渡辺権兵衛(守)らの所為か、秀頼が家康・秀忠父子に悪逆を構えていることについて、太閤(豊臣秀吉)は正則を好み、故に正則は秀頼を疎むことはないが、今度の秀頼の別心は、秀頼本人の意思ではないにせよ、「我父子逆心」は、もはや互いに疑心暗鬼の状況であるから戦は避けられないので、福島勢は息男・備後守(忠勝)(1598〜1620)が率いて大坂に出陣し、正則は江戸に留まるようにと福島正則に伝える。 11278
	10月9日	**「大坂冬の陣」**。最上駿河守(家親)が駿府に到着する。駿府城にいる徳川家康に、出羽守(義光)の去月十八日死去継目の礼をする。銀五百枚・綿五百把・蝋燭千挺・馬(鴇毛)・太刀(銘 正恒)と、父・義光の遺物として金百枚・脇差(銘 来国俊)を献上する。本多上野介(正純)が披露する。 家康は家親に大坂城攻めにつき、江戸城の留守居をするように指示する。家親は江戸に赴く。 11279
	10月9日	家康、キリシタン禁制を寺沢広高(肥前国唐津藩初代藩主)に命じる。 11280
	10月9日	家康、伊達侍従(政宗)に書状を記すとされる。 11281
	10月9日	本多上野介正純、相良左兵(頼房)宛に「椎葉山出入」の書状を送る。 椎葉山地域は、徳川威光が届かぬ山間部であった。宮崎県の北部、九州山地中央部に位置し北西部の国見岳をはじめ、全体が九州山地中央部の標高1000mから1700m級の山々に囲まれ、其の谷間を縫うように幾筋もの河川が源を発し流れている険しい地形の地である。 11282
	10月9日	徳川氏に与した高橋直次(立花宗茂の弟)(1572〜1617)、常陸国筑波郡内で5千石の知行を与えられる。この時に家号を高橋より、立花に改める。 11283
	10月10日	下野国宇都宮藩10万石の奥平家昌(1577〜1614)、父母に先立って病没。享年38。家昌は、隠居した加納藩初代10万石・奥平信昌(1555〜1615)の長男で、母は徳川家康の長女・亀姫(1560〜1625)。嫡男の忠昌(1608〜1668)が後を継ぐ。 11284
	10月10日	里見忠義、伯耆国(鳥取県)久米・河村郡3万石に減封されてしまう。忠義が移封に抗議したため、処罰を受けたといわれる。12月、封地に赴いた際の領地は3万石ではなくて僅か4千石に過ぎなかった。 11285
	10月10日	**「大坂冬の陣」**。江戸城普請を終えた浅野但馬守(長晟)、鍋島信濃守(勝茂)、山内土佐守(忠義)、蜂須賀阿波守(至鎮)、小出大和守(吉英)、稲葉彦六(典通)、遠藤但馬守(慶隆)、毛利伊勢守(高政)が駿府に到着し、駿府城の徳川家康に御目見。家康は十一日出馬、皆は国本(領国)に戻り軍勢を整え指示を待ち、急ぎ罷り登るように伝える。 11286
	10月11日	**「覚 合三千両者 右分六進候、仍」**。家康(1543〜1616)、六かたに朱印状。 「六かた」は、お六の方と称した、家康側室の養儼院(1597〜1625)であろうか。大坂冬の陣にも供奉したという。「お勝の方」の部屋子をしていたが、家康が手を付けて、側室にしたという。家康68歳、お六の方13歳の時であるという。

慶長19	10月11日	**「大坂冬の陣（10月1日〜12月22日）―家康、駿府を出陣」**。辰刻(7〜9時)、大坂城攻めのため中将(徳川頼宣)が駿府城より出陣。安藤帯刀(直次)・水野対馬守(重央)等の数百騎が随従する。巳刻(9〜11時)、大御所(徳川家康)が駿府城より出陣する。家康は道中に鷹狩をする。諸軍勢は、午刻(11〜13時)、本多上野介正純下知のもと四百七十4騎が出陣する。申刻(15〜17時)、家康は田中(駿河国)に到着する。 田中に到着した家康のもとに板倉伊賀守(勝重)よりの飛脚が到来。大坂籠城の様子について、金銀を取り出し、大坂近辺の八木(米)を買い入れ、武具を城内に入れ、惣構に壁を構築し、番匠数百人を雇い入れ櫓並びに籠城していると伝える。 天竜川に架ける舟橋について、家康の通行以前に諸人の往来をしてもよいか家康に伺う。家康は諸人の往来は許すが、軍勢が渡った後は、他の軍勢の追撃を受けないよう舟橋を破却し、通る者一騎討ちするようにと指示する。	1128
	10月12日	**「大坂冬の陣」。申刻(15〜17時)、家康は遠州懸川(掛川)に到着。** 黄昏時、家康の下に大野壱岐守(治純)と片桐市正(且元)の使者が攝州棘木(茨木城)より到着する。家康は壱岐守(治純)を召し出し、大坂城の様子を尋ねる。治純は、豊臣秀頼による籠城の準備は、織田有楽斎(長益)、同息左門(織田頼長)、木村長門(重成)、渡邉内臓助(渡辺糺)、愚兄修理(大野治長)始め近士(秀頼側近)が俄かに企てたことであると述べる。 家康は、兄修理が大坂に在るのに壱岐守が罷帰したことは神妙と伝う。	11288
	10月12日	**「大坂冬の陣」。** 京都伊賀守(板倉勝重)より家康のもとに飛脚が到来。飛脚は、六日、七日に京都諸牢人の内、長曾我部宮内少輔(長宗我部盛親)、後藤久兵衛(基次)、仙石豊前守(秀範)、明石掃部助(全登)、松浦弥左衛門(重政)其外名も知らぬ牢人千余人を秀頼が金銀にて召し抱え籠城しているとし、豊臣勢が奈良表に打ち出し、大和を打破し、宇治(山城国)・真木島(槇島)(山城国)まで出て放火し、攝州棘木(茨木城)を攻めて市正兄弟(且元・貞隆)を打果たすとの噂があると路次急ぎ、報告した。	11290
	10月12日	**「大坂冬の陣」。** 上杉景勝、将軍徳川秀忠に謁見する。	11291
	10月13日	「秀頼様の上洛要請に対しては尊重すべきであるが、島津家は先年の関ヶ原合戦で「太閤様御一筋」に粉骨を尽くして合戦に敗れた。その後、天下が家康のものとなってから受けた徳川の高恩は数年になるため、正宗長銘の脇差は返上するので、よろしく披露を頼みたい」。 薩摩藩初代86万4千石(第18代当主)の島津家久(忠恒)、援助の手紙を送付した大坂城の豊臣秀頼に対し、この日、断りの手紙を認め、大野治房宛に送る。	11292
	10月13日	**「大坂冬の陣」。** 秀頼が槇島昭光を大将に軍勢300を堺(和泉国)に出す。徳川方の片桐且元が加勢として軍勢200を堺に派遣する。秀頼と片桐勢が戦い、片桐勢は多羅尾半左衛門、牧治右衛門が戦死し、今井宗薫、今井宗呑が戦死したと噂される。且元勢は尼崎(摂津国)に退くが、秀頼勢が追撃し、7、8騎を討ち取る	11293
	10月13日	**「大坂冬の陣」。** 高野山文殊院の使者が、金地院崇伝に真田信繁(幸村)の大坂入城を伝え、崇伝から本多正純に急報が入る。	11294
	10月13日	**「大坂冬の陣」。未刻(13〜15時)、徳川家康、中泉(遠江国)に到着。** 道中、鷹狩をし鶴三、雁五を獲る。家康は鶴料理を近習に賜う。徳川秀忠より家康の下へ板倉周防守重宗が到着、御機嫌伺いする。	11295

慶長19	10月13日	長崎より長谷川佐兵衛(藤広)の飛脚が家康のもとに到来する。	11296

去月二十四日に伴天連徒黨(党)百余輩と、大檀那高山右近(重友)、内藤飛騨守(如庵)、その他長崎の伴天連を、船にて天川(マカオ)に遣わしたと報告する。家康は気持ち良いと申渡す。

	10月13日	夜、黒田蔵人と安藤帯刀(直次)所従が路次で行き会い、刀鞘トガメシテ、口論・喧嘩をする。蔵人は五ヶ所傷を負うも、蔵人若党が帯刀所従の一人を殺害という。黒田蔵人は、豊前国小倉藩の黒田蔵人正重(のちの伊丹角助)であろうか。	11297

	10月13日	**「福島正則、大坂城の秀頼母子へ送る諫書の趣きを家康に届け諒解を求める」。**	11298

福島左衛門大夫(正則)の使者と竹中伊豆守(重利)の書状が江戸より家康のもとに到着する。正則より、豊臣秀頼が大坂城で籠城をしていることについて、秀頼と老母(淀殿)の野心を批判し、秀頼近習が若輩故かとして、秀頼に書状を認めたことを家康に伝える。正則の大坂城の秀頼母子へ送る諫書は、本多上野介(正純)が内見。その書状には、方広寺(山城国)のことについて、両御所(家康・秀忠)に対し交戦姿勢を示すのは天魔の所業であるので、すぐに改心し、母儀(淀殿)にいたっては両御所に詫び、江戸か駿府に在国し、秀頼の長久無事を確保するのが大切であると記す。もし秀頼が改心なく野心者であれば、正則を始め天下の諸勢が大坂城に向かい、同城を攻め落とすのは必定であるから、よくよく考え、長久するか自滅するかを思案するようにと記されていた。家康着の書状で、福島正則は江戸に妻子を置き、両御所に対し無二の忠節を誓っている。

	10月14日	**「大坂冬の陣」。** 前田利光(のちの利常)、金沢城(加賀国)を出陣。	11299
	10月14日	**「大坂冬の陣」。** 徳川義俊(義直)、名古屋城より出陣し、一宮(尾張国)に到着する。	11300

	10月14日	**「大坂冬の陣」。卯刻(5～7時)、徳川家康が中泉(遠江国)を発ち、道中を鷹狩をしながら、天竜川二瀬の舟橋を渡り、午刻(11～13時)に浜松に到着する。** 二瀬舟橋は、大石十右衛門(康正)、豊島作右衛門(忠次)が奉行。	11301

	10月14日	**「大坂冬の陣」。** 京都板倉伊賀守(勝重)の飛脚が家康のもとに到来。勝重よりは、大坂城の様子は特に変わりはないものの、豊臣秀頼が多くの牢人を召し抱えていることを別紙註文に書き載せ報告する。	11302

「眞田源三郎、是者先年関ヶ原御陣之時、為御敵蒙勘気、数年テ高野山引籠り、秀頼為当座音物、黄金弐百枚、銀卅貫目遣之……」。秀頼は関ヶ原の戦い以後、高野山(紀伊国)にいた真田源三郎信繁が黄金二百枚・銀卅貫にて召し抱えたこと、若原右京(良長)が播磨国の牢人衆を召し連れ大坂城に入城したこと、御母儀(淀殿)縁者の浅井周防守(井頼)が、根来衆三百騎等、数多くの牢人衆が金銀を以って秀頼に召し抱えられたことを言上。

	10月14日	徳川秀忠使者・松平助十郎(正勝)(?～1615)、家康のもとに到着、御機嫌を伺う。	11303

	10月14日	**「大坂冬の陣」。** 江戸城普請を終えた加藤肥後守(忠広)(熊本城主)(1601～1653)、浜松旅館にて家康に御目見。家康は忠広に早々国本(領国)に戻り、軍勢を整え肥後国を堅く守り、指示を待つようにと伝える。また家康は忠広に御鷹を賜う。松平右衛門佐正久(正綱)が忠広に伝える。	11304

	10月14日	**「大坂冬の陣」。** 江戸城の普請を終えた脇坂淡路守安元(伊予国大洲藩2代藩主)、浜松にて家康に対面する。家康は安元にすぐに伊予国に戻り、大坂城に向けて出陣し、藤堂和泉守(高虎)に組するようにと伝える。	11305

	10月14日	伯耆国の代官伊丹(康勝)・山田(直時)が、家康に伯州の丑年の物成銀百五十貫目を進上する。	11306

慶長19	10月14日	**「大坂冬の陣」**。家康、本多上野介(正純)を召し、本多美濃守(忠政)をはじめとする伊勢国の軍勢を、淀・鳥羽に進めるように指示する。	1130
	10月14日	**「大坂冬の陣」**。家康、越前少将(松平忠直)の軍勢一万五千に、早々、淀舟橋近辺に出陣するよう命じる。	1130
	10月14日	「大坂冬の陣」。金地院崇伝(1569～1633)、藤堂高虎(伊勢国津藩主)(1556～1630)に、真田信繁(幸村)(1567？～1615)の大坂入城を伝える。	1130
	10月15日	「大坂冬の陣」。大坂城の淀殿、大野治長がそれぞれ島津家久宛に、再び協力を要請する書状を送る。	1131
	10月15日	**「大坂冬の陣」。徳川家康、吉田(三河国)に到着**。板倉伊賀守勝重の飛脚が家康のもとに到来し、去十二日の堺(和泉国)の津の様子を伝える。 **「去十二日、従大坂堺之津可破由申有、町人以下不及異儀議、秀頼依致帰叛、鉄砲玉薬武具大坂城中自堺取運」**。 堺の商人は両属して災難から免れようとし、まず大坂に帰服、大坂城に武器を運び込んだ。堺政所の芝山小兵衛は、無勢により堺を立ち退き岸和田に退いたという。	1131
	10月15日	**「大坂冬の陣」**。去九日に堺を出た町人柏尾宗具が、今日、吉田に到着する。家康は宗具を召し出す。宗具は大坂城の籠城の様子と、秀頼が堺を放火するとの噂があったので妻子を郷に隠し、家康の旗本に加わることを述べる。家康は、奇特の志と、囲碁の上手・柏尾宗具の伺候を称える。	1131
	10月15日	**「大坂冬の陣」**。 将軍徳川秀忠(1579～1632)、伊達政宗・上杉景勝・佐竹義宣らに、先発を命じる。	1131
	10月16日	「大坂冬の陣」。江戸からの松平忠直(越前国北ノ庄藩2代75万石)(1595～1650)、近江国坂本にて越前からの軍勢約1万5千と合流。	1131
	10月16日	「大坂冬の陣」。 昨日尾州を出た宰相(徳川義俊(義直))、江戸城留守居のため三河一宮に到着。	1131
	10月16日	**「大坂冬の陣」。徳川家康、岡崎(三河国)に到着**。板倉伊賀守勝重の飛脚が家康のもとに到来し、去十三日の堺(和泉国)の様子を伝える。大坂軍勢三百騎が堺に繰り出し、徳川方片桐市正(旦元)二百名余が堺に加勢するも、且元家臣の多羅尾半左衛門と牧治右衛門が討死、今井宗薫・同宗呑討死、市正(旦元)軍勢、尼崎に退却したが大坂方軍勢の追撃を受け七八騎を討ち取られ敗走の由。大坂方出勢大将は、槙島玄蕃頭(真木島昭光)等であった。	1131
	10月16日	「大坂冬の陣」。福島左衛門大夫正則が家康に書状を送る。正則は家康に、自身は江戸にあり、妻子を江戸城に置くと告げる。	1131
	10月16日	**「大坂冬の陣」**。将軍徳川秀忠使者・成瀬豊後守(正武)(1585～1616)が家康のもとに到着する。正武は、奥州政宗(伊達政宗)、長尾(上杉)景勝、佐竹義宣が江戸に参着したので、秀忠が出陣したいと言上していることを伝える。 **家康は、秀忠が準備ができ次第、出陣してもよいと返答する。**	1131
	10月16日	**「大坂冬の陣」。将軍徳川秀忠、黒印状を以って奥羽大名へ軍法を発令する。**	1131
	10月17日	「大坂冬の陣」。是より先、徳川秀忠、松平忠輝(家康の六男)(1592～1683)を江戸城留守居たらしむ、是日、忠輝、埴科郡松城(長野市松代町松代)を発せんとす。	1132
	10月17日	**「大坂冬の陣」。未刻(13～15時)、徳川家康、名護屋(名古屋)に到着**。古田織部助重然(1543～1615)、医師驢庵(半井驢庵瑞桂)(1545？～1639？)が家康を出迎え、家康は名古屋城追手門外で対面する。家康は、夜、鶴料理を近習に賜う。	1132

慶長19	10月18日	「**大坂冬の陣**」。家康、昨晩からの雨により名古屋に逗留する。京都伊賀守（板倉勝重）の飛脚が家康のもとに到来する。 飛脚は豊臣秀頼が大坂城にて籠城の準備を進めていること、戦死したと噂されていた今井宗薫・宗呑父子は秀頼勢に捕縛されていたことを家康に報告する。	11322
	10月18日	「**大坂冬の陣**」。加賀越前守（前田利常（利光））の飛脚、徳川家康の許に到来、去る十四日、国本を発足、近々、京都に到着することを伝え、その京都附近に於ける陣地の指定を求む。家康は、淀・鳥羽近辺を陣所とするように仰せ。	11323
	10月18日	「**大坂冬の陣**」。越前少将（松平忠直）の飛脚が家康のもとに到来。忠直勢が十六日に江州坂本に到着したことを報告すると共に陣所の位置について指示を乞う。家康は、西岡・東寺（教王護国寺）・九條・山崎（山城国）辺りを陣所とするように仰出。	11324
	10月18日	「**禁制 一軍勢甲乙人等濫妨狼藉事**」。家康、朱印状をもって禁制。	11325
	10月19日	「**大坂冬の陣**」。午刻（11～13時）、徳川家康、美濃岐阜に到着する。	11326
	10月19日	「**大坂冬の陣**」。徳永左馬助（昌重）の飛脚が家康のもとに到着する。昌重より九日付豊臣秀頼の左馬助（昌重）宛黒印状が家康に披露される。秀頼は徳永昌重に、片桐市正（且元）に不届きであったので、且元を折檻をしたところ、大御所（家康）が立腹し出陣するまでに至ったのは思いがけないことであり、秀頼は両御所（家康・秀忠父子）に野心は全く無いことを伝えてほしいと記す。 この披露状の内容を本多上野介（正純）が家康に申し上げたところ、家康は、秀頼は若輩ゆえ織田有楽（長益）・大野修理（治長）が謀をめぐらし、秀頼の意向と偽って、去三月大野修理（治長）から加賀肥前守（前田利長）に書状を送り、上洛して秀頼を補佐を依頼すると共に、兵糧として抱えている福島左衛門大夫（正則）からの米三万石と秀頼蔵納の七万石を進退を委ねると伝えていることを、肥前守利家（利家は、『駿府記』の間違いで利長）の死後、筑前守（利光（のちの利常））より本多上野介（正純）に報告を受けているので、秀頼方に家康・秀忠への敵対心があることは間違いないと述べる。	11327
	10月19日	「**大坂冬の陣—西国大名に参陣命令を出す**」。家康は本多上野介（正純）をして、島津陸奥守（家久）、毛利宗瑞入道（輝元）、鍋島加賀守（直茂）、黒田筑前守（長政）、福島備後守（忠勝）、松平武蔵守（池田利隆）、同左衛門督（池田忠継）、同宮内少輔（池田忠雄）、浅野但馬守（長晟）、蜂須賀阿波守（至鎮）、加藤左馬助（嘉明）、森美作守（忠政）、田中筑後守（忠政）、生駒讃岐守（正俊）へ、その他中国・西国の万人の軍勢を率い、大坂城に押し寄せるように命じる。	11328
	10月19日	「**大坂冬の陣**」。江戸留守居を命じられた、伊予国松山藩20万石の加藤嘉明（1563～1631）、家康から動員命令が出され嫡子・明成を徳川軍として参加させる。加藤明成（1592～1661）は、天満に布陣し大坂城を攻囲している。	11329
	10月19日	「**大坂冬の陣**」。上杉景勝（1556～1623）が、本多佐渡守正信（1538～1616）・酒井雅楽頭忠世（1572～1636）に、誓書を納める。	11330
	10月20日	「**大坂冬の陣**」。京都所司代板倉勝重、京に潜入し、二条城放火を企てた大坂方の山伏60余人を捕える。この日、放火多く、勝重、諸方に厳戒を命じる。	11331
	10月20日	「**大坂冬の陣**」。徳川家康、柏原（近江国）に到着。京都伊賀守（板倉勝重）の飛脚が家康のもとに到着し、大坂方は金銀を集め、そくたく（金品を出して味方になるように頼むこと）で牢人を集め、二条城近辺まで押し寄せ放火するとの噂があること、そのことで数人を捕らえると大坂町人が金子五百枚を配った事を白状する。大御所家康は、御機嫌斜めで路次を探索しての捕縛を命じた。	11332

慶長19	10月21日	**「大坂冬の陣」。** 徳川方池田利隆の先鋒・湯浅馬之允・半三郎父子が、尼崎で大坂方と戦う。	1133
	10月21日	「大坂冬の陣」。井伊直孝勢、伏見城(山城国)に到着する。	1133
	10月21日	**「大坂冬の陣」。家康、江州佐和山(滋賀県彦根市)に到着。**	1133
	10月22日	「大坂冬の陣」。家康側室・阿茶局(後の雲光院)(1555〜1637)、大坂城に入り、淀殿(茶々)(1569〜1615)から誓紙を受け取る。	1136
	10月22日	**「大坂冬の陣」。家康、この日、永原(近江国)に到着**して即、大坂に居住する前庭半入を召し出し、大坂(豊臣秀頼)の軍備の様子を尋ねる。前庭は万事が母(淀殿)の意向で決まるので、諸卒は失色している(気落ちしている)と伝える。 前庭半入は、吉右衛門・半入と称する前波勝秀(?〜1620)か。	1137
	10月22日	「大坂冬の陣」。京都板倉勝重の飛脚が家康のもとに到着する。 大坂城攻めのため京都に到着した先陣諸勢の兵粮米について、堺(和泉国)の南北町中より支出の旨、申し出があったことを報告する。去十三日の大坂方の堺襲撃で後藤少三郎(光次)が言上して、制札を頂いた御礼という。	1138
	10月22日	「大坂冬の陣」。家康、竹中伊豆守(重利)(豊後国府内藩初代藩主)を召し出し、福島備後守(忠勝)(福島正則の次男)と共に安芸国・備後国に赴き軍勢を整え、大坂まで出陣するように仰せ付け。また、備後国には鍛冶が多くいるので、鉄楯を拵えるように指示する。	1139
	10月23日	**「大坂冬の陣―家康、上洛」。** 卯刻(5〜7時)永原を発った家康、矢橋(滋賀県草津市)から早船に乗って湖水を渡り、膳所(近江国)に到着する。船中、戸田左門(氏鉄)(近江膳所藩第2代藩主)が家康に御膳を献じる。 **午刻(11〜13時)、家康は二条城に到着する。**	1140
	10月23日	「大坂冬の陣」。家康、片桐市正(且元)の次男・出雲守孝利(1601〜1638)を召し出す。元包(孝利)は、このたび大坂城で家康に別心を構えた者について等報告する。	1141
	10月23日	「大坂冬の陣」。福島左衛門大夫(正則)(1561〜1624)が豊臣秀頼に送った使者が、二条城に戻ってくる。秀頼の福島正則への返書は無かったという。	1142
	10月23日	**「大坂冬の陣」。** 家康、藤堂和泉守(高虎)・片桐市正(且元)を召し出し、大坂城の堀の深さを尋ねると共に、大坂城攻めの諸口の様子を、絵図を用いながら聞く。	1143
	10月23日	**「大坂冬の陣」。**徳川秀忠使者・青山善四郎(重長)(1578〜1639)が、家康のもとに到着。家康は、京に着いた事を伝え、秀忠出陣を了解する。	1144
	10月23日	「大坂冬の陣」。 前田利光(後の利常)・松平忠直ら諸大名の軍勢、相次いで京都に集結する。	1145
	10月23日	「大坂冬の陣」。 これより先、徳川秀忠は、仙石忠政・真田信吉等信濃諸大名に、大坂出陣を命じる。小笠原秀政・忠脩父子には松本城の、諏訪頼満には甲府の警固を命じた。	1146
	10月23日	**「大坂冬の陣」。将軍秀忠、本多正純宛に書状を送る。** 「今日二十三日には神奈川まで出馬しました。すぐにも上洛しますので、大坂城を攻撃するのを、私が到着するまで、待ってくださいますよう、父・家康に申し上げてください。まことに自分勝手な申しようですが、この大事な時だからこそ、よくよく、よろしいように申し上げるよう、お願いします」。	1147

西暦**1614**

慶長19	10月23日	「**大坂冬の陣（10月1日〜12月22日）─秀忠、江戸を出陣**」。

大御所家康とはかった将軍秀忠、江戸城の留守居として酒井重忠（上野国厩橋藩初代）(1549〜1617)を置く。そして、松平忠輝（家康の六男）（越後国高田藩主）・鳥居忠政（元忠の次男）（陸奥国磐城平藩主）・蒲生忠郷（陸奥国会津藩2代）・最上家親（出羽国山形藩2代）・福島正則（安芸国広島藩主）・黒田長政（筑前国福岡藩初代）・加藤嘉明（伊予国松山藩主）らを江戸城留守居役として残し、豊臣秀頼討伐のため、6万の軍勢を率いて江戸城を出発。秀忠近臣の阿倍備中守正次（武蔵国鳩ヶ谷藩初代)(1569〜1647)が右軍に、高木主水正正成(1587〜1635)が左軍にある。
さらに、加藤忠広（肥後国熊本藩2代）、蜂須賀家政（阿波国徳島藩祖）は、国に帰らせる。しかし、福島忠勝ら、彼ら大名の子は、従軍を命じられている。

11348

10月23日　「大坂冬の陣」。
安藤重信(1557〜1621)・土井利勝(1573〜1644)・酒井忠世(1572〜1636)の幕府年寄衆三人が、上杉景勝に、将軍秀忠の神奈川到着を報じ、景勝の先行を命じる。

11349

10月23日　「…一、対秀頼弥厚得御意申儀聊以無御座候事、一、於自今以後者秀頼江可致不通候事、…」。
黒田長政（筑前国福岡藩初代）、9ヶ条の起請文を本多佐渡守（正信）に提出。

11350

10月23日　「大坂冬の陣」。
下野宇都宮10万石の奥平家昌が命じられていた江戸城の本丸留守居役は、嫡男の忠昌(1608〜1668)が幼く、忠昌では務まらぬため免除の下命が出される。

11351

10月24日　「**大坂冬の陣**」。**二条城にいる徳川家康のもとに、勅使両伝奏広橋兼勝、三条西実条が対面。大坂城攻めの先手の諸大名衆が、家康に御目見。**

11352

10月24日　「**大坂冬の陣**」。
徳川秀忠使者・水野監物（忠元）が家康のもとに到着する。秀忠の出馬を家康に伝えたところ、家康より伊達陸奥守政宗、長尾（上杉）景勝、佐竹義宣の奥州勢を先手として急ぎ上洛出陣するよう仰せ。

11353

10月24日　「**大坂冬の陣**」。「**早々出馬可仕之旨、被仰下候之趣、忝奉存候、路次無由断可参候へとも、大軍を召つれ候者、おそく可有御座と存、迷惑仕候……**」
(『早々に出馬せよ』と父・家康が仰せ下されたと知りました。一刻も早く路次を踏破して参上すべきと思いますが、大軍を召し連れておりますゆえ、遅くなってしまうであろうと思い、途方に暮れております。奥州・関東の兵勢には陣を段々に分けるように申し付けておきました。これらの兵勢は後から行軍してくるに任せて、私自身は早々に参上したく思っております。私が到着するまでは、大坂城を攻撃なさらないでくださいますよう、父・家康に申し上げていただきたく思います)。
徳川秀忠、家康側近・本多正純(1565〜1637)宛に書状を送る。28日、藤堂高虎(1556〜1630)にも送る。

11354

10月24日　「大坂冬の陣」。真田信之の室（小松姫）(1573〜1620)、信吉(1595〜1635)・信政(1597〜1658)の、信之に代りて大坂出陣するを、木村土佐守綱茂(1554〜1631)に報ずる。

11355

10月25日　「大坂冬の陣」。家康に井伊家の大将に指名された井伊直孝（上野白井藩1万石)(1590〜1659)勢、伏見城を発ち、宇治（山城国）に陣取る。

11356

10月25日　「大坂冬の陣」。徳川方の稲葉典通（貞通の長男、豊後国臼杵藩2代5万石)(1566〜1626)、徳川家・豊臣家の兵糧購入によって兵糧の値段が高騰したと嘆き、国元に早々に兵糧を送るよう求める。

11357

慶長19	10月25日	「紀州一揆、勃発」。紀伊で豊臣軍に呼応して、日高郡、名草郡を中心として紀伊国全域で、大規模な一揆が発生。大野治長の部下が紀州へ潜入、浅野長晟（紀伊国紀伊藩主）（1586～1632）出陣後に和歌山城を占領すべく一揆を扇動。また、和歌山城占領後は、背後より浅野軍を攻め立て、挟撃する計画であったという。	11358
	10月25日	未刻（13～15時）、山城国で大地震あり。	11359
	10月25日	「大坂冬の陣」。家康、藤堂和泉守（高虎）・片桐市正（且元）を召し、大坂城包囲の先鋒を命じる。高虎は、伊勢・伊賀の軍を率いて郡山に着陣し、本多忠政や大和の松倉重政・桑山元晴らの諸侯や、奥田忠次・神保相茂ら在地の軍士を合わせて、翌日龍田越えで河内に進出した。	11360
	10月25日	「大坂冬の陣」。板倉勝重・成瀬正成・安藤直次・本多正純が連署して薩摩少将（島津家久）宛に書状を送り、家康が二十三日に京都に到着したので、島津も早々に大坂へ出張せよとの家康の意向であり、将軍も数日中に上着する予定と通達する。	11361
	10月25日	「大坂冬の陣」。江戸の福島正則、西尾丹後守（忠永）（1584～1620）に書状を送り、将軍秀忠が「大坂冬の陣」のため10月23日に江戸城を出発したことに加え、先んじて出陣した「大御所様」（徳川家康）の大坂へ向かう道中での様子について、健康状態に問題は無く、心配することは何も無かったことなどを伝える。	11362
	10月26日	「大坂冬の陣」。大御所家康（1543～1616）、有楽斎姪の淀殿（茶々）（1569～1615）を補佐する織田有楽斎（長益）（1547～1622）らに、講和勧告の文を送る。 摂津国嶋下郡味舌（大阪府摂津市三島）2千石であった織田有楽斎は、東軍参加の関ヶ原戦い後に、大和国内で2万7千石余、長男・長孝（？～1606）は、美濃国野村藩（岐阜県揖斐郡大野町）1万石を与えられ、大名に列していた。関ヶ原後も豊臣家に出仕を続け、淀殿を補佐した。大坂冬の陣の際にも大坂城にあり、大野治長らと共に穏健派として豊臣家を支える中心的な役割を担った。一方、嫡男（次男）の頼長（1582～1620）は強硬派であり、和平派としばしば対立している。	11363
	10月26日	「大坂冬の陣」。織田常真（信雄）（1558～1630）が、二条城にて徳川家康と対面する。関ヶ原以来牢人であった常真（信雄）は秀頼と意見を異にしており、家康は内通するならば知行を給付する旨を常真に伝える。	11364
	10月26日	諸大名が家康にお見えのところ、松平武蔵守（池田利隆）（播磨国姫路藩42万石）（1584～1616）、浅野但馬守（長晟）（紀伊国紀伊藩（和歌山藩）37万石6千石）、鍋島信濃守（勝茂）（肥前国佐賀藩35万7千石）（1580～1657）が当年江戸城普請後、そのまま家康に軍列に加わったため銀子を持ち合わせておらず軍備に不自由しているので、内々に銀子の借用を後藤庄三郎光次を介して家康に依頼する。家康は大小各諸大名に銀二百貫目を貸し与える。	11365
	10月26日	京極采女正（京極高知の子・高広）（1599～1677）、家康に御目見、奈良梯子（吊るし柿）を献上する。	11366
	10月27日	一乗院（尊勢）、喜多院（空慶）が二条城にいる徳川家康に御目見。高野山宝性院（深覚）、片桐主膳正（貞隆）が家康に御目見。	11367
	10月27日	「大坂冬の陣」。石河伊豆守（石川貞政）、松平武蔵守（池田玄隆（利隆））が二条城奥ノ間にて家康と対面し、大坂・尼崎の絵図でもって軍陣の様子を説明する。	11368
	10月27日	「大坂冬の陣」。今晩、徳川秀忠の飛脚が家康のもとに到着する。秀忠は今月二十三日に江戸城を出陣し、二十四日には藤沢（相模国）に到着したことを報告する。家康は、数万の軍勢の移動行程であるので、ゆるゆると進軍するようにと伝える。	11369

西暦1614

慶長19		
10月27日	徳川家康、五山衆（能書の者）五十人をして南禅寺金地院にて諸家記録を三部書写せしめ、其一部を禁裏（後水尾天皇）に進ずべき旨、そして其二部は江戸城、駿河城で保管する旨を傳長老（金地院崇伝）竝に道春（林羅山）に命ず。	11370
10月27日	「大坂冬の陣」。堺（和泉国）の南北町、家康に銀二百枚を献上する。成瀬隼人（正成）が家康に披露する。	11371
10月28日	「大坂冬の陣」。幕府、木曽の山村良勝に大坂参陣を命ず。	11372
10月28日	醍醐三宝院（義演）、奈良大乗院（信尊）、本願寺門跡、妙心寺鉄山長老、大徳寺松岳長老が、二条城にいる徳川家康に御目見。	11373
10月28日	「書状今日懸川にて令披見候、路次中、飛立程におもひ候へども、大軍を召連候故、はかゆき候はて令迷惑候……」。 掛川に着いた徳川秀忠、藤堂高虎宛に返書状を送り、自分が到着するまでは、大坂城を攻撃を待つよう依頼する。	11374
10月29日	「大坂冬の陣」。大坂城包囲の先鋒・伊達軍、仙波（船場）に布陣。	11375
10月29日	「大坂冬の陣」。家康、越前国北ノ庄藩2代75万石の松平忠直（結城秀康の長男）（1595～1650）に、大坂城包囲の先鋒を命じる。	11376
10月29日	「禁制 摂津国住吉郡平野郷 一軍勢甲乙人等濫妨狼藉」。 家康、摂津国住吉郡平野郷に、朱印状をもって禁制を与える。	11377
10月29日	「禁制 摂州太田郡才寺村 一軍勢甲乙人等濫妨狼藉」。 家康、摂州太田郡才寺村（佐井寺村）に、朱印状をもって禁制を与える。	11378
10月29日	徳川秀忠使者・永井信濃守（尚政）が、二条城の徳川家康のもとに到着する。秀忠の軍勢が廿七日に三島（伊豆国）に到着したことを報告する。	11379
10月29日	「大坂冬の陣」。去夏（同年5月）、勘気を蒙った池田備後守（光重）（？～1628）が、板倉伊賀守（勝重）を介し、家康に大坂城攻めに先手に加わりたいと嘆願する。家康は御気色能く（機嫌をよくし）、有馬玄蕃頭（豊氏）勢の先手を勤めるようと仰せ。	11380
10月29日	「大坂冬の陣」。 秀忠（1579～1632）、24日に藤沢、26日に三島、27日に清水、28日に掛川、29日には吉田にまで到着。 供廻衆を置き去りにして、武具や荷物も持たずに駆けに駆け、清水に着いたときには徒士240人、騎馬34人ほどだったという。	11381
10月—	「大坂冬の陣」。この月、京都所司代板倉勝重（1545～1624）、大坂の陣に備え、京畿諸社寺に禁制を下す。	11382
11月1日	「大坂冬の陣」。 片桐且元、家康の意を受けて、小豆島と付近三ヶ島に対し、塩・薪・魚類を残らず尼崎に集めるよう命じる。小豆島は、徳川方・豊臣方に分裂したという。	11383
11月1日	八条宮智仁親王、関白鷹司信尚、前関白二条昭実、同九条忠栄（幸家）、妙法院宮、梶井宮、勧修寺宮、随心院が、二条城の徳川家康に対面する。	11384
11月1日	日蓮衆二十一ヶ寺の上人が家康と各対面する。	11385
11月1日	松平左衛門督（池田忠継）（1599～1615）、二条城で家康に謁見。播磨姫路藩主・池田輝政の次男（実は五男）。母は徳川家康の次女・督姫。 また、福知山城主・有馬玄蕃頭（豊氏）も対面する。	11386
11月1日	「大坂冬の陣」。上京・下京中、家康に銀子千両をを献上する。	11387

慶長19	11月1日	島津陸奥守(家久)の使者が家康のもとに到着する。家久からは、豊臣秀頼の使者として長崎往来商人の高屋七郎兵衛が家久のもとを訪れ、秀頼黒印状・脇差(銘正宗)を持参し、家康による大坂城(摂津国)攻めで秀頼に味方するようにとの依頼があったが、薩摩は関ヶ原の後、大御所のおかげで本領安堵を受けているので秀頼に同心することはできないしと、脇差を返却し、使者は商人だったため殺さずに帰したことを報告する。この件は、本多上野介(正純)が披露する。	11388
	11月2日	**「大坂冬の陣」。徳川軍先鋒と豊臣方の軍との小競合いが、はじまる。**	11389
	11月2日	**「禁制 河内国渋川郡久宝寺 一軍勢甲乙人等濫妨狼藉」。** 家康、河内国渋川郡久宝寺(大阪府八尾市)に、朱印状をもって禁制を与える。	11390
	11月2日	「大坂冬の陣」。吉田(三河国)より徳川秀忠使者・内藤右衛門佐が、二条城の徳川家康のもとに到着する。右衛門佐は家康に、秀忠が進軍を急いでおり、清水(駿河国)から懸河(掛川)(遠江国)、吉田(三河国)と進軍したことを言上する。家康は大軍の数里行程不可然(しかるべからず)と立腹し、そうしないようにとの旨を仰せ。内藤右衛門佐は、内藤若狭守清次(1577〜1617)か。	11391
	11月3日	「大坂冬の陣」。徳川家康、真田信尹(信昌)(真田信繁の叔父)(1547?〜1632)らを、大坂の陣中目付となす。	11392
	11月3日	**「大坂冬の陣」。** **大坂城の先陣の片桐市正(且元)が参上、同城を取巻いたことを二条城の徳川家康に言上する。家康は、下知以前に攻め込むことがないように且元に言い含める。**	11393
	11月3日	家康が大坂城攻め先陣が布陣する天王寺口に物見として島弥左衛門、本多藤四郎(正盛)を遣わしたが、夜、家康のもとに帰参する。道明寺近所の小山辺に藤堂和泉守(高虎)が布陣しており、諸勢の布陣様子を言上する。家康は城より遠いので、今少し城に陣を押寄せるようにとし、松平下総守(忠明)、石川主殿助(忠総)、古田大膳大夫(重治)、徳永左馬助(昌重)等人数を平野郷まで詰めるよう仰せ。	11394
	11月3日	「大坂冬の陣」。戌刻(19〜21時)、松平陸奥守政宗(伊達政宗)使者・山岡志摩守(重長)(1553〜1626)が、千之島の徳川秀忠のもとに参上する。秀忠は11月1日岡崎、2日は名古屋、この日は大垣に在った。志摩守(重長)は本多佐渡守正信を介し、豊臣秀頼の使者として右筆和久半左衛門(是安)(1578〜1638)が、大坂城攻めにつき秀頼に味方するように依頼があったが、伊達政宗は家康・秀忠の恩を忘れることはできないとし秀頼に同心できないととして、是安を捕縛したことを秀忠に伝える。秀忠は政宗の対応に感心する。	11395
	11月4日	徳川家康、二条城南殿に出御。近衛殿御方御所(右大臣近衛信尋)、一条殿御方御所(兼遐)が家康に対面する。諸公家輩百余名が家康に礼をする。奏者は大澤少将(大沢基宿)。金地院崇伝、昵近公家衆少々が出仕。 公家衆のうち数人が出仕しなかったことについて、本多上野介(正純)は、板倉伊賀守(勝重)を呼び出し家康が立腹したことを伝える。	11396
	11月4日	**「大坂冬の陣」。黄昏、片桐市正(且元)が大坂辺絵図を家康に献じる。家康は上野介(正純)、伊賀守(勝重)、帯刀(安藤直次)、隼人(成瀬正成)を呼び出し、大坂の絵図を見せると共に、大工中井大和守正次に大坂近辺絵図の 拵 を命じる。**	11397
	11月4日	「大坂冬の陣」。家康、去二十八より大坂城より退城した者の口上を、後藤少三郎(光次)に言上させる。	11398
	11月5日	「大坂冬の陣」。松平忠直・藤堂高虎・前田利光(後の利常)・井伊直孝ら先鋒軍、阿倍野・住吉の間に着陣。	11399

西暦**1614**

慶長19	11月5日	「大坂冬の陣」。大坂城攻めの先陣より、使番の横田甚右衛門(尹松)、佐久間河内守(政実)、初鹿傳右衛門(初鹿野信昌)が二条城の徳川家康のもとに戻り、先陣が住吉(摂津国)まで進軍したことを報告する。 11400

「大坂冬の陣」。大坂城攻めの先陣より、使番の横田甚右衛門(尹松)、佐久間河内守(政実)、初鹿傳右衛門(初鹿野信昌)が二条城の徳川家康のもとに戻り、先陣が住吉(摂津国)まで進軍したことを報告する。 11400

11月5日　**「大坂冬の陣」。家康、片桐市正(且元)を召し出し、大坂城攻めの手立てを伝えるとして、本多上野介(正純)を遣わす。** 11401
家康は、且元郎従の日比半右衛門に服二領を賜う。

11月5日　「大坂冬の陣」。先陣の藤堂和泉守高虎勢が乱暴・狼藉・放火をしたと聞き、家康は立腹し止めるよう命じる。 11402

11月5日　「大坂冬の陣」。本多美濃守(忠政)、平方(枚方)に陣取る。忠政は乱暴・狼藉を禁止する禁制を発給する。それを聞き、家康は感心する。 11403

11月5日　「大坂冬の陣」。徳川水軍向井忠勝・向井正通・向井正俊、大坂城攻めのため軍勢600、関船6艘、荷船・小船15艘をもって江戸を出航する。 11404

11月6日　「大坂冬の陣」。森忠政(美作国津山藩主)ほか中国勢、翌日にかけて大坂着陣。 11405

11月6日　「大坂冬の陣」。池田忠継(備前岡山藩初代藩主)とその配下の花房正成・花房幸次・花房正盛が、神崎川を渡り豊臣勢を攻める。忠継はそのまま進軍し、南中島を占拠し、備前島に陣取る。 11406

11月6日　**「園城寺僧徒本覚坊某、照高院興意法親王、及び園城寺の僧徒等、大坂の為めに徳川氏を呪詛すと告ぐ、家康、板倉勝重・金地院崇伝をして之を糺問せしめ、尋で、本覚坊に入牢を命ず」。** 11407
「大坂冬の陣」。中井大和守(正清)が出仕。園城寺本覚坊からの訴えとして、照高院門跡興意(道勝)と三井寺僧七人が関東調伏の法を大坂祈念(豊臣秀頼からの依頼)として行っていると、二条城の徳川家康に訴える。
家康は不快の念を示し、板倉伊賀守(勝重)に命じて七人の僧を呼び出し尋問するよう仰せ。

11月6日　加藤式部少輔明成(伊予松山城主加藤嘉明の嫡子)が、家康に御目見。 11408
毛利宗瑞(輝元)の使者として宍戸備前守(元続)が家康に御目見。
ともに本多上野介(正純)が披露する。

11月6日　「大坂冬の陣」。未刻(13～15時)、松平下総守清正(忠明)の飛脚が家康のもとに到着する。清正より、昨日に大坂城より薄田隼人(兼相)が大将として平野郷(河内国)に討ち入り、同地を放火して大坂城に撤退したので、下総守が追撃したが叶わなかったため、平野の焼け跡に陣所を構えたと家康に言上。 11409

忠明は、天正16年(1588)徳川家康の養子となり「松平清匡」と改名しているので、『駿府記』では清正と誤記されているようだ。

11月6日　「大坂冬の陣」。藤堂和泉守(高虎)、浅野但馬守(長晟)が、住吉(摂津国)に陣取ったと家康に報告がある。 11410

11月6日　**今日、吉田神龍院梵舜(1553～1632)が、諸家系図七冊を家康に進上する。** 11411

11月6日　高野聖衆大徳院宥雅が家康に出仕する。本多上野介(正純)が披露。 11412

11月7日　「大坂冬の陣」。松平左衛門督(池田忠継)使者が到来。 11413
今朝辰刻(7～9時)、池田忠継がスイタ川(吹田川)を渡り、中島(摂津国)に陣取る。
それを徳川家康に報告する。
家康は喜び、御内書を遣わす。

慶長19	11月7日	「河越候而、大和田致責捕之由、手柄共候、一段御祝著被思食候也」。	11414
		大喜びの大御所家康（1543～1616）、大坂冬の陣で初陣、その緒戦の戦功に対して、松平左衛門督（池田忠継）（備前国岡山藩初代38万石）（1599～1615）宛に書状を送り、その戦功をたたえる。忠継は、母親が家康の次女の督姫（普宇姫、良正院）（1565～1615）で、家康の外孫に当たる。	
	11月7日	「大坂冬の陣」。未刻（13～15時）、有馬玄蕃頭（豊氏）が中島に到着する。	11415
	11月7日	「大坂冬の陣」。近日中に家康が二条城を出陣すると仰せ。経路は龍田・法隆寺・郡山（大和国）を通り、住吉（摂津国）に陣取るとする。	11416
	11月7日	「大坂冬の陣」。阿波国徳島藩初代17万5千石の蜂須賀阿波守（至鎮）（1586～1620）、上洛し二条城の家康に拝謁。家康は至鎮の早々の着陣を神妙と喜ぶ。	11417
	11月8日	南光坊天海、二条城で徳川家康に対面する。薬樹院・竹林坊が家康に出仕する。御雑談。日野唯心、金地院（崇伝）、公家衆、諸侍が家康のもとに出仕する。	11418
	11月8日	「三井寺僧・法泉院・光浄院、依召出御前、以金地院仰日、本覚坊申所、照高院御門跡関東調伏儀、令問給、三井寺僧衆言上云、件之本覚坊不義僧、寺僧追放、近比大徳寺邊徘徊、悪照院并三井寺僧而、如此虚説申上由言上、聖護院・実相院・円満院三門跡之所、自太閤秀吉公、聖護院一人支配、近年、照高院與三井寺僧不和之間、調伏合躰不可有之旨申上、仰曰件、本覚坊可召出之旨被仰、云々」（『駿府記』）。	11419
		家康が園城寺（近江国）寺僧、法泉院、光浄院を召し出し、金地院崇伝をもって、本覚坊から訴えのあった照高院興意（道勝）による関東調伏の件を尋ねる。園城寺僧は本覚坊は不義僧で、最近は大徳寺（山城国）を徘徊しており、照高院道勝と園城寺僧と関係が悪く、ゆえにこの訴えのような虚説を述べられているという。以前、園城寺は聖護院・実相院・円満院の三門跡で管理していたが、豊臣秀吉の命により聖護院一人による管理となったため、近年は照高院道勝と園城寺の関係は悪い。したがって照高院道勝と園城寺が一体となって関東調伏をすることはありえないと回答する。この回答をうけ、本覚坊を呼び出し反論がないか確かめるようにと家康は指示する。本覚坊は 11 日には入牢となる。	
	11月8日	「大坂冬の陣」。小笠原忠脩（1594～1615）、大坂参陣の途次、近江長沢に於いて徳川秀忠に謁す。秀忠は、4日柏原、5日佐和山、6日永原であった。	11420
		忠脩は、信濃国松本藩主小笠原秀政の長男、母は徳川家康の孫（信康の娘）。幼名・幸松丸、元服すると徳川秀忠の一字を賜り忠脩と名乗った。	
	11月9日	徳川家康が南光坊天海・傳長老（金地院崇伝）を奥御座間に召し出し雑談する。諸家記録の写本を作成する件で、『日本後紀』、『弘仁貞観格式』、『類聚国史』、『類聚三代格』等は仙洞御所に所蔵されているのか家康が問う。南光坊は、傳長老を遣わし仙洞御所所蔵本の書写してもよいとの許可を得たことをを報告する。道春（林羅山）は『扶桑略記』を閲覧し、將門純友（平将門・藤原純友）の謀反が詳しく記載されていたことを述べる。	11421
	11月9日	家康、摂津国達磨寺に制札を下付する。担当は本多上野介（正純）。大阪府箕面市粟生間谷の勝尾寺であろうか。	11422
	11月10日	「家康、天海をして古記録の書写の事を奏請」。	11423
		後陽成上皇は徳川家康に、『類聚三代格』六巻、聖武天皇より後一条天皇までの『年代略』十九巻、『類聚国史』二巻、『古後（語）拾遺』、『名法要集』、『神皇系図』を、南光坊天海を院使として渡す。夜、家康はそれらの書物を道春（林羅山）に読ませる。	

慶長19	11月10日	「大坂冬の陣」。徳川秀忠 (1579〜1632)、11月2日には名古屋、5日には佐和山にまで到着するという強行軍を続けた。この日、永原(近江国)を出立、膳所(近江国)にて戸田左門(氏鉄)が膳を献じる。大津・追分(近江国)にて公家衆・僧衆・諸士が秀忠を出迎える。追分にて宰相(徳川義俊(義直))、中将(徳川頼宣)が秀忠を出迎え、対面する。 **その後、秀忠は伏見城(家康再建)に到着。** 江戸から伏見まで17日間で到着するという強行軍を重ねた。先の関ヶ原遅参の屈辱を晴らそうとした。このため、秀忠軍の将兵は疲労困憊し、とても戦えるような状況ではなかったという。	11424
	11月10日	伊達政宗、本多正純に書状を送り、「両御所様」(家康と秀忠)に「身上之義」を伝えるよう依頼。長男秀宗が側室の子で、豊臣秀吉のそばにいた経緯もあり、役職に就けないと訴え、「返々頼入計候)」と念を押している。政宗は、冬の陣参戦の見返りとして息子の領地を要求したとされる。	11425
	11月11日	**午刻 (11〜13時)、将軍徳川秀忠が伏見城より徳川家康のいる二条城に赴き、奥御座間にて対面する。秀忠は家康に、大坂進発之儀を到着まで待ってくれたことを謝す。**	11426
	11月11日	「大坂冬の陣」。家康は、本多上野介(正純)、成瀬隼人(正成)、安藤帯刀(直次)、板倉伊賀守(勝重)、酒井雅楽助(忠世)、土井大炊頭(利勝)、安藤対馬守(重信)を召し出し、明後十三日に大坂城に向かうべく、二条城を発つことを仰せ。	11427
	11月11日	未刻(14〜16時)、秀忠が伏見城に戻る。	11428
	11月11日	「大坂冬の陣」。家康、松平主殿介(忠総)・伊奈筑後守(忠政)両人に、神崎表の鳥養辺りの堤防を崩し、河川の水を決壊させるように命じる。	11429
	11月11日	「大坂冬の陣」。申刻(15〜17時)、陸奥守政宗(伊達政宗)が家康に御目見。政宗は将軍供奉の先陣であった。政宗は、宇治に赴く。	11430
	11月11日	「大坂冬の陣」。**豊臣秀頼に捕縛されていた、泉州堺の今井宗薫・宗呑父子が、大坂城より脱出し家康に対面する。**	11431
	11月12日	「大坂冬の陣」。尾張宰相(徳川義俊(義直))、二条城を出立、木津川辺に宿する。	11432
	11月12日	長尾景勝(上杉景勝)、佐竹義宣が、二条城の徳川家康に御目見。将軍秀忠の先手であった。	11433
	11月12日	黄昏、南光坊天海、傳長老(以心崇伝)が家康に出仕する。明十三日の家康の出陣について、十三日は南行きが「悪日」のため、十五日に延引となる。	11434
	11月13日	「大坂冬の陣」。豊臣方から追放され徳川方になった片桐且元 (大和国竜田藩 (奈良県生駒郡斑鳩町竜田) 立藩2万8千石)、忠誠を表すため、豊臣方の堺襲撃隊を撃退する救援隊を送るが、槇島重利隊に破れる。	11435
	11月13日	徳川秀忠の使者・土井大炊頭(利勝)、伏見城より二条城の徳川家康のもとに赴き、暫く密談をする。	11436
	11月13日	申刻(15〜17時)、家康が二条城の南殿に赴く。下野の細川玄蕃頭(興元)、常陸の新庄越前守(直定)・直好父子、下総の土方掃部助(雄重)、その他諸士が御目見。	11437
	11月13日	「大坂冬の陣」。家康が大坂に遣わした物見の横田甚右衛門(尹松)、山代宮内少輔(山城忠久)が、今宵、家康のもとに戻る。大坂城攻めの天王寺方面の先陣が城より十四、五町近辺まで押し寄せていることを報告する。**家康は、将軍秀忠の下知が出る以前に攻め込むことを堅く禁止すると仰せ。**	11438

慶長19	11月13日	「一軍勢甲乙人等濫妨狼藉」。家康、朱印状をもって禁制を与える。

11月14日 今朝、江戸から本多佐渡守(正信)が、長原(永原)(近江国)より伏見城に到着する。 1140
その後、正信は二条城の徳川家康のもとに赴く。正信は鶴料理を賜る。正信は関
東・東北の徳川方諸勢後陣が品河(品川)(武蔵国)にいることを報告する。

11月15日 福島忠勝(福島正則の次男)ら大坂に着き、東方青屋口今福に陣取る。 1141

11月15日 **「大坂冬の陣(10月1日～12月22日)家康73歳、二条城を出陣」**。大御所家康(1543～ 1142
1616)、卯刻(5～7時)、二条城を出発、未刻(13～15時)、家康は木津(山城国)に到着
するが、旅館狭小につき、急遽、奈良(大和国)まで進む。奉行中坊秀政の邸を本
陣とする。奈良奉行・中坊左近(秀政)が膳を献上する。一乗院、大乗院、喜多院、
春日社禰宜が出迎える。**また、将軍秀忠(1579～1632)、徳川軍大本営・伏見城を発
して河内路を進み、それぞれ大坂へ進軍する。**秀忠は平方(枚方)(河内国)に陣取る。

11月16日 「大坂冬の陣」。徳川軍鳥羽水軍の九鬼守隆、徳川水軍の向井忠勝・小浜光隆、尾 1143
張徳川家の千賀信親の水上部隊、伝法沖に集結。

11月16日 「大坂冬の陣」。徳川水軍が伝法口を攻撃。豊臣水軍は不意を突かれあっけなく敗 1144
退してしまう。伝法口を占拠した徳川軍は諸国からの入船を検問し、豊臣家に与
しようとする者を海上から規制した。

11月16日 **朝、雨降り。**午刻(11～13時)晴時出御、家康は法隆寺阿弥陀院に着御。 1145
秀忠の使者として永井信濃守(尚政)が平方(枚方)より家康のもとに到着する。秀
忠が卯刻(5～7時)、河内岡山に着陣したことを伝える。

11月17日 佐竹義宣(出羽国久保田城主)(1570～1633)が引き連れた軍勢1500が、大坂に着陣し 1146
玉造口に陣取る。

11月17日 「大坂冬の陣」。秀忠は平野に到着。 1147

11月17日 **「大坂冬の陣」。徳川家康、摂州住吉に陣取る。家康供奉衆がこの日より甲冑を着す。** 1148
住吉にて藤堂和泉守(高虎)、浅野但馬守(長晟)、蜂須賀阿波守(至鎮)、松平筑前
守(前田利光)、越前少将(松平忠直)、生駒讃岐守(正俊)、一柳監物(直盛)・直重
父子、松平下総守(忠明)、本多美濃守(忠政)・忠刻父子、古田大膳亮(重治)、本
多左京(政武)、桑山伊賀守(元晴)、脇坂淡路守(安元)、松平宮内少輔(池田忠雄)、
その他諸大名・諸士が家康に御目見。家康は和泉守(高虎)、松平筑前守(前田利
光(利常))を召し寄せ、大坂表絵図を見せ、攻め口を伝える。家康は、諸軍の陣
列を定め、仙石政宗・真田信吉・真田信政らを酒井家次(1564～1618)の配下に入れる。
酒井忠次の長男家次母は、徳川家康の叔母碓井姫であり、家次は家康の従弟にあ
たる。水野勝成(1564～1651)、家康の陣所住吉を守る。

11月17日 夜、秀忠使者・土井大炊頭(利勝)、家康のもとを訪れる。家康は、明朝、先陣の 1149
様子を確認すべく天王寺・茶臼山辺りに赴くよう伝える。大炊助(利勝)は戻る。

11月18日 **「今度爰元籠城之様子有楽・大野修理従両人方可為演説候、然者太閤以来年来之因** 1150
於不被相忘者、是非共一途忠節可為感悦候、猶陸奥守・又四郎両所へも可被相意
得候、恐々謹言、」。秀頼、惟新老(島津義弘)に書状を送り、協力を要請する。同
日付で織田有楽斎(長益)は惟新、大野治長は家久に書状を送り、大坂城の軍備は
十分であるから、気づかいなく上洛するよう伝える。

11月18日 「大坂冬の陣」。向井忠勝、新家(摂津国)に攻め入り、豊臣方の船50挺を奪う。忠 1151
勝は福島(摂津国)に陣取る。

11月18日 「大坂冬の陣」。大坂城より明石全登が天王寺に向かって出撃し、藤堂高虎、脇坂 1152
安元が鉄砲にて応戦する。

西暦1614

慶長19	11月18日	「大坂冬の陣」。阿波国徳島藩初代・蜂須賀至鎮(1586~1620)、本多正純(1565~1637)に願い出て、徳川家康に木津川口の大坂方砦への攻撃許可を求める。家康は、浅野長晟(紀伊国紀伊藩(和歌山藩)主)・池田忠雄(家康外孫、淡路国洲本藩6万石)と協力して攻撃する事を命じる。 [11453]
	11月18日	「大坂冬の陣」。卯刻(5~7時)、大御所家康が住吉より、徳川秀忠が早天、平野より茶臼山に赴く。天王寺にて父子が面会する。 家康は藤堂和泉守(高虎)、本多佐渡守(正信)を召し寄せ、大坂城攻めの談判をする。家康は城攻めに際し、付城の築城、堀土手を築くよう命じる。茶臼山について、大坂城の惣構より二十七八町のところにあるので、藤堂和泉守に用心のため、鉄砲三十挺の配備を命じる。その後、家康は住吉に、秀忠は平野の陣所に戻る。天王寺・今宮・穢多ヶ島・伝法・岡山・今福・守口など13ヶ所に前線基地になる城を築いて、時間を費やしても確かな包囲網を築きながら攻撃することを決めるという。徳川軍約20万、豊臣軍は10万。 [11454]
	11月19日	「大坂冬の陣」。巳刻(9~11時)、将軍徳川秀忠、住吉の徳川家康陣所に赴き対面する。家康は、大坂の絵図を前に、本多佐渡守(正信)、本多上野介(正純)、藤堂和泉守(高虎)、安藤帯刀(直次)、成瀬隼人(正成)を召し寄せ評定をする。 その評定では、淀川の鳥養(摂津国)辺りで川の水を止め、天満口・千波(船場)口・天王寺口の四方より一気攻めることを決める。そこで、土俵二十万を摂津国・河内国に出すよう命じる。その後、御膳を共にする。 [11455]
	11月19日	「大坂冬の陣」。大御所家康は命じる。大野主馬(治房)、薄田隼人(兼相)の兵が詰めている仙波口(船場口)新城辺の穢多ヶ島に、大舟二十余隻を以って浅野但馬守(長晟)、松平宮内少輔(池田忠雄)、蜂須賀阿波守(至鎮)が攻め入り、大野・薄田勢を追い払い、同地に付城を築くように命じた。 [11456]
	11月19日	「大坂冬の陣—野田・福島の戦い(19日~29日)」はじまる。 幕府軍の九鬼守隆、小浜光隆、千賀信親、向井忠勝ら、新家の敵船を破壊工作して、さらに追う。大坂方、「大安宅丸」を喪失。 [11457]
	11月19日	「大坂冬の陣」。松平陸奥守政宗(伊達政宗)の使者・山岡志摩守(重長)が家康のもとを訪れる。家康は、伊達勢に木津・今宮に陣取るように仰せ。 [11458]
	11月20日	「大坂冬の陣」。将軍秀忠は総攻撃を主張するも、家康は秘密裏に和平工作をはじめる。重臣本多正純(1565~1637)、徳川家の金座統括役・後藤光次(庄三郎)(1571~1625)と共に、大坂城中の織田有楽斎(長益)(1547~1622)と大野治長(1569~1615)と折衝。京都大判座の後藤光次は、文禄4年(1595)家康に江戸に呼ばれ、武蔵墨書小判を鋳造した。 [11459]
	11月21日	「大坂冬の陣」。豊臣方は秀頼黒印を以って、藤堂和泉守(高虎)宛に、手はず通りに寝返って事が運んだなら望みの領地を与えると記すとされる。 [11460]
	11月21日	「大坂冬の陣」。徳川秀忠使者・土井大炊頭(利勝)・安藤対馬守(重信)が、徳川家康のもとを訪れる。家康は大坂表近辺に付城を築くよう命じる。 [11461]
	11月22日	「大坂冬の陣」。向井忠勝、葦島(摂津国)に陣替えする。 [11462]
	11月22日	「大坂冬の陣」。今夜、大坂城中使者塩江甚助が、秀頼の両遍書状を携え松平武蔵守(池田利隆)の陣所に赴き、諸大名大坂内通あり、利隆も大坂起伏(帰伏)するように伝える。利隆は甚助ら二人を捕縛し、住吉旅館にいる徳川家康のもとに書状と共に送る。この件を本多上野介(正純)が家康に披露する。家康は、どの大名に秀頼の書状が遣わされたのか究明するよう甚助への尋問を指示する。 [11463]

慶長19	11月23日	**「大坂冬の陣―野田・福島の戦い（19日〜29日）」**。幕府水軍、新家を攻落する。	1146:
	11月23日	淡路国松平宮内少輔忠長（池田忠雄）陣所に、大坂城中大野修理（治長）の一通状が来る。日本諸大名は豊臣秀頼と内々に通じているので、忠雄も秀頼に味方するようにと伝える。また、忠雄の所領である淡路国百姓等が秀頼に通じ一揆を起こすことになっていると忠雄家老のもとに豊臣方の使者が訪れる。 忠雄は、修理（治長）の使者等六人を捕らえ、住吉にいる徳川家康に報告する。	1146:
	11月23日	家康は旅館に、松平陸奥守（伊達政宗）、羽柴丹後守（京極高知）、同若狭守（京極忠高）、松平土佐守（山内忠義）、堀尾山城守（忠晴）、松平宮内少輔（池田忠雄）、蜂須賀阿波守（至鎮）、藤堂和泉守（高虎）を召し出す。政宗についてはしばし留め、仙波（船場口）のことについて雑談。	1146(
	11月23日	日野唯心、傳長老（以心崇伝）が家康に出仕する。	11467
	11月24日	伊達政宗、松平忠輝の老臣花井義雄の、政宗の営を訪ひしを謝す。	1146{
	11月24日	間宮伊治、宣教師追放を家康に復命。長崎奉行長谷川左兵衛藤広は、宣教師たちの国外追放が終了すると、幕府の使者である山口駿河守直友（1544〜1622）と共に、11月16日、諸藩の兵1万人を率いて旧有馬領へ乗り込んだ。そしてキリシタンからの転宗の布告が功を奏さないことが判明すると、20日、間宮権左衛門伊治が責任者となって大々的なキリシタン検挙を実行した。	1146!
	11月25日	津軽信枚（陸奥国弘前藩2代藩主）（1586〜1631）、大坂住吉において大御所徳川家康へ拝謁し、江戸勤番を命じられる。	11470
	11月25日	松平忠輝（家康六男）使者・花井義雄、徳川家康に謁す。	11471
	11月25日	近衛家の当主・近衛信尹（1565〜1614）、没。享年50。京都東福寺に葬られる。後水尾天皇のすぐ下の弟（信尹の同腹の妹近衛前子の産んだ二宮）が信尋（1599〜1649）と名乗って信伊の養子となり、後を継ぐ。信尋は、六条三筋町（後に島原に移転）一の名妓・吉野太夫を灰屋紹益と競ったとされるエピソードでも知られる。	11472
	11月26日	**「大坂冬の陣（10月1日〜12月22日）―鴫野・今福の戦い」**。 上杉景勝、佐竹義宣が今福に攻め入り、同地を占拠する。今福を守っていた矢野正倫、飯田家貞が戦死する。検使は屋代秀正、安藤次右衛門尉正次、伊東政世。	11473
	11月26日	玉造にて佐竹右京大夫義宣が陣場普請をする最中、豊臣勢が大坂城（摂津国）より多人数が出勢し、義宣郎従の渋江内膳（政光）率いる佐竹勢六、七百騎と戦い、豊臣勢を破り敵首十四五を獲る。義宣従者廿四五討ち取られ帰陣。又、普請をする。	11474
	11月26日	**「大坂冬の陣」**。未刻（13〜15時）、大坂城より木村長門守（重成）、後藤又兵衛（基次）大将の豊臣勢三千余騎が打ち出し、渋江内膳（政光）が討死、その他廿四五騎が討死。大将佐竹義宣は、長太刀を取り、自ら真っ先に進軍、敵を破る。その時、長尾景勝が横合いから加勢、杁原常陸介が打ち出すにより、大坂城中兵・穴澤をはじめ究竟将兵十五騎討死。	11475
	11月27日	**「大坂冬の陣」**。将軍徳川秀忠の物見として島田治兵衛（重次）と某が、青屋口の佐竹義宣陣所に赴く。島田に古田織部輔重然が同道する。義宣と出合い四名で堤を徘徊していたところ、織部が左目の上に弾が当たるも軽傷故、織部は驚きもせず痛みも無かった様子であった。	11476
	11月27日	**「大坂冬の陣」**。堀直寄（信濃飯山藩主）、徳川家康の命のより、水野勝成等と共に、摂津穢多ヶ崎・同新家居の巡視を行ふ。	11476
	11月28日	**「大坂冬の陣」**。今日、本多上野介（正純）・安藤帯刀（安藤直次）・成瀬隼人（正成）が、シンケイヨリ中島への通路道を造ると家康に報告。	11478

西暦**1614**

慶長19	11月28日	「大坂冬の陣」。神龍院梵舜(1553~1632)、萩原兼従(1588~1660)と共に徳川家康の本陣を、30日には、徳川秀忠の陣を見舞う。	11479
	11月29日	前島近辺東に布陣する軍勢が、森・河内近辺に押し寄せる。	11480
	11月29日	「大坂冬の陣─博労淵(伯楽淵)の戦い」。朝、蜂須賀阿波守(至鎮)、松平宮内少輔(池田忠雄)、戸川肥後守(達安)、花房一黨(正成)、石川主殿助(忠総)が野田・福島に進軍し同地を守る豊臣勢を破る。豊臣勢は広瀬加左衛門、森長左衛門が戦死する。	11481
	11月29日	「大坂冬の陣─野田・福島の戦い(19日~29日)」。 九鬼長門守(守隆)、向井将監忠勝らが大舟をもって進み、豊臣方の番船を押収する。豊臣勢は天満(摂津国)に逃れたとする。天満・船場が焼ける。	11482
	11月29日	勅使の広橋兼勝、三条西実条が住吉(摂津国)にいる徳川家康に対面する。勅使に日野唯心、飛鳥井雅庸、傳長老(以心伝心)も同行する。	11483
	11月29日	松平美作守忠宗(伊達忠宗、政宗の子)が家康に御目見。本多上野介(正純)が披露する。	11484
	11月29日	福島備後守(忠勝)、その家老・尾関隼人(正成)、後見人・竹中伊豆守(重利)が家康に御目見。備後守(忠勝)は豊臣秀頼書状数通があったことを本多上野介(正純)を介し伝える。	11485
	11月29日	島津家久使者・伊集院半右衛門が家康に御目見。 山口駿河守(直友)(1544~1622)が家康に御目見。	11486
	11月29日	「大坂冬の陣」。蜂須賀阿波守(至鎮)(1586~1620)・松平宮内少(池田忠雄)から注進、今朝、野田・福島に進軍。戸川肥後守(達安)・花房一黨(正成)が注進同。 九鬼長門守(守隆)・向井将監忠勝の船大将衆が注進、敵番船を押収、その他数知れずの小舟を乗り捨て、敵豊臣方は天満に逃げ入った。	11487
	11月29日	家康、浅野但馬守(長晟)に博労ヶ淵に陣取るように命じる。使者として成瀬隼人(正成)を遣わす。	11488
	11月29日	「大坂冬の陣」。家康、帯刀(安藤直次)を召し、野田・福島に布陣する軍勢のもとに遣わし軍法の遵守を命じる。夜、帯刀は家康のもとに帰着し、先手は鉄炮部隊が進軍している事など野田、福島、博労ヶ淵の様子について言上する。 また、今日、石川主殿助(忠総)が鉄炮戦を展開の處、九鬼長門守(守隆)は大舟をもって進み豊臣方の番船を押収、蜂須賀阿波守(至鎮)・松平宮内少輔(池田忠雄)は、それぞれの家中で功名のあった者の姓名を家康に報告する。家康は功名をあげた者に黄金・服を下賜する。蜂須賀勢の森甚大夫(氏純)・同藤兵衛らが豊臣方の広瀬加左衛門・森長左衛門を討ち取った。池田忠雄勢の家中で功名のあった者の姓名を見た家康は、黄金・服を下賜する。	11489
	11月30日	「大坂冬の陣」。昨夜から今朝にかけて豊臣勢が船場町、天満町を焼き討ちする。豊臣軍は鉄炮を捨て、大坂城内に撤収。 本多上野介(正純)、成瀬隼人(正成)、安藤帯刀(直次)、永井右近(直勝)が船場、天満に物見に赴き、申刻(15~17時)、徳川家康の陣所に戻る。	11490
	12月1日	平野より徳川秀忠使者本多佐渡守(正信)・土井大炊頭(利勝)が、徳川家康のもとを訪れ密談する。	11491
	12月1日	仙石兵部少輔(忠政)、摂津住吉に至り、徳川家康に御目見、尋いで、堀直寄が旗本に召さる。	11492
	12月1日	廓山(存応の弟子)(1572~1625)が、家康と対面し浄土宗について雑談する。日野唯心、金地院崇伝が出仕。	11493

189

西暦 *1614*

慶長19	12月1日	「大坂冬の陣」。松平武蔵守（池田利隆）、同左衛門督（池田忠継）、森右近（忠政）、有馬玄蕃頭（豊氏）諸勢が天満に入ったことを家康に報告する。物見の服部権太、島弥左衛門が諸勢等が天満に入ったことを報告する。[1149]
		また、今日、捕虜の豊臣勢の者一人（年十四五男）より後藤又兵衛（基次）が股に鉄砲にあたり負傷したため、大坂城内の士気が落ちていること、青屋口戦いで大野修理（治長）が騎馬で進出するも、佐竹・長尾（上杉）勢大軍により城中に撤収。今朝、大坂焼亡で大野修理（治長）自宅が自焼したことを述べる。
	12月1日	**「大坂冬の陣」。今夕、家康、四日に茶臼山に陣取ること、この布陣につき仙波町（船場）の破損した町家を陣屋に転用するよう中井大和守（正清）に指示する。** [1149]
	12月1日	**「大坂冬の陣」。鍋島信濃守（勝茂）が捕虜一人を差し出した。家康は、大坂城中に居た者か不分明と、追放するよう指示する。** [1149]
	12月1日	「大坂冬の陣」。豊臣勢が高麗橋を焼き落そうとしたため、石川主殿助（忠総）（1582～1651）がそれを阻止しようと高麗橋に進軍し鉄砲を撃ち合う。[1149]
		これを聞いた家康は佐久間河内守（政実）、山代宮内少輔（山城忠久）を遣わし、制止を試みるも戦闘は停止しなかったため、永井右近（直勝）が、再度、小勢の石川主殿助小勢につき、加勢すべきか停戦を促すか家康に尋ねたところ、命令のない攻撃は禁止すると答え、加々爪（加賀爪）甚十郎忠澄（1586～1641）を石川主殿助のもとに遣わし、石川主殿助の攻撃を止めるよう下知する。
	12月2日	**「大坂冬の陣」。徳川家康が茶臼山（摂津国）に赴く。明後四日に当地へ陣を移すとの由。** **家康はただ一騎で大坂城近くまで赴き、敵勢の様子を確かめる。これを聞き、将軍徳川秀忠が平野より家康のもとに合流する。** 本多佐渡守（正信）、同上野介（本多正純）、成瀬隼人（正成）、安藤帯刀（直次）のみ供をする。申刻（15～17時）、帰陣。[1149]
	12月2日	南部信濃守利直が、家康に御目見。先日、伏見に於いて将軍秀忠に御目見したおりは、国元より軍勢が到着しておらず、改めの礼をする。 浅野采女正長則（長重）が家康に御目見。[1149]
	12月2日	有馬左衛門佐（直純）が家康に御目見。家康は、高橋（元種）没領である延岡（日向国）六万石を直純に給付する。本多上野介（正純）が披露する。[1150]
	12月2日	長崎奉行・長谷川佐兵衛（藤広）が、家康の元に出仕。[1150]
	12月2日	「大坂冬の陣」。本多美濃守（忠政）（伊勢国桑名藩第2代藩主）（1575～1631）が、灯下の家康のもとに赴き、近習衆には平八（忠政）が申し上げていたのだが、忠政と松平清正（清匡の間違い）（松平忠明）の陣所が定まっていないので、本多上野介（正純）を介して家康の意向を問う。 家康はまだ定まっていないと返答する。[1150]
	12月2日	「大坂冬の陣」。家康、松平右衛門正久（正綱）（1576～1648）に大坂城の周囲を一回りするよう命じる。夜、正久は帰参し、千波（船場）・天満・備前島・瀑布・今市・青屋口・玉造口・榎並等の諸口の様子を家康に報告する。[1150]
	12月3日	**「大坂冬の陣」。大坂城中の織田有楽斎（長益）（1547～1622）から後藤光次（庄三郎）（1571～1625）へ、「機が熟したら斡旋の労をとる」との回答が届く。** [1150]
	12月3日	「大坂冬の陣」。成瀬隼人（正成）、安藤帯刀（直次）、明日吉し宰相（徳川義俊）・中将（徳川頼宣）の陣所となる天王寺近辺を検分する。[1150]

西暦**1614**

慶長19	12月3日	「**大坂冬の陣**」。今夕、「文箱一遍状読之和睦之儀」（講和は望むところだが、軽率な挙動は内応と誤解される恐れがある。城中の気風を次第に和平に導こう）との織田有楽斎返報を持ち、有楽使者・村田吉蔵（有楽家臣）と米村権右衛門（治長家臣）が、本多上野介（正純）、後藤少三郎（光次）のもとに到着する。 本多上野介、後藤少三郎は、即返報を遣わす。本田上野介（正純）が物見として大坂城（摂津国）辺りを見回る。	11507
	12月3日	「**大坂冬の陣**」。松平左衛門督（池田忠継）、森右近（忠政）が天満より仙波（船場）に移陣。左衛門督が申すには、大軍故、陣場配分は一万石面三間なり由。	11508
	12月3日	「**大坂冬の陣**」。細川内記忠利（豊前国中津城主）（1586〜1641）が家康に御目見。本多上野介（正純）が取り次ぐ。 金地院後見の小出大和守吉英（和泉岸和田藩3代藩主）（1587〜1666）・同信濃守吉親（但馬国出石藩3代藩主）（1590〜1668）父子が、気分がすぐれない家康に御目見、判断を仰ぐ。家康は瀑布郷に堤を築くよう命じる。家康は小出父子（実は兄弟）の堤普請の早急完成の苦労を褒めた。小出父子は、京都往来の許可を得ていた。	11509
	12月3日	秀忠使者土井大炊頭（利勝）、家康のもとを訪れる。	11510
	12月3日	「**大坂冬の陣**」。中井大和守（正清）、家康に茶臼山陣屋は明日、屋根の葺き替えを行うことを報告する。家康は、六日移陣を告げる。	11511
	12月3日	「**大坂冬の陣**」。今日、徳川勢の先手が、平野より大坂城際十町もしくは五、六町の近くまで接近する。	11512
	12月3日	後藤少三郎（光次）が言上。今度平野で阿部備中守正次（武蔵国鳩ヶ谷藩主）（1569〜1647）が御殿を普請の所、小壺一筒を掘り出し、壺から黄金三十両、金具九塊、南鐐百両あり。伊丹喜之助康勝が持参し、五、六十年前に埋められたものという。家康、阿部備中守に、則賜う。	11513
	12月3日	「**大坂冬の陣**」。井伊直孝勢は、大坂城三ノ丸の堀近くに竹束を寄せる。	11514
	12月4日	「**大坂冬の陣**」。将軍徳川秀忠が平野より岡山に陣替えする。宰相（徳川義俊（義直））、中将（徳川頼宣）が天王寺辺りに陣取る。宰相に成瀬平左衛門（正虎）（隼人子息）が随従する。	11515
	12月4日	朝、越前少将（松平忠直）郎従の本多伊豆守冨政（本多富正）・同次郎太夫（本多成重）が豊臣勢と鉄砲を撃ち合い、続けて大坂城（摂津国）に攻め上り城壁を突破しかけたところで、豊臣勢が出撃し忠直勢は百余名の討死者を出す。軍監が家康に報告し、家康は安藤帯刀（直次）を忠直のもとに遣わし、すぐに引くように下知する。	11516
	12月4日	「**大坂冬の陣**」。井伊掃部介直孝勢が大坂城の壁を登り攻め込む。敵大勢が反撃、井伊勢の多くが討ち取られ退く。寄手は数百騎が繰り出す。	11517
	12月4日	「**大坂冬の陣〜真田丸の戦い**」。井伊掃部介直孝勢が大坂城の真田信繁（幸村）の守る真田丸に攻め込む。真田勢の銃撃により井伊勢の多くが討ち取られる。徳川秀忠の命により井伊勢は撤退する。	11518
	12月4日	「**大坂冬の陣**」。未刻（13〜15時）、家康が茶臼山に到着する。本多上野介（正純）の前駆（先導）のもと家康は陣所の普請の様子を検分する。家康が本多伊豆守（富正）・同次郎大夫（本多成重）を召し、合戦の事（松平忠直の突出のこと）を問う。富正・成重両人は、引き取るよう制止をしたが忠直が若いため突出したと述べるも、家康は、富正、成重に落度があると不満をあらわにする。	11519
	12月4日	「**大坂冬の陣**」。黎明、加賀の兵が、越前・彦根の士卒と共に大坂城を攻撃し、徳川家康の譴を受ける。	11520

慶長19	12月4日	「**大坂冬の陣**」。家康は藤堂和泉守(高虎)の陣所を検分する。大坂城より鉄砲による砲撃があるなか、家康は数度に渡り、城近くまで見回りする。	1152
	12月4日	「**大坂冬の陣**」。晩、家康は住吉(摂津国)に戻る。奥北山、熊野の山夫等が年貢を少々抑留し、一揆を企てている事を聞き、当地の代官に命じ人質をとるように命じる。	1152
	12月4日	「**大坂冬の陣**」。家康、大坂城籠城の者の妻子が奈良にいるので捕縛するよう、中坊左近(秀政)、小堀遠江守正一(政一)(小堀遠州)に命じる。	1152
	12月4日	今夜、金地院崇伝、廓山上人が家康に対面する。総攻めの日取り書を金地院崇伝が読みあげる。 明日、廓山上人は奈良に戻る旨を家康に言上。廓山(存応の弟子)(1572〜1625)は、家康の命により、昨冬より浄土宗でありながら唯識論を学んでいるという。	1152
	12月5日	「**大坂冬の陣**」。内山永久寺(奈良県天理市柚之内町)・吉野の山伏ら、大坂方に付く。	1152
	12月5日	「**大坂冬の陣**」。松平宮内少輔(池田忠雄)、蜂須賀阿波守(至鎮)が徳川家康に対面する。**家康は陣地に土手を築き、竹手束を用意して、兵が負傷しないように仕寄る(城に近づく)ようにと指示する。**	1152
	12月5日	「**大坂冬の陣**」。九鬼長門守(守隆)が家康に対面する。家康は、海上において敵船を暴く手柄を神妙と思し召す。また、大坂城より遁れる者がいるかどうかを兵船をもって夜中も監視するように指示する	1152
	12月5日	酒井左衛門尉家次、松平甲斐守(忠良)、仙石兵部少輔(忠政)等が家康に出仕する。そして、六條中納言有廣、冷泉中納言為満、山科宰相言緒が京から今日着いて家康に御目見。金地院崇伝が披露する。	1152
	12月5日	家康が高野山文殊院應昌を召す。趣旨は、奈良内山山伏先達、吉野大峯五鬼の一つ菩鬼名助が大坂城に籠城しているため、熊野悪民等が北山にて蜂起するとの噂があり、代官を派遣して鎮圧したが、山伏の峯入が断絶してしまっているので、先達等にこの旨触れるよう指示する。	1152
	12月5日	「**大坂冬の陣**」。伊達政宗の使者として山岡志摩守(重長)が家康のもとを訪れる。重長は家康に鉄砲を預かりたいと申し出る。家康は弓火矢二挺、大筒三十挺(玉目五十目)を貸し与える。	1153
	12月5日	松平右衛門正久(正綱)が弓火矢二筋を家康に持参する。大梯衆が製作したもので飛距離が四町(436m)あるという。**家康は自ら試し撃ちする。**	1153
	12月5日	「**大坂冬の陣**」。家康が物見として横田甚右衛門(尹松)、間宮権左衛門を、仙波(船場)・天満に遣わす。**家康は尹松、権左衛門に、先手鉄砲衆は一人として惜しいので、城攻めの際は、土手等を築くようにと申渡す。**	1153
	12月5日	奈良の函人(鎧兜を造る職人)・岩井与左衛門が甲冑を家康に進上する。その甲冑に対し、稲富宮内(重次)(1587〜1633)が小筒三文目五分玉を放ったところ、甲冑は貫通しなかったという。	1153
	12月5日	「**大坂冬の陣**」。今夕、伊達政宗が家康に出仕する。家康は政宗に、善き場所に陣場を設けたと満足した述べる。 政宗は家康に木津攻めを命じられたが、(船場)を落とした時、政宗が一騎にて見回りし、すぐに鉄砲四、五百人を大坂城下仙波堀角、生駒讃岐守(正俊)の守陣地左に遣わしたという。家康は政宗に総攻めにつき用心梯子を多数用意するよう命じたので、それで城の壁や石垣を登るようにと伝える。政宗も良き御綻と感心し、その後雑談、退出。	1153

西暦**1614**

慶長19	12月5日	奈良酒と蜜柑二篭を献上する者あり。堺津から大坂城中に捕縛されていたが遁れ出た今井宗薫が、伊達政宗陣所にも同二種を献上という。宗薫と政宗は、年来の懇意の間柄である。 11535
	12月5日	今夜、石川備前入道宗林(貞清)が、家康に御目見。宗林は羽織を献上する。宗林は関ヶ原の戦い以後、牢人となって京都を徘徊していたが、このたび大坂城に籠城しなかったため対面を果たす。 11536
	12月5日	「大坂冬の陣」。岡山から徳川秀忠の使者として土井大炊頭(利勝)が家康のもとを訪れる。利勝から家康に、豊臣秀頼が秀忠に和睦之儀の申し出があったことを伝える。大御所下知あれども、秀忠は、この間数日、これだけの諸軍勢を集めて大坂城を落とせず和睦したとあったら、後難となるので、近々日を定めて城に攻め入るべきと考えであることを利勝が家康に伝える。家康は、大樹(秀忠)が憤慨する気持ちは分かるが、小敵と侮らず、また戦は戦わずして勝つことが良将といわれることもあるので、家康の下知に従うようにと再三、利勝に伝える。利勝は岡山の陣所に戻る。秀忠は家康の言を聞き、大御所(家康)は文武の道、天下無双の大将だが、大坂城攻めについては、なおざりで奇怪なことも多く不快に思う。秀忠の傍にいた本多佐渡守(正信)が秀忠に憤りはもっともだが、大御所下知には従うようにとなだめる。 11537
	12月5日	「大坂冬の陣」。榊原康勝が、天王寺に陣替えする。 11538
	12月5日	「大坂冬の陣」。徳川家康、本多正信(1538～1616)に命じて諸大名に石垣修築に付令する所有り、特に高山城主金森可重が課役を免す、可重は、18年(1613)春、名護屋城の臨時修築に興りたるを以て也。 11539
	12月6日	**「大坂冬の陣」。辰刻（7～9時）、徳川家康が住吉より茶臼山に赴く。将軍徳川秀忠も岡山より茶臼山に赴き、家康と合流し対面する。** 11540
	12月6日	藤堂和泉守(高虎)、本多佐渡守(正信)が家康と対面する。 11541
	12月6日	今晩、秀忠の使者として土井大炊頭(利勝)が家康のもとを訪れ、家康と密談する。 11542
	12月6日	「大坂冬の陣」。成瀬隼人(正成)、安藤帯刀(直次)、同弟対馬守(安藤重信)が物見として大坂城の周囲を検分する。対馬守(安藤重信)が秀忠のもとに帰還後、午刻(11～13時)に甲山辺りの路次傍一二間四方の草深い所で蛙が数知れず発生し喰い合いする奇怪な場面に遭遇したことを報告する。 11543
	12月7日	「大坂冬の陣」。黄昏、徳川家康が天満に陣取る本多出雲守(忠朝)に城に接近するよう命じるが、忠朝は天満表が川深く、惣攻めの刻に陣所よりの出撃が難しいと言上し、家康は不快をあらわす。 11544
	12月7日	寺沢志摩(広高)が家康に御目見。近日中に石火矢を届けることを報告する。 11545
	12月7日	秋田藤太郎(実季)(常陸宍戸藩初代藩主)が家康に御目見。 11546
	12月7日	南光坊天海(1536？～1643)・薬樹院が、家康と対面する。雑談、昨日、南蛙・北蛙の蛙合戦で、北蛙が多数死傷した。大坂方贔屓は北蛙であった。前兆良しと諸人は勇んだそうだ。 11547
	12月8日	松平武蔵守(池田利隆)、同左衛門督(池田忠継)、脇坂阿波守(安元)が徳川家康に対面する。本多佐渡守(正信)、土井大炊頭(利勝)、藤堂和泉守(高虎)が家康に対面し雑談する。佐久間久右衛門(安政)(近江高島藩主)、同源六(勝之)(常陸北条藩主)が家康に対面する。 11548
	12月8日	五山僧衆が家康に御目見。金地院崇伝が取り次ぐ。 11549

慶長19	12月8日	浅野但馬守(長晟)、松平土佐守(山内忠義)、同弟吉介(政豊)が家康に出仕する。	1155(
	12月8日	「**大坂冬の陣**」。本多上野介(正純)が、昨日(7日)に大坂城(摂津国)より浅野但馬守(長晟)の陣所に大坂城中から矢文があったことを報告する。その内容は、城内では和睦の話が出ているが、牢人衆が同心していないというもの。	1155▶
	12月8日	浅野采女正(重晟)(常陸真壁藩主)、家康の御目見。堺の商人・長崎の地下人等が、家康に進物献上。長谷川佐兵衛(藤広)が取り次ぐ。	1155▶
	12月8日	南部信濃守利直(陸奥国盛岡藩初代藩主)が出仕。南都喜多院が家康に対面。菊亭少将が家康に御目見し、羽織を献上する。菊亭少将は、今出川経季か。	1155▶
	12月8日	「**大坂冬の陣**」。大坂城より織田有楽(1547〜1622)と大野修理(治長)(1569〜1615)の返状が家康のもとに届く。**本多上野介(正純)(1565〜1637)、後藤少三郎(光次)(1571〜1625)が密かに家康に披露する。** 織田有楽(長益)使者は村田吉蔵、修理(治長)使者は米村権右衛門。諸牢人衆の宥免があるか、秀頼の国替えが何国を希望しているか、開城の条件などを協議する。米村権右衛門は、百姓の出で大野治長の草履取りとなり、治長に取り立てられ家老まで出世、大阪城落城前に千姫を徳川家に引き渡す役となるという。	1155▶
	12月9日	「**大坂冬の陣**」。 藤堂和泉守(高虎)が出仕して徳川家康と大坂城総攻めの評定をする。	1155▶
	12月9日	山代宮内少輔(山城忠元)、滝川豊前守(忠征)が、家康に、長柄堤が完成し河川の水が尼崎に流れ、天満川が浅くなったので、そのうち川が乾くとの報告をする。	1155▶
	12月9日	「**大坂冬の陣**」。大坂城七手組頭・青木民部少(一重)(1551〜1628)の書状が家康に届く。上野介(本多正純)が披露する	1155▶
	12月9日	「**大坂冬の陣**」。**家康が永井右近(直勝)、青木一郎右衛門を召し寄せ、今夜より毎夜寄せ手に二三度、鬨の声をあげさせ、籠城している者の睡眠を妨げるに命じる。**青木一郎右衛門は、兄青木一重が大坂方にいる、青木次郎左衛門可直(1561〜1622)であろう。	1155▶
	12月9日	後陽成上皇(1571〜1617)が家康に薫物1色を贈る。南光坊天海(1536?〜1643)が持参する。	1155▶
	12月9日	「**大坂冬の陣**」。家康が越前少将(松平忠直)の家老・山本内蔵助を召し出し、攻め口の陣場を言い渡す。	1156▶
	12月9日	「**大坂冬の陣**」。徳川勢より鬨の声と鉄砲が放たれるが、今夕、家康は、雷のため鉄砲の連放(つるべ撃ち)を一時、止めさせる。	1156▶
	12月9日	「**大坂冬の陣**」。**板倉勝重、島津家久(忠恒)(薩摩藩主)に大坂への参陣を催促する。**	1156▶
	12月10日	「**大坂冬の陣**」。**京町人が家康に鉛千斤を献上する。**	1156▶
	12月10日	傳長老(金地院崇伝)が家康に日取書物を読む。	1156▶
	12月10日	「**大坂冬の陣**」。 午刻(11〜13時)、将軍徳川秀忠、藤堂和泉守(高虎)、本多佐渡守(正信)が徳川家康のもとに赴き、宰相(徳川義俊(義直))、中将(徳川頼宣)を交えて種々相談をする	1156▶
	12月10日	毛利宗瑞(輝元)が吉川(広家)、福原(広俊)を連れて、家康に御目見、子・長門守秀就を引き立ててくれていることに礼をいう。本多上野介(正純)が取次。	1156▶
	12月10日	「**大坂冬の陣**」。伊奈筑後守(忠政)(1585〜1618)、北見五郎左衛門が、家康に堰、川堤の完成を報告する。北見五郎左衛門は、喜多見五郎左衛門勝忠(勝重)(1568〜1628)のようだ。	1156▶

西暦**1614**

慶長19	12月10日	「**大坂冬の陣ー家康、投降を促す矢文を送る**」。家康は今夜、大坂城中の諸口に向けて守将の姓名を記した矢文を放ち、今まで敵としてあっても降伏すれば赦免することを仰せ。	11568
	12月11日	藤堂和泉守（高虎）が徳川家康に対面し密談をする。	11569
	12月11日	伊豆山・箱根山・三島明神の社僧・神主が家康に巻数を献上する。北野社松梅院、連歌師里村昌琢（しょうたく）が、家康に御目見。	11570
	12月11日	本願寺（准如）の使者として下間少進法印（仲孝）（1551～1616）が家康にもとに赴き小屏風一隻を献上する。	11571
	12月11日	伊達政宗が家康に対面する。上野介（本多正純）が取次。	11572
	12月11日	「**大坂冬の陣**」。**家康が佐渡代官間宮新左衛門（直元）、甲州代官島田清左衛門（直時）、日向半兵衛（政成）を召し、銀山銀堀衆をもって大坂城の櫓を崩すように命じる。**	11573
	12月11日	「大坂冬の陣」。藤堂和泉守（高虎）、井伊掃部頭（直孝）、松平筑前守（前田利光）の陣場で堀をつくる報告がある。	11574
	12月11日	黒田筑前守（長政）が、鉛三千斤を家康に献上する。	11575
	12月11日	「大坂冬の陣」。浅野但馬守（長晟）の使者が来て、家康に今日仕寄場所（城に軍勢を近づける場所）の堀を埋めるべきか否かを上野介（本多正純）を通じて尋ねる。家康はしばし待つようにと指示する。	11576
	12月12日	「**大坂冬の陣**」。**徳川家康が天満より備前島に視察に赴く。鉄炮雨が降る中、ゆうゆうと見廻った。未刻（13～15時）に戻る。**未刻（13～15時）、大坂籠城中の有楽（織田有楽）・修理（大野治長）より家康のもとに書状が届く。後藤少三郎（光次）が内々に披露する。	11577
	12月13日	徳川秀忠の使者として土井大炊介（利勝）が岡山から徳川家康のもとに到着する。大雨につきご機嫌伺いをする。	11578
	12月13日	「**大坂冬の陣**」。**家康が中井大和守正清に、大坂城総攻めの際に石壁登りに使用予定の熊手をつけた梯子の準備を命じる。**あわせて大名一人につき梯子五十本宛を配布するようにと家康は上野介（本多正純）に指示する。	11579
	12月13日	「**大坂冬の陣**」。**夜、家康が浅野但馬守（長晟）、松平土佐守（山内忠義）に、仙波（船場）堀川に舟橋を架橋するように命じる。**	11580
	12月14日	「大坂冬の陣」。本多正純（1565～1637）、前田家筆頭家老の本あわのかみ（本多安房守政重（正純の弟））（1580～1647）に、急ぎ、真田信繁（幸村）調略を命じ、幸村叔父・真田信尹（のぶただ）（1547？～1632）の派遣を伝える。ついで、信尹が、10万石の領地を与えることを持ちかけ、信繁説得を試みるが失敗という。	11581
	12月14日	大雨の日。将軍秀忠のお使い・板倉伊賀守（勝重）が、家康にご機嫌伺いに参上する。	11582
	12月14日	「**大坂冬の陣**」。阿茶局（後の雲光院）（1555～1637）が、見舞いとして家康の陣所である天王寺茶白山に到着する。家康は、阿茶局を使い、淀殿（茶々）の妹で大坂城内に残った常高院初（京極高次の室）（1570？～1633）を通して講和交渉を進めた。	11583
	12月14日	夜、南部利直が薫陸（くんろく）を家康に献上する。安藤帯刀（直次）、與（与）安法印（片山宗哲）（1573～1622）が披露する。薫陸は、松や杉の樹脂が地中に埋もれて化石となったもの。琥珀（こはく）に似ており、香料とする。	11584
	12月15日	宰相（徳川義俊（義直））、中将（徳川頼宣）が徳川家康に対面する。	11585

慶長19	12月15日	**「大坂冬の陣」**。家康が後藤少三郎(光次)を召し、豊臣秀頼との和睦のことを問う。[11586] 光次は、自分の使いが申すには大坂城の城内においては秀頼御母(淀殿)が悉く最終決定権を有しており、女性ゆえか、万事急がない様子だと回答する。また、返事を引き延ばそうとしているのではないかとの意見も提示する。なお光次・上野介(本多正純)は、淀殿を江戸に人質として置くこと、秀頼が抱えた牢人衆に知行を与えるべく加増するかどうかを尋ねる。家康は牢人衆が仕官の志が有るならば、知行も与えてもよいと返事する。また、返事が延引しているのは、大坂城寄せ手衆を疲れさせる狙いや城内に壁や堀を整えるため、占者によると来年は秀頼にとって吉年だからではないかと言う。
	12月15日	今夕、徳川秀忠使者・安藤対馬守(重信)が徳川家康のもとに到着する。[11587]
	12月16日	**「大坂冬の陣」**。家康、松平右衛門佐正久(正綱)に命じて、鉄炮鍛錬者数十人を選び、藤堂和泉守(高虎)・越前少将(松平忠直)等の攻口に行かせ、小筒・大筒を以って矢狭間・櫓を打ち込むよう命じる。[11588]
	12月16日	**「大坂冬の陣」**。家康、牧野清兵衛(正成)・稲富宮内(重次)に、一斉砲撃を命ずる。[11589] 牧野・稲富の指揮で、イギリス製のカルバリン砲4門とセーカー砲1門、オランダ製の大砲12門のほか、大筒100門が配備され、大坂城天守への砲撃が開始された。本丸への砲撃で身近に被害が及ぶ。淀殿と秀頼の居所の千畳敷御殿に大砲を撃ち込む。天守にも命中という。大砲の一発が淀殿の居間に命中、侍女が死亡という。強行派淀殿の態度が一変する。いや実は家康は、大坂の役の際に阿蘭陀(オランダ)人を召し、城中に石火矢を試射させたともいう。
	12月16日	「大坂冬の陣」。巳刻(9~11時)、将軍秀忠、岡山から家康の元に来る。宰相(徳川義俊)・中将(徳川頼宣)・本多佐渡守(正信)・同上野介(正純)・藤堂和泉守(高虎)伺候し、阿茶局も出仕、家康・秀忠と密談。[11590]
	12月16日	松平丹波守(康長)・同周防守(康重)・加藤式部少将(明成)が、家康に御目見。[11591]
	12月16日	南光坊僧正・金地院(崇伝)が家康に出仕。[11592]
	12月16日	八條宮智仁親王・伏見宮邦親親王・二条昭実の使者が到来し、毛氈・酒菓を家康に贈る。金地院(崇伝)が披露。[11593]
	12月16日	西尾丹後守(忠永)披露の仁和寺宮・妙法院・梶井宮・青蓮院宮の使者使者が到来し、酒・菓・餅を家康に献上。[11594]
	12月16日	南都清涼院、家康に御目見。[11595]
	12月16日	京都高(台)寺、家康に御目見、蜜柑を献じる。[11596]
	12月16日	「大坂冬の陣」。今夕、今井宗薫が石火矢玉重さ五、六百目を持ち参上し、伊達政宗陣所に大坂城中から打ち込んだものという。[11597]
	12月16日	「大坂冬の陣」。伊丹喜之助(康勝)(1575~1653)が、岡山秀忠陣所から持って来た大玉を持参する。先日、片桐市正(且元)陣に大坂城中から打ち込まれたといい、玉の重さは鉄製で六百五十目。[11598]
	12月16日	安藤帯刀(直次)が申すには、井伊掃部助(直孝)が咳病を患う。家康は、與(与)安法印から聞いた、薬対金飯子を直孝に賜う。[11599]
	12月16日	**「大坂冬の陣」**。秀頼執事だった片桐且元(1556~1615)が、淀殿(茶々)の居室を徳川秀忠に通報。[11600]
	12月16日	八宮(後陽成天皇の第八皇子)(1604~1669)、親王宣下し「直輔」と名乗る。翌元和元年(1615)に徳川家康の猶子となる良純入道親王である。[11601]

西暦1614

| 慶長19 | 12月17日 | 「**大坂冬の陣**」。蜂須賀阿波守（至鎮）(1586～1620) 使者が家康の元に参上。晩、敵大将塙弾右衛門（塙団右衛門（直之）(1567～1615)）が本町橋から夜襲。中村右近（重勝）が討死、その他三十余名疵を負う。稲田修理・岩田七右衛門らが迎え撃ち、修理子・九郎兵衛十四歳が敵首を獲り、鵜飼七郎左衛門・四宮与兵衛・横井十郎兵衛の三人が塙六騎を討ち取ったと言上。家康は、状況把握のため板倉内膳正（重昌）を派遣する。 | 11602 |

12月17日「**大坂冬の陣**」。午刻 (11～13時)、蜂須賀阿波守が出仕。家康は、阿波守に右筆建部伝内（昌興）の感状を、本多上野介（正純）を通じ稲田修理父子（示植・植次父子）に感状・腰刀を、その他高名輩に服・黄金を下賜する。
また博労ヶ淵の戦いで戦功のあった森甚大夫、同藤兵衛、広瀬加左衛門、森長左衛門等十人にも黄金・服を下賜する。 ……11603

12月17日「昨十六日之夜、於大坂仙波口、敵為夜懸雖差出、阿波守番所以下堅申付故、無異儀即時出合、随分之者共討捕、無比類働、実以感思召候、委曲本多佐渡守可申候也」。秀忠、江戸に在った蜂須賀至鎮の父・蓬庵（家政）に黒印状をもって、大坂船場合戦の功を立てた至鎮の事を記し、感状を送る。 ……11604

12月17日藤堂和泉守（高虎）が、家康の元に出仕。合戦の時は陣屋に留守居を置き、後陣が狼藉をしないようにすべきと雑談していたところ、高虎の後陣である尾張衆の成瀬隼人（正成）が反論し、先陣が入城の時には後陣は堀際に旗を立て様子を伺っており狼藉することはないと述べる。 ……11605

12月17日越前少将（松平忠直）が家康に御見目。本多上野介（正純）・土井大炊頭（利勝）が取り次ぐ。忠直の殊の外の成人を見て、家康は、将軍徳川秀忠が忠直を重宝としていることを伝える。 ……11606

12月17日伊達政宗、出仕。家康は、仕寄場所（大坂城攻撃拠点）の指図の備えを見ながら雑談。 ……11607

12月17日片桐市正（片桐且元）が咳病ということで、今日、家康は与安法印を彼のもとに赴かせた。 ……11608

12月17日「**大坂冬の陣**」。朝廷から後陽成上皇の命により、武家伝奏広橋兼勝 (1558～1623) と同三条西実条 (1575～1640) を使者として、茶臼山本陣の家康に、寒天の時とひとまず帰京を勧め、和議を勧告。日野唯心・傳長老（以心崇伝）が取り次ぐ。
「諸軍為可申付至在陣也、和睦之儀、不可然若不調則令軽、天子命甚不可也、御勅答」（諸軍在陣を申し付け、和睦はないと返答する。和睦をしない理由は、もし和睦が成立しなかった場合、「天子命」が軽んぜられることになるためとする）。

徳川家康は朝廷命を体よく拒否し、あくまで徳川主導で交渉を進める。「秀頼追討」の家康の綸旨奏請は、朝廷に黙殺されていた。 ……11609

12月17日加藤肥後守（忠広）（肥後国熊本藩2代藩主）が、家康に八代蜜柑五箱を献上。 ……11610

12月17日関東筑波山知足院が家康に御見目。筑波山知足院二世光誉は、秀忠の乳母の子息と云う。 ……11611

12月17日将軍秀忠、水野監物（忠元）・稲富宮内（重次）に、佐竹義宣陣所の高所から石火矢を数張打ち込むよう命じる。 ……11612

12月17日浅野但馬守（長晟）が仙波（船場）堀川の埋立を進めていたところ、城中より石火矢があり、その重さは五、六斤であった。家康はそれを取り寄せ、玉が土俵に埋まらなかったことから木鉄砲と推測、木鉄砲は大坂城中に多くあると告げる。 ……11613

12月18日榊原遠江守（康勝）（上野館林藩第2代藩主）が、家康の元に出仕。 ……11614

慶長19	12月18日	「**大坂冬の陣―第一回和平交渉**」。

「御前京極若狭守母儀常高院殿、自城中令出、若狭守陣場（場）洽御阿茶乃本多上野介趣其所、申刻（15〜17時）両人帰、常高院殿秀頼御母儀之御妹也」。

常高院（初）が大坂城を出て、徳川方の京極忠高（常高院初は義母）（1593〜1637）の陣赴く。そこで、家康側室の阿茶局（後の雲光院）（1555〜1637）、家康側近の本多正純（1565〜1637）と、豊臣方の使者として派遣された淀殿（茶々）の妹である常高院（初）（1570？〜1633）・大蔵卿局（？〜1615）との間で第一回和平交渉が行われる。

申刻（15〜17時）両人（阿茶局・正純）は家康の元に帰る。豊臣秀頼と徳川家康の講和交渉、決裂する。

₁₁₆₁₅

	12月18日	今夕、秀忠使者水野監物（忠元）が岡山より来て開口魚を献じる。大御所家康は、秀忠に鶴を賜う。 ₁₁₆₁₆
	12月18日	将軍秀忠付の安藤対馬守（重信）（1557〜1621）が河堤が築き終えたとの報告があり、大御所家康は、辛労感謝の旨を述べた。 ₁₁₆₁₇
	12月19日	藤堂和泉守（高虎）が、家康の元に出仕。仙石兵部少輔（忠政）が摂津岡山に至り、家康に御目見。 ₁₁₆₁₈

	12月19日	「**大坂冬の陣（10月1日〜12月22日）―講和条件が合意**」。 ₁₁₆₁₉

織田有楽・大野修理両使が来て、常高院（初）が若狭守（京極忠高）陣場に来ることを告げる。本多上野介（正純）・後藤少三郎（光次）より申し出、本多上野介・阿茶御局が上野介陣場にて対面、常高院は城中に帰った。交渉を終えた本多正純と阿茶局は、家康に合意に達した和議条件を伝える。

第二回和平交渉で、大坂冬の陣の講和条件が合意。豊臣家側の条件として

一、秀頼・淀殿（茶々）の安全の保障と大坂城居住、豊臣方の軍勢の罪の不問。

一、本丸を残して二の丸、三の丸の城濠及び惣構を埋却し、外堀を埋める事。

一、淀殿を人質としない替わりに大野治長、織田有楽斎より人質を出す事。

	12月19日	松平甲斐守（忠良）（下総国関宿藩第2代藩主）（1582〜1624）、家康に御目見。 ₁₁₆₂₀
	12月19日	松平筑前守（前田利光（利常））・越前少将（松平忠直）・加藤式部少輔（明成）・福島備後守（忠勝）・松平河内守（定行）、家康に御目見。 ₁₁₆₂₁
	12月19日	南光坊僧正が家康の元に出仕。 ₁₁₆₂₂
	12月19日	中将（徳川頼宣）母（於万）の父・正木観斉（頼忠）（1551〜1622）が落馬で寝込んでいる事を聞いた家康は、与安法印に命じて打撲傷に効果のある摩沙丹（円）薬を遣わす。 ₁₁₆₂₃

	12月19日	黒田右衛門忠長（忠之）（1602〜1654）が家康の元に出仕。忠之は病が本復してなかったが、病死すことがあっても城攻めに加わることを述べる。 ₁₁₆₂₄

忠長（忠之）は、福岡藩初代藩主・黒田長政と継室・栄姫（大涼院・徳川家康養女）の嫡男。長谷川佐兵衛（藤広）が取り次ぐ。郎従の井上周防守（之房）・小川（小河）内蔵允が出て、黒田右衛門よりの塩硝五千斤を献上する。

	12月20日	暁、大坂城中人質差出が後藤少三郎（光次）にあり、本多上野介（正純）家老・寺田将監を差し向け、有楽修理（織田有楽斎・大野治長）人質を確保したところ、修理息は幼児であったので少三郎が怒り嫡子差出を命じた。 ₁₁₆₂₅

移刻、修理嫡男大野信濃守（治徳）十七歳と有楽息武蔵守十九歳（五男尚長）を出したと少三郎が言上。修理息幼児は捕らえなかったと言い、家康は感心した。

	12月20日	「**大坂冬の陣**」。大坂城の使者・常高院初（淀殿の妹）ら、徳川方の使者・本多正純と阿茶局（後の雲光院）が茶臼山の本陣で対面し、講和の誓詞を交わす。 ₁₁₆₂₆

西暦**1614**

慶長19	12月20日	「**大坂冬の陣（10月1日～12月22日）―家康、全軍に停戦命令**」。	11627

徳川家康、全軍に停戦命令を出し、徳川秀忠が、以下の条件で豊臣秀頼と和睦する。一、籠城した牢人衆の罪は問わない事。一、秀頼の知行はこれまでと変わりがない事。一、淀殿（茶々）を江戸に送る必要はない事。一、大坂城を明け渡すならば、望み次第に替地を与える事。一、秀頼の身上について表裏がない事

| | 12月20日 | 「**大坂冬の陣**」。豊臣方、「堀埋め立ては、当方で」との申し出に際し、家康は「よくよく入念に崩せ、ただし奉行は若狭守（京極忠高）（正室は将軍秀忠の娘、義母常高院初）とする」旨を述べる。 | 11628 |

| | 12月21日 | 「**大坂冬の陣―大坂城の堀埋め立てが始まる**」。 | 11629 |

松平忠明（伊勢亀山藩主）(1583～1644)、本多忠政（伊勢国桑名藩2代）(1575～1631)、本多康紀（三河国岡崎藩2代）(1579～1623)の3人を普請奉行とし、諸大名の労働力を動員して、大坂城の堀埋め立てを行う。

| | 12月22日 | 「**大坂冬の陣**」。 | 11630 |

大野治長(1569～1615)、家康側近・本多正純(1565～1637)に書を送り、豊臣家給人の諸国における知行地の年貢の徴収及び支給を元通りに叶うように要請する。

| | 12月22日 | 「**大坂冬の陣―10月1日～12月22日**」、**終わる**。家康の使者、大坂城に入り誓書を交換。「家康は秀頼の身上を保証、秀頼は大御所・将軍家に対して、今後、謀反野心あるべからず、中傷の雑説に惑わされず、直接に両御所の意を伺うべきこと」。 | 11631 |

| | 12月22日 | 本多佐渡守正信、相良左兵衛（頼房）宛に、「大坂御赦免」の書状を送る。 | 11632 |

| | 12月23日 | 家康、全軍の足軽・中間を集めて大坂城惣構の堀の埋め戻しにかかり、石垣を崩す。 | 11633 |

| | 12月23日 | **埋め立て工事は23日には完了し、諸大名は帰国の途に就く。** **外堀を埋めるのは徳川方、二の丸・三の丸は豊臣方の担当であったが、二の丸・三の丸の方まで徳川方が埋めてしまった。** | 11634 |

| | 12月23日 | 日野唯心、傳長老（金地院崇伝）が出仕。家康は諸記録書写に、公家古今禮(礼)義式の相違等があれば報告するようにと家康が公家衆に尋ねた件で、公家からの誤りの指摘はなかったことを家康に報告する。 | 11635 |

| | 12月24日 | 巳刻(9～11時)、諸大名が家康に御目見。 | 11636 |

松平筑前守（前田利光）、福島備後守（忠勝）、浅野但馬守（長晟）、鍋島信濃守（勝茂）、細川内記（忠利）、寺沢志摩守（広高）、松平武蔵守（池田利隆）、同左衛門督（池田忠継）、松平宮内少輔（池田忠雄）、森右近（忠政）、有馬玄蕃頭（豊氏）、稲葉彦六（稲葉貞通ではなく、稲葉典通）、京極丹後守（高知）、松平土佐守（山内忠義）、堀尾山城守（忠晴）、加藤式部少輔（明成）、南部信濃守（利直）、毛利長門守（秀就）、同甲斐守秀元（毛利秀元）、同陪臣吉川（吉川広家）、福原越後（広俊）、又、越前少将（松平忠直）、同舎弟伊予守忠昌（松平忠昌）、松平安房守（信吉）、榊原遠江守（康勝）、本多出雲守忠将（忠朝）、本多美濃守忠政、松平下総守清正、本多豊後守（康紀）、松平主殿助（忠総）、水野日向守（勝成）と対面する。

| | 12月24日 | **有楽（織田有楽斎）・修理（大野治長）が茶臼山の徳川方本陣を訪れ家康に拝謁。** | 11637 |

京極若狭守（忠高）も参上。有楽・修理二人は御服三領を献じる。津田武蔵守（織田尚長）は御服二領を、大野信濃守（大野治徳）は御服二領を献じる。有楽は十徳を、修理は羽織袴を着する。有楽・修理はその他、本多佐渡守（正信）・藤堂和泉守（高虎）に挨拶した。家康は有楽・修理に、大坂城中の堀を埋め、櫓を壊す工事を早々と進めるよう命じる。

慶長19	12月24日	徳川家康・豊臣秀頼連署起請文。「敬白起請文之事 一今度互に確執に及び、令對陣候といへ共、雙方取曖に依て令和睦者也、自今以後御子孫に至る迄、毛頭疏意不可有事、」	11638
	12月24日	「於大坂千波表、蜂須賀阿波守手、紛夜切出之処、合鑓則追崩敵、剰蒙疵之条、無比類仕合粉骨之至、御感思召候也」・「今度於大坂千波表、蜂須賀阿波守手、紛夜切出之刻、討捕首之条、粉骨之至、御感思召候也」。 家康、大坂冬の陣で功のあった、稲田修理亮(示植)、稲田九郎兵衛(植次)に感状をおくる。秀忠も翌年1月11日に感状をおくる。	11639
	12月24日	「今度於大坂伯楽淵、合鑓追崩敵、剰討捕頭之条、粉骨之至、御感思召候也」・「今度於大坂表穢多、竭粉骨之条、阿波守達高聞、御感思召候也」・「今度於大坂表、伯楽淵竭粉骨之条、阿波守達高聞、」・「今度於大坂表、蜂須賀阿波守手、紛夜切出候之処、合鑓則追崩敵之条、粉骨之至、御感思召候也、」・「今度於大坂仙波表、蜂須賀阿波守手、……」・「今度於大坂表伯楽淵、合鑓追崩敵、剰討捕首、粉骨之至、御感思召候也」・「今度於大坂表穢多、竭粉骨之条、御感思召候也」ら。 家康、大坂冬の陣で功のあった、森甚太夫氏純、山田織部(宗登)、橋口内蔵助正長、森甚五兵衛村重(蜂須賀家家臣)、岩田七衛門(政長)(山田七左衛門)、橋口内蔵助正長、横河(横川)次大夫(池田忠長家臣)、箕浦勘右衛門尉(池田忠長家臣)らに感状をおくる。秀忠も翌年1月11日に感状をおくる。	11640
	12月24日	晩、茶磨山小姓衆小屋が五六間焼失。松平右衛門(正久(正綱)・板倉内膳(重昌)・加々爪甚十郎(加賀爪忠澄)等が陣御門を堅く守り出入り禁止であった。	11641
	12月24日	将軍秀忠、家康の元に参じ相談あり。秀忠退去後、本多佐渡守(正信)と土井大炊頭(利勝)は、家康の元に残った。	11642
	12月24日	南光坊僧正・金地院崇伝が出仕、家康と雑談。南光坊僧正の取り成しで鷹匠小栗忠蔵(久次)(1550～1628)が赦免された。	11643
	12月24日	**家康、長崎奉行長谷川佐兵衛藤広を堺政所に起用する。**	11644
	12月24日	**将軍秀忠が井伊掃部助直孝に江州佐和山領を地行充行。**秀忠は、土井大炊頭(利勝)を通じて家康に報告する。	11645
	12月25日	**辰刻(7～9時)大御所徳川家康は、大坂茶臼山本陣を払い、申刻(15～17時)、二条城に凱旋。**板倉伊賀守(勝重)が迎える。 将軍秀忠・宰相(徳川義俊)・中将(徳川頼宣)並びに本多上野介(正純)・成瀬隼人(正成)・安藤帯刀(直次)は、大坂城破壊のため茶臼山に在陣した。	11646
	12月25日	織田有楽斎(長益)(1547～1622)・大野修理(治長)(1569？～1615)・七組頭(伊東長次)(1560～1629)は、岡山に参上して将軍秀忠に御目見。	11647
	12月25日	「今度於此表、阿波守方事、入精候」。 家康、蓬庵(蜂須賀家政)に書状を送り、戦功を賞す。 家政は、大坂の陣では、豊臣方からの誘いに「自分は無二の関東方」と称して与力を拒絶すると共に、駿府城の家康を訪ねて密書を提出したという。	11648
	12月25日	勅使広橋兼勝、三条西実条、大坂より帰洛して、徳川家康の上申する親王席次並に官位昇進の事等を奏上す、仍って関白鷹司信尚已下公家衆をして、之を議せしめらる。	11649

西暦1614

慶長19	12月26日	金地院（以心）崇伝（1569〜1633）が家康の元に出仕して、今度仰せつかった記録等の内、『旧支紀（旧事紀）』・『古事記』・『続日本記』・『文徳實録』・『三代実録』・『江次第』・『明月記』・『続文粋』・『菅家文集』・『西宮記』・『釈日本記』・『内裡式（内裏式）』・『山槐記』・『類聚三代格』等を献じる。道春（林羅山）も同伺候。 [11650]
	12月26日	今夕、片桐市正（且元）が出仕。板倉伊賀守（勝重）も伺候して家康と雑談。伝通院廓山上人が出仕、家康と仏法雑談。 [11651]
	12月26日	藩嫡子・細川忠利（忠興の三男）（1586〜1641）、国元（豊前国小倉藩）に書を送り、大坂城の本丸以外を全て破却する事が決まり、総構えは徳川方が二の丸、三の丸は城内の将兵で埋める事になったと報じる。 [11652]
	12月27日	神龍院梵舜（1553〜1632）、大坂城にて大野治長らと会談。 [11653]
	12月27日	金地院崇伝・黒谷清林が家康に対面。 [11654]
	12月27日	今夕、将軍秀忠使者土井大炊頭（利勝）が岡山より二条城に来て、家康に大坂城惣櫓破却を報告する。家康はこの度在陣の諸大名は、労公役を三ヵ年赦免すると秀忠に告げる。 [11655]
	12月27日	本多次郎太夫が生鱈を献じ家康は食す。 越前丸岡藩初代藩主の本多次郎大夫成重（1572〜1647）か。 [11656]
	12月27日	家康、板倉伊賀守（勝重）に明日巳刻（9〜11時）参内することを告げる。 禁裡進物は銀子百枚・綿三百把、仙洞は銀五十枚・綿百把、女院は銀五十枚・綿百把、女御は銀五十枚・綿百把、長橋局・諸公家にも進物を、禁中礼法儀式等して申刻（15〜17時）還御すると仰せ。 [11657]
	12月27日	「家康、改元を奏上」。 今夕、板倉伊賀守は、禁裏言上の使者・河野大弼實顕を遣わし、今度天下静謐なり参内悦ばしき事、宋亭右府との対面は改めて来春にもとし、改元を奏上するとした。 [11658]
	12月27日	片桐市正（片桐且元）が家康に対面。 [11659]
	12月27日	将軍秀忠は岡山にて越年と、家康に言上。 [11660]
	12月27日	本多正純（1565〜1637）、知久則直の物を送れるを謝し、伊那郡浪合関警固を厳重にすべきを命ず。 [11661]
	12月27日	長谷川佐兵衛（藤広）が堺より鯛十枚を家康に献じる。 [11662]
	12月27日	神龍院梵舜（1553〜1632）、二条城で『三光双覧抄』を家康に献じる。 [11663]
	12月28日	徳川家康、参内して物を献ず、又、公家衆と禁中の礼法儀式等の事を議す。 [11664]
	12月28日	「当寺領千八百五拾石四斗余、山城」・「当寺領山城国深草之内三拾五石之」・「当寺領千七百弐拾石、山城国散在」・「当寺領八百弐拾壱石、山城国散在」・「当寺領八十五石四斗余、山城国散」・「当院領山城国朝原村之内百石、并」・「当庵領山城国薪木村之内九拾九」ら。 徳川家康、東福寺領、慈照寺領、天竜寺領、建仁寺領、萬寿寺領、聴松院領、酬恩院領、岩栖院領の黒印状を以って寺領宛行状を与える。すでに家康判物が与えられた相国寺領・南禅寺領（9月23日付）を除く五山派寺院である。 [11665]
	12月28日	「今度知恩院座主興建之上者、本末」。 家康、京都所司代板倉伊賀守（板倉勝重）（1545〜1624）に書状を送り、知恩院の事を指示する。 [11666]

西暦 1614

慶長19	12月28日	今川宗誾(氏真)(1538～1615)、江戸で没。享年77。今川義元と定恵院(武田信虎の娘)の嫡子。武蔵品川で家屋敷を与えられ高家として江戸幕府に仕えていた。東海一の名門の家に生まれながら家を滅亡させた暗愚な君主として、いろいろの挿話が伝えられるが、連歌・和歌に秀で、特に蹴鞠は名人の域に達していたと伝える。	11667
	12月29日	傳長老(金地院崇伝)・南光坊僧正が出仕。信乗院が家康に御目見。	11668
	12月29日	知恩院の八宮・大覚寺門跡・一条院(一乗院)・伝奏広橋大納言(兼勝)・三条西大納言(実条)が二条城に赴き、禁中儀式等七ヶ条(正月節会事、白馬節会事、官位事、准妃親王位階事等)を徳川家康に示す、家康は其古今の異同を考覈(考え調べ)して、駿府より奉答せんことを答ふ。	11669
	12月29日	将軍秀忠使者・伊丹康之助(康勝)(1575～1653)が摂津岡山から二条城に来て、家康より兵粮扶持祝儀を得る。	11670
	12月29日	家康、冨田信濃守(富田信高)没領の伊予国宇和島拾万石を、伊達兵五郎秀宗(政宗の庶長子)(1591～1658)に与えるとした。 伊達秀宗は、家康から大坂冬の参陣の功として、陸奥国仙台藩初代61万石の父・伊達政宗(1567～1636)に与えられた伊予国宇和島藩10万石を別家として嗣ぎ、初代藩主となる。政宗は、山家公頼清兵衛(1579～1620)を家老として付ける。大坂冬の陣に秀宗は、父政宗に従い、馬上侍五拾騎と鉄砲二百挺を率いて参加した。大閤秀吉の猶子であった秀宗は、伊達政宗の側室の長子であり、仙台藩の藩主としてふさわしくないという理由等で、別家を起こすことを父・政宗が考えた。	11671
	―	「大久保長安事件」。武蔵国騎西藩2万石の大久保仙丸(忠職)(1604～1670)は、忠隣嫡孫だが、幼少であること、加えて外祖母が徳川家康の長女・亀姫(奥平信昌室)であったことからこれを処罰の対象外として、騎西城(埼玉県加須市根古屋)に蟄居させるだけに留めて、幕府は大久保氏の存続を許す。	11672

西暦 1615

慶長20 (元和1)	1月1日	豊臣秀頼、二条城に使者を遣し、家康に歳首を賀する。	11673
	1月1日	伊藤丹後守長次、家康に御礼。 伊東長次(1560～1629)は、豊臣家臣として大坂七手組頭を務めて大坂城詰衆を続け、大坂冬の陣に従軍。3千名を率いて三の丸天神橋を守備するが、徳川方の間者として城内の情報を逐次、京都所司代板倉勝重に報告したという。	11674
	1月1日	出家衆が二条城の家康に御礼。金地院崇伝が披露。	11675
	1月2日	家康、本多忠政(伊勢国桑名藩2代)(1575～1631)・松平(奥平)忠明(伊勢亀山藩主)(1583～1644)に命じ、秀忠の岡山の陣営を警衛させる。	11676
	1月2日	勅使及び院使、二条城に至り、家康に歳首を賀する。	11677
	1月2日	五山衆、家康に謁見する。	11678
	1月3日	徳川家康、大沢基宿を遣して、歳首を賀し奉り、物を献ず。	11679

西暦1615

慶長20 (元和1)	1月3日	大御所家康(1543～1616)、大番頭松平康安(1555～1623)・水野分長(三河国新城藩(愛知県新城市宇東入船)1万3千石)(1562～1623)・松平勝隆(1589～1666)に命じ、大和国郡山を警衛させる。	11680
	1月3日	**徳川家康が午刻(11～13時)、二条御所を発ち、駿府に向かう。**この日申刻(15～17時)、膳所に着き城主戸田左門(氏鉄)が饗応する。4日乗船して湖水を渡り矢橋に上陸、水口に泊り、5日鈴鹿峠を越えて伊勢亀山、6日桑名に着く。	11681
	1月4日	家康、辰刻(7～9時)御座船に近習・小姓衆・兵六輩や松平右衛門(正久(正綱))・与安法印・後藤少三郎(光次)らと乗船、矢橋から上陸して申刻(15～17時)、水口(近江国)に至る。代官長野内蔵允(友秀)が饗応する。	11682
	1月5日	卯刻(5～7時)、徳川家康が水口を出立する。申刻(15～17時)、勢州亀山に到着。伊勢亀山城(伊勢国)城主の松平下総守(忠明)(1583～1644)は未だ大坂城の堀・櫓破却につき不在のため、臣下の者が家康を饗応する。	11683
	1月5日	「今度右衛門佐所労然々無之所、早」。 家康、黒田筑前守(長政)に朱印状をもって感状。大坂冬の陣では長政が江戸城留守居だったため、代わりに黒田右衛門佐(忠之)(1602～1654)が出陣している。長政はその際、関ヶ原の戦いの折に家康より拝領した金羊歯前立南蛮鉢兜を忠之に与え、1万の軍を率いさせた。	11684
	1月5日	**「今度坂上紀伊守被差越、殊黒之馬一匹、白鳥二、幷国元之漬蓼一桶到来、欣思召候、其方律儀之心底、年来心安付面、江戸留守申付候処、諸入念被相勤令満足候、猶本多上野介可申候也」。** 家康、最上駿河守(最上家親)(1582～1617)に黒印状をもって、黒之馬一匹、白鳥二、幷国元之漬蓼一桶の贈物の到来を謝し、江戸留守役を勤めた事を満足と記す。	11685
	1月6日	家康、辰刻(7～9時)伊勢亀山を発ち、申刻(15～17時)桑名に着く。途次、山茂る所は、家康は日向半兵衛(政成)・嶋田清左衛門直時に下知、敵がいないか山中を鉄砲二百人を探索させた。桑名城主本多美濃守(忠政)は大坂城の堀・櫓破却につき不在のため、臣下の者が家康を饗応する。	11686
	1月7日	卯刻(5～7時)家康、桑名(伊勢国)より船に乗る。路次、乗馬・鷹狩をして、申刻(15～17時)、那護屋(名古屋)(尾張国)に到着する。名古屋城(尾張国)城主の宰相(徳川義俊(義直))は大坂城の堀・櫓破却につき大坂在陣のため、藤田民部少輔(安重)、原田右衛門が家康を饗応する。	11687
	1月8日	那護屋逗留の家康、卯刻(5～7時)、鷹狩に赴き、申刻(15～17時)に戻る。鶴三、雁鴨物数(多く)を捕らえた。	11688
	1月8日	将軍徳川秀忠が大坂表城割の堀埋め普請について、諸人数をもってあたるといえども、二ノ丸の堀の幅が四十間あるいは五十間六十間、石垣水底三間四間、浅い所でも二間あり、すぐには完了しないことを家康に報告する。	11689
	1月9日	**将軍徳川秀忠、帰城すべく大坂城の陣を払う。**	11690
	1月9日	家康、辰刻(7～9時)那護屋を発ち、路次、放鷹。鶴三、雁鴨物数(多く)を捕らえ、申刻(15～17時)岡崎着。岡崎城主本多豊後守(康紀)は大坂城の堀・櫓破却につき大坂在陣のため、臣下が饗応する。今夜は節分と家康は恒例の祝儀をだした。	11691
	1月10日	家康は、岡崎に逗留。鷹狩をし、鶴四、雁鴨物数(多く)を捕らえた。	11692

慶長20 （元和1）	1月10日	将軍秀忠の使者・永井信濃守（尚政）が家康のもとに到着する。大坂城の堀埋めについて進捗状況を問われ、先日の飛脚の報告と共に、十六、七日頃には大方堀埋めが完了することを言上する。家康は秘蔵の鷹を出した。[1169]
	1月11日	家康、岡崎に逗留。将軍秀忠使者の佐久間河内守（政実）・安藤治右衛門（次右衛門尉正次）が家康の元に到着。大坂城二ノ丸堀が存外に深く、土手の土を引き落としても三カ一（1/3）にも満たなかったため、二ノ丸千貫櫓を始め、有楽（織田有楽）の家屋、西ノ丸、修理（大野治長）家を破却し、その上高所の土も入れて堀を埋めたことを言上する。家康は治右衛門（正次）に、正次が軍監をつとめた玉造口志貴野（鳴野の戦い）の佐竹軍について見聞したことの報告を求める。正次は、佐竹・景勝陣所に将軍御使の屋代越中守（秀正）・伊藤右馬允・某が参陣した所、大坂城中から鉄炮者百余輩出て佐竹陣普請者五、六十で戦うも敗れた。佐竹義宣自身が麾し（指図し）、渋江内膳（政光）が真っ先に進み追い返し、敵首十四、五をあげた。また、某も真っ先に進み柵まで追い返し、柵を隔てて暫く激しく戦うも、屋代越中守子息（忠正）が脇より廻り、その働きにより豊臣勢が退いたことを言上する。また、景勝陣より横矢鉄砲百挺率いて杁原常陸介大将に攻め上げた等、言上。杁原常陸介は、水原常陸介親憲である。[1169]
	1月11日	「今度於摂州大坂表穢多崎并仙波」・「今度於摂州大坂表穢多崎臨合戦之戦場蹈粉骨之条…」。 家康・秀忠、朱印状をもって松平阿波守（蜂須賀至鎮）の戦功を賞す。[11695]
	1月11日	「今度於摂州大坂仙波表、松平阿波守陣所敵入夜討之刻、合鑓、即時追崩、被疵之条、無比類働、感思召候也」。「……敵入夜討之刻、令高名之条、粉骨之至、……」。 秀忠、稲田修理亮（示植）・稲田九良兵衛尉（植次）宛に、大坂冬の陣の戦功に感状。[11696]
	1月11日	「今度於摂州大坂表穢多崎、臨懸合之戦場、蹈粉骨之条、松平阿波守令洩達之通、感思召候也」。将軍秀忠、朱印状をもって山田織部佑（宗登）の戦功を賞す。[11697]
	1月11日	「今度於摂州大坂表穢多崎、臨懸合之戦場、」。 将軍秀忠、朱印状をもって樋口内蔵助（正長）の戦功を賞す。[11698]
	1月11日	「今度於摂州大坂表穢多崎并博労淵防戦之刻、蹈粉骨之条、松平阿波守令洩達之通、感思召候也」。「今度於摂州大坂博労淵、懸合防戦之刻、合鑓追崩、剰遂高名之条、粉骨之至、感思食候也」。 将軍秀忠、朱印状をもって森甚五兵衛尉・森甚大夫の戦功を賞す。[11699]
	1月11日	「今度於摂州大坂仙波表、松平阿波陣所、敵入夜討之刻、合鑓即時追崩、蹈粉骨之条、感思食候也、」。秀忠、朱印状をもって岩田七左衛門尉（政長）の戦功を賞す。[11700]
	1月12日	上総国姉ヶ崎藩（千葉県市原市姉崎）1万石の松平虎之助（忠昌）（結城秀康の次男、松平忠直同母弟）（1598～1645）、元服、従四位下侍従に叙任、秀忠の一字を賜り「伊予守忠昌」と称する。[11701]
	1月13日	家康、岡崎に逗留。鷹狩をするが機嫌が悪かった。最上駿河守（家親）使者として坂上紀伊守（坂紀伊守光秀）（?～1616）が家康のもとに着き、家親の進物として白鳥二羽、黒馬一匹、最上漬蓼一桶を、紀伊守自身の進物として子籠鮭十天を家康に献上する。家康は紀伊守を召し寄せ、家親は心底律儀につき心易くして江戸の留守居を任せられると仰せられた。[11702]
	1月14日	家康はこの日、翌日も岡崎に逗留。鷹狩で鶴雁を多く獲った。[11703]

西暦1615

慶長20 （元和1）	1月15日	**徳川方は、暮れから更に引き続いて、大坂方の担当するはずの三の丸の破却工事に取り掛かる。**大坂方は違約だと慌てて抗議するも、徳川方はのらりくらりの対応で、その間にも、櫓は倒され堀は埋め立てられていく。全く要領を得ないまま年が明けて、この日、大坂方は直接家康に詰問使を送って抗議する。 それに対し家康は、「奉行が勘違いをしているのだろう。早速元に戻すよう指示する」と答えたが、その答えを詰問使が大坂に持ち帰った頃には、堀は「3歳の子供でも容易に」行き来できるほど平らに埋められ、残っているのは本丸だけ、という状態になる。 11704
	1月15日	「一、諸神社家祢宜等、於日本国中則文武士也、宜学神国文武道奉守護御国家候事　一、諸社之別当神主其国之領主地頭之家臣候者可為兼職事……」。 家康、日本国中諸社別当神主中に判物発給して、神道吉田家の権威を大きく認めた。 11705
	1月16日	「慶長弐拾年乙卯正月十六日付呂宋国渡海朱印状」、「慶長弐拾年乙卯正月十六日付交趾国渡海朱印状」。将軍秀忠、渡海朱印状。 11706
	1月16日	「一自日本到呂宋国舟也、右、慶長」・「一自日本到交趾国舟也、右、慶長」。 家康、渡海朱印状。 11707
	1月17日	「今度於摂州大坂志宝津野表防戦之刻、合鑓、竭粉骨神妙之働、無比類仕合、感思食候也、」水原常陸介親憲宛て。 徳川秀忠（1579～1632）、岡山の本陣に直江兼続（1560～1619）を呼び、鳴野口で功を挙げた上杉家臣（須田大炊介長義・水原常陸介親憲・黒金孫左衛門泰忠）を褒賞する。 11708
	1月17日	「今度於摂州大坂今福表一戦之時、合鑓、被疵候条、粉骨之至、感思食候也」。 将軍秀忠、今福表で戦功のあった、戸村十太夫（義国）に感状。 11709
	1月17日	「今度於摂州大坂今福表防戦之時、合鑓、竭粉骨之条、感思食候也」。大塚九郎兵衛尉、信太内蔵助勝行宛。 将軍秀忠、今福表で戦功のあった、黒沢甚兵衛尉・大塚九郎兵衛尉・信太内蔵助勝行らに感状。 11710
	1月17日	「今度於摂州大坂今福表防戦之刻、合鑓、剰数ケ所被疵候条、無比類働、粉骨之至、感思食候也」。将軍秀忠、今福表で戦功のあった、梅津半右衛門に感状。 11711
	1月18日	大坂岡山の徳川秀忠の使者・青山善四郎重政が徳川家康のもとに到着する。大坂城割普請が大形（大方）出来、将軍が京都に上ると伝える。秀忠は19日に帰陣、伏見城に移る予定であることを伝える。大坂城二ノ丸までの堀埋め普請が完了し、本城のみ残ったことを報告する。 青山善四郎重政は、青山善四郎重長（1578～1639）であろうか。 11712
	1月19日	**大坂城、堀の埋め立て工事が完成して、本丸のみの裸城になる。** 11713
	1月19日	将軍徳川秀忠、阿部正次（武蔵国鳩ヶ谷藩初代1万石）（1569～1647）をして、大坂城の豊臣秀頼に、暇乞いする。太刀一腰、黄金の馬を勧め、正次は御腰の物を拝領する。 11714
	1月19日	**将軍徳川秀忠、岡山の陣所で大坂城の総濠の埋め立て工事を見届けて、伏見城に凱旋。** 11715
	1月19日	家康、三河吉良着。路次で鷹狩、鶴雁を多く獲った。 11716
	1月20日	家康、鷹狩。 11717

慶長20 （元和1）	1月21日	家康鷹野に伏見より飛脚が到着。 十九日申刻（15〜17時）、将軍秀忠は大坂より伏見入城。堀の埋め立て工事の諸大名諸人数は大坂に残す。目付として、本多上野介（正純）、安藤対馬守（重信）が大坂に残ると知らせる。	1171
	1月22日	幕府、伊那郡浪合関守・知久則直等をして、大坂より帰陣の関東・奥州の諸士を勘過せしむ。	1171
	1月22日	家康、鷹狩。家康の元に将軍秀忠使者・成瀬豊後守（正武）が到着する。	1172
	1月23日	家康のもとに豊臣秀頼の使者吉田玄蕃允が到着する。秀頼より小夜着物三、蒲団三、蒔絵枕、紅梅枕懸を桐長持に入れて、大野修理（治長）より羽二重十疋を、玄蕃允自身より鷹緒十筋を家康に献じる。 家康は吉田玄蕃允を召し、秀頼に鶴を贈る。	1172
	1月24日	**徳川秀忠、伏見から二条城へ入る。**	1172
	1月24日	大風で鷹狩は無し。家康の元に、大坂より安藤帯刀（直次）が到着する。家康は直次に大坂城の堀埋め普請のことを問う。その他、鷹野話など雑談。	1173
	1月25日	大野治長（1569〜1615）、上洛し養源院（京都市東山区三十三間堂廻り町）へ入る。夜、萩原兼従（1588〜1660）・神龍院梵舜（1553〜1632）が、治長を見舞いに訪れる。	1172
	1月25日	五山衆、二条城に上り、将軍秀忠に年賀する。	1173
	1月25日	家康、鷹狩、鶴雁を多く獲った。	1174
	1月26日	**徳川秀忠、参内する。**	1175
	1月26日	風吹き鷹狩は無し。家康の元に京都から板倉伊賀守（勝重）の飛脚が到着する。去廿四日未刻（13〜15時）、将軍徳川秀忠が伏見城より二条城（山城国）に移ったこと、同日参内することを報告する。	1176
	1月27日	親王・公家衆・門跡ら、和議成立を賀すため、二条城に将軍秀忠を訪れる。 参加者は八条宮智仁親王・邦房親王（伏見殿）・摂家・清華衆・門跡・堂上衆。取成は金地院崇伝、奏者は酒井忠世。 萩原兼従・神龍院梵舜・瑛侍者も初めて秀忠に対面し、兼従は太刀折紙、梵舜・瑛侍者は、それぞれ杉原十帖・扇一を贈る。	1179
	1月27日	家康、未刻（13〜15時）、吉田（三河国）着。路次鷹狩で鶴四、雁鴨多く獲る。	1180
	1月28日	**徳川秀忠、江戸へ向け京を発す。** 膳所（近江国）に到着。	1181
	1月28日	家康、浜松着。路次鷹狩。	1182
	1月30日	徳川秀忠、東福寺大慈庵、不二庵、龍眠庵、南昌院、勝楽庵、万寿寺などへ、時服を賜る。時服は、四季の時候に合わせて着る衣服。	1183

西暦1615

慶長20 (元和1)	1月30日	徳川家康、未刻(13～15時)、遠州中泉に入る。 京都より将軍使者・内藤右衛門佐が到着する。去廿八日に将軍秀忠は二条御所を発し、膳所(近江国)に到着。諸大名は去廿四日・去廿五日に大坂城割普請が出来、それぞれの国々に帰陣したと言上。家康は城中悉く破壊してからの秀忠対面としていたが緩し、路次鷹狩しながらと告げる。 内藤右衛門佐は、内藤清次(1577～1617)か、内藤正重(1578～1663)であろうか。	11734
	1月30日	京都から板倉伊賀守勝重の飛脚が家康の元に到来。去廿二、三日頃、播磨輝政後室(家康次女督姫)が疱瘡を患ったことを伝える。	11735
	1月一	この月、秀忠に近侍する井上正就(1577～1628)、1万石加増と同時に小姓組番頭に就任。同時期の小姓組番頭は他に5名おり、水野忠元(1576～1620)、成瀬正武(1585～1616)、板倉重宗(1586～1657)、日下部正冬(1581～1625)、大久保教隆(忠隣の三男)(1586～1643)。	11736
	2月1日	家康、中泉(遠江国)に逗留。家康の元に本多上野介(正純)が大坂より到着。 正純は大坂城の三ノ丸、二ノ丸、堀、門、櫓を悉く崩し埋めた事、本城は桜門だけが往来可能な事を報告する。その後家康は正純を召し、奥御座之間で密談。	11737
	2月3日	家康、中泉(遠江国)に逗留。	11738
	2月5日	北条氏直没後、「西国将軍」と呼ばれた池田輝政(1565～1613)に再嫁した、家康の次女・良正院(良照院)(督姫)(1565～1615)が没する。享年51。 家康と会うため滞在していた二条城で1月23・24日頃疱瘡にかかり、そのまま2月4日寅刻(3～5時)に死去したともいう。墓所は知恩院の塔頭・良正院(京都市東山区)。良正院は、息子である池田忠雄(備前国岡山藩2代)(1602～1632)が寛永8年(1631)に創建した。墓は知恩院山腹の墓地内にある。	11739
	2月5日	将軍秀忠使者・井上主計助正就が、中泉の徳川家康の元に到着。 正就は、秀忠が昨四日に岡崎城に到着したこと、明後七日には中泉に到着予定なので対面を望んでいることを伝える。本多上野介(正純)が家康に披露する。家康は、秀忠旅館手配の指示を出し、新しい畳にするよう仰せ付ける。	11740
	2月6日	将軍秀忠、浜松着。	11741
	2月7日	金地院(以心)崇伝(1569～1633)、文英清韓(1568～1621)よりの使者及び進物を退ける。	11742
	2月7日	**将軍秀忠、辰刻(7～9時)、中泉着。奥之間にて家康に対面**。家康・秀忠、本多佐渡守(正信)、同上野介(本多正純)を召し密談。移刻、土井大炊介(利勝)を召し密談。将軍秀忠の退出後、家康は南殿で供奉近侍衆と一人ずつ御目見。供奉衆は、酒井雅楽助(忠世)、土井大炊介(利勝)、本多佐渡守(正信)、同三弥(本多正重)、安藤対馬守(重信)、水野監物(忠元)、井上主計助(正就)、神尾刑部少(守世)、小山長門守(吉久)、青山伯耆守(忠俊)。忠勝(酒井忠勝)他七十余輩は持て成され、その内十五六輩は京都において前任から残る所の諸大夫に任じられた。午刻(11～13時)、秀忠が中泉を出立し、申刻(15～17時)、懸河(掛川)(遠江国)に到着する。	11743
	2月8日	京都板倉伊賀守(勝重)より飛脚が到着、去四日暁寅刻(3～5時)、良正院播磨(死去)の報告がある。	11744
	2月9日	家康、中泉(遠江国)に逗留。	11745

慶長20 （元和1）	2月10日	家康、相良（静岡県牧之原市相良）着。鷹場に御殿新造を仰せ。	1174
	2月11日	家康、雨のため相良に逗留。	1174
	2月12日	家康、田中着。田中代官彦坂九兵衛光正（1565〜1632）が饗応する。13日田中逗留。	1174
	2月14日	**家康、午刻（11〜13時）、駿府城に戻る。**	1174
	2月16日	**家康、今夜より近習の夜詰めを解除。**	1175
	2月17日	**「良昭院儀、無是非、此上左衛門督事頼思召候間、万事異見尤候、委細秋元可申候也」** 家康、池田家の重臣・荒尾但馬守に書状を出し、良正院（家康の第二女、督姫）死去に際し、荒尾成房（1556〜1630）に孫の忠継（岡山城主）の後見を依頼する。秋元泰朝（1580〜1642）が申すとした。	1175
	2月18日	家康、良正院（督姫）の吊のため秋元但馬守を播州に遣わす。 秋元泰朝（1580〜1642）であろうか。	1175
	2月19日	常陸真壁藩5万石の浅野長重（1588〜1632）、京都より江戸へ帰府する。	1175
	2月20日	堺政所長谷川佐兵衛藤広・茶屋四郎次郎清次が、駿府城の家康に対面。	1175
	2月23日	池田輝政（1565〜1613）の次男・池田忠継（備前国岡山藩初代38万石）（1599〜1615）、母・良正院（督姫）を追うように没。享年17。美作国津山藩初代・森忠政の娘と婚約していたが婚姻前に没して嗣子は無く、次弟・忠雄（淡路洲本藩初代6万石）（1602〜1632）が跡を継ぐ。洲本藩は廃藩。遺領38万石を同母弟・池田輝澄（輝政の四男）や池田政綱、池田輝興らに分与したため、領地は31万5千2百石となる。	1175
	2月23日	池田輝澄（輝政の四男）（1604〜1662）、兄で岡山藩主・池田忠継が早世すると、その所領から播磨宍粟郡3万8千石を分与されて山崎藩（兵庫県宍粟市山崎町）を立藩する。 池田政綱（輝政の五男）（1605〜1631）、赤穂郡3万5千石を分与されて、赤穂藩を立藩する。 池田輝興（輝政の六男）（1611〜1647）、佐用郡など2万5千石を分与されて播磨国平福藩（兵庫県佐用郡佐用町）を立藩する。徳川家康、兄池田玄隆（利隆）及び森忠政（忠継岳父）に備前の仕置を命ず。	1175
	2月25日	**越後少将（家康六男松平忠輝）（1592〜1683）、江戸より駿府着。**	1175
	2月26日	神龍院梵舜（1553〜1632）、金地院崇伝（1569〜1633）を見舞い、豊国神社の安堵を図る。	1175
	2月26日	大坂より織田有楽使者・村田吉蔵が、有楽斎書状を持って駿府に来る。それによると思いがけず大坂籠城したが和睦なり、織田有楽斎（1547〜1622）は此度大坂退城して堺に引籠とした。本多上野介（正純）が披露。家康はもっともだとし、心がけ次第で何らかの沙汰があるだろうと、将軍秀忠に問うよう仰せ。	1175
	2月26日	松平忠輝（家康六男）、徳川家康に御目見。松平忠輝は大坂冬の陣では江戸留守居衆であった。	1176

西暦1615

慶長20 （元和1）	2月27日	最上駿河守家親(1582~1617)が家康に御目見。家親は江戸留守居衆であった。	11761
	2月28日	御書院番頭・牧野信成(1578~1650)、近江国国友の鉄炮鍛冶・兵四郎、徳左衛門らに、オランダから届いた大砲十二門の仕上げを依頼する。	11762
	2月28日	**「三戸丑年あかり給共分皆済也、仍」**。家康、伊賀代官中に上給皆済状。	11763
	2月28日	備前より飛脚。去廿二日暁、松平庄兵衛督(忠継)が疱瘡で死去。本多上野介(正純)が言上。家康は驚き、兄武蔵守に哀悼、利隆と忠継の舅・森右近忠政(美作津山藩初代藩主)の元に森佐兵衛(可澄)(1585~1638)を遣わし、備前国仕置き等申し付ける。松平庄兵衛督は池田輝政の次男(実は五男)・池田忠継。兄武蔵守は池田利隆。忠継は、森忠政の娘と婚約していた。	11764
	2月28日	最上駿河守家親が、家老坂上紀伊守(光秀)と共に家康に御目見、蝋燭を献上。	11765
	2月28日	**家康、禁中に「古くは深緋に染めていた四位の袍(服)が近年黒になっている理由」について諮問する。高倉永慶は「惣シテ書物不持候間不存」と答えざるを得なかったのに対して、山科言緒(1577~1620)は直ちに諮問に応ずる事が出来たという。** 深緋とは、紫みの暗い赤色で、茜と紫とで染めたもの。	11766
	2月29日	松平忠輝与力の村上周防守忠勝(越後国村上藩2代藩主)、溝口伯耆守宣勝(越後国新発田藩2代藩主)、駿府城にて徳川家康に御目見。	11767
	2月―	この月、大御所・家康(1543~1616)、実質的に彦根藩主18万石の地位にはあったが病床の井伊直継(直勝)(1590~1662)が出仕することは難しいと判断。正式に、弟・直孝(上野国白井藩1万石)(1590~1659)に近江国彦根藩15万石を継がせ、直継は上野国安中に隠居料3万石を与える。安中藩(群馬県安中市)、立藩。この時直継は、「直勝」と名を改める。	11768
	3月1日	大御所家康、南殿に出御。日野唯心その他諸士出仕、御礼。	11769
	3月2日	将軍秀忠使者・土井大炊頭(利勝)が出仕、家康と密談。	11770
	3月3日	大御所家康、南殿に出御。日野唯心その他諸士出仕、御礼。	11771
	3月5日	慶長13年(1608)、伊賀上野藩(三重県伊賀市)20万石を改易され、陸奥国磐城平藩10万石の鳥居忠政(1566~1628)に預けられていた筒井定次(1562~1615)、大坂冬の陣にて豊臣氏に内通したという理由により、嫡男・順定(1601~1615)と共に自害を命じられる。享年54。	11772
	3月12日	京都所司代板倉勝重(1545~1624)、大坂再挙の模様を駿府に注進。勝重は大坂方兵糧・材木・火薬などを蓄積、城から牢人衆が退去していない、不穏な動きがあると報告。	11773
	3月13日	豊臣秀頼使者の常光院(初)・二位局・大蔵卿・正永局(正栄尼)並びに青木民部少輔(一重)が駿府に着く。	11774
	3月14日	**「和州郡侍大坂籠城仕候者改、一々」**。家康、奈良奉行の中坊左近(中坊飛騨守秀政)に書状を送り、和州郡侍で大坂籠城者を調べさせる。	11775

慶長20 (元和1)	3月14日	美濃国加納藩3代10万石・奥平忠隆(1608〜1632)が幼いため、政務を代行した祖父の奥平信昌(初代藩主)(1555〜1615)、病没。 忠隆は、祖母の盛徳院(亀姫、家康の長女)(1560〜1625)の補佐を受ける。	11776
	3月14日	家康命で阿茶局・本多上野介(正純)が、駿河滞在中の常光院(初)らの明日の出仕を伝える。	11777
	3月14日	将軍秀忠の年寄衆(酒井忠世・土井利勝・安藤重信)、江戸城へ西日本の大名の留守居を集め、大坂の川止めを実施し、大坂への米の輸送を禁止する。	11778
	3月15日	主戦派・大野治房(治長の弟)(?〜1615?)、独断で京都襲撃のために徴兵を実施。	11779
	3月15日	大御所家康、南殿に出御。秀頼使者・青木民部少輔(一重)(1551〜1628)が秀頼の進物金襴十巻と秀頼棒書を、青木自身の進物として蒔絵鷹のウチツキ十枚を献上。秀頼母の妹常光院(初)・二位局(渡辺筑後守母)・大蔵卿(大野修理母)(?〜1615)・正永局(正栄尼)(渡辺内蔵助母)(?〜1615)が入御、家康に御目見。秀頼母(淀殿)のお使いの由。	11780
	3月15日	大坂に牢人の乱暴・狼藉、堀や塀の復旧、京や伏見への放火の風聞といった不穏な動きがあるとする報が京都所司代板倉勝重より駿府へ届く。 勝重は、京都市中での放火頻発は、大坂方の仕業と断じる。	11781
	3月16日	京都より板倉内膳(重昌)が帰府。大坂次第を家康に報告。	11782
	3月17日	大野治房(治長の弟)は、自ら招いた小幡景憲(1572〜1663)について京都妙心寺から密告を受ける。徳川氏に内通しており、京都所司代の板倉勝重(1545〜1624)に連絡していたという。 景憲は芝居を打ち、伏見に逃げ、危機を脱するという。	11783
	3月17日	松平陸奥守(伊達政宗)が京都より着府。今日即家康に御目見、太刀・馬を献上。家康は盃を賜る。 政宗は大坂冬の陣後、京都に滞留していた。	11784
	3月18日	将軍秀忠使者・土井大炊頭(利勝)が参府、家康と密談。	11785
	3月18日	下野国宇都宮藩主奥平美作守死去の飛脚が到来。家康の婿である。家康の長女・亀姫を正室とした奥平信昌(1555〜1615)は、3月14日に死去した。	11786
	3月19日	家康は南殿出御。金地院(崇伝)・道春(林羅山)が下府、京都五山衆に書写させた書籍が下着する旨を報告する。移刻、雑談。	11787
	3月20日	蜂須賀蓬庵(家政)が家康に御目見。蜂須賀阿波守至鎮の父なり。 家政は大坂の陣では、豊臣方からの誘いに「自分は無二の関東方」と称して与力を拒絶すると共に、駿府城の家康を訪ねて密書を提出したという。	11788
	3月20日	駿府は申刻(15〜17時)より雨が降りはじめ、入夜に大風、翌日巳刻(9〜11時)止む。	11789
	3月21日	徳川家康、古今礼義式法に関する禁裏「後水尾天皇」の御返書竝に摂家親王門跡等の答書に就き、上洛して親しく議定せん事を武家伝奏広橋兼勝、同三条西実条等に告ぐ。	11790

西暦1615

慶長20（元和1）		
	3月21日	**「駿河版『大蔵一覧集』日本初の金属活字出版物」**。家康（1543〜1616）は、道春（林羅山）に銅製活字版で『大蔵一覧』を印刷することを命じる。[11791] 臨済寺・清見寺の僧も動員して作成。元和元年（1615）6月完成。羅山は125部2500冊の内、10部200冊を二条城の家康に送る。『駿河記』には「御覧の処文字鮮明、諸人これを称美す」とあり、一部毎に朱印を押し諸寺院へ寄進したという。
		『大蔵一覧集』は釈迦の生涯、中国への仏教伝来、教義や重要な概念、宋代に至る中国仏教の変遷などを大蔵経の引用編集によってコンパクトにまとめた書物で、俗人にとっても有益なものであった。家康は「内外二典」（仏教書とそれ以外の書）の世に有益な書を出版したいという希望があり、外典は羅山に推薦させ、内典は自身の戒師である増上寺の源誉存応慈昌（1544〜1620）の推薦で決めたという。
	3月22日	「廿二日、石火矢加護之波那、於水車邊令鋳之給云々」（『駿府記』）。[11792] **家康、石火矢鋳造を命じる。**
	3月24日	「従大坂大野修理郎従米村権右衛門来云々」。[11793] **家康、駿府に来た大野治長の使者米村権右衛門に対し、大和もしくは伊勢への国替えか大坂城内の牢人追放か、二者択一を迫り、ともに拒絶するなら開戦すべきことを通告。**
	3月25日	**大蔵卿局、駿府城より帰り上洛する。講和成立の報を聞き、醍醐寺義演は安堵する。**[11794]
	3月25日	「廿五日、従今日府中伊勢躍卜号し諸人在々所々致風流是従勢州躍出奥州迄躍云々」（『駿記』）。伊勢踊が諸国に流行。[11795]
	3月25日	上総国佐貫藩（千葉県富津市佐貫字城山）3万石の内藤政長（1568〜1634）、安房国平郡勝山において1万石を加増される。[11796]
	3月26日	成瀬隼人正（正成）、那護屋（名古屋）に赴く。宰相（家康九男・徳川義俊（義直））（1601〜1650）と浅野紀伊守幸長の娘（春姫）（1603〜1637）の祝言のためである。紀伊守幸長存命中の家康の仰せであった。[11797]
	3月27日	**「参河国賀茂郡下国谷村百拾石、白」。家康、松平太郎八に書状をもって知行充行。**[11798]
	3月27日	**「参河国賀茂郡御蔵村百九拾弐石」。**[11799] 家康、鈴木三郎九郎に黒印状をもって知行充行。鈴木三郎九郎重成（1588〜1653）か。
	3月28日	前日未明、大坂城から逃亡した小幡景憲（1572〜1663）、伏見に帰還、板倉勝重（1545〜1624）に豊臣家の内情を報告。[11800]
	3月28日	**家康が指示した、三二部五三七冊の書写が完了し、これらの新写本は長櫃三棹（三十箱）に納められ、この日に京都を発って駿府に向かう。4月2日に駿府の家康の元に着くという。**[11801]
	3月29日	将軍秀忠使者・井上主計介（正就）が着府、家康と密談。[11802]
	3月30日	**徳川家康、庶民の間で流行している伊勢踊を中止させるように命じる。**[11803]
	3月一	**この月、秀頼・淀殿、不満を鬱積させる牢人衆にも押されて、大御所家康の許可を得ずに大坂城の城壁の修理と埋め立てられた堀の掘削をはじめる。**[11804]
	4月1日	**家康・幕府、畿内の諸大名に、大坂方落人狩りを命じ、小笠原秀政（信濃国松本藩8万石）（1569〜1615）に、伏見城の守備に向かうことを命じる。**[11805]

慶長20 (元和1)	4月1日	「大坂夏の陣」が始まるか。徳川家老衆、連署して甲斐武川衆に出陣命令。	11806
	4月1日	大坂に向けて再び出陣した松平忠明 (伊勢亀山藩主) (1583～1644)、本多忠政 (伊勢国桑名藩2代) (1575～1631) と共に、京都東寺七条を進み、大和方面第三陣となる。	11807
	4月2日	大坂下向途上の豊臣女中衆が那護屋に赴き片桐市正 (且元) に御目見。 且元は大坂を引除、駿府に屋敷を与えられ引っ越したと告げた。	11808
	4月3日	駿府の家康、明日、名古屋城に向かうと仰せ。九男義利 (後の徳川義直) の婚儀に出席するという名目であったが、内心は、大坂諸牢人が追放出来ず、武勇ある者を集め、名古屋から上洛するというねらいであった。	11809
	4月4日	徳川家康、午刻 (11～13時) 駿府を発ち、申刻 (15～17時) 田中に着く。	11810
	4月4日	「大坂夏の陣」。幕府、大坂参陣の諸将に軍法及び道中条目を頒つ。	11811
	4月5日	「大坂夏の陣」。大坂挙兵の風説があり、京都・伏見が緊迫する。そのため、幕府、諸将を上洛させる。藤堂高虎 (伊勢国津藩主) (1556～1630)、伊勢国津より山城国淀に至り、宇治川・桂川を警固。	11812
	4月5日	雨降り。大野修理 (治長) の使者が家康のもとを訪問し、秀頼と御母儀 (淀殿) 母子が大坂城からの移封を謝絶する旨を常光院 (初) に言った事を徳川家康に伝える。返事を受けた家康は「其儀者無是非仕合」(どうしようもない事である) と返答する。	11813
	4月5日	伏見町奉行長田喜兵衛 (義正) からの書状一通を、永井右近 (直勝)・後藤少三郎 (光次) が家康に披露。大坂騒乱、京伏見まで騒擾中と記されていた。	11814
	4月6日	辰刻 (7～9時) 大御所徳川家康、中泉 (遠江国) 着。将軍秀忠使者板倉周防守 (重宗) が路次中に家康に御機嫌伺い。家康は、先に伊勢、美濃、尾張、三河等の諸大名に令し、鳥羽まで進発させるよう、本多上野介 (正純) に命じた。	11815
	4月7日	「起請文前書之事 拙者儀羽柴左衛門 (福島正則) 方と入懇仕候通世間沙汰御座候様承候、……」。 黒田長政、将軍秀忠付年寄・本多佐渡守 (正信) 宛に起請文を送り、誓約する。	11816
	4月7日	家康、浜松着。	11817
	4月7日	「大坂夏の陣」。徳川家康、西国の諸大名に再び大坂征討準備を命令。	11818
	4月8日	徳川秀忠、出羽国本荘藩初代藩主・六郷政乗 (1567～1634) の長男、六郷政勝 (1609～1677) に面喝。	11819
	4月8日	家康、吉田 (三河国) 着。	11820
	4月9日	「大坂夏の陣」。越前国北ノ庄藩2代75万石の松平忠直 (結城秀康の長男) (1595～1650)、北ノ庄 (福井) を発足。	11821
	4月9日	家康、岡崎着。	11822
	4月10日	「大坂夏の陣」。徳川秀忠、京畿の警戒と称して、諸大名を率い江戸城を出陣する。	11823

西暦 1615

慶長20 （元和1）	4月10日	**家康、名護屋着。常高院(初)(1570？〜1633)・二位局・大蔵卿局(？〜1615)・正永尼(？〜1615)・青木民部少(一重)(1551〜1628)が家康に御目見。家康は常高院(初)に、大坂方が未だに牢人を集めていることを糾弾した。** ¹¹⁸²⁴ 常高院(初)・二位局は、すぐに大坂に赴くとし、大蔵卿局・正永局・青木民部少は、京都で家康上洛を待つとした。家康は、後藤少三郎(光次)を通じて、板倉伊賀守(重勝)へ大坂女中たちの動きを伝える。
	4月11日	「大坂夏の陣」。松平忠直、伏見まで出陣するよう命じられる ¹¹⁸²⁵
	4月12日	豊臣秀頼(1593〜1615)、尾張宰相(家康九男 ・ 義利(後の徳川義直))宛書状を送り、結婚のお祝いとして刀や小袖を送ると記す。 ¹¹⁸²⁶
	4月12日	**「豊臣軍、戦争準備に入る」。** 豊臣方、金銀を牢人衆に配り、武具の用意に着手。家康のねらいは、大坂城に蓄えられた莫大な金銀の接収であったという。 ¹¹⁸²⁷
	4月12日	京都板倉伊賀守(勝重)より飛脚が到着、去九日夜、大野修理大夫(治長)が大坂城より宿舎に帰宅途中、何者かに襲われ脇より肩にかけて損傷した。追跡した修理大夫郎党、弟大野主馬(治房)従者によると、和睦に反対する大坂諸牢人の仕業では、という。 ¹¹⁸²⁸
	4月12日	戌刻(19〜21時)、尾張宰相内室(浅野幸長の娘)御輿が熱田に入る。供奉輿五十挺、騎馬女中四十三人、長持参百掉、善盡義盡(良きことばかり)。宰相より内室に、銀子二百枚、御服十領、宰相母(お亀の方)より御服十領、銀子百枚が進呈される。 ¹¹⁸²⁹
	4月13日	「大坂夏の陣」。織田有楽・同息武蔵守(尚長)が名古屋城で徳川家康に拝謁、大坂の様子を言上。大坂諸牢人三つに分け、七組之頭は、大野修理大夫(治長)・後藤又兵衛(基次)の一組、木村長門守(重成)・渡邉内蔵助(乱)・真田左衛門佐(信繁(幸村))・明石掃部助(全登)の一組、大野主馬(治房)・長曽我部宮内少輔長(宗我部盛親)・毛利豊前守(勝永)・仙石豊前守(宗也(秀範))の一組と申し上げる。 ¹¹⁸³⁰
	4月13日	家康は、明日の昼には桑名に赴くことを事前に伝える。 ¹¹⁸³¹
	4月14日	卯刻(5〜7時)、雨降り。家康が出陣を延期。家康、宰相(徳川義俊(義直))の祝言につき、名古屋城本丸に出御。 ¹¹⁸³²
	4月15日	巳刻(9〜11時)、**大御所家康、那護屋出御**。佐屋(愛知県愛西市佐屋町)から乗船、申刻(15〜17時)、桑名着。入夜、本多出雲守忠将(忠朝である)(1582〜1615)が家康に対面する。忠朝は、将軍秀忠勢の先手として上洛する。 ¹¹⁸³³
	4月16日	家康、勢州亀山着。京都より伊賀守(板倉勝重)飛脚到来。大坂城では十二日、諸牢人に金銀を配り、武具道具を用意、俄かにあわただしくなった由。 ¹¹⁸³⁴
	4月16日	「大坂夏の陣」。宰相(家康九男 ・ 義俊(義利)、後の徳川義直)(尾張藩主)(1601〜1650)、那護屋出陣、桑名着。 ¹¹⁸³⁵
	4月17日	「大坂夏の陣」。越前国北ノ庄藩75万石の松平忠直、近江国坂本に到着。 ¹¹⁸³⁶
	4月17日	**家康、水口(近江国)着**。路次中雨降り。将軍秀忠使者・成瀬豊後守(正武)が来て、将軍秀忠は、去十日江戸進発、去十四日駿州清水に宿し、廿三日、四日に京に着くと報告。それまで合戦は控え、秀忠自身に先手を申し付け下さいとの旨、言上。 ¹¹⁸³⁷
	4月17日	安藤帯刀(直次)・成瀬隼人(正成)の飛脚到来。中将(徳川頼宣)は今日、江州永原に止宿、宰相(徳川義俊)は土山に止宿と報告。 ¹¹⁸³⁸

西暦1615

慶長20 （元和1）	4月17日	越後少将（家康六男松平忠輝）が、江州坂下に陣取ると注進。家康は、明日、西岡向明神辺りに陣取るよう仰せつけ。	11839
	4月18日	家康は、卯刻（5～7時）小雨の中、水口を出て矢橋より大津まで乗船。膳所城主戸田左門（一西）が舟を献じ、御膳。午刻（11～13時）、下船した家康は輿に乗る。上洛供奉には、不可勝計（数えられない数）の公家衆・京中町人等が山科辺りまでお迎えであった。未刻（13～15時）、家康は二条城に入る。 宰相（徳川義俊）・中将（徳川頼宣）が入洛した。	11840
	4月19日	家康は、大野壱岐守（治純）を召し、兄修理大夫（治長）が不慮の痛手を受けた事の見舞いを許す。そして怪我の軽重や犯人を調査し、犯人が分かれば罪を問う事を言上するよう伝え、大坂城に赴かせる。	11842
	4月20日	松平陸奥守政宗（伊達政宗）、黒田筑前守長政、加藤左馬嘉明が上洛、東福寺不二庵に到着。伊予国松山藩20万石の加藤嘉明（1563～1631）ら諸大名、軍を率いて上洛。	11843
	4月21日	**将軍秀忠、伏見城に着く。**	11844
	4月22日	**「大坂夏の陣」。秀忠、京都に着き二条城に入り、大御所家康と対面、密談する。** 移刻、本多佐渡守（正信）（1538～1616）・土井大炊介（利勝）（1573～1644）、本多上野介（正純）（1565～1637）と軍議を行う。将軍秀忠は、申刻（15～17時）、伏見に帰る。 徳川方全軍を2つに分け、京都を起点にし、左縦隊は大和（奈良）を経由して大坂城南方に入るルートを、右縦隊は淀川沿いに河内（八尾）に入って大坂城を迂回して大坂城南方に入るルートを進むことにし、八尾や道明寺付近で合流し体制を整えた後、大坂城を南方から攻めると決める。	11845
	4月23日	山科言緒（1577～1620）、家康から学問精励を「褒美」される。	11846
	4月23日	土御門泰重（1586～1661）は、京都の飢饉が深刻になり、米二升が一匁で売られていると日記「泰重卿記」に記す。	11847
	4月24日	**「大坂夏の陣」。大御所家康（1543～1616）、常高院（初）（1570？～1633）と二位局（淀殿侍女）を二条城に召し、最後通牒ともいえる3ヶ条の書を付して大坂に持ち帰らせる。**	11848
	4月24日	大御所家康、大野修理母大蔵卿、渡邉内蔵母正永尼に大坂に帰る事を許し、二人は今朝、帰る。	11849
	4月25日	徳川方諸軍勢、関東より上洛。将軍秀忠使者の土井大炊介（利勝）・安藤対馬守（重信）が二条城にて家康と密談。移刻、家康は、明日将軍秀忠に二条城に来るよう伝え、両使は伏見に帰る。	11850
	4月25日	**「大坂夏の陣」。大坂城の南方に主力を置いて、一気に殲滅をと目論む徳川軍、この日、部署を定める。**	11851
	4月26日	**「大坂夏の陣―開戦（郡山城の戦い）」。** 丸裸にされた大坂城では籠城戦は不利と判断したとされ、積極的に討って出る作戦を採用した。これより先、豊臣方は、交通の要所・郡山城に目を付け、家康が配置した1万石の城主・筒井定慶（正次）（？～1615）を味方に勧誘するも断られる。この日未明、大野治房は、後藤又兵衛（基次）の兵を含む筒井家旧臣を主力とした2千の軍を率いて大坂城を発して大和へと侵攻、郡山城に向かう。定慶は領内総動員の1千兵を持って城に籠城する。夜間行軍の大野勢は郡山城に押し掛け、城を包囲し落城させる。定慶は城を放棄して東の福住中定城（奈良県天理市福住町）に逃亡。のちに切腹。	11852

西暦**1615**

慶長20 （元和1）	4月26日	将軍秀忠、巳刻（9〜11時）伏見より二条城に至り、家康と対面。明後二十八日、両御所出馬と仰せ。	11853
	4月26日	**「大坂夏の陣」。家康、将軍秀忠と軍議を練り、出陣日を5月3日と定め、全軍に出動命令を発する。** 実際の京都の出陣は雨天によって延期され、5月5日となる。	11854
	4月26日	**左縦隊・大和方面軍、二条城を出陣する。** 一番手は水野勝成、二番手は本多忠政、三番手は松平忠明、四番手は伊達政宗（忠輝の義父）、五番手は松平忠輝（家康六男）。	11855
	4月26日	**続いて、右縦隊が出陣。** 右先鋒は藤堂高虎、左先鋒は井伊直孝、一番手右備えは榊原康勝、一番手左備えは酒井家次（上野国高崎藩5万石）、二番手右備えは本多忠朝、二番手左備えは松平（戸田）康長、三番手右備えは松平忠直、三番手左備えは前田利光（後の利常）。	11856
	4月26日	**さらに、本隊が、右縦隊に続いて進軍。** 酒井忠世、土井利勝、本多忠純（下野国榎本藩初代）（本多正信の四男）、徳川秀忠（家康の三男）、徳川家康、最後尾の殿を徳川義直（家康の九男）・徳川頼宣（家康の十男）が出陣。	11857
	4月26日	松本蟄居中の佐野信吉（1566〜1622）、本多忠純を頼みて、大坂出陣に加へられんことを、本多正信等に懇請せんとす。	11858
	4月27日	「大坂夏の陣」。大野治房ら、竜田・法隆寺らの村々を焼き、幕府の大工頭・中井正清（1565〜1619）の屋敷など周辺を荒らして残党を掃討し、奈良を目指す。 大和の諸将の指揮を任されている左縦隊・大和方面軍の水野勝成が、18時、京都より奈良へ到着。撤退した大野治房、ついに郡山城を放棄して大坂に戻る。	11859
	4月27日	「大坂夏の陣」。幕府、松平乗寿（1600〜1654）・稲葉正成（1571〜1628）等に命じ、信濃・美濃の軍勢を以つて、河内枚方を守らせしむ。	11860
	4月27日	降雨。大御所家康使者本多上野介（正純）、伏見に赴き、明日の出陣は延期を伝える。	11861
	4月28日	**「大坂夏の陣―堺、焼き打ち」。** 豊臣方大野治胤（治長・治房の弟）（？〜1615）、徳川方の兵站基地であった堺を焼き打ち、堺の町はことごとく灰塵に帰す。豊臣方は、弾薬を奪い取り、慢性的な不足に悩まされていた弾薬不足を解消することができたという。	11862
	4月28日	「大坂夏の陣」。大和国より飛脚到来。大坂諸牢人一万余騎が今夜子刻（23〜1時）、郡山・龍田・法隆寺近辺を放火の由申し来て、法隆寺堂塔が焼亡を免れる。 郡山地頭筒井主殿頭（定慶（正次））が迎え撃つも、敵多数故敗北。大和郡山城に籠城していた筒井定慶は逃亡する。	11863
	4月29日	豊臣秀頼、金剛寺（大阪府河内長野市天野町）に禁制。	11864
	4月29日	**「大坂夏の陣」。将軍秀忠使者が二条城に来て、家康と密談。移刻、家康は、来る三日を大坂攻めの出陣と仰せ。**	11865
	4月29日	堺津より飛脚が到来。昨日申刻（15〜17時）、大坂より大野主馬（治房）・真木嶋玄蕃（槙島昭光）を大将に繰り出し、堺・住吉・大湊近辺を放火。住吉社頭は放火を免れた。	11866
	4月29日	今日、浅野但馬守（長晟）の飛脚到来。柏野（和泉国）にて大野修理家老北村善大夫・大野弥五左衛門ほか三十余輩を生慮したとの由。 家康は御機嫌、快然であった。	11867

慶長20 (元和1)	4月29日	**「大坂夏の陣─樫井の戦い」。** 夜明け、東軍浅野長晟の兵、樫井付近（大阪府泉佐野市）で、大坂方の兵と戦いこれを破る。大坂方の将・塙団右衛門直之(1567～1615)・淡輪重政(？～1615)、戦死する。その後、大野治長らは浅野勢と対峙しつつ、5月6日まで堺攻防戦を行う。	11868
	4月30日	「大坂夏の陣」。浅野但馬守（長晟）の使者到来。昨日廿九日巳刻(9～11時)、大野主馬同道の大郡主馬・真木嶋玄蕃・塙団右衛門(直之)大将の三千余騎が但馬守在陣の信達郷に押し寄せ、卯刻(5～7時)より午刻(11～13時)まで交戦、大坂勢は敗北。但馬守郎従の上田主水入道宗古(箇)・亀田大隅守・田子助左衛門・但馬守家老浅野左衛門佐が乗勝而追懸、塙団右衛門・芦田作内・米田監物・横井治右衛門・山内権三郎等始め、物頭十二騎・雑兵数人を討ち捕らえた。 上田宗古(宗箇)・亀田大隅は特に手柄高名であった。塙団右衛門討ち獲りの上田宗古は、大坂合戦の一番鑓とも言うべき物であり、但馬守（長晟）の働きも無比類の物であった。家康は感状を下付し、松平右衛門秋元(松平正綱)・後藤少三郎(光次)両使を派遣、黄金三十領を贈る。	11869
	4月30日	「於其表及一戦、敵数多被討捕之条、無比類仕合、御感思召候也」。家康、和歌山城主浅野但馬守(浅野長晟)に黒印状を送り、夏の陣初戦樫井合戦で大勝した戦功を賞す。	11870
	4月─	この月、幕府、豊臣家の補給路を断つため、大坂周辺への商船の入港を禁止する。	11871
	5月1日	諸大名、二条城で大御所家康に御目見。家康は来る三日、大坂出馬を仰せ。	11872
	5月1日	徳川家康、公家衆へ、大坂に籠城する公家衆を糺す。神龍院梵舜もここに参加。持明院基久父子ほか数人の籠城を聞き、土御門泰重(1586～1661)は雑説かと疑う。持明院基久(1584～1615)は、公家の身分でありながら、子の基征(1607～1616)と共に、豊臣秀頼を支持し、大坂城に入城していた。	11873
	5月1日	「今度於其表、無比類働、依之頬数多到来、神妙思食候、……」。秀忠、和歌山城主浅野但馬守(浅野長晟)に書状を送り、大坂夏の陣初戦に大勝した戦功を賞す。	11874
	5月2日	「大坂夏の陣」。浅野但馬守(長晟)の使者が二条城の家康の元に到来。去廿九日合戦絵図、同記録等と、大野弥五左衛門の首を呈した。大坂方は、大野弥五左衛門を紀伊へ潜入させて一揆を扇動したが計画は失敗に終わった。	11875
	5月2日	将軍秀忠、富田林村に禁制。兵士たちの乱暴・狼藉行為を禁止し、竹木の伐採や放火などの行動を厳禁、違反者は厳罰に処する。	11876
	5月3日	降雨。大御所家康、今日の出馬延引、明後五日とする。	11877
	5月4日	降雨。大御所家康、明日晴れたら出馬と仰せ。	11878
	5月5日	左縦隊先鋒・水野勝成ら、奈良を出陣し、河内国府(藤井寺市惣社)に軍を進め、本多忠政・松平忠明・伊達政宗らと合流すると大坂城大和口へと兵を進める。	11879

西暦1615

慶長20 （元和1）	5月5日	**「大坂夏の陣―大坂城の戦い（5月5日〜5月8日）」、はじまる。** 11880
		晴天。巳刻（9〜11時）、大御所家康、数え切れない供奉士を伴い二条御所を出陣。申刻（15〜17時）、星田（大阪府交野市星田）に着陣。 在陣の松平越中守忠興（細川忠興）が参向、家康、神妙之由仰せ。
	5月5日	**「大坂夏の陣」。** 11881
		秀忠・河内方面軍、伏見城を発して須奈（河内砂）に布陣。 申刻（15〜17時）、将軍秀忠は、須奈（河内砂）（大阪府松原市天美西）より星田に来て、大御所家康と対面、陣構えを評定。傍らには、本多佐渡守（正信）・藤堂和泉守（高虎）・土井大炊頭（利勝）・安藤対馬守（重信）。
	5月6日	**「大坂夏の陣」。** 11882
		徳川方左縦隊の先鋒である水野勝成、大和街道を東に進む後藤又兵衛（基次）を発見し、戦闘準備を整えて待ち構える。
	5月6日	**「大坂夏の陣」。** 11883
		松平忠輝（家康の六男）、この日朝、ようやく奈良を出発。戦闘に間に合わない。家康の不興を買う。
	5月6日	**「大坂夏の陣」。** 大御所家康、星田（大阪府交野市星田）に逗留。 11884
		将軍秀忠使者・安藤対馬守（重信）が来て申上。大坂表人数が道明寺・矢尾（八尾）近辺まで来て徘徊の由、先手より来て言上あり。 家康は、其人数が進退躊躇時、追討出来るとし、先手衆藤堂和泉守・井伊掃部助（直孝）を遣わすよう仰せ。
	5月6日	**「大坂夏の陣―八尾・若江の戦い」。** 11885
		藤堂高虎は八尾、井伊直孝は千塚（大阪府八尾市1丁目〜3丁目および大字千塚）に陣を敷く。八尾市付近に進出した長宗我部盛親率いる豊臣軍、東軍の先鋒・藤堂高虎率いる軍勢と激突、最終的に藤堂勢は壊乱。勝利した西軍は大坂城へ退却した。 同じ頃、八尾の北方、若江の地（東大阪市若江本町周辺）で、木村重成の軍勢が主力の豊臣軍と徳川方両軍が激しい攻防を繰り広げた。木村勢は藤堂勢と対峙。一時は藤堂勢を敗走させたものの、藤堂勢と共に東軍の先鋒を務めていた井伊直孝勢が参戦したことで形勢は逆転。激戦の末、重成（？〜1615）は討ち死にし、木村勢は壊滅。重成は、井伊家家臣の安藤重勝に討たれたとも、同家家臣庵原朝昌に討たれたが朝昌はその功を重勝に譲ったともいわれる。 木村重成は、この戦い前後に青柳と別れの盃を交わしたという。首を打たれた際に胃の中のものが逆流するのは武士の恥とし、前夜から固形物を絶っていた。さらに青柳は、討ち取られた時のことを考え、重成の兜に名香を焚き染めたという。 重成の死後、妊娠していた青柳は、近江の親族によって匿われ男児を出産後に出家した。そして、重成の一周忌を終えると青柳は20歳で自害したという。また、青柳の出産した男児は馬淵家の婚養子となり、馬淵源左衛門と名乗ったと伝えられている。

慶長20 (元和1)	5月6日	**「大坂夏の陣―道明寺・誉田の戦い―後藤又兵衛、戦死」。** 11886 真田信繁(幸村)は、竜田越えで大和から大坂城へ迫る水野勝成・松平忠輝・本多忠政・松平忠明ら別働隊に属する伊達政宗軍と、河内国の入口で死闘を繰り広げた。既に大坂方先鋒の後藤又兵衛(基次)(1560～1615)が、小松山から徳川別働隊先鋒水野勝成勢、2陣の本多忠政勢と激戦となり、遂には4陣の政宗軍先鋒・片倉重綱までが参戦し、又兵衛(基次)は奮戦中流れ弾に当たって壮絶な戦死を遂げた。 そこへ遅れて到着したのが毛利勝永・真田信繁(幸村)の後続部隊であった。信玄公以来の赤備えの信繁(幸村)隊は、寡兵でありながら果敢に伊達政宗軍に正面から挑んでいった。政宗は旗本騎馬鉄砲隊800騎を中央に置き、両翼に鉄砲足軽隊と槍足軽隊を配置し突撃させた。幸村は岩陰・樹木・窪地に兵を潜ませ、騎馬鉄砲隊が駿馬を疾駆させ浴びせる馬上筒の一斉射撃を凌がせた。続く、鉄砲足軽隊と槍足軽隊の喚声が上がると、岩陰に身を潜めていた信繁が静かに采配を振るうと真田鉄砲隊が大轟音を発しつるべ撃ちをする。それが合図で赤備えの兵が物陰から突然湧き上がり、真田家特有の必死を覚悟した兵となり伊達本陣にただひたすら突入した。信繁の采配は際立っていた。寡兵でありながら伏兵として備えていた騎馬隊が、漸く間に合い伊達軍を側面から襲った。伊達軍の先鋒は甚大な被害となり戦闘能力を失っていた。やがて日没となり、信繁は疲労困憊し、追撃もできず茶臼山へ戻った。幕府軍、膠着状態になるも、「八尾・若江の戦い」勝利の勢いを受け勝利。大坂方の増田盛次(長盛の次男)(1580？～1615)ら戦死。毛利勝永(1577～1615)は、藤井寺付近で交戦。真田信繁(幸村)、濃霧のため遅刻、誉田村で伊達隊と交戦するも、殿を務めて撤収。幸村は鉄砲隊を巧みに操って追撃して来る伊達政宗の先鋒を後退させ、豊臣方の撤退を成功させるという功を立てた。勝永は天王寺口に陣を敷く。前の冬の陣「博労淵の戦い」で、大坂方味方から「橙 武者_(だいだい)」と言われた薄田兼相_(すすきだかねすけ)(？～1615)、道明寺の戦いにおいて陣頭指揮を取り、奮戦した後に華々しい戦死を遂げる。豊臣方は、岡山(大阪市生野区勝山・御勝山古墳)・天王寺・茶臼山(天王寺公園内)などに後退する。
	5月6日	「大坂夏の陣」。夜、当日の合戦で藤堂・井伊両軍疲弊のため、翌7日の天王寺表の 11887 先陣を松平忠直(1595～1650)にする旨、家康より命ぜられる。家康は、天王寺口の先鋒大将に本多忠朝(上総国大多喜藩5万石)・岡山口の先鋒大将に前田利光(後の利常)(加賀藩第2代藩主)を任じたという。
	5月6日	「大坂夏の陣」。将軍秀忠人数が平岡(枚岡)(東大阪市出雲井町)に進んだと聞いた家 11888 康、俄かに出馬、須奈(砂)に急ぐ。大坂表人数先手がツカ(千塚)(大阪府八尾市1丁目～3丁目および大字千塚)に進出を、家康は聞いていた。
	5月6日	家康御輿が逗留のところ、甲州住人河野庄左衛門息子・権右衛門(通重)は日比(日 11889 頃)勘気を受けていた。今度、先手井伊掃部に属し、一番首を挙げ、家康に参上した。
	5月6日	「大坂夏の陣」。大坂表より井伊掃部(直孝)使者が来て申出。今朝巳刻(9～11時)、 11890 道明寺辺りで木村長門守・団主計・山口左馬允・後藤又兵衛勢一万騎で打ち出し、井伊掃部助が暫く合戦、木村主計が退き、長門守・左馬允を始め、将兵三百五十余を掃部軍勢が討ち捕らえ、残勢は玉造口に退いた。又、井伊軍は後藤又兵衛家人二人、長門守従者一人を生捕った。
	5月6日	「大坂夏の陣」。後陣大将榊原遠江守(康勝)勢は、首数百三十余を獲る。神保長三_(じんぼう) 11891 郎(相茂も首を挙げた。後藤又兵衛は伊達政宗軍が討ち取った。
	5月6日	「大坂夏の陣」。大御所家康、平岡(枚岡)在陣。 11892

西暦**1615**

慶長20 （元和1）	5月7日	「大坂夏の陣」。寅刻（3～5時）、将軍秀忠、大坂表に進発。卯刻（5～7時）、大御所、平野天神森茶臼山辺りに御動座。巳刻（9～11時）、合戦始まり大坂勢敗北。大坂勢は、真田左衛門佐（信繁）・明石掃部助（全登）・長曽我部宮内少輔（長宗我部盛親）・仙石豊前守（秀範）・大野主馬（治房）、同道犬（治胤）、真木嶋玄蕃（槙島昭光）、又、七組之頭堀田図書之某（盛重）、真野蔵人宗某（助宗）、伊藤丹後守長次（長実）、中嶋式部少正某（氏種）、野々村伊予守吉安（雅春）、青木民部少輔一之（一重）、速水甲斐守守久等、数万人入り乱れて戦うも敗北。	11893
	5月7日	「大坂夏の陣」。安藤次右衛門尉正次（1565～1615）、秀忠の使者として前田利光（利常）および本多康紀（1579～1623）両軍に敵陣への攻撃を伝える。その際、物見数騎の敵と遭遇し単身で戦い、敵方の首級を挙げたが自らも深傷を負った。家臣に助けられ本陣に戻り、秀忠から高名したと賞賛された。	11894
	5月7日	**「大坂夏の陣─天王寺口・岡山口の戦い」。** 本多忠朝（本多忠勝の次男）、先鋒を務め、毛利勝永軍に正面から突入し、奮戦したが戦死した。享年34。前年の大坂冬の陣でも活躍したが、酒を飲んでいたために不覚をとり、敵の猛攻に遭って敗退した。それを家康に咎められた忠朝は、汚名をそそごうと覚悟していたという。 小笠原秀政（1569～1615）も榊原康勝軍に従って、本多忠朝を救援する。しかし天王寺口の戦いで大坂方の猛攻を受けて長男小笠原忠脩（1595～1615）は戦死し、父小笠原秀政も瀕死の重傷を負って戦場を離脱するが、間もなく戦傷により死去したという。享年47。小笠原忠脩長男・長次が幼年であったため、小笠原氏の家督は弟・忠真が継ぐこととなり、忠脩の正室・円照院（亀姫）は家康の命で忠真に再嫁した。	11895
	5月7日	**「大坂夏の陣─天王寺口・岡山口の戦い」。** 榊原保勝（榊原康政の三男）（1590～1615）は、井伊直孝と共に先陣。副将は藤田信吉（旧上杉家臣）。丹羽長重、北条氏重、成田長宗らを率いて奮戦。木村宗明を討ち、直孝の援軍に向かう。しかし、背中腫瘍の出血のため藤田信吉に止められた。天王寺戦で首78を挙げる。将軍秀忠より感状を賜る	11896
	5月7日	「大坂夏の陣」。将軍秀忠勢は、先手本多出雲守忠将（忠朝）、小笠原兵部少輔（秀政）、同信濃守（忠脩）、安藤彦四郎（重能）、松平助十郎（正勝）、織部の子古田左近（重久）、野一色頼母（助重）、神保長三郎（相茂）、奥田三郎右衛門（忠次）等、討死。	11897
	5月7日	「大坂夏の陣」。越前少将（松平忠直）勢が大野修理宅を放火。その火が二之丸・本丸に移り焼亡。幕府軍は敵を合計二万余を討ち取った。	11898
	5月7日	「未ré迄挑戦處、関東勢少敗北之處、幕府自令執麾令進給、御国人取留之雖、然拂左右勇給、依之諸軍勇進」（『駿府記』）。	11899
	5月7日	**「大坂夏の陣」。未刻（13～15時）、大御所は茶臼山、将軍秀忠も同町（合流）。秀忠は「諸軍潔仕之由」と述べ、大御所は、「幕下無比類御手柄之由」と非常に感動してうれしく思うと感涙した。将軍秀忠は岡山帰陣。**	11900
	5月7日	申刻（15～17時）、城中より大野修理郎従の米村権右衛門が茶臼山に来て、本多上野介（正純）・後藤少三郎（光次）に訴え申す。諸牢人は残らず討死。今日姫君（千姫）は城中より出て岡山に御座。秀頼・淀殿、女中数輩、大野修理母子、速水甲斐守守久らは、山里帯郭二間五間の庫に籠ったが、秀頼母子の助命を嘆願し、受け入れられる場合、大野修理（治長）は切腹することを申し出る。家康は、赦免は秀忠に申し入れをするように伝え、権右衛門は岡山の秀忠のもとを訪れるが、秀忠に拘束され、黄昏時に後藤少三郎（光次）が権右衛門の身柄を預かる。	11901

慶長20 （元和1）	5月7日	**「大坂夏の陣―千姫脱出」**。17時頃に二ノ丸が陥落。そこで、大野治長（1569〜1615）が千姫（1597〜1666）とその侍女を脱出させる。治長は、使を家康の軍営に派遣、最後の手段として自分が戦役の一切の責任を負うものとし、家康・秀忠に淀殿（茶々）・秀頼母子の助命を要請する。千姫はその後、居合わせた徳川方の坂崎直盛（成正）（1563？〜1616）に保護、誘導され、脱出に成功する。本多正信（1538〜1616）が千姫を引き取ったという。いや、千姫を大坂城から連れ出したのは、大坂方の堀内氏久（1595〜1657）で、氏久はその功により、徳川旗本になったという。氏久兄ともいう新宮行朝（しんぐうゆきとも）（1596〜1645）も赦免され、伊勢国津藩主・藤堂高虎の家臣となったという。	11902
	5月8日	辰刻（7〜9時）、片桐市正（且元）使者が来て言上、秀頼・御母儀（淀殿）・大野修理・速水甲斐守らは、二之丸帯東輪引に籠ると。将軍秀忠のお使い安藤対馬守（重信）は、切腹を申し付ける事を言上。家康は午刻（11〜13時）、井伊掃部助直孝を召し、切腹させるよう命じた。自害の衆　従一位右大臣秀頼廿三歳・御母儀（淀殿）・大野修理大夫・同信濃守・速水甲斐守守久・同息デキ十三歳・津川左近（武衛孫子）廿六歳・竹田栄翁（永翁）・堀対馬守・竹田左吉・高橋半三郎十五歳・高橋十三郎十三歳・垣原八蔵・垣原三十郎・寺尾少右衛門・小室茂兵衛・土肥庄五郎（小姓）・加藤弥平太・森嶋長意・片岡十右衛門（片岡長雲子）以上廿人。	11903
	5月8日	**「大坂夏の陣―大坂城落城、豊臣家滅亡―元和偃武（げんなえんぶ）」**。朝、淀殿・秀頼母子の所在が分かる。豊臣秀頼は大坂城唐物倉にて淀殿・大野治長・速水守久等と共に残り、徳川家に和を乞うが、井伊直孝（1590〜1659）・安藤重信（1557〜1621）が唐物倉に発砲した。豊臣国松（1608〜1615）は、父の秀頼と盃を交わし、乳母と田中六郎左衛門と共に城を落ちる。大野治房（治長の弟）（？〜1615？）は、豊臣国松を連れて豊臣家の再興を図るが捕えられて斬首とも、西国へ逃亡ともいう。巳刻（9〜11時）ごろ、最早これまでと、毛利勝永の介錯で、秀頼（23歳）（1593〜1615）は自刃。速水守久は、淀殿（茶々）（47歳）（1569〜1615）を刺す。大蔵卿局（？〜1615）・正栄尼（？〜1615）らも自害。神龍院梵舜（1553〜1632）は、その他女中が20人ほど秀頼母子の供をして自害し、2万の兵が討ち死にしたと記す。自刃の場所は山里曲輪糠蔵とも、唐物倉とも、矢倉とも。正午頃、倉は大爆発を起こして消失。 これ以後、日本では戦いが止む（元和偃武）。	11904
	5月8日	女中衆　ワガノ（和期）御方（伊勢国司親類）・大蔵卿・相庭局（饗庭局）・右京大夫（秀頼乳母）・宮内卿（木村長門守母・秀頼乳母）・お玉（阿玉局）（湯川孫左衛門姉）・二位局（渡辺筑後守母・呼出助命給）以上六人。新座衆　毛利豊前守（勝永）・同勘解由（豊前弟・勝近）・氏家内膳入道道喜・中方将監（浅井周防守）・同半兵衛・真田大助（幸昌）十三歳（左衛門子）以上六人。男女一所自害三十二人。	11905
	5月8日	真田左衛門佐（信繁）・御宿監物（御宿勘兵衛政友）・大野道大（大野治徳の間違いか）の首は、越前少将（松平忠直）が持参した。	11906
	5月8日	**申刻（15〜17時）、大御所家康は茶臼山を出て帰陣、戌刻（19〜21時）、二条御所に凱旋。また、大坂落城後、各地に逃亡した牢人衆の捕縛の強化を命じる。**	11907
	5月8日	家康、鍋島勝茂を二条城で引見する。	11908
	5月9日	**徳川秀忠、岡山を出て帰陣、伏見に赴く。** 大坂金銀は、安藤対馬守（重信）・青山伯耆守（忠俊）・阿部備中守（正次）が残ってあらためた。	11909
	5月10日	在地の甲斐庄喜右衛門尉正房、観心寺（大阪府河内長野市寺元）に対して、大坂方の逃亡した敗残兵士の匿（かくま）いや逗留を厳禁し、大坂方の兵士たちの人改めを実施したいとの書状を送る。	11910

西暦1615

慶長20 (元和1)	5月10日	大雨が降る。**浅野但馬守(長晟)・蜂須賀阿波守(至鎮)・生駒讃岐守(正俊)・松平宮内少輔(池田忠雄)が京都に参着。家康はすぐに召し、但馬守の信達(和泉国)辺りの働きを無比類と称賛。続いて但馬家人の上田主水入道宗古・亀田大隅守(高俊)・田子助左衛門(多胡助左衛門)等を召し、但馬守手柄は無双と述べ、汝等の捨て身の武功を殊勝と感謝した。**	11911
	5月10日	小笠原政直(小笠原長継の長男)、小笠原秀政・忠脩父子の遺骸を京都に於いて荼毘す。尋いで、遺骨を筑摩郡松本に送る。	11912
	5月11日	長曽我部宮内少輔(長宗我部盛親)が蜂須賀蓬庵(家政)従者に八幡辺りで生虜され、京に送られ二条御所西御門前で縛られ、諸人に晒される。	11913
	5月11日	午刻(11~13時)、将軍秀忠が伏見より二条御所に来て、家康と密談。移刻、秀忠は伏見に帰る。	11914
	5月11日	**徳川家康・同秀忠、使を遣はし京都に小笠原忠政(忠真)(1596~1667)の戦傷を見舞はしむ。**	11915
	5月12日	**家康、今度大坂落人(おちうど)が国々に逃散故、速やかに捕らえる事を、諸代官守護人地頭に仰せつける。**	11916
	5月12日	**幕府、「落人改令」を発し、諸大名が大坂の陣でさらった者の内、町人・百姓の返還を命じる。** 駿府町奉行・彦坂光正(1565~1632)は、大坂方の残党狩りにより、高力忠房(武蔵国岩槻藩2代)(1584~1656)に、岩槻で布教を続けるキリシタン・原主水(胤信)(1587~1623)の捕縛を依頼する。	11917
	5月12日	今日、秀頼息女七歳を京極若狭守(忠高)が捕らえたとの注進がある。報告された秀頼男子の探索を触れる。	11918
	5月12日	豊臣秀頼(1593~1615)の娘・奈阿姫(後の天秀尼)(1609~1645)が、京で見つかり、京極忠高(若狭国小浜藩2代)(1593~1637)に確保される。奈阿姫母は秀頼側室の小石の方だが、千姫(1597~1666)が奈阿姫を自らの養女としていたために特別に助命され、家康の命令で、出家して鎌倉の東慶寺に入る。 天秀尼は、豊臣秀吉の最後の直系。豊臣家が滅亡すると、常高院(初)(1570?~1633)は、秀頼の娘・奈阿姫(後の天秀尼)の助命を、大御所家康(1543~1616)に嘆願したといわれている。	11919
	5月13日	**徳川家康、前田利光(利常)の軍功を賞して、感状を授く。**	11920
	5月13日	雨降り。中川内膳正(久盛)(豊後国岡藩の第2代藩主)・寺沢志摩守(広高)(肥前国唐津藩初代藩主)が参着。家康御前に出でて、遠国故合戦に間に合わず無念の由を言上。	11921
	5月13日	神龍院梵舜、二条城の家康に伺候。	11922
	5月14日	方々より落人首六百余が京に届く。	11923
	5月14日	大坂町奉行であった水原石見守(吉一)が二条御所近辺に忍居と訴える者がおり、藤堂和泉守が家人を派遣、交戦となり寄せ手三人が斬死するも石見守も斬死。石見守頭は西総門に晒された。	11924
	5月15日	公家衆・門跡等、二条城に至り、家康に拝謁。	11925

慶長20 （元和1）	5月15日	長曽我部宮内少輔（長宗我部盛親）が都大路引き回しの上、六条河原で梟首、三条河原町に晒される。大坂伴黨（党）の七十二人が粟田口・東寺辺りで梟首。	1192
	5月16日	**島津家久（忠恒）に対し「大坂落人」の詮議が命じられる。** 島津家久が上坂前に、大坂城は落城していた。徳川方としての出陣は冬の陣・夏の陣とも結果的にかなわなかった。	1192
	5月18日	秀忠及び公家衆・門跡・大名等、二条城に至り、家康に拝謁する。	1192
	5月19日	**将軍秀忠のお使いとして働いた安藤次右衛門尉正次（1565〜1615）、宿所の平野郷願正寺にて傷の療養をしていたが、再起不能と悟って自刃。享年51。**	1929
	5月19日	神龍院梵舜（1553〜1632）は、豊臣家滅亡の余波が豊国神社に及ぶと考え、この日から徳川家康の側近に社領安堵を懇願する。この日は、家康側近の亀屋栄仁（？〜1616）に進物・音信を送る。	1930
	5月19日	**将軍秀忠が伏見より二条御所に渡御。大御所家康は近日駿河に還御を伝え、秀忠には8月まで留まり仕置きを仰せ。秀忠は家康に強く掛け合い諸般のことを処置するように請う、家康は8月まで在京を了承した。**	1931
	5月20日	大野道犬（治胤）が、方広寺大仏辺りで生捕される。治胤を捕らえた野間金三郎と小林田兵衛は、褒美として治胤の指していた大小の刀を与えられたという。	1932
	5月20日	浅野但馬守（長晟）が紀州イトノ郡（伊都郡）で忍居の真田左衛門佐妻女を捕らえ、黄金五十七枚と秀頼より真田に賜った来国俊の脇差を持っており、家康に差し出したところ、家康はすぐに但馬守に下賜した。利世（竹林院、真田幸村正室）（？〜1649）、娘あぐり（幸村の四女）らという。	1933
	5月20日	山科言緒（1577〜1620）、家康から「萬衣服之法度可仕之由」を仰せ付けられ、公卿の服制制定を委ねられる。	1934
	5月一	この月、京都所司代板倉勝重（1545〜1624）、上賀茂社、下鴨社、鞍馬寺、妙心寺、紫野天瑞寺（明治7年（1874）廃寺）等に、制札を掲げる。	1935
	5月21日	家康、二条城で真言の論議を聞く。	1936
	5月21日	**秀頼息八歳、伏見農人橋辺りで忍居のところ、探索され捕らえられる。「来客兒美麗」姿、美麗である。** 豊臣国松（1608〜1615）、傅役の田中六左衛門（若狭国小浜藩京極家士）・乳母・小姓と共に逃れ、伏見農人橋にて捕らわれ、京都所司代板倉勝重（1545〜1624）に引き渡される。	1937
	5月23日	徳川秀忠、伏見より二条城に入り、家康と密談。午刻（11〜13時）、秀忠は伏見に還御。	1938
	5月23日	未刻（13〜15時）、秀頼息八歳（豊臣国松）は、六条河原で乳母子・田中六郎左衛門と共に斬首される。秀頼乳母は赦命される。千姫や大坂城から退去していた叔母の常高院初などが助命嘆願を行うが、叶わなかったという。 墓所は京都市中京区の誓願寺にあったが、現在は豊国廟に移されている。	1939
	5月24日	**家康、後藤少三郎（光次）を召し、大坂没収の金銀改めのため、即の大坂下向を仰せ。**	1940
	5月24日	神龍院梵舜、二条城に至り、家康に拝謁。	1941

慶長20 (元和1)	5月24日	利世(竹林院、真田幸村正室)ら、京都の家康に引き渡される。「お咎め無し」となり、石川宗林(貞清)(元犬山城城主)(？～1626)が、義母・竹林院らを引取る。	11942
	5月26日	神龍院梵舜、二条城に至り、家康に拝謁。	11943
	5月27日	千姫、清水寺・祇園寺(祇園社観慶寺)・三十三間堂・東山大仏を見物する。豊国神社へは、大坂の穢れのために参詣を遠慮する。	11944
	5月27日	増田長盛(1545～1615)、配流先である武蔵国岩槻で自害。享年71。尾張藩主・徳川義直(1601～1650)に仕えていた息子の増田盛次(1580？～1615)が大坂夏の陣で尾張家を出奔して豊臣氏に与したが、戦後この責任を問われ自害を命じられたという。	11945
	5月27日	**上野国館林藩**(群馬県館林市城町)**2代10万石の榊原遠江守康勝**(榊原康政の三男)**(1590～1615)、陣の大坂から引き上げた先の京都で腫物を患い没。享年26。**嗣子なしとされ、家臣たちの奔走により12月には、康勝甥の遠江国横須賀藩(静岡県掛川市松尾町)2代(6万石)・大須賀忠次(榊原忠次/松平忠次)(1605～1665)が11歳にして継ぎ、3代藩主となる。家康は榊原家断絶を恐れ忠次を当主とした。譜代の忠臣の家系として一代限り松平姓を許される。大名としての大須賀氏は絶家となる。	11946
	5月28日	「知行之目録 一弐万弐千六百四拾」。家康、6日・7日大坂の陣における戦功により井伊掃部助(井伊直孝)に知行目録発給。	11947
	5月28日	「知行之目録 一弐萬四千参百九拾」。家康、6日・7日大坂の陣における戦功により藤堂和泉守(藤堂高虎)(1556～1630)に知行目録発給。直孝・高虎二人は金銀千枚、吹分銅(花生)二も下賜された。	11948
	5月28日	**今日、片桐市正且元、駿府より連絡が来て病死。享年60。**大徳寺にて葬られる。次男・孝利(1601～1638)が継ぐ。	11949
	5月29日	田中筑後守(忠政)が国本(国元)(筑後柳河藩第2代藩主)(1585～1620)より参候。遠国故の遅参である。筑後守(忠政)は徳川方として参戦しようとしたが、家臣団の一部で旧主の豊臣家に与するべきという反論が起こり、さらに財政難などもあって遅参したという。	11950
	5月一	この月、幕府、大坂夏の陣に貢献したとして、木村・角倉両氏に、淀川過書船支配を委ねる。	11951
	6月1日	公家衆、二条城に至り、家康に拝謁。	11952
	6月2日	**安藤対馬守(重信)・後藤少三郎(光次)が改めた大坂没収金弐万八千六十枚、銀弐万四千枚が、京都に到着し大御所家康に報告する。**	11953
	6月2日	秀忠、二条城に至る。また二条城で天台宗の論議がある。	11954
	6月4日	将軍秀忠が咳病、諸医が伏見に伺候。	11955
	6月4日	家康、高野衆の論議を聞く。	11956
	6月5日	神龍院梵舜、板倉勝重(1545～1624)より、豊国神社の社領を幕府に差し出すべき旨の書状を受け取る。	11957
	6月5日	薩摩藩初代86万4千石(第18代当主)の島津陸奥守家久(忠恒)(1576～1638)、二条城で家康(1543～1616)に御礼、銀五百枚、凌子五十巻を献じる。	11958

慶長20 （元和1）	6月5日	伊達政宗（忠輝の義父）、松平忠輝の参内を促す、尋いで、忠輝、病むに依り之を辞す。	1195
	6月6日	大坂方に参加した細川興秋（細川忠興の次男）(1584〜1615)、父に命じられ伏見の稲荷山東林院で自刃とされる。興秋は、慶長19年(1614)からの大坂の陣で豊臣氏に味方し大坂城に入城、道明寺の戦い、天王寺・岡山の戦いなど奮戦し評判になったが、豊臣方は敗北したため戦場を離脱し、細川家家老・松井氏の菩提寺、伏見の稲荷山東林院に匿われる。	1196
	6月7日	祇園夏（事）の今日、将軍使者・土井大炊頭（利勝）が二条御所に来て、将軍咳病が復本（回復）したと、家康に報告。	1196
	6月7日	**今日家康は、松平下総守（忠明）（伊勢亀山藩（三重県亀山市）5万石）(1583〜1644)を召し、大坂知行拾万石を充行、旧領五万石・加増五万石。松平忠明は、摂津大坂藩10万石の藩主となる。**忠明は、奥平信昌の四男、母は徳川家康の娘・亀姫（盛徳院）であり、家康の外孫にあたる。伊勢亀山藩は、一時、廃藩となる。	
	6月8日	最上駿河守家親の飛脚が到来。去一日午刻(11〜13時)、江戸大地震で家が破却、地割れがあったとの由。「大家破れ倒れることおびただしく、江戸はことのほかの騒動になった。駿府にいた大御所様（家康）のところにだれも注進申し上げなかったが、家親はさっそく飛脚をとばして江戸の様子を報せたので、たいそうお喜びなさった」（『最上家譜』）。	1965
	6月9日	**家康、織田有楽斎（長益）(1547〜1622)を茶会に招く。**	1196
	6月10日	「今度大坂二面、われら旗之事頼候」。 家康、大坂の陣で旗奉行を務めた庄田三太夫（安信）(1541〜1629)に感状を送る	1965
	6月11日	家康、二条城で因明の論議を聞く。因明とは、仏教の根幹にある思考法を追求する研究という。	1966
	6月11日	**午刻**(11〜13時)**、大坂内通ありとして古田織部正重然が伏見に於いて切腹を仰せつかる。**検使は鳥居土佐守（成次）・内藤右衛佐。徳川方の武将で、切腹を命じられたのは、織部ただ一人という。家康(1543〜1616)、古田織部（重然(1544〜1615、享年72)とその嫡子重広（？〜1615)を、この日、伏見屋敷で切腹させる。遺骸は大徳寺正琳庵（玉林院）に葬られた。利休の自刃後に高弟の古田織部が秀吉の茶頭となった。秀吉が没すると、織部は家康に命じられて2代将軍徳川秀忠(1579〜1632)に茶の湯を指南したが、織部の茶が高い人気を集め始めると、かつての利休のように政権に強い影響力を持つのを家康は恐れ、大坂の陣の後に織部が豊臣方と通じていた、さらに豊臣国松を匿った疑いで切腹を命じた。織部家臣で茶頭の木村宗喜らが家康暗殺を企てた罪ともいう。家康は織部一族を処罰すると共に家財全てを没収し、織部の全てを抹殺。京都市上京区の興聖寺（織部寺）にも墓がある。弟子だった上田重安（宗箇）は「上田宗箇流」、小堀政一（遠州）は「遠州流」、金森可重の子・重近（宗和）は「宗和流」をそれぞれ立てている。	1967
	6月12日	蜂須賀至鎮(1586〜1620)、大坂夏の陣の落人狩りなどを記録した阿波国徳島藩の「大坂濫妨人落人改之帳」を、幕府に提出する。	1968
	6月14日	家康、古田織部家財全て、没収を命じる。	1969
	6月14日	増上寺国師、上雒（上洛）。増上寺第12世・観智国師（源誉存応）(1544〜1620)である。	1970

西暦1615

慶長20 (元和1)	6月14日	浅野但馬守(長晟)が上洛、家康に紀州一揆棟梁を生慮したと言上。	11971
	6月15日	**巳刻(9〜11時)、大御所家康、御輿供奉衆三十余輩で参内。** 後水尾天皇に銀百枚、綿二百把を献ず。さらに女院並びに女御に綿百把・銀五十枚、長橋局に銀二十枚・綿三十把を献ずる。午刻(11〜13時)、御院(後陽成上皇)に銀五十枚・綿百把を献ずる。山科言緒(1577〜1620)、参内に扈従。	11972
	6月15日	「天下祭りの初め」。日枝山王祭の山車・練物、初めて江戸城内に入る。	11973
	6月16日	二条城で嘉定の儀がある。諸大名が家康の元に参候。 嘉定は、江戸時代には主君が家臣に菓子を賜る行事となる。	11974
	6月17日	二条城にて天台論議がある。	11975
	6月18日	本多正信(1538〜1616)、伏見城にて豊国神社破却を秀忠に進言。同日、豊国神社にて月例祭が再開されたが、行法祈念は略された。	11976
	6月18日	**徳川家康、豊国社破却の内意を示す。**	11977
	6月20日	将軍秀忠、二条御所に渡御、家康と密談。家康はその後、古田織部(重然)所持のセイタカ(勢高)肩衝茶入を秀忠に与えた。また、天台論議がある。	11978
	6月22日	徳川家康、朝廷に、『本朝文粋』一部を献ず。	11979
	6月27日	堺津の長谷川佐兵衛奉行が大野道犬(治胤)を連れ家康の元に来る。佐兵衛藤広は今度の堺津焼亡は道犬の仕業とした。家康は、堺津にて道犬誅殺を命じた。	11980
	6月28日	将軍秀忠、二条御所に渡御。家康・秀忠は、松平宮内少輔(池田忠長(忠雄))(1602〜1632)を召し、備前国を賜る。舎兄左衛門督(池田忠継)の遺跡故であつた。忠雄は、播磨姫路藩主・池田輝政の三男(実は六男)。母は徳川家康の次女・督姫。岡山藩初代藩主・池田忠継の同母弟。	11981
	6月28日	池田忠長(忠雄)(淡路洲本藩初代6万石)(1602〜1632)、淡路由良城から移って備前岡山城主となった。このとき忠雄は、池田忠継の遺領の内、備前一国二十八万石と、母良正院(督姫、家康の次女)の化粧料であった備中国浅口・窪屋・下道・都宇四郡の内三万五千石をも合わせて、三十一万五千石を領し、忠継の播磨三郡の遺領は、輝澄・政綱・輝興三人の弟に分与された。	11982
	6月28日	**家康の命により、この日、あらためて「曹洞宗法度」を定める。** **家康はそれぞれの宗派内部の紛争に関与し、寺院法度を制定していく。**	11983
	6月28日	**徳川幕府、再び禁煙とし、煙草の売買及び栽培を禁止する。** 南蛮渡来の珍しい喫煙の風習は、当時の「かぶき者」と呼ばれるならず者たちが徒党を組むシンボルとして使われたりしたことから、江戸幕府はたばこの禁令を出した。また、喫煙が広まると共に、主要作物の米ではなく、たばこを栽培する農家が増えたため、幕府は、農家がたばこを栽培することを防ぐための禁令も出した。	11984
	6月28日	八宮直輔親王(後陽成天皇の第八皇子)(1604〜1669)、徳川家康の猶子となる。後の良純入道親王である。猶子とは、兄弟、親戚、また、他人の子を自分の子としたもの。仮に結ぶ親子関係の子の称。	11985

_{西暦}1615

慶長20 （元和1）	6月28日	**蟄居中の彦坂元正（?~1634）は、増上寺の源誉（慈昌）を通じて赦免を願ったが、家康から許しが出ることはなかった。**しかし、徳川秀忠の命により、古河藩主土井利勝に密かに仕えていたという。彦坂元正は、慶長11年（1606）1月、支配地域の農民から、道理に外れた振る舞いが多く、年貢を私物化したと上訴されて失脚し、長男・次男も連座して籠居処分を受けた。 11984
	6月29日	本阿弥又三郎（光徳）（1554~1619）が二条城に至り、秀頼所持の骨食刀吉光一尺九寸五分を家康に献じる。家康はすぐに本阿弥に下賜したが、本阿弥は将軍秀忠に差し上げた。本阿弥は黄金十枚を賜った。 11987
	6月30日	**大御所家康、南殿に出御。金地院崇伝・南光坊僧正・智積院・勧学院以下伺候。道春（林羅山）が新板大蔵一覧十部を駿府より持参した。御覧にいれた所、文字鮮明で皆が美しいと褒める。家康は今度駿府に於いて銅字数十万をもって、百廿五部を板行するよう命じた。そして、一部毎に朱印を押し、諸寺に寄進するよう仰せられた。** 11988
	6月30日	家康、与安法印（片山宗哲）（1573~1622）等に命じ、僧雲叔献上の書籍を二条城御殿「数寄屋の御書院」にて校合させる。 11985
	6月30日	「南光坊僧正被申之、天台宗外不可箸紫衣其上不任、僧正多聞院自未座進出申之圮、御前如此、余不可被申上、弘法既着紫衣又高野東寺醍醐之中、任僧正族古今聊綿有之云々、僧正無答云々」 （南光坊天海が天台宗以外の僧が紫衣を着するのを禁じ、僧正にも任じないようにすべきと家康に進言する。これを聞き多聞院が進み出て、家康御前にそのようなことを進言するのは控えるべきとし、すでに弘法（空海）が紫衣を着しており、また高野山、東寺、醍醐寺の僧は僧正に任じられた僧がすでにおり、昔からそれが続いていると反論する。天海がその反論に口を閉ざす）。（『駿府記』）。 多聞院良尊は、高野山の多聞院に住したが、この年元和元年（1615）8月4日に家康の命で西南院に移り、院主の座に就いたという。 11990
	閏6月1日	神龍院梵舜（1553~1632）、豊国神社存続のため、連日、二条城に家康を訪れる。しかしあまり対面を許されず。 11991
	閏6月1日	公家衆・僧侶、二条城に至り家康に拝謁。 11992
	閏6月2日	松平武蔵守（池田利隆）、松平宮内少輔（池田忠長（忠雄））が家康の元に参上、本多上野介（正純）が取次ぐ。将軍秀忠から宮内少輔舎兄左衛門督（池田忠継）遺領備前国拝領の御礼であった。 11993
	閏6月3日	伊予板島城主伊達秀宗（伊達政宗の庶長子）（1591~1658）、二条城に至り、家康に拝謁。 11994
	閏6月3日	**松平阿波守（蜂須賀至鎮）（阿波国徳島藩藩主）、小豆島も含め淡路国を拝領。** 11995
	閏6月3日	**大御所家康、長崎・堺間海路舟の往来を、堺政所・長谷川佐兵衛（藤広）に管理させる。** 11996
	閏6月3日	将軍秀忠使者の土井大炊頭（利勝）・伊丹喜之助（康勝）が伏見より来る。漳州舟が紀伊国浦に着き、浅野但馬守（長晟）が人を遣わせ見たところ、沙糖を積んでいた。検使を遣わすべきか否かの判断を請う。取次の後藤少三郎（光次）が言上すると、家康は商売したらよいと仰せ。 11997

西暦1615

慶長20 (元和1)	閏6月3日	酉刻(17〜19時)、飛騨国主金森出雲守正重(可重)が死去の知らせがある。 58歳で京都伏見にて死去という。	11998
	閏6月4日	大御所家康、前殿出御。家康は、蜂須賀阿波守(至鎮)(1586〜1620)に対し、去年以来命を惜しまずの働き無二の忠節と称賛。蜂須賀阿波守は、将軍秀忠に淡路国加増を賜う事、身に余る厚恩とこたえ御礼する。本多上野介(正純)は、淡路国の松平宮内少輔(池田忠長(忠雄))は備前国転封と述べる。松平宮内少輔は阿波守婿なり。	11999
	閏6月4日	羽柴越中守忠興(細川忠興)、二条城の家康前に出でて御暇帰国を賜う。	12000
	閏6月6日	将軍秀忠、伏見より二条御所に渡御。即、奥之御座間にて大御所と閑談。本多佐渡守(正信)・同上野介(正純)が伺候。	12001
	閏6月6日	二条城前殿で真言論議、題は「十悪起不起、身三口四意三、同時起耶、各別耶」。宝性院、無量寿院、遍明院、正智院、金剛三昧院、如意輪寺、庵室、北室院が参加。講師寺は多聞院。両御所が聴講。尾張宰相(徳川義俊(義直))・遠江中将(頼将(頼信))・越前少将(松平忠直)・松平陸奥守(伊達政宗)・松平筑前守(前田利光(利常))・京極若狭守(忠高)・藤堂和泉守(高虎)・本多佐渡守(正信)以下伺候。その他日野入道等諸公家も着座。	12002
	閏6月6日	将軍秀忠、南禅寺金地院末寺の河内国矢尾(八尾)の真観寺(大阪府八尾市北亀井町2丁目)に寺領千石を下賜。将軍、未刻(13〜15時)、伏見に還御。	12003
	閏6月7日	**家康は今度の合戦で乗り崩された敵の多くが逃散したのを聞き、厳しい追及を命じた。**	12004
	閏6月8日	伝通院の正誉廓山(1572〜1625)、源誉存応が作った浄土宗諸法度の案文を持って二条城に登り、家康御前に参上。廓山は、家康より『大蔵一覧』一部拝領。 14日、家康より朱印をもらう。	12005
	閏6月8日	先日、松薫(大中十三代天南)が出仕。**家康、大中寺**(栃木県栃木市大平町西山田)**に曹洞宗法度朱印状発給。**	12006
	閏6月8日	今日伏見に於いて将軍秀忠は、飛鳥井父子を召し蹴鞠を御覧。 飛鳥井雅庸(1569〜1615)、飛鳥井雅胤(1587〜1651)父子であろう。	12007
	閏6月9日	大御所家康、前殿出御。織田有楽斎(長益)(1547〜1622)が出仕して、大坂城中兵火のため、茶入肩衝など多くが紛失を言上。家康は其貌(様子)を問う。	12008
	閏6月9日	金地院崇伝が『本朝文粋』両部を持ち、家康に対面。先日、甲州より身延山久遠寺に到来した物の由。家康は五山僧に書写を命じる。第一之巻が不足のところ道春(林羅山)(1583〜1657)が京で探し出した。家康はそれを見て急ぎ写すよう指示。出来た一巻を家康は奇特とし、道春は家康御感を蒙る。	12009
	閏6月9日	松浦肥前守(隆信)(肥前国平戸藩第3代藩主)(1592〜1637)が、家康に高麗錫を献じる。隆信は、国許より大坂夏の陣に出陣。5月11日に到着した時には本戦は終わっていた。	12010
	閏6月9日	信州松本山に銀及び鉛初出。家康は、松平右衛門佐(正久・正綱)(1576〜1648)・伊丹喜之助(康勝)(1575〜1653)に命じて、その地の守護人に掘るよう仰せ。家康、小笠原忠政(忠真)(信濃国松本藩第2代藩主)(1596〜1667)をして、領内の銀及び鉛を掘らしむ。	12011

慶長20 (元和1)	閏6月10日	本多美濃守(忠政)(伊勢国桑名藩第2代藩主)(1575〜1631)・同子息平八(忠刻)(1596〜 1626)・同甲斐守(政朝)(1599〜1638)が家康に御目見。今度の大坂合戦で美濃守舎弟 出雲守忠将(忠朝)(1582〜1615)が討死。出雲守本領上総国小多喜(大多喜)城六万石 は甲斐守が拝領。即、出雲守忠将(忠朝)女子(千代)を甲斐守(政朝)に嫁せた。 先に将軍秀忠より御内證を得て、その御礼の出仕であった。披露は本多上野介(正 純)であった。	12012
	閏6月10日	越後少将(松平忠輝)(家康六男)(1592〜1683)と伊予守(松平忠昌)(越前少将(忠直、 結城秀康の長男)御舎弟)(1598〜1645)が家康に御目見。	12013
	閏6月10日	松浦肥前守(隆信)(1592〜1637)が、父法印(久信)(1571〜1602)遺物として刀一腰・銀 二百枚を献じる。本多上野介(正純)が披露。	12014
	閏6月10日	尾張宰相(徳川義俊(義直))(1601〜1650)が昨夕から暑気患いで、成瀬隼人正(正成)・ 与安法印が言上のところ、家康は「六湯」が良いというので、すぐ調進したところ 験気(病気の勢いが衰えて、快方に向かうこと)になった。	12015
	閏6月10日	片桐主膳正(貞隆)(且元の弟)(1560〜1627)が、家康に伽羅一折を献じる。 島津陸奥守(家久(忠恒))(1576〜1638)が鉄炮薬袋と火縄十筋を献上。火縄は薩摩国 所産の唐竹という。	12016
	閏6月11日	昨夕、青山石見守が伏見で切腹、青山伯耆守が検使云々。大坂内通の由を石見守 の子が訴申云々。青山石見守は青山清長(祖父江五郎右衛門)、青山伯耆守は青山 忠俊(常陸国江戸崎藩第2代藩主)(1578〜1643)らしい。	12017
	閏6月12日	溝口外記父子が改易。南部十左衛門信景(元南部家家老)(1575〜1615)が大坂籠城の 際、京都宿所を肝煎(世話をする)罪也云々。	12018
	閏6月13日	**「一国一城令(元和の一国一城令)」**。「分国中、居城をば残し置かれ、其の外の城 は悉く破却あるべし」。家康立案の「一国一城令」を、秀忠(1579〜1632)がこの日、 酒井忠世他二名幕府年寄連署状をもって公布。大名の本城を除く脇城・支城はす べて破壊するように命令。肥後国は2城となり、熊本城・麦島城(八代城)が認めら れる。また細川家も小倉城と杵築城(木付城)を領する。島津家を警戒しての策と いう。他の特例に、伊達家の白石城(宮城県白石市)。	12019
	閏6月14日	**大御所出御、御対面衣装を黒紋付袴に改革する。家康諮問で、山科侍従(言緒)(1577 〜1620)の申出による。**	12020
	閏6月14日	**伝通院の正誉廓山(1572〜1625)、浄土宗法度に、家康より朱印を賜う。**	12021
	閏6月15日	大御所南殿出御。諸侍、公家衆出仕。越後少将(松平忠輝)、出仕。南光坊・傳長老(金 地院崇伝)その他天台・真言僧衆が伺候。	12022
	閏6月15日	南都法隆寺阿弥陀院の遺物、唯識論・諸疏等の本を、中井大和守(正清)(1565〜 1619)が一箱で、金地院崇伝を通じて家康に披露する。先に多聞院が死去時申すに は、この書は先師興福寺多聞院の代々相伝の書であると述べた。	12023
	閏6月15日	織田常真(信雄)が二条城に至り、家康に御礼。	12024
	閏6月15日	遠江中将(頼将(頼信))、伏見に於いて将軍秀忠に御対面、未刻(13〜15時)、二条城 に戻る。尾張宰相(徳川義俊(義直))は、暑気患い後も腫物で伏見には赴かなかった。	12025
	閏6月15日	将軍秀忠使者・安藤対馬守(重信)が、伏見より二条城に参候。	12026

西暦1615

慶長20 (元和1)	閏6月16日	徳川秀忠、二条城に至り徳川家康に謁す。奥座間にて閑談。本多佐渡守(正信)が伺候。秀忠は未刻(13～15時)、伏見城に戻る。	12027
	閏6月16日	越後少将(松平忠輝)・越前少将(松平忠直)・松平和泉守(松平乗寿)・その他譜代衆が、家康の元に出仕。	12028
	閏6月16日	大御所家康は、今度の大坂城兵火で銘物之刀振指が、ことごとく焼けたその後の様子を尋ねた。この日、家康は、鍛冶を召し焼滓を試すよう命じる。焼滓は、にらぐ、刀に焼きを入れる。	12029
	閏6月17日	二条城前殿にて浄土法問あり、題は「難易二道」。増上寺国師(普光観智国師慈昌、源誉存応)とその門下の呑竜・了的・廓山・長流・理益以下十二人。一乗院・青蓮院・大乗院その他公家衆が出仕。	12030
	閏6月17日	松平陸奥守(伊達政宗)・藤堂和泉守(高虎)が出仕。松平右衛門佐忠之(黒田忠之)・松平武蔵守(池田利隆)が家康の御目見。 冷泉中納言(為満)が大比叡歌合一冊を家康に献ず。	12031
	閏6月17日	伏見より将軍使者永井信濃守尚政(永井直勝の長男)(1587～1668)が家康の元に参上、大鮓(発酵させた寿司)一筒を献じ饗応。	12032
	閏6月17日	**大御所家康、両伝奏に対し、来月改元を許し十三日に定めるよう仰せ。**	12033
	閏6月18日	井伊掃部助(直孝)(近江国彦根藩3代藩主)(1590～1659)が御礼に家康に参上。本多上野介(正純)が言上、将軍秀忠は一昨日、井伊掃部助を侍従と申渡した。 掃部助は家康から刀を賜い、大坂軍功抜群の故、佐和山近辺長浜領五万石加増、さらに金銀分銅を拝領、官位昇進となった。	12034
	閏6月18日	大御所、前殿出御、諸士各々御目見。	12035
	閏6月18日	金地院崇伝・南光坊僧正・竹林坊等出仕。家康と仏法、雑談。	12036
	閏6月19日	天台論議があるとのことだったが、今日、僧徒が帰山と、南光坊僧正が延引を言上。	12037
	閏6月19日	松平隠岐守(定勝)・松平陸奥守(政宗)・藤堂和泉守(高虎)が出仕。越前少将(松平忠直)・松平筑前守(前田利光(利常))が今度の軍功により宰相に昇進。 藤堂和泉守は、四品四位 に叙された。	12038
	閏6月20日	本多上野介(正純)が取り次いで蜂須賀蓬庵(家政)(1558～1639)が、家康に御目見、刀・脇差を献ず。松平右衛門佐(正久)が受け取る。 家康は蓬庵の早々の上洛を称す。 蓬庵は子・蜂須賀至鎮より使者が来てすぐに上洛して礼をするようにといわれていたが、波高き故渡海が遅れたと述べる。またこの度の由緒ある淡路国加増、厚恩余りある旨を申し上げる。 家康は、至鎮の今度の粉骨・不惜身命の働きは無貳之忠とし、嫡孫瑴は公達と同じ扱いであると褒める。蓬庵は感涙して退出した。	12039
	閏6月20日	越前宰相(松平忠直)が宰相補任の御礼。陪臣の本多次郎大夫(本多成重)が、諸大夫飛騨守に任じられる。	12040
	閏6月20日	松平陸奥守(政宗)・松平筑前守(前田利常)・藤堂和泉守(高虎)が官位昇進の御礼。	12041

慶長20 （元和1）	閏6月21日	将軍徳川秀忠、辰刻（7〜9時）、渡御し施薬院宗伯法印が御膳を献じる。同入御の宰相・中将が黄金十枚・帷子十領を施薬院に賜う。**忠、装束し御輿、巳刻（9〜11時）、参内、銀千枚を献じる。** 供奉は尾張宰相（義直）・遠江中将（頼宣）・越前宰相（松平忠直）・大崎宰相（伊達政宗）・井伊侍従（直孝）・藤堂和泉守（高虎）・吉良侍従（義弥）・御剣役酒井左衛門尉家次・酒井雅楽頭忠世・土井大炊介利勝・安藤対馬守重政・本多出羽守（正勝）・同大隅守（忠純）・青山伯耆守忠勝・内藤若狭守（清次）・水野監物忠元・井上主計助正就・酒井下総守・鳥井讃岐守（鳥居忠頼）・神尾刑部少輔守世・青山大蔵少輔幸成・松平下総守忠明・本多美濃守（忠政）・戸田左門（一西）。山科言緒、参内に扈従。	12042
	閏6月21日	将軍徳川秀忠、午下刻（13時）、院に銀三百枚・綿五百把を、女院・女御にはそれぞれ銀百枚・綿三百把を献じる。参内以前には、広橋大納言・三条大納言が阿野大弼実顕のため奏上して、院使が参上。また、飛鳥井・冷泉・六条・烏丸中納言、広橋並びに山科なども参上して供奉。これ、昵近公家衆と号す。秀忠は未刻（13〜15時）、還御、施薬院にて二条渡御を令し、伏見に還御。	12043
	閏6月22日	両伝奏が二条御所に参上、昨日の将軍参内を謝する。その他の公家も多数伺候。家康、両伝奏を以って内裏に『本朝文粋』一部を進上する。	12044
	閏6月22日	島津兵庫守（義弘）の使者が参上、段子十巻を献上。陸奥守（家久（忠恒））が在京故、兵庫守上洛を御免し、陸奥守が御目見。	12045
	閏6月22日	片桐出雲守（孝利）（大和竜田藩第2代藩主）（1601〜1638）が出仕して銀参百枚を献じて御礼。父・東 市正（片桐且元）遺物の刀・脇指・羽茶壺を献上、本多上野介（正純）が披露。	12046
	閏6月23日	二条城で真言論議。題は「十悪同時断歟、漸々断歟」。講師は遍照院。宝性院、無量寿院、如意輪寺、性智院、金剛三昧院、多聞院、庵室、北室院、釈迦門院が参加する。	12047
	閏6月23日	今日、伊達政宗（陸奥守）が『定家自筆古今集』を、日野唯心を通じて家康に献上しようと持参した。家康は冷泉中納言為満らを召し見せた。家康は、陸奥守の翫弄の慰めの物として固辞した。	12048
	閏6月23日	織田刑部大輔（信則）から棒訴状がある。この者は先度父上野介（織田信包）遺跡の件で、舎兄民部少輔（信重）が異議を申し立てる。分部左京亮・長野内蔵允も申し立てた。家康は、父の遺言があり民部申す所、不謂（いわれのない）由、仰せ。 織田信重（伊勢国林藩初代藩主）は、慶長19年（1614）の父・織田信包の死去に伴って、弟・織田信則（1599〜1630）が遺領を相続したことに不満を抱いて、大坂の陣後に江戸幕府に対して訴えた。この日、調査の結果、幕府は、信則の相続を遺言によるものとの判断を信重に伝え、同年閏6月29日、幕府は信重の異議申し立てを「僻事」（『寛政重修諸家譜』）として所領を没収したという。	12049
	閏6月24日	将軍徳川秀忠、金地院（崇伝）（1569〜1633）を召し、武家之御法度条々を仰せ付ける。内證（内密）で談じた。	12050
	閏6月25日	二条城で天台論議。題は「戒定恵三学備テ即身成佛歟、戒法ハカリニテ成佛歟」。講師は実報坊、精義は恵心院。	12051
	閏6月25日	東寺宝護院が『果宝ノ無尽蔵大師筆蹟同歴』を家康のもとに持参する。金地院崇伝が取り次ぐ。南光坊僧正が、家康に天台法問を伝授する。	12052
	閏6月25日	今日、家康は、大和宇多郡の福島掃部（福島高晴）城（宇陀松山城）の破却を、小堀遠江守正一（政一）（1579〜1647）・中坊左近（秀政）に命じる。	12053

西暦1615

慶長20 (元和1)	閏6月26日	二条城で真言論議。題は「肉身ヲ指テ即身成佛歟、肉身不捨成佛歟」、講師は高室院。	12054
	閏6月26日	浅野但馬守(長晟)が家康に御目見。	12055
		狐川(喜連川頼氏)(1580〜1630)が家康に御目見。 下野国喜連川藩の知行地は5千石弱で、旗本交代寄合クラスに過ぎなかったが、江戸幕府を開いた徳川家康から足利氏末流の名族として重んじられ、10万石並の国主格大名の待遇を受けた。喜連川家は、足利氏の後裔。足利尊氏の次男で初代鎌倉公方の足利基氏を祖とする。その鎌倉公方から敵対独立した小弓公方系足利家が直接の前身にあたる。	
	閏6月26日	仙石豊前守(秀範)息十一歳が伯州で捕らえられ、市中引き回しの上、六条河原で梟首。乳母の子も同時に刎首。	12056
	閏6月27日	家康が舞楽を興行。将軍徳川秀忠、二条城に渡御。伶人奏楽五番。振桙三郎万歳楽、延喜楽など舞楽を観る。公家衆、悉く出仕。	12057
		尾張宰相(徳川義俊)・遠江中将(徳川頼宣)・越前宰相(松平忠直)・加賀宰相(前田利常)・大崎宰相(伊達政宗)・越後少将(松平忠輝)・島津陸奥守(家久)・毛利長門守(秀就)・同甲斐守(秀元)・田中筑後守(忠政)・森右近(忠政)・京極丹後守(高知)・同若狭守(忠高)・松平武蔵守(池田利隆)・松平土佐守(山内忠義)・浅野但馬守(長晟)・藤堂和泉守(高虎)・生駒讃岐守(正俊)・鍋島信濃守(勝茂)・加藤式部少輔(明成)・稲葉彦六(彦六貞通は間違い、稲葉典通)・有馬玄蕃頭(豊氏)などが出仕。	
	閏6月28日	増上寺国師(源誉存応)(1544〜1620)が出仕、明日関東下向の暇を請う。 **源誉存応門下の了的・廓山が、彦坂小刑部(元正)(?〜1634)の赦免を請うた。詫言もなく、家康から許されなかった。**	12058
	閏6月29日	本多上野介(正純)・成瀬隼人(正成)・安藤帯刀(直次)が家康に、織田民部・同刑部の訴訟の事を申し上げ、家康の意向を問う。 家康は民部に罪があるとし、知行没収を命じた。同月23日の件の家康裁定である。	12059
	閏6月29日	黒舟着岸の知らせが長崎からあったと、後藤少三郎(光次)が家康に言上する。	12060
	閏6月29日	今晩、古田織部従者宗喜(木村宗喜)が市中引き回しの後、礫となる。 今度大御所家康が出馬時のその夜、大坂一味の為一揆が起こると偽情報を流し、京中放火の企てがあった。そのため、去る四月廿八日出馬は延引、五月五日定日となった。その間、宗喜企てが露見、板倉伊賀守勝重が捕らえ拷問すること数度に及び白状した。	12061
	夏頃	光悦の茶の湯の師・古田織部が切腹したこの年、大御所家康(1543〜1616)は、本阿弥光悦(1558〜1637)に鷹峯の地(9万坪という)を与える。夏頃という。 光悦は俗世や権力から離れて芸術に集中できる空間が手に入り、この新天地に芸術家を集めて理想郷ともいえる芸術村を築きあげようとした。 以後、亡くなるまで20年強この地で創作三昧の日々を送る光悦の死後に屋敷は寺(光悦寺)となり、境内には光悦の墓碑がある。	12062

慶長20 (元和1)	7月1日	将軍秀忠が二条御所に渡御。諸公家・諸大名・諸士が各出仕。 御能は、高砂(観世子)・矢嶋(金春)・松風(少進)・鵺(観世子)・百萬(金春)・自然居士(少進)・祝言(金春孫)。 今日、比丘貞狂言を久兵衛が立ち舞ったところ、家康の御機嫌が悪くなり、能は九番ありのところ、七番で引っ込んでしまった。 未刻(13~15時)、将軍秀忠が伏見に還御。	12063
	7月2日	傳長老(金地院崇伝)が法度草案を家康に提出。家康は、伏見の将軍秀忠に草案を持ち言上の旨を仰せ。	12064
	7月2日	南光坊僧正が家康に出仕、天台之法問相伝を家康に授ける。家康は昨日の御能の件を談じ、矢嶋(屋島)を難じる。	12065
	7月2日	遠州可睡(斎)宗珊(士峰宋山)(1543~1635)が家康に御目見。	12066
	7月3日	将軍秀忠使者・土井大炊頭(利勝)が伏見より参上。昨日、「御法度之条子共」申し上げ云々。武家諸法度のことについて相談したようだ。	12067
	7月3日	豊国神社の社僧・梵舜(1553~1632)、数寄屋路地に用いる松落葉30俵を二条城に贈る。	12068
	7月3日	二条城で真言論議。題は「清浄行者不入涅槃、破戒比丘不堕地獄」。講師は宝性院。無量寿院、遍明院、多聞院が参加。	12069
	7月4日	二条城で天台論議。題は「三葉示同」。講師は月山寺。正覚院、僧正南光坊、陽成院(越前僧)、恵心院、竹林房、法輪寺、恵光坊等が参加。	12070
	7月4日	将軍秀忠使者・水野監物(忠元)が参上、家康に鱸を進上。	12071
	7月4日	大御所家康、梅若太夫を召し、能装束一縮を下賜。	12072
	7月5日	**家康、南殿出御、「源氏物語抄」を公家衆に配分、仮名付を命じる。日野・三条・飛鳥井・冷泉父子・烏丸らであった。**	12073
	7月5日	家康仰せで、幸若弥次郎・同八郎九郎・同小八郎が舞う。烏帽子折(弥次郎)・和田宴(八郎九郎)・俊寛(小八郎)であった。	12074
	7月5日	将軍秀忠使者土井大炊頭(利勝)が伏見より参上。	12075
	7月6日	二条城で真言新儀論議。	12076
	7月6日	今日、松平下総守(忠明)が大坂殿主東北の櫓跡を掘ったところ、黄金四十三枚・竹流し金十並びに金盆・金炉・金箸・金壺の諸器が灰燼の中から出たと、松平右衛門佐(正久)・後藤少三郎(光次)が家康に披露し報告した。これは秀頼御母儀(淀殿)愛用の物という。 家康は、即、秀忠のいる伏見に持ち込み、松平下総守に下賜するよう仰せ。 松平忠明(1583~1644)は、奥平信昌の四男として誕生。母は徳川家康の長女・亀姫(盛徳院)であり、家康の外孫にあたる。	12077

西暦1615

| 慶長20
(元和1) | 7月7日 | 「戦国時代が終わる－「武家諸法度」(元和令)を発布」。 | 12078 |

大御所家康(1543～1616)の命により、将軍秀忠(1579～1632)、伏見城に参集した諸大名に、13ヶ条からなる武家の基本諸制度を定めた「武家諸法度」(元和令)を発布。将軍秀忠の名で、全13ヶ条が金地院崇伝により読み上げられた。

武家全体が守る基本法であり、以後、将軍の代替わりごとに、江戸城で読み聞かせられたという。(『御触書(寛保集成)』)。

諸大名は幕藩体制に組み込まれることとなる。 大御所家康の意図で、金地院崇伝(1569～1633)と林道春(羅山)(1583～1657)らが草案を練ったという。

内容は、第1「文武弓馬之道専可相嗜事」**文武奨励**、第2「可制群飲佚游事」**遊興禁止**、第3「背法度輩、不可隠置於國々事、法是禮節之本也、以法破理、以理不破法、背法之類其科不輕矣」**法度に背く輩を隠すな**、第4「国々大名小名并諸給人各々相抱士卒、有為友反逆殺害 人告者有、速進出事」**反逆・殺害人の放逐**、第5「自今以後国人之外、不可交置他国者事」**他国者を交え置くな**、第6「諸国居城雖為修補必可言上、況新儀構営堅令停止事」**城郭の修理は要許可・新築厳禁**、第7「於隣国新儀企徒黨者、在之者早可致言上事」**隣国の徒党結社の告発**、第8「私不可結婚姻事」**私婚姻禁止**、第9「諸大名参勤作法之事」**参勤作法**、第10「衣裳之品不可混雑事、君臣上下可為格別 …」**衣装の統制**、第11「雑人恣不可乗輿事」**乗輿の制限**、第12「諸國諸侍可被用謙(倹)約事、富者彌誇、貧者恥不及、俗之凋弊最甚於此、所令嚴制也」**倹約の奨励**、第13「國主撰政務之器用事」**家老の人選**。

後に三代将軍家光は、寛永16年(1639)大型船建造の禁止や参勤交代の制度化、各藩が江戸の法令を遵守することなどを盛り込んだ「武家諸法度(寛永令)」を出し、日本人の海外渡航や海外からの帰国も全面的に禁止され、日本は鎖国の時代に入る。

| | 7月7日 | 大御所家康、前殿出御。南光僧正・日野唯心が出仕。今日、伏見に於いて御能があり、呉服・真盛・湯谷・鐘馗・錦木・海士・黒塚・通小町・祝言。 | 12079 |

諸大名が伺候、御能の後、饗応。御能以前の早朝、武家御法度十三ヶ条を傳長老が諸大名に読進。

| | 7月7日 | **この日、「禁中并公家諸法度」・「五山十刹諸山法度」・「妙心寺法度」・「大徳寺法度」・「真言宗法度」・「高野山衆徒法度」・「総持寺法度」・「浄土宗法度」・「浄土宗西山派法度」・「永平寺諸法度」を定める。** | 12080 |

幕府は、「永平寺諸法度」・「総持寺法度」で全国の曹洞宗寺院をこの二つの寺院に組み込ませ、地方の本山格を切り捨てた。「浄土宗法度」は、『檀林清規三十三箇条』・『関東浄土宗法度』などを参考にして、源誉存応が門下の廓山(1572～1625)に文案を起草させ、知恩院尊照と協議して、幕府の認可を得て発布したもの。他宗派に出された法度と比べると、その箇条がかなり多く、内容も詳細。徳川家康が浄土宗寺院を菩提寺(増上寺、大樹寺)としたためという。

| | 7月7日 | 徳川家康、摂津国住吉社へ社領寄進状を発給。 | 12081 |

| | 7月7日 | 三河国田原藩(愛知県田原市田原町巴江)開藩初代1万石・戸田尊次(1565～1615)、京都にて病没。享年51。後を長男の戸田忠能(1586～1647)が継ぐ。 | 12082 |

慶長20（元和1）	7月7日	幕府、宿老に阿部正次(武蔵国鳩ヶ谷藩初代1万石)(1569〜1647)を置く。	12083
		正次は、慶長19年(1614)の大坂冬の陣では、大番組衆を率いて従軍し諸将が進軍を留まる中、大坂城に一番に突入して奮戦、一番首も挙げて戦功第一とされた。戦後は急速に加増を重ね、元和9年(1623)武蔵岩槻藩藩主阿部家初代となる。5万5000石。寛永3年(1626)には8万6千石余となり、大坂城代に任じられ、死去するまで21年間もの長期にわたって務めた。	
	7月8日	伏見に於いて御能。越前永平寺長老が二条城で家康に御目見。	12084
	7月9日	徳川家康、二条城前殿出御。南光坊天海(1536？〜1643)、金地院崇伝(1569〜1633)を召し、豊国神社について破却したいところであるが、祭神である豊臣秀吉は方廣寺大仏の鎮守であるので、大仏殿の回廊裏に遷座を考えているが、どうかと尋ねる。天海・崇伝いずれも、家康の意図でしかるべしと返答する。 その後板倉伊賀守勝重(1545〜1624)を召し、妙法院門跡大仏住持に千石加増を伝える。 照高院興意法親王(1576〜1620)は、家康・秀忠父子の調伏祈祷をしていたので思うところはあるが、ひとまず聖護院に移すこととする。	12085
	7月9日	**冷泉為満(1559〜1619)が二条城に参上。藤原定家自筆『源氏物語』の注釈書『源氏物語奥入』を家康に持参した。家康は講釈後に返すとした。**	12086
	7月9日	神龍院梵舜(1553〜1632)、豊国神社について、神事が方広寺大仏殿に移され、社頭は一円に廃される旨を金地院崇伝の秘かな使者より聞く。 梵舜は吉田兼右の子で、吉田兼見の弟。写本につとめ、後陽成天皇に『古事記』・『先代旧事本紀』を献じた。豊国社創建の際には、その神宮寺別当となる。	12087
	7月10日	高台院おね(1549？〜1624)、封地を与えられる。	12088
	7月10日	**「豊国神社破却の沙汰が下される」。** 神龍院梵舜、京都所司代板倉勝重より呼び出され、神官知行を悉く召し上げる旨通知される。神官の知行及び社領は没収。 方広寺大仏殿住職・興意法親王は職を解かれ、聖護院にて遷居。 天台宗妙法院常胤(1548〜1621)が新たに方広寺大仏殿住職となり、寺領千石を加増された。 神主萩原兼従(1588〜1660)は、豊後にて千石を知行することが決まるが、正式に拝領したのは徳川家康の没後である。 豊臣秀吉の墓も移された。神号「豊国大明神」は廃止され、「国泰院俊山雲龍大居士」に改められた。豊臣秀吉の長男棄丸(鶴松)の菩提寺・祥雲寺は、日誉(1556〜1641)に下げ渡され、根来寺智積院となる。祥雲寺住職・海山元珠は、棄丸の遺骨を持って妙心寺に移ったと云う。この年、妙法院門跡、現在地に移転し、方広寺・蓮華王院・新日吉神社・後白河天皇御影堂を管轄下とする。	12089
	7月10日	神龍院梵舜、高台院おねを訪れ、事の顚末を報告する。	12090
	7月10日	秀忠使者土井利勝が伏見から二条城に至り、家康に伺候。家康は、今月廿七日に下向と告げ、将軍秀忠出発はそれ以前でも以後でも随意と伝える。	12091
	7月10日	家康、傳長老(金地院崇伝)・多聞院を召し、高野山悪僧が宝性院什物を隠匿したとの風聞があり、究明するよう命じる。	12092

慶長20 （元和1）	7月10日	**家康、板倉伊賀守（勝重）を召し、両伝奏に関白の件を伝えしむ。** 〔12093〕 禁裏の事、関白者には関白の役、辨者には弁の役がありそれぞれ奏すようにし、決して伝奏を介さなければならないということがないようにせよと指示する。二条昭実に次期関白の内示が出される。
	7月11日	豊国神社にて最後の神事が行われる。 〔12094〕
	7月11日	将軍秀忠、二条城に至り、奥座間にて家康と対面。本多佐渡守（正信）・同上野介（正純）が伺候。今月十九日将軍関東下向を言上。秀忠は午刻（11～13時）、伏見へ還御。 〔12095〕
	7月12日	大御所家康、二条城前殿に出御。能登国総持寺が御目見。 〔12096〕
	7月12日	紀伊国紀伊藩（和歌山藩）37万6千石・浅野長晟（1586～1632）、弟・長重（常陸国真壁藩5万石）（1588～1632）の事を、自分前前に徳川家康へ取成すよう家康側室・於亀の方（1573～1642）と阿茶局（後の雲光院）（1555～1637）に依頼する。 〔12097〕
元和1	7月13日	**家康、越前永平寺・能登総持寺に「曹洞宗法度」を下げ渡す。** 〔12098〕
	7月13日	家康、蜂須賀蓬庵（家政）と井伊掃部助正孝を帰国させる。 〔12099〕
	7月13日	**後水尾天皇の即位と戦乱（大坂の役）などの災異のため改元、「元和」となる。** 〔12100〕
	7月14日	**家康、昨日今日と大坂に出陣の諸大名を帰国させる。** 〔12101〕
	7月15日	大御所家康、二条城前殿に出御。京極丹後守（高知）・同若狭守忠高・鍋島信濃守勝茂・島津陸奥守家久その他諸士を帰国させる。 〔12102〕
	7月16日	家康、奥座間に於いて松平右衛門佐忠之（黒田忠之）（筑前国福岡藩主世子）に帰国を許す。 〔12103〕
	7月17日	将軍秀忠、二条城に渡御、椀飯後、大御所家康が前殿に出御、「泉水御座敷」に召し対面する。 〔12104〕
	7月17日	**「幕府、「公家諸法度」（のち「禁中並公家諸法度」）を公布」。** 〔12105〕 大御所家康、前関白二条昭実、前右大臣菊亭（今出川）晴季、武家伝奏広橋兼勝・同三条西実条を召す。傳長老・三条西実条他諸公家が伺候。広橋兼勝が17ヶ条を読み上げ、二条と菊亭（今出川）が、「仰せ出さる御法度、最も神妙、残る所なし」と答え、二条昭実が著名し続いて秀忠、最後に家康が著名。 江戸幕府の朝廷統制の基本法令。天皇・上皇・諸公家・親王家・諸門跡の役儀・身分・服制・序列などが定めたもの。全17ヶ条は、家康が、金地院崇伝に起草させたという。内容は、天皇の修養について学問に励み、和歌の道を学ぶべきことを規定し、三公（太政大臣・左大臣・右大臣）・親王・清華（摂家につぐ公家の家格）の座位の規定、三公・摂関の任官規定、養子において女性の家督相続不認、武家の官位は公家当官の員外とする、改元、公家の服制・昇進、門跡の座位、紫衣・上人勅許などに関する規定など。 **以後、朝廷の行動全般が京都所司代を通じて幕府の管理下に置かれた上に、その運営も、摂政・関白が朝議を主宰し、その決定を武家伝奏を通じて幕府の承諾を得る事によって初めて施行できる体制へと変化を余儀なくされた。** **これによって摂家以外の公卿や上皇は朝廷の政策決定過程から排除され、幕府の方針に忠実な朝廷の運営が行われる事を目指していた。これは禁裏を法の下に置いた最初の法令。**

元和1	7月17日	八条宮智仁親王、伏見宮邦済(邦房)親王、九条忠栄がそれぞれ御礼し進物を呈出。巳刻(9〜11時)、家康が能楽を張る。その後、八条・伏見・二条・九条・一条・鷹司・近衛・菊亭等に、七五三の饗応。その他、織田常真(信雄)・日野惟心・両伝奏・花山院等諸公家数十人が饗を賜う。将軍供奉諸侍も皆、饗を賜う。 申下刻(16時)、秀忠は伏見に還御。	12106
	7月17日	徳川秀忠、小笠原忠政(忠真)(1596〜1667)をして、父秀政の遺跡を嗣がしむ。	12107
	7月18日	加藤肥後守(忠広)(肥後国熊本藩2代藩主)(1601〜1653)が家康に御礼、銀三百枚と帷子を献上。	12108
	7月18日	松平武蔵守(忠直)・松平土佐守(山内忠義)・堀尾山城守(忠晴)・加藤式部少輔(明成)その他多くの諸大名が帰国を許される。田中筑後守(忠政)・伊藤修理(伊東祐慶)両人は、不審の廉で帰国は許され無かった。	12109
	7月18日	その他の大名では、越前宰相(松平忠直)・加賀宰相(前田利光(利常))が御暇乞う時、将軍秀忠は黄金二百枚を賜い、島津家久(忠恒)・松平武蔵守(利隆)には銀千枚を賜う。秀忠は自分が拝領して余った金銀だという。	12110
	7月19日	**将軍秀忠(1579〜1632)、卯刻(5〜7時)、江戸へ向け伏見を発つ。**晩、江州長原(永原)に止宿。	12111
	7月19日	松平忠輝(家康六男)、京都を出発し、越後高田城に向ふ。	12112
	7月19日	家康、智積院を照高院寺屋敷に遷し、妙法院に大仏を護らせる、よって寺領三百石加増と仰せ。妙法院門主が方広寺住職を兼務するようになった。 照高院興意法親王は、豊臣氏が建立した方広寺大仏殿の棟札銘文に、書くべき大工頭の名を入れなかったという江戸幕府の嫌疑を受け蟄居した。	12113
	7月19日	中院中納言通勝が家康に御礼。傳長老(金地院崇伝)・日野惟心・冷泉中納言(為満)の取り成しであった。参議中院通村(1588〜1653)の間違いであろう。	12114
	7月19日	**幕府、三河国刈屋(刈谷)城主・水野勝成(1564〜1651)を大和国郡山城に移し、3万石を加賜、6万石とする。郡山藩、立藩。大坂の論功行賞では「戦功第二」とされ、3万石加増の6万石で転封される。**これは依然政情不安な旧豊臣領に睨みをきかすために、勝成を配置したものであるという。しかし、勝成自身は2、30万石の知行を期待していたが、家康の命に反して2度も勝成自身が先頭に立って戦ったため、家康の機嫌を損ねてしまったともいう。この処遇に勝成は立腹するが徳川秀忠は勝成を呼び止めてなだめ、家康隠居後に10万石の知行を約束したという水野氏側の伝承が伝わっている。元和5年(1619)、福島正則の改易に伴い勝成は、秀忠から郡山に替わって備中西南部と備後南部の福山10万石を与えられる。	12115
	7月20日	中院通村、家康に命じられ、『源氏物語』初音巻を讀(読)む。	12116
	7月21日	家康(1543〜1616)、二条城に秀吉公北大政所(高台院おね)(1549?〜1624)・公家衆の上臈・女房らを招き、能を催して饗する。	12117
	7月21日	「山城国久世郡宇治郷之内弐百弐拾」・「摂津国河部郡之内四千四百弐拾」・「大和国宇智郡丹原・大野両村五百」・「知行之目録　一弐百七拾石四斗余河内国交野郡私市村之内」。 家康、上林又兵衛・池田越前守・根来小左次・越智弥三右衛門宛に黒印状を以って知行充行。上林又兵衛は、上林政重の四男政信で、代々、宇治及び近隣の代官をつとめ、茶頭取として朝廷・将軍家などへの茶の納入を管掌したという。他は、池田越前守重利(1586〜1631)と根来盛重(1556〜1641)、越智弥三右衛門吉広(?〜1650)である。	12118

西暦**1615**

元和1	7月21日	「山城国葛野郡下津林村百石、愛宕」・「和州郡山知行高目録　一壱萬八千」。 家康、竹田慶安・水野日向守に朱印状を以って知行充行。竹田慶安（定賢）（1577～1630）は、大坂城内での間者も務め、その功で山城国内で300石を加増される。 水野日向守は、水野勝成（三河刈谷藩主）（1564～1651）であろう。大坂の役の論功行賞では「戦功第二とされ、郡山（奈良県）に3万石加増の6万石で転封される。	12119
	7月22日	「河内国河内郡豊浦村五百九拾石」。 家康、小林田兵衛に黒印状を以って知行宛行。大野治胤を捕らえた小林田兵衛か。	12120
	7月22日	家康、この日も能を張る。本多縫殿助康俊（近江膳所藩初代藩主）（1569～1621）が出舞。	12121
	7月23日	越前宰相（松平忠直）が家康に御目見。井伊侍従（掃部頭）が江州佐和山から出仕。織田常真（信雄）が五万石の知行拝領、大和国宇多（宇陀）郡福嶋掃部助跡三万、関東に於いて二万石であった。慶長19年（1614）「大坂冬の陣」の直前に徳川方へ転身した織田常真（信雄）（1558～1630）は、家康から大和国宇陀郡3万石（宇陀松山藩）、上野国甘楽郡2万石（小幡藩）などで5万石を与えられた。	12122
	7月23日	「為音信段子三十局、并南蛮菓子四」。家康、意真に贈物到来を謝す。	12123
	7月23日	二条城で天台論議、題は「人天小善」。精義は南光坊僧正、講師は恵心院。薬樹院真光寺、喜見坊、月山寺、竹林坊、法輪寺、日増院、恵光坊、法泉院が参加する。	12124
	7月24日	宝亀院が家康に御目見。宝亀院は宝性院遺跡に就き家康の御勘気を蒙るも、道理を申し開き、許され帰山。家康は、仏法に励み入魂を致すよう仰せ付け。	12125
	7月24日	五山硯学料拝領の保長老以下が家康に御目見。今度、五山・大徳寺・妙心寺・永平寺・総持寺・真言故義・新儀、浄土宗等皆、御法度を言い渡す。傳長老（崇伝）が披露する。	12126
	7月24日	「五山十刹諸山之諸法度　一東班西」7ヶ条・「大徳寺法度　一僧臘転位并仏事勤行等、可為如先規寺法事」5ヶ条・「妙心寺諸法度　一僧臘転位、并仏」5ヶ条・「真言宗諸法度　一従四度加行、至」10ヶ条・「高野山衆徒法度　一検校職之事、」5ヶ条・「永平寺諸法度　一遂二十年之修行」5ヶ条・「惣持寺諸法度　一遂二十年之修行」5ヶ条・「浄土宗諸法度」35ヶ条（知恩院・増上寺・伝通院宛）・「浄土西山派諸法度一所化衆入、」9ヶ条。 家康、朱印状・掟書発給。「浄土宗諸法度」第一条の知恩院に宮門跡を設置する条項は、それまで知恩院の住職は青蓮院から任命されていたが、宮門跡を設置することにより、浄土宗の本山として知恩院を青蓮院から独立させることが企図されていた。	12127
	7月25日	伊藤修理（伊東祐慶）（日向国飫肥（おび）藩第2代藩主）（1589～1636）が家康に御目見、帰国が許される。	12128
	7月26日	二条城において真言論議。題は「西方非西方」。宝亀院が講師。宝性院、無量寿院、遍明院、正智院、多聞院、庵室が参加する。	12129
	7月26日	**家康、三条鋳物師に数十の鐘を鋳させ、諸寺に寄進と仰せ。** 京都三条釜座の鋳物師に命じたか。	12130
	7月26日	越前宰相（松平忠直）・加藤肥後守忠広が帰国を許される。	12131
	7月27日	**姫君が関東下向が内々に定められていたが、雨降りで延引。千姫（豊臣秀頼正室）（1597～1666）である。**	12132
	7月27日	鷹司信尚（1590～1621）、関白を退任。	12133
	7月27日	**家康、妙法院・泉涌寺・松尾社・稲荷社・妙心寺・祇園社など50ほどの京畿諸社寺に所領安堵の朱印状を下す。**	12134

元和1	7月28日	大御所家康、前殿出御、公家衆・諸士が各々出仕。 松平隠岐守(定勝)・田中筑後守忠政が、家康に御目見。	1213
	7月28日	神龍院梵舜(1553～1632)、二条城に至り、『増鏡』三冊を家康に献じる。	1213
	7月28日	二条昭実(1556～1619)、後水尾天皇の関白、氏長者に再任。	1213
	7月28日	越前国北ノ庄藩75万石の松平忠直(結城秀康の長男)(1595～1650)、北ノ庄(福井)に向けて帰国。めぼしい恩賞は官位の昇進だけで、領地加増の話はなかった。 忠直は戦後の論功行賞に不満を抱き、次第に幕府への不満を募らせていった。	1213
	7月29日	家康、二条城御数寄屋において中院通村の『源氏物語』帚木巻の講義を聴く。 金地院崇伝・冷泉為満が伺候。	1213
	7月29日	岡越前守、妙顕寺に於いて切腹、同息平内は梟首。明石掃部(明石全登)の縁という。	1214
	7月30日	**姫君(千姫)、巳刻(9～11時)、関東へ下向。**阿茶局その他女中衆数百人がお供、警固は安藤対馬守(重信)(下総国小見川藩主)(1557～1621)。	1214
	7月30日	朝廷、公卿・門跡を残らず禁裏清涼殿に召し出し、「禁中並公家諸法度」を武家伝奏広橋兼勝が読み上げる。公卿・門跡らはその写しを作成して持ち帰る。 以後、朝廷の行動全般が京都所司代を通じて幕府の管理下に置かれた上に、その運営も摂政・関白が朝議を主宰し、その決定を武家伝奏を通じて幕府の承諾を得る事によって初めて施行できる体制へと変化を余儀なくされた。これによって摂家以外の公卿や上皇は朝廷の政策決定過程から排除され、幕府の方針に忠実な朝廷の運営が行われる事を目指す。これは禁裏を法の下に置いた最初の法令という。	1214
	7月30日	氏家内膳息男三人が妙顕寺で切腹。氏家内膳入道は、大坂籠城組であった。 氏家内膳正行広(1546～1615)は、伊勢桑名城主時代の慶長5年(1600)関ケ原の戦には西軍として、同じ伊勢の神戸城の滝川雄利、亀山城の岡本宗憲らと呼応して桑名城に拠り、徳川家康に抗した。しかし支えきれずに開城し、出家して道喜と号し西国を放浪した。慶長19年、大坂冬の陣では荻野道喜と変名を用い大坂城に入城し豊臣氏に与した。 徳川家康は、行広の器量を惜しんで10万石の領土を条件に仕官を呼びかけたが応じなかったという。翌年の大坂夏の陣のとき、大坂城落城と共に自刃。彼の4人の子のうち三男以外は京に逃れたが、京都所司代の配下に捕らえられた。三男のみは南光坊天海の弟子となっており、助命されたという。	1214
	7月末	**この頃、高台院おね(1549？～1624)は、豊国神社の処遇を「崩れ次第」に任せるよう徳川家康に嘆願する。家康はこれを受け入れ、神社の一部の存続を許した。**こうして豊国神社は風雨によって社殿が傷み、倒壊しようともそのまま放置されることとなった。高台院の嘆願は破却を免れるための、正に窮余の策であったのか。神体は新日吉神社(京都市東山区妙法院前側町)に、密に移し祀られたという。	1214
	7月一	**この月、幕府、大坂方に加わった牢人が、大名家へ仕官することを許可する。**	1214
	8月1日	大御所家康、南殿に出御。二条昭実、近衛、八条宮智仁、伏見宮邦清、鷹司、一条、九条忠栄が礼をする。その後、諸門跡衆の妙法院、梶井宮、竹内曼殊院、一乗院、三宝院、青蓮院、大乗院、随心院が礼をする。ついで諸公家衆が礼をする。信乗院門跡が礼をする。公家衆等は、八朔を賀し、家康の帰国にあたり挨拶した。	1214
	8月1日	南蛮人(オランダ人)、二条城に来て、家康に謁見、物を献じる。	1214
	8月2日	家康、二条城御数寄屋において中院通村の『源氏物語』帚木(巻の講義を聴く。	1214

西暦1615

元和1	8月2日	家康、大徳寺長老天淑宗眼・松岳紹長・玉室宗珀三人を二条城に召して、一人ずつから仏法を聴く。南光坊僧正・金地院が次之間に伺候した。	12149
	8月3日	家康、明日四日関東下向を仰せ。	12150
	8月4日	朝之間小雨降る。**大御所家康（1543〜1616）、午刻（11〜13時）、二条城を出て駿府に向かう。** 申刻（15〜17時）、膳所箸。	12151
	8月4日	**徳川秀忠、京より江戸に帰る。**	12152
	8月5日	朝之間小雨降る。巳刻（9〜11時）、矢橋より乗船、水口着、止宿。家康は、駿府に帰る途中、近江水口に滞在。越後少将（松平忠輝（家康六男））上洛の時、森山（守山）草津辺に於いて、松平忠輝の江戸御家人長坂信時・伊丹某ら3人を殺害せし事情を聴く。不快な家康は、本多上野介を召し、その子細を問うと、調べた上野介は風説があるが不明と答えた。そして、近江代官長野内蔵允（友秀）・大津代官小野宗左衛門（貞則）と蘆浦観音寺住僧を召し尋ねたところ、上総殿（松平忠輝）進軍を知らず、長坂某・伊丹某らの前駈の者が少将行列に乗打ち、狼藉者と殺害したと報告する。「（遅参を）焦る忠輝は安西を遣わし、秀忠の旗本・長坂信時と掛け合うが、唯み合いとなった。忠輝の家老・花井義雄は槍をかざして切り込み、忠輝自身は長坂信時を一刀のもとに斬り捨てた」という。	12153
	8月6日	家康は雨により水口逗留。7、8日も。家康は、道春（林羅山）（1583〜1657）を召し、夜更けまで論語を講じさせ、自らの解釈への意見も求めたという。	12154
	8月9日	卯刻（5〜7時）、家康出御、勢州亀山着。	12155
	8月10日	家康、未明、亀山を出御、四日市代官水谷九左衛門（光勝）が家康に膳を献じる。四日市から乗船して佐屋に到り、申刻（15〜17時）着。名古屋宰相（義俊（義直））が迎える。	12156
	8月11日	家康、名古屋に逗留し、城主徳川義俊（義直）に、美濃国の地を三万石を加増する。尋いで、家康、山村良勝・同良安を義利の附庸たらしむ。	12157
	8月12日	家康、雨で名古屋に逗留。	12158
	8月12日	大和国山辺ら3万石の織田有楽斎（長益）（1547〜1622）、四男長政（1587〜1670）に、大和・摂津国内で1万石（大和国戒重藩）（奈良県桜井市芝）を、五男の尚長（1596〜1637）に、大和国式上郡・山辺郡内で1万石（柳本藩初代）を分与する。有楽本人は隠居料として1万石を手元に残す。	12159
	8月13日	家康、巳刻（9〜11時）、名古屋発、岡崎着。	12160
	8月14日	家康、参州吉田着。	12161
	8月15日	家康、遠州中泉着。16〜19日、雨のため滞留。	12162
	8月16日	板倉勝重の指図により、豊国神社撞鐘・巫女屋敷二十帖・神供所十帖を知積院へ渡す。引き渡しを迫られ、是非もない様子だと、神龍院梵舜は記す。	12163
	8月18日	醍醐寺座主義演（1558〜1626）、徳川家に憚り、醍醐寺での豊国大明神の法要を中止。そして、毎月18日の法要も中止。豊国神社では神事を略すも、神龍院梵舜（1553〜1632）ら十数名が参拝。片桐貞隆（且元の弟）（1560〜1627）も参拝。	12164
	8月20日	家康、懸河（掛川）着。	12165
	8月21日	家康、駿州田中着。22日、逗留。	12166
	8月23日	**家康、午刻（11-13時）、駿府に凱旋。** この日、徳川秀忠、武蔵国川越藩主酒井忠利を遣して其帰城を賀せしむ。家康、酒井忠利の江戸留守居の労を慰し茶壺を賜ふ。	12167

元和1	8月24日	「於大坂表敗軍之輩、自他見聞入札可仕、但意趣遺恨贔屓偏頗（えこひいき）毎、書付可差上旨、誓紙可仕由被仰出、仍松平右衛門佐正久(正綱)・板倉内膳正重昌・秋元但馬守泰勝奉行之云々」（『駿府記』）。 家康は、豊臣与同の者について、発見次第、意趣遺恨贔屓偏頗なく、札を入れて知らせるようにと指示する。松平右衛門佐正久(正綱)・板倉内膳正重昌・秋元但馬守泰勝が奉行する。	12168
	8月25日	「右被、仰付入れ、御一覧又如元令封給云々」（『駿府記』）。 家康は、大坂表敗軍之輩の入札を一覧して、封をさせた。	12169
	8月27日	徳川家康、花井義雄(松平忠輝の家臣)を駿府に召し、松平忠輝の大坂陣に於いて軍役を懈怠せる子細を訊ぬ。懈怠は、なまけること。	12170
	8月28日	**「武蔵国児玉郡十条村参百石之事、」**。家康、大森半七に黒印状を以って知行充行。	12171
	8月—	この月、千姫、江戸城に帰還。	12172
	9月—	この月、三浦按針(ウィリアム・アダムズ)らが駿府に来て、家康と謁見する。	12173
	9月7日	九鬼長門守(守隆)が家康に黄金卅(三十)枚を献上。大坂牢人喜多半左衛門の雑物だという。南部氏に仕えた北十左衛門信景(1575〜1615)か。信景は、大坂の陣では豊臣氏に味方し、南部十左衛門信景と名乗り、派手な甲冑を身に付けたことから「南部の光り武者」と称された。大坂の陣後、伊勢で捕らえられて南部家に引き渡され、盛岡で南部利直自らの手により処刑されたという。	12174
	9月8日	秀忠使者水野監物(忠元)が参府。先に家康は大坂表諸軍の動向を穿鑿するよう命じた。忠元は、豊臣方の諸勢の捜索について返答し、将軍秀忠も尤もだとした。穿鑿は、細かなところまで根ほり葉ほりたずねること。	12175
	9月9日	尾張宰相(徳川義俊(義直))(家康の九男)が、家康に白鳥を進上。鉄炮を放ち捕らえたという。	12176
	9月9日	諸士が出仕。家康、南殿出御。家康は白鳥料理を振る舞う。志賀茶壺口切で茶も振る舞う。お茶は今朝、摘んだもの。日野入道唯心、大沢少将(左中将大沢基宿)、畠山長門守(政繁)、土岐左馬助(頼勝)、同市正(持益)、三好因幡守(為三)、猪子内匠頭(一時)、堀田若狭守(本多一継)、堀丹後守直寄、市橋下総守(長勝)らに振る舞う。秀忠使者水野監物(忠元)が重陽祝いの御服を家康に献上。	12177
	9月9日	**「元和元年乙卯九月九日付暹羅国渡海朱印状」、「元和元年乙卯九月九日付呂宋国渡海朱印状」、「元和元年乙卯九月九日付高砂国渡海朱印状」、「元和元年乙卯九月九日付柬埔寨国渡海朱印状」**。将軍秀忠、渡海朱印状発給。	12178
	9月9日	**「一自日本到呂宋国舟也、右、元和」・「一自日本到交趾国舟也、右、元和」・「一自日本到暹邏国舟也、右、元和」・「一自日本到柬埔寨国舟也、右、元」・「一自日本到高砂国舟也、右、元和」**ら。家康、渡海朱印状発給。	12179
	9月10日	佐竹右京大夫義宣が大鷹二聯、松平陸奥守政宗が大鷹一聯、最上駿河守家親が大鷹二聯を家康に献上。本多上野介(正純)・安藤帯刀(直次)が披露。	12180
	9月10日	是より先、徳川家康、将軍家御家人二人を成敗の松平忠輝(家康六男)(1592〜1683)の驕惰を憤り、松平左衛門勝隆(1589〜1666)を越後高田城に遣はす。 是日、忠左衛門勝隆は、「中違之由」と駿府に復命す。さらに、忠輝は陣法を理解せず、あまつさえ立腹しているとのことなので、将軍(秀忠)より可否を仰せつけるようにと、家康は指示する。	12181
	9月10日	幕府年寄衆、津軽信枚(陸奥国弘前藩2代藩主)(1586〜1631)へ奉書を下し、大坂落城後の落人詮議を下命する。	12182

西暦1615

元和1	9月11日	松薫宗観が家康に御目見。宗観は『大蔵一覧』を一部拝領、道春（林羅山）が取り次ぐ。下野大中寺の門庵宗関に師事しその法を継いだ天南松薫(1573〜1640)である。	12183
	9月12日	駿府城で曹洞宗法問がある。宗関松薫は名誉であった。	12184
	9月14日	家康、早天より鷹狩。	12185
	9月15日	諸士が出仕するが家康出御は無い。羽柴越中守忠興（細川忠興）が御服廿を献上、本多上野介（正純）が披露。	12186
	9月17日	将軍秀忠使者神尾刑部少輔（守世）(1574〜1633)が参府。家康の近日関東放鷹喜悦の使者であった。	12187
	9月18日	家康、早天より鷹狩、雁四は進物にすると仰せ。巳刻（9〜11時）、帰城。秀忠より蛤二篭進上あり。	12188
	9月18日	**「あつかり候金事 四千四百九両二」**。家康、伊加に預状発給。	12189
	9月19日	家康、鶴料理を設えさせ、日野惟心その他安西衆（御伽衆）に御馳走する。	12190
	9月19日	真田信政（信之の次男）(1597〜1658)、幕府の大名改の風聞あるを以って、老臣矢沢頼康（頼幸）(1553〜1626)らをして、真田信之（上田藩主）(1566〜1658)と談合の上、之に対処させる。 本多正信(1538〜1616)は、徳川秀忠の意をうけ、真田信之をして領内の悪党を取締らせた。	12191
	9月20日	**「寄進 氷川大明神 神輿 壱台」**。家康、岩井兵部に判物発給。 男体社の岩井家が社家として神主を世襲したとある。	12192
	9月21日	越前福井藩重臣・本多富正(1572〜1649)の嫡子千菊丸（昌長）(1614〜1669)、本多正信の指図により、2歳で江戸へ証人として赴く。	12193
	9月21日	家康、早天より鷹狩、鶴一、雁四、鴨、鷺は進物にすると仰せ。	12194
	9月22日	名古屋より成瀬隼人正（正成）・志水甲斐守（忠宗）が家康の元に来る。	12195
	9月23日	南光坊僧正が家康に出仕、数刻、仏法について雑談する。	12196
	9月23日	晩、金森長門守重頼(1596〜1650)（飛騨高山藩第3代藩主）が家康に御目見、父出雲守正重(可重)の継目の御礼であった。出雲守の遺物「国次刀脇差」・「羽窯壷」を献上、長門守は銀子二百枚、弟両人(重勝と重義)銀子十枚ずつ献上。	12197
	9月24日	江戸から飛脚到来。去廿一日昼、毛利長門守秀就邸から出火、松平陸奥守政宗・鍋島信濃守勝茂・島津陸奥守家久等の邸が焼失との由。	12198
	9月25日	南光坊僧正が出仕、前殿にて家康と雑談。	12199
	9月25日	織田常真（信雄）(1558〜1630)が二条城に至り、家康に対面、繻珍（うすぎぬ）十巻を進上。 井伊掃部助（直孝）が家康に御服十領・銀子二百枚を献上。	12200
	9月26日	将軍秀忠使者土井大炊頭（利勝）が参府、家康と密談。	12201
	9月27日	金地院崇伝が京南禅寺より参府。家康は、真観寺住寺職崇伝に、河内矢尾（八尾）の事を問い合わせる。大坂夏の陣の際、真観寺（大阪府八尾市北亀井町2丁目）の伽藍は焼け落ちたが、以心崇伝の主導で再興が図られ、徳川家康から復興料が与えられたという。	12202
	9月28日	幕府、板倉勝重(1545〜1624)に命じて、東福寺において文英清韓(1568〜1621)の所持していた書籍・長持などを探索させ、同寺にこれを保管させる。	12203
	9月28日	家康、明日廿九日、放鷹に関東に向かう事を仰せ。	12204

元和1	9月29日	**家康、午刻(11~13時)、関東で放鷹するために駿府を発つ。** 供奉は本多上野介(正純)・松平右衛門(正久)・秋元但馬守(泰勝)・板倉内膳(重昌) 等百余輩。申刻(15~17時)、清水着。 家康、発つ前に、来年は京都に上り、竹千代(後の家光)(1604~1651)を元服させる と、金地院崇伝に命じて、京都所司代板倉勝重に伝えさせるという。	12205
	9月-	この月、明は、琉球を征服した江戸幕府が琉球王を通じて行った貿易交渉を拒否 する。	12206
	秋	「瓦版の初め」。この頃、大坂落城の顛末を記した摺物が出る。	12207
	10月1日	家康、放鷹しながら未刻(13~15時)、善徳寺(静岡県富士市今泉)到着。	12208
	10月2日	家康、善徳寺逗留。	12209
	10月3日	家康、三島に到着。	12210
	10月4日	家康、小田原に到着。安藤対馬守(重信)・近藤石見守(秀用(1547~1631)が箱根まで お迎えに参向。 井伊谷三人衆であった秀用が、石見守に叙任されたのは寛永2年(1625)らしいの で、道春(林羅山)(1583~1657)が『駿府記』を書き記し、その写本が成立したのは、 寛永2年(1625)以降かもしれない。『駿府政事録』ともいい、江戸時代初期の慶長 16年(1611)8月1日から元和1年(1615)12月29日までの、駿府城における徳川幕府 の政治録・日記。漢文体。全9巻。元和2年(1616)成立の写本がある。ほぼ同様の 内容のものとして、別に『駿府記』がある。幕府御金改役の後藤庄三郎光次の著作 ともいう。	12211
	10月5日	家康、中原(神奈川県平塚市)に到着。	12212
	10月6日	家康、中原逗留。7日も。	12213
	10月8日	家康、藤沢に到着。	12214
	10月9日	家康、神奈川で江戸からの秀忠の出迎えを受ける。対面の後、秀忠は江戸城に帰 城する。	12215
	10月10日	**家康、将軍秀忠・諸大名が出迎える中、江戸城に入る。**家康、江戸新城に渡御。 ベルナルディーノ・デ・アビラ・ヒロン(Bernardino de Avila Girón)は『日本王国 記』に記す。「日本の領主たちは、彼らがすでに年老いたり、自分の子供たちが成 人になったりした時、隠居する習慣がある。これは領主の地位をやめ、剃髪して 統治を相続者に委ねることである。しかし今のこの国の国王(家康)には、この流 儀に従うつもりはない。現に王子(秀忠)はすでに35歳を越える大人であるが、依 然として国王自ら統治しているからである」。	12216
	10月11日	将軍秀忠が江戸新城に渡御、家康に対面、閑談。	12217
	10月-	**「返々御わつらひ あんし参らせ候 めてたく 御わつらひ御心もとなくおもひ候て、** **藤九郎まいらせ候、何と御いり候や、くわしく承まいらせ候、くわしく藤九郎ひ** **まいらせ候 かしくちよほ申給へ 太ふ(家康)」。** (煩わしい事で心配だろうと思い藤九郎を行かせた。 何なりと委しく聞かせて下 さい。 藤九郎が報告するでしょう。千代保殿 内府)。 家康が、孫娘の千姫の具合を案じ、使いの藤九郎に病状を詳しく言うようにと、 千姫侍女の千代保宛に自筆書状を送るとされる。	12218
	10月14日	京都所司代板倉勝重(1545~1624)、東福寺第227世・文英清韓(1568~1621)を捕えて江 戸に訴える。清韓は、豊臣秀頼に請われて方広寺の鐘銘を書いた。因縁の釣鐘そ のものは何故か破却されることなく、今日も方広寺の鐘楼に下がっている。	12219

西暦1615

元和1	10月14日	是より先、幕府、古田重然及びその子重嗣に切腹を命ず、是日、幕府、重嗣（重広）の室仙石忠政妹、及び仙石宗也久倫（秀範）の女（娘）の処置を仙石忠政（信濃小諸藩第2代藩主）に令す。	12220
	10月15日	大御所家康、江戸城本丸に渡御。	12221
	10月15日	**徳川家康、仙石忠政（信濃小諸藩第2代藩主）の大坂陣の戦功を賞す。**	12222
	10月17日	文英清韓、方広寺鐘銘により、台首座譲状などを検査される。	12223
	10月20日	大御所家康、明廿一日、放鷹に戸田に向かう旨仰せ。	12224
	10月21日	**家康、この日、江戸を発ち、放鷹。** 25日卯刻（5～7時）、戸田出御、未刻（13～15時）、川越着御。30日卯刻、川越出御、未刻、忍（埼玉県行田市）着御。以後翌月の27日まで、戸田・岩槻・川越・鷹巣・越谷など武蔵各地に、次いで下総の千葉・佐倉・東金・船橋に到って放鷹を楽しむ。	12225
	10月23日	慶長9年（1604）11月、三河国挙母（愛知県豊田市挙母町）に1万石を与えられ、挙母藩を立藩した三宅康貞（1544～1615）、没。享年72。後は長男の康信（1563～1632）が継ぐ。	12226
	10月24日	北山鹿苑寺より、文英清韓の織帯二筋が、幕府に届出される。	12227
	11月2日	「於今度大坂表五月六日合戦之刻、抽軍忠励戦功無比類働、尤以神妙之至也、依之為其賞五万石<割書一目録在別紙「知行分目録　一弐万弐千六百四拾」>事知行充行之訖、并先知行分拾五万石、都合弐拾万石事、無相違可令全知行者也、」。 将軍秀忠、判物をもって5月6日合戦において戦功のあった井伊掃部（井伊直孝）に弐萬弐千六百余石を加増。	12228
	11月2日	**将軍秀忠、放鷹に鴻巣着御。**	12229
	11月4日	幕府、禁中にあった文英清韓所持の「四河入海」、「帳中香」などを押収する。	12230
	11月9日	大御所家康、忍出御、岩付（岩槻）渡御。将軍秀忠は鴻巣より江戸還御。	12231
	11月10日	京都所司代板倉勝重（1545～1624）、京都において鳥時の鉄砲を禁じる。	12232
	11月10日	大御所家康、越谷に渡御。鷹場が水浸しで鷹狩が出来ず、代官が家康勘気を蒙る。	12233
	11月13日	「今度於大坂表五月六日一戦之刻、軍忠戦功無比類之段、尤以神妙之至也、為其賞五万石目録別紙有之知行充行之訖、本知十五万石都合弐拾万石之事、領知不可有相違者也、」。 家康、井伊掃部部殿（井伊直孝）（1590～1659）の大坂の陣戦功を賞し、領知を給する。	12234
	11月15日	大御所家康、越谷を出御、葛西に渡御。	12235
	11月16日	大御所家康、下総国千葉に着御。将軍秀忠は、鷹狩で土井大炊頭（利勝）領の下総佐倉に行く由。	12236
	11月17日	大御所家康、東金に着御。将軍秀忠は佐倉に着御。	12237
	11月19日	**大御所家康、3年に1度、諸国の監察を行う「国廻り派遣」の方針を打ち出す。**「武家諸法度」・「一国一城制」が遵守されているかを確かめるためである。が、会津地方への監察が1度行われたのみに終わるという。	12238
	11月19日	美濃国揖斐藩（岐阜県揖斐郡揖斐川町三輪）初代3万石・西尾光教（1544～1616）、駿府にて没。享年73。嗣子が無く、後を外孫の養嗣子・嘉教（1590～1623）が継ぐ。	12239
	11月20日	将軍徳川秀忠（1579～1632）、出羽国米沢藩30万石の上杉景勝（1556～1623）に、御鷹場分として府中と八王子に3千石の地を与える。	12240
	11月23日	**将軍秀忠は江戸還御。**	12241

元和1	11月25日	家康、東金出御、未刻(13～15時)、舟橋着御。丑刻(1～3時)、舟橋町中が残らず焼亡。家康旅館は、恙なかった。	12242
	11月26日	大御所家康、葛西に着御。	12243
	11月27日	大御所家康は江戸還御。本多佐渡守(正信)が去秋の病気がおおかた本復、悦ばしき事と大御所は仰せ。	12244
	11月27日	秀忠に近侍する小姓組番頭・成瀬正武(1585～1616)、突如として安藤重信(下総国小見川藩主)の預かりとなり、吉祥寺で切腹を申し付けられる。大坂の陣では秀忠と家康の間の使者として活躍。秀忠参内に従った時、女院の侍女と酒食をともにしたことが問題になったという。異説あり、真相不明、不明瞭な罪科で断罪された。	12245
	11月28日	家康、来月四日に江戸を発つと仰せ。	12246
	11月29日	家康、三島近辺で隠居所を見立てるようと仰せ。	12247
	11月—	摂津国大坂藩10万石の松平忠明(1583～1644)は、大坂城内で討死した商人・成安道頓(1533～1615)の跡をうけ、従兄弟の安井道卜や安藤藤次(平野藤次)に命じて、この月、水路が完成、「道頓堀」と名付ける。	12248
	11月—	この月、松平忠昌(上総国姉ヶ崎藩1万石)(越前国福井藩主・松平忠直の弟)(1598～1645)、常陸国下妻藩(茨城県下妻市下妻甲)3万石に、加増移封する。姉ヶ崎藩は、一時廃藩となる。松平忠昌の大坂の役の活躍により、同年末に常陸国下妻藩主であった徳川頼房の水戸転封の跡であった。	12249
	12月1日	遠江国横須賀藩2代6万石の大須賀忠次(榊原忠次/松平忠次)(1605～1665)、上野国館林藩(群馬県館林市城町)10万石を継ぎ、第3代藩主となる。これにより、横須賀藩は一時的に廃藩となり、天領となる。	12250
	12月3日	家康、明四日に駿府城に向けて江戸城を発つと仰せ。大樹(徳川秀忠)が新城に渡御、家康と閑談する。移刻、その席に本多佐渡守(正信)が伺候。	12251
	12月4日	**家康、辰刻(7～9時)、江戸を発ち放鷹を楽しみながら駿府に向かう。**午刻(11～13時)、稲毛着。	12252
	12月5日	家康、稲毛逗留。	12253
	12月6日	家康、辰刻(7～9時)、稲毛出御。雪降る中、路次で匹夫が五六輩が凍死。未刻(13～15時)、中原(相模国)着御。『匹夫』は、教養がなく、物事の道理を解さないような平凡な男をいう。また、身分の低い男の意でも使う。	12254
	12月7日	家康、中原で放鷹。	12255
	12月8日	家康、中原逗留。	12256
	12月9日	家康、中原逗留。小人頭稲垣権右衛門が鷹狩の際、家康御鷹を損したとして誅戮する。稲垣権右衛門は誤って鷹の足を傷つけた所、家康は怒ってその下人を誅殺してしまったという。誅戮は、罪のある者や悪者を殺すこと。	12257
	12月10日	終日、雪が降り、家康、中原逗留。	12258
	12月13日	家康、中原出御、小田原着。	12259
	12月13日	「於今度大坂表五月六日合戦之刻、抽軍忠励戦場無比類働、尤神妙之至也、因茲為其賞五万石知行充行訖、并本知弐拾七万九百石目録別紙之事、無相違可令知行者也、」。家康、朱印状を以って藤堂和泉守(藤堂高虎)(1556～1630)の、大坂の陣戦功を賞し知行充行。	12260
	12月14日	**家康、三島に到着。**明十五日は吉日なので、隠居所を見定めるため近所実検を仰せ。	12261

西暦1615

元和1		

12月15日 家康、辰刻（7〜9時）、三島を出御。隠居城建設のため伊豆泉頭（静岡県駿東郡清水町伏見字泉頭）を実検する。来春、出来上がったら隠居を仰せ。 12262
未刻（13〜15時）、善徳寺に着御。

12月15日「於今度大坂表、五月六日合戦之刻、抽軍忠励戦功、無比類働尤神妙之至候也、因茲為其賞五万石知行充行之訖、并本知弐拾弐万九百五十石、都合弐拾七万九百五十石余<割書一目録在別紙>事、無相違可令全知行者也、」。 12263
秀忠、藤堂和泉守（藤堂高虎）の大坂陣の戦功を賞し、知行充行状幷目録。

12月16日 家康74歳、善徳寺を出御、申刻（15〜17時）、駿府に帰城。中将（徳川頼宣）が清水まで出迎え、お供した。 12264

12月19日 節分。将軍秀忠使者土井大炊頭が参府。家康に対面し、泉頭隠居珍重との秀忠旨の御内書を進上、泉頭普請を将軍にお申し付け下さいと言上。 12265

12月20日 家康、立春を以って毎日、泉頭普請をするよう仰せ。 12266

12月22日 伊豆泉頭を実検した徳川家康、土井利勝（1573〜1644）、本多正純（1565〜1637）に、年明けから建設工事を行うよう命ずる。 12267

12月22日 幕府、堀直寄（信濃飯山藩主）等の大坂陣の戦功を賞し、知行を加増。 12268

12月24日 細川忠興、駿府城で徳川家康に謁す。家康は忠興の大坂の陣における軍功を賞し、脇差（銘 信国）を下賜すると共に、羽柴姓を改め細川姓に復すよう命じる。 12269

12月24日 家康・秀忠、木津川口の戦いで功があった蜂須賀家臣の稲田田修理亮示植、樋口内蔵助正長らに感状。 12270

12月24日「今度於大坂表蜂須賀阿波守手へ紛夜切出候之処合鑓則追崩敵之条粉骨之至御感思召候也、」。家康・秀忠、大坂冬の陣本町橋の夜襲戦で功のあった岩田七左衛門政長（蜂須賀家家臣）に感状を送る。 12271

12月25日 将軍秀忠使者神尾刑部少輔（守世）（1574〜1633）が参府。将軍歳末祝儀のためであった。 12272

12月26日 幕府、「大坂夏の陣」の論功行賞を行う。 12273

12月27日「為歳暮祝儀、小袖二到来、怡思召」。家康、御内書をもって信濃小諸藩第2代藩主仙石兵部少輔（仙石忠政）の歳暮到来を謝す。 12274

12月28日「請取銀事 合拾参貫目 右分請取」。家康、「中はう」に請取状。 12275

12月29日 細川忠興、江戸で将軍秀忠に拝謁。 12276

12月29日 家康、明春元旦御礼の諸士は、烏帽子装束不着者は出仕させないと仰せ。 12277
慶長16年（1611）8月1日から始まった『駿府記』が終わる。著者であろう道春（林羅山）か、文政13年（1830）の写し間違いが散見される。当社編集の訳間違いもあるでしょう。ご容赦いただきますよう、お願いいたします。

年末 家康、瘧を再発。瘧（おこり）は、間欠的に発熱し、悪寒（おかん）や震えを発する病気。主にマラリアの一種、三日熱をさした。 12278

一 この年、正覚寺（東京都台東区元浅草）に銀座を置く。 12279

一 この年、千姫（1597〜1666）は家康の命か、豊臣家との縁を断つ為（秀頼と離縁して本多忠刻と再婚するため）に、満徳寺（群馬県太田市尾島）に入山して尼僧となる。 12280
実際には形式の一時入山で、身代わりに大奥侍女（俊澄上人）が名代として住職を務め生涯を終えるという。豊臣秀頼の娘・天秀尼（第20代住職）（1609〜1645）の入山した東慶寺（神奈川県鎌倉市山ノ内）と、この満徳寺が、江戸時代を通じて「縁切寺」として存在しえた。

元和2	1月2日	諸大名、大広間にて将軍への年賀の儀。江戸城に於いて御謡初。	12281
	1月3日	「**上総国武射郡真行寺村弐百拾四**」。家康、黒印状発給。	12282
	1月一	「**返すがえす、たびたび御ふみ、御うれしく見まいらせ候、このはる御よろこび、いつにもすぐれ、めでたく思ひまいらせ候、さては御そくさいにならせられ候よし、めでたくおもひまいらせ候。われわれも、そくさひにて御いり候まゝ、御心やすくおぼしめし候べく候、めでたく、かしく、ちよよ　申し給へ**」（手紙をもらった家康が、千姫の具合が良くなったのを喜んで、自分も息災だから安心して欲しい）と、侍女千代保（ちよほ）宛に送った、家康自筆絶筆書状とされる。	12283
	1月9日	**大御所家康75歳、竹千代(後の家光)(1604～1651)元服の儀を行うよう命ずる。**家康の死で延期となる。	12284
	1月11日	「**元和弐年丙辰正月十一日付東京渡海朱印状**」。将軍秀忠、渡海朱印状発給。	12285
	1月11日	「**一自日本到東京舟也、右、元和弐**」・「**一自日本到交趾国舟也、右、元和**」ら。この日も家康は渡海朱印状を出す。慶長9年1月11日から178通にもなるという。	12286
	1月11日	紀伊国紀伊藩(和歌山藩)2代37万6千石・浅野長晟(ながあきら)(1586～1632)、徳川家康の命により、家康三女・振姫(故蒲生秀行正室)(1580～1617)を娶る。	12287
	1月13日	**徳川家康、伊豆泉頭の隠居城建設を急遽中止する。**普請の準備が整わなかったことや、防備の危惧で家臣たちの反対があったためともいう。金地院崇伝は、「泉頭ハ諸人めいわくかり」と日記に記しす。(『本光国師日記』)。家康は、駿府城内にある家臣の屋敷を改装して隠居所とすることを最終決定したとされる。	12288
	1月19日	「**伊豆国君沢郡玉川村弐百石之事宛**」。家康、大竹江左衛門に黒印状を以って知行充行。	12289
	1月19日	**徳川家康、金地院崇伝(1569～1633)・林道春(羅山)(1583～1657)に、駿河版『群書治要』の印刻(板行)を命じる。**崇伝と羅山は、京都所司代板倉勝重に活版職人23人を依頼している。駿府城三之丸能舞台が作業場に充てられる。駿河版「群書治要」は、元和2年(1616)5月下旬に出版された。家康は同年4月に死去しており、完成した本書を手にすることは出来なかった。	12290
	1月21日	「**家康発病**」。大御所家康(1543～1616)、駿河田中に放鷹に出かけ、駿河国田中城(静岡県藤枝市西益津)で丑刻頃(1～3時ごろ)、発病してしばらく療養する。榊原清久(のちの照久)(1585～1647)と茶屋四郎次郎(三代目清次)(1584～1622)に振る舞われた鯛天麩羅(大鯛二匹、甘鯛二匹)を楽しみ宿所で体調を崩すともいう。家康の病の原因は、茶屋四郎次郎が鯛をごまの油で揚げる料理を紹介し、家康がその料理を食べた所、しばらくして腹痛を訴え、食あたりの気があったと記す。(『慶長年録(元和年録)』)。神躍が流行した前年(慶長19年)大坂夏の陣が起こったので、家康はこの躍を「天下之妖怪」とし、止めさせるよう命じてた。今年(慶長20年)も正月中旬頃から躍が全国で流行し、今年も何か起きるのではないかと、(諸人が)注目していたところ、家康が病に倒れたと記す。(『元寛日記』)。家康は清次に上方での流行を尋ねた。三代目清次は「タイをカヤの油で揚げ、その上にニラをすりおろした物をかけた料理」が流行っており、自分も食べたがとてもいい香りがしたと答えた。家康は調理を命じてその料理を食べたという「御痰つまり候て、御煩いなされ候」(「板倉勝重宛以心崇伝書状」)。 **秀忠は、安藤重信(1557～1621)をただちに駿府へ派遣する。**	12291

西暦1616

元和2	1月21日	侍医・片山宗哲(与安法印)(1573～1622)、家康の手療治を止めさせようと務め、家康自ら作る万病円などの飲み過ぎを注意。	12292
	1月24日	武蔵国川越藩主酒井忠利、徳川秀忠の命を奉じて駿府に赴き、徳川家康の病を訪ふ。	12293
	1月24日	「大御所ご不例」の知らせを受け、81歳の南光坊天海(1536？～1643)、この日、急遽、喜多院(埼玉県川越市小仙波町)を発して駿府に駆けつける。	12294
	1月24日	**家康、小康の時に駿府へ帰る。**	12295
	1月25日	京都所司代板倉勝重の返書には、群書治要板行の木切・彫手・植手・摺手等の諸職工20人はまもなく京都を発するが、校合の3人が得られないとあった。	12296
	1月27日	南光坊天海、駿府に到着。	12297
	1月一	この月、上野国館林藩3代10万石の大須賀忠次(榊原忠次／松平忠次)(1605～1665)、家康から終身松平の称号を許されたため、松平忠次とも呼ばれる。	12298
	2月1日	**将軍徳川秀忠、辰刻(7～9時)江戸を発ち駿府へ向かう。**	12299
	2月3日	将軍徳川秀忠(1579～1632)、名医を召集して駿府に派遣した。さらに、全国の名僧、神官、陰陽師らに、大御所家康の病気平癒を祈祷させる。	12300
	2月4日	気分がよかった大御所家康(1543～1616)、この日、金地院崇伝(1569～1633)・藤堂高虎(1556～1630)らを病床に呼び、雑談する。	12301
	2月4日	**「奉納 参河国大樹寺仏像前 仏前」。** 家康、願文。	12302
	2月4日	**徳川秀忠、昼夜兼行で戌刻(19～21時)駿府城に到着、家康を見舞う。** 同月、公卿、諸大名、寺院等の見舞い続く。	12303
	2月7日	金地院崇伝・林道春(羅山)が、「群書治要」板行の家康指示を板倉勝重に伝える。家康は、校合のために五山僧を招致するよう命じた。	12304
	2月9日	後水尾天皇、徳川家康の病祈祷の為、土御門泰重をして内侍所御神楽の勘進せしめらる。	12305
	2月11日	後水尾天皇、諸社寺に命じて家康の病気平癒を祈らせる。	12306
	2月12日	**「謹言、武将某、再出師不得利、走」。** 家康、清和天皇二十五代后胤新田広忠嫡子源家康謹言との願文もって、お見舞い武将等の出仕を止める。	12307
	2月12日	**「下総国葛飾郡谷切村之内三百石」。** 家康、野間金三郎に黒印状を以って知行充行。 野間重成(1577～1627)は、徳川家康に仕えて大坂の陣に従う。大坂落城後、小林太兵衛と伏見から二条城に向かう途中、大仏の前にて大野道犬(大野治長の弟治胤)を生け捕りにした。その褒美として、道犬の刀を賜わる。この日、下総国内で采地三百石を知行した。	12308
	2月13日	後水尾天皇、勅使広橋兼勝、三条西実条を駿府に遺し、徳川家康の病を問はしめらる。	12309
	2月14日	板倉勝重が返書で、五山僧がまもなく京都を発つと伝える。	12310
	2月20日	京都所司代板倉勝重(1545～1624)、幕府の撰銭令を伝達する。 室町・戦国時代に経済が発展し、貨幣流通が盛んになると、輸入中国銭の不足をきたし、私鋳銭の大量鋳造が行われ高利貸営業、商取引、年貢公事・反銭の銭納などにおいて、撰銭行為によるトラブルが発生した。このため銭貨流通を円滑化するため、しばしば撰銭令が出された。幕府は明応9年(1500)を初見として、永禄9年(1566)まで9回の撰銭令を出しているという。江戸時代に入り銅銭が豊富に鋳造・通用するに及んで止んだ。	12311

元和2	2月21日	後水尾天皇、徳川家康の病祈祷の為、是日より七箇日間、三宝院義演をして清涼殿に於て普賢延命法を修せしめらる。	12312
	2月23日	**「朝者卯之刻被出、晩者西之刻以後可有休息事」・「高談付口論等、一切有之間敷事」・「人々私之知人引候見物なと入間敷事」・「群書治要板行之間、奉行人役者衆等之外、無用衆出入有間敷事也」**等。 「群書治要板行之間諸法度」五箇条が定められる。『群書治要』の作業を進めるため、本多正純・松平正綱・板倉重昌・秋元泰朝の連名で作業場に用のない者の出入りを禁じる。家康の病状が思わしくないため、作業を急いだともいう。	12313
	2月23日	2月10日仙台を発った伊達政宗(1567~1636)、駿府に家康の病を問う。	12314
	2月25日	「群書治要」板行に不足の鋳字補造を、明人林五官に命じる。	12315
	2月25日	**家康、お江(於江与)(1573 ?~1626)宛に書状を送るとされる。**	12316
	2月27日	「群書治要」の板行に使用する銅活字その他道具一式が、道春(林羅山)(1583~1657)から畔柳寿学(?~1626)に渡される。	12317
	2月29日	「群書治要」校合のための五山僧の一部が、京都より駿府の到着。	12318
	3月5日	**「板器之儀、無油断三之丸面申付候、急可申旨、御諚候故、各無油断候、……」。** 病床の家康、『群書治要』の印刻(板行)を急がせる。	12319
	3月5日	**佐竹義宣、病の徳川家康を見舞う。家康は、義宣の大坂冬の陣における奮戦と、大坂夏の陣における遠国にもかかわらず速やかに出兵したことを賞す。**	12320
	3月5日	**家康、手療治を止めさせようと務め続けた侍医・片山宗哲(与安法印)(1573~1622)を、ついに流罪に処する。** 家康自ら作る万病円などの飲み過ぎを注意して家康の怒りに触れ、3月17日、信州諏訪郡高島に流されるという。宗哲は、家康が胃癌と記す。宗哲の知行は没収されておらず、徳川家中の者は宗哲の診断が正しいと認識していたとされる。2年後の元和4年(1618)4月に将軍徳川秀忠によって呼び戻され、江戸幕府に仕える。	12321
	3月5日	**家康、重篤となる。**	12322
	3月10日	家康の指示により金地院崇伝は、底本である金沢文庫旧蔵本の欠巻の補充と校合のため、蔵書家であった直江山城守兼続に『群害治要』の異本を求める書状を送る。直江山城守兼続(上杉景勝陪臣)(1560~1620)、群書治要板行のため、異本を捜訪する。「米沢善本」の漢籍の1つに『文選』60巻、31冊があり、これは直江兼続が京都の要法寺(京都市左京区新高倉通孫橋上ル法皇寺町)の活字で印刷させた、いわゆる『直江版文選』があり、慶長12年(1607)3月8日に銅活字印刷が完了している。 当時の要法寺は、京極二条東(現寺町二条)に在ったようだ。	12323
	3月15日	**「武蔵国比企郡下横田郷之内参百石」。** 家康、久松惣太郎に黒印状を以って知行充行。久松松平家の一族であろうか。	12324
	3月17日	直江兼続が探したあてたのか、群書治要板行植字比校のため、後十巻の新写が、地元僧三人に命じられる。	12325
	3月17日	**「家康、太政大臣に任ぜられる」。**大御所家康(前右大臣)75歳(1543~1616)、太政大臣昇進。武将として生前に太政大臣に任ぜられたのは、平清盛(1118~1181)・足利義満(1358~1408)・豊臣秀吉(1537~1598)の三人だけである。	12326
	3月19日	島津家久(忠恒)、駿府城に赴き、病の徳川家康を見舞う。	12327
	3月20日	**一時快方に向かった徳川家康、秀忠などを従え歩行して見せる。**	12328
	3月20日	江戸幕府、文英清韓(1568~1621)を、駿河に獄に下す。	12329

西暦1616

元和2	3月21日	島津家久（忠恒）、駿府城にて徳川家康・秀忠父子に謁す。	12330
	3月25日	神龍院梵舜（1553～1632）、金地院崇伝に駿府到着を報告し、「神道御祓」を進上。	12331
	3月25日	勅使広橋大納言兼勝・同三条西大納言実条・その他公家衆、家康に太政大臣宣下のため駿府に入る。	12332
	3月27日	**大御所家康、太政大臣任官の儀式を行い、勅使を饗応する。**	12333
	3月29日	**徳川家康、見舞いに来ていた公家衆らを帰国させる。また、駿府に詰める諸大名も帰国させる。** 冷泉為満（1559～1619）と山科言緒（1577～1620）には逗留を求められ、久能の廟所に棺が納められるまで滞在した。	12334
	3月一	この月、下野国宇都宮藩10万石の奥平忠昌（1608～1668）、駿府まで出向き、病床の曽祖父・大御所家康（1543～1616）を見舞う。喜んだ家康に寝所まで招き入れられたという。	12335
	4月1日	**徳川家康、大名等を召して遺命する。** 「わが命旦夕に迫るといへども、将軍斯くおはしませば、天下のこと心安し、されども将軍の政道その理にかなわず億兆の民、艱難することあらんには、たれにても其の任に代らるべし、天下は一人の天下に非す天下は天下の天下なり、たとへ他人天下の政務をとりたりとも四海安穏にして万人その仁恵を蒙らばもとより、家康が本意にしていささかもうらみに思うことなし」。	12336
	4月2日	**徳川家康、本多正純及び天海、金地院崇伝を召して、遺言を伝える。遺産の配分を定めた「金銀の覚」を記す。**	12337
	4月3日	水野忠清（上野小幡藩主）（1582～1647）、駿府で家康と対面。土井利勝、本多正純、松平正綱、秋元泰朝が同座。水野忠清は、大坂夏の陣では敵将・大野治房を破るという大功を挙げた。この際青山忠俊や高木正成と先陣を競い行賞をめぐって争ったため、閉門を命じられたが、徳川家康死去の寸前に閉門を解かれたという。	12338
	4月4日	徳川家康、石川忠総（大久保忠隣の次男）（美濃大垣藩第3代藩主）（1582～1651）を召し寄せ、徳川秀忠に仕えること、大久保忠為（1554～1616）を召し新田開発をするよう命じる。 忠為は、大久保忠隣ら本家の粛清の件を巧みにそらしつつ、大垣で湿地に新田を開発したことを話すと「新田が一万石であっても全て忠為に与えるので、より一層忠功に励むように」と、家康に伝えられたという。	12339
	4月4日	**「臨終候はば御躰をば久能へ納　御葬禮をば増上寺にて申付　御位牌をば三川之大樹寺に立　一周忌も過候て以後　日光山に小き堂をたて勧請し候へ」。** （臨終したならば自分の遺体は駿河の久能山に葬り　三河の大樹寺に位牌を納め　一周忌が過ぎてから、下野の日光山に小堂を建てて勧請せよ）。 死期を悟った大御所家康（1543～1616）、本多正純（1565～1637）・南光坊天海（1536？～1643）・金地院崇伝（1569～1633）を召して遺言する。	12340
	4月4日	伊達政宗（1567～1636）、駿府を発ち江戸に向かう。	12341
	4月4日	家康が佐竹義宣に遺物として牧谿筆豊干の画を賜う。使者は島田直時（1570～1628）。	12342
	4月11日	家康、林道春（羅山）を召して、遺命を伝える。駿府に隠居した家康は、江戸城内に設立されていた富士見亭文庫から、蔵書の一部を移し、駿河文庫を創っていた。羅山は、後に秀忠から駿河文庫の書籍の処置について命じられる。**この日より家康は一切食事を取らず、意思表示もなかったという。**	12343
	4月15日	**駿府の徳川秀忠（1579～1632）、神龍院梵舜に対し、父家康の死後、その御霊を神として祀るか、仏として葬るかを相談。**	12344

元和2	4月16日	**徳川家康の御霊は、吉田神道によって神として祀られることが決まる。**	12345

| | 4月16日 | 信松尼(松姫、信玄の五女)(1561〜1616)、没。享年56。 | 12346 |

尼としての生活の傍ら、寺子屋で近所の子供たちに読み書きを教え、蚕を育て、織物を作り得た収入で、兄信盛と勝頼と小山田信茂3人の姫を養育する日々だったという。伝えた織物が、後世「八王子織物」として発展していったともいう。

また異母姉の見性尼(見性院)と共に会津藩初代藩主・保科正之を誕生後に預かり育てている。元武田家臣であり、当時は江戸幕府代官頭の大久保長安は、信松尼のために草庵を作るなど支援をしたという。また、武田家の旧臣の多くからなる八王子千人同心たちの心の支えともなったという。

その八王子千人同心たちは、家康が後に日光に葬られた折に日光東照宮の守護に就任し、これが約250年後の明治維新まで続いた。

| | 4月17日 | **「徳川家康、没」。** 大御所徳川家康(1543〜1616)、巳刻(9〜11時)に駿府城で病没。享年75(満73歳)。 | 12347 |

「凡四海のうちに有としあるものなげき悲しまざるはなかりけり」(『御実紀』)。
懸命に看病を続けていた榊原清久(後の照久)(久能山城守将)(1585〜1647)が、その最後を看取る。夜、遺命によって駿河の久能山へ移す。家康は、榊原清久(榊原康政の甥)を召して、自身の死後は久能山へ廟を築き、久能山に詰めて神事も司るよう命じた。
この遺言で、榊原清久家は代々「駿州久能山惣御門番」を務めることになる。家康没で、側室はすべて落飾して院号を名乗るが、阿茶局(後の雲光院)(1555〜1637)のみは落飾を許されず、さらに徳川家のために働く。家康は、武士の女房は公家の女性などと同じでなく、顔つきが多少荒々しくみえるのが良いと述べている。そして、戦国時代を回顧し「戦国の時の女は、今時の男子より、かいがい敷働あり」と語ったという。(『披沙揀金』)。

| | 4月17日 | 徳川家康辞世の句らしい。 | 12348 |

「人生とは重き荷を背負いて遠き道を行くが如し」・「嬉しやと二度さめて一眠りうき世の夢は暁の空」・「先に行くあとに残るも同じこと 連れていけぬをわかれとぞ思う」。

| | 4月17日 | 「金箱の数四百七十箱、この内へ金銀の一箱入、銀の箱四千九百五十三箱」(『久能山御蔵金銀受取帳』)。 | 12349 |

駿府金蔵に銀10貫入り4953箱、金二千両入り470箱が貯蔵してあった。これらの金銀は判金銀、灰吹銀、砂金等で白根(陸中)、安倍(駿府)、常陸(八溝山附近)、中瀬(但馬)、湯ヶ島(伊豆)、飛騨(荘川筋)、あすけ天神(不明)等の産地が記してあった。
この金を、幕府の御用学者林道春(羅山)や本多正純らによると、御三家に全部分配しないで、残りの百数十万両は久能山の御金蔵に納め、他日の必要に備えたことになっている。家康公は江戸から駿府に大御所として来たとき、江戸城にも大金を残していた。その金を秀忠には、「自分の奢侈(ぜいたく)のために使うな、国家のために使え」といった。
家康公は幼少時代から他国の敵地で過ごしたため、金銭の貴重さを身に染みて実感していた。このため金銭の使い方を心得ており、旗本や奥女中らにも平素倹約を教え、堅くおごりをたしなめていた。

西暦1616

元和2	4月17日	駿府城内に保管されていた金銀財宝や諸道具は、9男の義直、10男の頼宣（紀伊家初代）、11男の頼房（水戸家初代）にも分与された。尾張家への贈与内容を伝えるのが「駿府御分物御道具帳」11冊で、刀剣406件、衣類4273件などの数にのぼる。家康が集めた書籍も江戸城の紅葉山文庫に納められたほかは御三家に分与された。尾張家の「駿河御譲本」は367部2825冊を数えたという。 「日本の旧記及び希世の書冊は江戸へ献ずべし」との家康の遺志により、重要な書籍50部が選ばれ、以前の書物と合わせて富士見亭御文庫に収められた。これらを特に「駿河御文庫本」などと呼ぶ。	12350
	4月19日	夜に、当日竣工した三間四方の久能山山頂殿で、吉田神道の式に則り、神龍院梵舜によって、御遷座の儀が執り行われ、家康の霊柩が仮殿の内陣に納められた。祭主は神龍院梵舜、榊原清久（後の照久）(1585～1647)が務めた。 仮殿は三間四方で、鳥居、井垣、燈籠一対など神社に必要な様式が整えられていた。	12351
	4月20日	**前征夷大将軍太政大臣従一位徳川家康の薨奏（こうそう）あり。**	12352
	4月22日	大工頭中井正清(1565～1619)は、久能山に神社造営を命じられる。 徳川頼将（後の頼宣）(家康の十男・駿河駿府藩50万石)(1602～1671)が総奉行となり、5月着工、翌年12月に完成という。	12353
	4月25日	**徳川秀忠、清久邸にて父家康の遺言通り、榊原清久（後の照久）を神官職に任じ、父家康の最後を看取ったことを讃えた。**	12354
	4月25日	**父家康病で、2月22日から駿府に留まった将軍秀忠、江戸に帰る。**	12355
	4月25日	是より先、松平忠輝(家康六男）、徳川家康の病を訪はんとし駿府に至るも許されず、是日、武蔵深谷に赴く、尋いで、同国藤岡に移る。	12356
	4月26日	明人林五官が新鋳の「群書治要」板行に不足の鋳字、大小1万3千字が出来上がる。	12357
	5月3日	**金地院崇伝(1569～1633)と南光坊天海(1536 ?～1643)は、徳川家康の神号をめぐり対立。神龍院梵舜(1553～1632)と崇伝は「大明神」を、天海は「大権現」を主張した。この時、天海は「山王一実神道」を提唱している。**	12358
	5月8日	**幕府、伊豆下田に、下田奉行を置く。**	12359
	5月11日	**幕府、悪銭の使用と撰銭を禁止し、金1分＝銭1貫文の取引厳守を布令する。**	12360
	5月17日	幕府、増上寺で家康の中陰法要を行う。	12361
	5月下旬	**家康が望んだ『群書治要』板行が、4ヶ月余の早さで完成する。完成した書物は、銅活字その他印刷道具と共に駿府の官庫に置かれたままであった。**	12362
	5月下旬	この頃、竹千代（後の家光)(1604～1651)の守役として酒井忠利(武蔵国川越藩初代3万7千石)(1559～1627)・内藤清次(常陸国など2万6千石)(1577～1617)・青山忠俊(常陸国江戸崎藩2代3万5千石)(1578～1643)の3人が家光付けの年寄となる。 忠俊は、しばしば家光に諫言を繰り返したことで知られる。	12363
	6月7日	**「幕僚的吏僚の筆頭、本多正信、没」。** 家康の重臣で、秀忠付の老職として相模玉縄に2万2千石を領し初期幕政を担った本多正信(1538～1616)、家康が没すると家督を嫡男の正純(下野国小山藩3万3千石)(1565～1637)に譲り隠居して一切の政務から離れる。この日、家康のあとを追うように没。享年79。 ほどなく、正純は2万石の加増を受ける。	12364
	6月10日	松平忠輝の老臣花井義雄、同安西正重を長坂信時殺害の主謀者の張本人として讒（ざん）す、正重、之に弁疏（べんそ）し、義雄を張本人と訴ふ、是日、幕府、両者を対決せしめ、理非を裁す、尋いで、幕府、義雄の非を認め、之を改易に処す。	12365

元和2	6月11日	幕府、板倉重昌(勝重の次男)(1588〜1638)・南光坊天海(1536？〜1643)・林永喜(林羅山の弟)(1585〜1638)を朝廷へ派遣し、家康の神号を奏請させる。	12366
	6月13日	信濃須坂藩初代藩主・堀直重(1585〜1617)没。33歳。6月17日没ともいう。	12367
	6月一	**「元和軍役令」。この月、幕府、「元和軍役令」を発布。5百石から1万石まで、所領、石高に応じた大名・旗本に軍役・奉仕の義務付けを行う。** この体制の維持のために旗本は、職務による例外を除いては江戸常駐(定府)を命じ、大名には寛永12年(1635)には、江戸常駐の代替として参勤交代制の導入(武家諸法度改正)を行うこととなる。	12368
	7月4日	神龍院梵舜、徳川家康の神号が決まったことを、大納言広橋兼勝に報告。	12369
	7月6日	**「松平忠輝、改易・流罪」。** 将軍秀忠(1579〜1632)、「家康の遺命」と称して、故家康から勘当を命じられて蟄居中の弟で、越後国高田藩(新潟県上越市)75万石の松平忠輝(家康六男)(1592〜1683)を改易し、伊勢朝熊に流罪とする。3日ともいう。除封申し渡しは、松平勝隆(1589〜1666)であった。尋いで、真田信之等をして、忠輝支配の諸城を請取らしむ。大坂夏の陣の際に不行跡があったこと、窮した忠輝は義父伊達政宗謀反と父家康に讒言したなどからというが、秀忠は、徳川一門といえども将軍家に服従しないのは許さないという確固たる決意を示した。 生母茶阿局(？〜1621)は、家康側室の阿茶局(後の雲光院)(1555〜1637)に取り成しを依頼したが聞き入れられなかった。忠輝室・五郎八姫(1594〜1661)は、父伊達政宗(1567〜1636)のもとに戻り、以後は仙台で暮す。	12370
	7月6日	金地院崇伝(1569〜1633)、豊前国小倉藩(福岡県北九州市小倉北区)初代40万石の細川忠興(1563〜1646)宛に、書を送る。2万石加増で下野国小山藩5万3千石となった本多正純(1565〜1637)を通じ、土井利勝と昵懇になるべきと進言する。 土井利勝(1573〜1644)は、将軍秀忠の第一の側近であり、この頃からますます権勢を強めていた。	12371
	7月13日	**「東照大権現勅定一後水尾天皇が家康の神格化を勅許し、権現号の宣下も容認」。** 家康の神号が、「権現」に勅定される。幕府は家康の神号を「大権現」と決定し、これを朝廷に奉請。公家衆に議させた朝廷はこれにのっとって東照大権現・日本大権現・威霊大権現・東光大権現の4つの名を提案し、徳川秀忠により「東照大権現」が採択された。徳川秀忠の諮問を受けた南光坊天海は、豊国大明神の子である豊臣秀頼は滅んだと述べる。この言葉で、徳川秀忠は考えを改め、父家康の神号として「権現」を選定することとなった。(『東叡山寛永寺元三大師縁起』)。	12372
	7月25日	常陸国下妻藩(茨城県下妻市下妻甲)3万石の松平忠昌(越前福井藩主・松平忠直弟)(1598〜1645)、信濃国川中島藩(松代藩)12万石に加増移封。 松平忠輝改易の跡であった。	12373
	7月27日	神号奉請のために上洛していた南光坊天海(1536？〜1643)、大僧正となる。これは大納言に準じる。	12374
	7月27日	幕府、信州飯山藩主堀直寄(寄)(直政の次男)(1577〜1639)を長岡に移す。 松平忠輝改易の跡であった。	12375
	7月一	この月、幕府、天領年貢米の一俵は米三斗七升と定める。	12376
	7月一	幕府、上野大胡藩主牧野忠成(1581〜1655)を越後国頸城郡長峰に移す。幕府、武蔵八幡山邑主堀直之(1585〜1642)を越後国刈羽郡椎谷に移す。	12377

西暦**1616**

元和2	8月2日	幕府、伯耆矢橋藩主市橋長勝(1557～1620)を越後三条に移す。 市橋は、慶長19年(1614)からの大坂の陣でも功を挙げ、越後三条5万石へ加増移封された。	12378
	8月3日	将軍徳川秀忠、吉良義弥(1586～1643)を遣し、故家康「徳川家康」任官の恩を謝し奉る。	12379
	8月3日	幕府、故徳川家康の任太政大臣の御礼として、女御藤原前子「中和門院、近衛前子、近衛前久女」に銀子を献ず。	12380
	8月8日	**「幕府、ヨーロッパ船の寄港を長崎と平戸に限る」。** 幕府、キリシタンの渡来禁止し、明船以外は長崎と平戸に寄港地を限定する。大名領内の外国貿易を禁止。この禁令では、キリシタン本人の体を不自由にして放逐するのはもとより、匿った者も死罪とする。	12381
	8月20日	**「元和二年八月廿日付イギリス船あて法度書」。** 将軍秀忠、長崎のイギリス船宛に法度書発給。	12382
	8月25日	**朝廷、江戸に下向する公家を籤で選定とする。**	12383
	8月26日	後水尾天皇(1596～1680)、公家の江戸下向に強い不快感を示す。 広橋兼勝(1558～1623)は、下向の理由を各自書き記し、その内容で暇を与えるかを決めるとする。	12384
	8月26日	家康側近・政商の亀屋栄任(？～1616)、没。	12385
	一	家康没後、駿府政権は解体し、将軍秀忠(1579～1632)の下に権力が一元化され、幕閣は秀忠側近の酒井忠世(上野国伊勢崎藩主)(1572～1636)、土井利勝(下総国佐倉藩3万2千石)(1573～1644)を中心に安藤重信(下総国小見川藩3万6千石)(1557～1621)、青山忠俊(常陸国江戸崎藩2代3万5千石)(1578～1643)、内藤清次(常陸国・上総国・下総国内2万6千石)(1577～1617)、永井尚政(下総国古河藩2代)(1587～1668)、小姓組番頭の井上正就(1577～1628)・板倉重宗(1586～1657)らで固められた。 幕藩体制の整備と共に世は、戦国的な気質から平和的な気風に変りつつあった。以前は武将・僧侶など極く限られた階級の間のみでしか顧られなかった学問も、徐々に一般にも要請され、幕府や諸藩の大名もまたそれを助成する政策をとった。一方こうした中で庶民生活の社会的な向上は著しく、経済的にも文化的にも上昇の一途をたどり、民衆のつくり出す芸術文化は絢爛花を開いていく。	12386
	9月9日	**「元和弐年丙辰九月九日付摩陸国渡海朱印状」。** 将軍秀忠、渡海朱印状発給。	12387
	9月12日	旗本小栗忠政(1555～1616)、没。享年62。 永禄10年(1567)13歳で徳川家康に仕えて御小姓を務め、元亀1年(1570)姉川の戦いで大功をあげて槍を賜る。元亀3年に御使番、のち大番頭、さらに鉄砲頭となる。合戦ごとに一番槍を成したため、それまでの通称であった「又市」に「又もや一番槍」の意をこめて「又一」の名を賜ったと伝わる。あまりの奮戦ぶりに、白地に黒の五輪塔の指物が血に染まって赤地のごとく見えたという。天正6年(1578)田中城攻めで軍令違反を咎められて勘気を蒙り、大須賀康高(1527～1589)の許に寓居した。「小栗党」と呼ばれた一族郎党を率いて高天神城攻めで功を立て、天正9年高天神城落城後に大須賀康高のとりなしで勘気を許されて御使番となる。天正12年(1584)長久手の戦いでも功をたて鎧を賜わる。関ヶ原の戦いのでは島津家の騎馬武者を討ち取り、慶長19年(1614)大坂の冬の陣では御使番斥候役、翌年の夏の陣でも御使番軍監など。だがこの戦いで、城中からの発砲で左股を打たれた。この傷がもとで死去という。	12388
	9月16日	故徳川家康の神号勅許の勅使伝奏広橋兼勝、三条西実条等、江戸に下向す。	12389

西暦1616

元和2	9月18日	「駿河台の始まり」。幕府、家康の没後、駿府より移住の諸士に、宅地を江戸神田に与える。	12390
	9月25日	土井利勝等、千村良重(1566～1630)に、日光山東照社造営用材の出荷を督促す。	12391
	10月15日	幕府、上野高崎藩主酒井家次(1564～1618)を越後高田に移す。家次は家康の従弟にあたる。	12392
	10月26日	「日光の東照社の起工式」。 幕府、南光坊天海を日光山に派遣し、東照大権現の廟を造営させ、縄張りを行う。また本多正純(1565～1637)・藤堂高虎(1556～1630)を作事奉行とする。	12393
	10月27日	徳川幕府、大僧正天海を、日光山に遣わし祖廟の経営に当たらせる。場所を選ばせた。	12394
	10月―	駿府城の蔵を改めるため、松平正綱・板倉重昌・秋元泰朝が駿府に出張する。12月下旬に帰府。	12395
	11月13日	日光にて徳川家康を祀る東照社の社殿造営がはじまる。 普請奉行は本多正純(1565～1637)、大工棟梁は中井正清(1565～1619)が務めたという。造営の総責任者には秋元但馬守泰朝()(1580～1642)、工事や大工の総責任者には大棟梁甲良豊後宗広(1574～1646)があたったという。	12396
	12月1日	小笠原忠政(忠真)(1596～1667)、本多忠政の娘を娶る。 亀姫(円照院)(1597～1643)は、曽祖父徳川家康の養女となり、自身の母方の従兄で家康の曾孫にあたる松本藩の世嗣・小笠原忠脩に嫁いだが、元和元年(1615)4月、夫が大坂夏の陣で戦死した。家康の命により、忠脩の同母弟・忠真に再嫁した。	12397
	12月20日	幕府、「身延山久遠寺法度」を定める。	12398
	12月21日	徳川秀忠、佐久間安政(1555～1627)・堀直寄(1577～1639)等を咄衆に列せしむ。	12399

西暦1617

元和3	1月22日	日光東照社仮殿遷宮並びに居礎日時定の陣儀が行われる。	12400
	2月21日	「家康、東照大権現となる」。 勅使・万理小路孝房(1592～1617)が久能山参詣。徳川家康に「東照大権現」の神号を下賜。そして秀忠は、各地に東照宮を建て祀ることを命じた。	12401
	3月9日	「贈正一位」。勅使・中納言中御門尚長が、久能山参詣。東照大権現神位叙位日時定の陣儀、徳川家康に神位正一位を叙す。	12402
	3月15日	徳川家康の霊柩、大僧正天海によって、駿河久能山を発し、日光に向かう。 年寄の本多正純(1565～1637)、駿府城での家康の近習出頭人の松平正久(正綱)(勘定頭、相模国玉縄藩2万2千石)(1576～1648)・板倉重昌(勝重の次男、重宗の弟)(1588～1638)・秋元泰朝(1580～1642)、永井右近大夫直勝(1563～1625)、将軍秀忠の名代土井利勝(1573～1644)などが随行する。 富士山麓の善徳寺で最初の泊まりになる。 松平正綱は、日光道中・日光例幣使街道・会津西街道の三筋に、約20年の歳月をかけて杉の苗を植林し、慶安元年(1648)4月、家康33回忌に東照宮への参道並木としてこれを寄進した。 日光杉並木は、その数およそ1万5千本、約40kmにも及ぶとされる。	12403
	3月24日	徳川家康の霊柩、天海の喜多院大堂(埼玉県川越市小仙波町)に入り、26日まで留まり、丁重な法要が行われるという。	12404

西暦1617

元和3	4月4日	徳川家康の霊柩、忍、館林、佐野、鹿沼を通り、未刻(13～15時)に日光山の座禅院に到着。	12405
	4月4日	**「日光東照社が竣工」**。東照社が日光山に遷座。	12406
	4月8日	**「家康改葬」**。家康の霊柩、下野日光山奥院に移遷される。	12407
	4月12日	秀忠(1579～1632)、江戸を発ち、日光に向かう。	12408
	4月14日	日光東照社の仮殿遷宮が行われる。	12409
	4月16日	一周忌のため、江戸幕府二代将軍徳川秀忠が日光山へ到着。 東照大権現の神位が、東照社仮殿から本殿に移され正一位の宣命が与えられる。 歴代将軍による日光山東照宮への参詣は、十五代将軍までで計19回行われた。また、回忌ごとに行われる年忌法要も大々的に行われた。	12410
	4月17日	**「日光東照社が鎮座」**。 東照大権現一周忌法要をもって正遷宮祭が行われる。 朝廷からの院使は参議西洞院時慶、奉幣使は参議清閑寺共房、宣命使は参議中御門尚長。後水尾天皇は「東照大権現」の勅額を下賜した。呪願師(呪願師)として梶井法親王最胤、證誠として比叡山正覚院権僧正豪海、武家伝奏広橋兼勝(1558～1623)、同三条西実条(1575～1640)、大納言日野資勝(1577～1639)が遣わされた。 以降、4月17日の神君命日は大祭、9月17日を臨時大祭と定められた。	12411
	4月17日	轅(ながえ)の籠は高倉右衛門佐永慶(ながよし)、刀は酒井下総守忠正、裾は永井信濃守尚政が奉仕し、高家の大沢兵部大輔基宥(基宿)が奉幣する。土井大炊頭利勝らが供奉し、尾張宰相義利(義直)(家康九男)・駿河宰相頼将(頼宣)(家康十男)・水戸少将頼房(家康十一男)・藤堂和泉守高虎、その他の大名が数多く参列する。 「高家」とは、江戸幕府における儀式や典礼を司る役職。	12412
	4月17日	藤原朝臣政宗(伊達政宗)(1567～1636)、東照社に南蛮鉄燈籠2基を寄進。	12413
	4月22日	東照社造営副奉行・本多正盛(1577～1617)が切腹を命じられる。正盛は日光での東照社造営で副奉行の職にあったが、同僚の山城忠久と争いになり、正盛に打擲された。山城(山代)忠久は知故の市松(福島正則)の助言を受けて、正盛を名指しして自ら自害して果てた。このために正盛の罪が問われることとなり、造営完工直後に姻戚の下野板橋藩藩主松平成重に預けられた。福島正則の評判を落とすような話である。	12414
	8月26日	後陽成上皇(1571～1617)、崩御。宝算47。後陽成院と追号し、京都深草の深草北陵に葬った。天皇の在位は、豊臣秀吉の全国平定から徳川家康の政権確立に至る年代であった。	12415
	8月28日	家康から直に遺言を伝えられた榊原清久(1585～1647)は、夢枕に家康が立ち、名を照久と改めよとの仰せを受け、照久と改めたという。(『寛永諸家系図伝』)。	12416

西暦1618

| 元和4 | 3月4日 | **「元和期天下普請、はじまる」**。
幕府、江戸城内に紅葉山東照官を造営し、4月17日には神体を移す遷宮を行う。
紅葉山には秀忠以降の将軍が死去するたびに、歴代将軍の霊廟が建設された。
山王大権現(山王日枝神社)を移転させ造営という。
半蔵門・大手門が完成したのも、この頃である。 | 12417 |

| 寛永13 | 4月- | 三代将軍家光の東照社大造替が成る。同年、ご神体が新しい社殿へと移される。 | 12418 |

| 正保2 | 11月3日 | **朝廷より、東照社に宮号が宣下され、「日光東照宮」となる。** | 12419 |

これ以後、朝廷から毎年4月17日の東照宮例祭に日光例幣使が派遣されることになった。(『東武実録』)。

日光東照宮には将軍や大名・公家にとどまらず、武士や庶民等、多くの人が参詣に訪れるようになる。また、江戸では家康命日にあたる4月17日に、東照宮を勧請した諸寺社で法楽が催されたり、浅草寺・護国寺・王子権現社等に勧請された東照宮の参拝が許可された。将軍家の菩提寺である増上寺では、ふだん立ち入ることが出来ない場所へも参拝できた。

このように、江戸庶民にとっては年中行事の一つとして、東照宮が受容されていった。さらに、日光東照宮では参詣者が増えていくことに伴い、多くの案内書が刊行された。

有名なものとしては、八王子千人同心組頭・植田孟縉著の『日光山志』、江戸新橋で仕立て屋を営んでいた竹村立義が著した『日光巡拝図誌』(文政元年(1818))などがある。

| 正保3 | 3月10日 | 家光の奏請により、東照宮に例幣使が派遣される。(朝廷より、毎年進物を奉納する日光例幣使が開始)。同時に、伊勢神宮への例幣使が再興される。 | 12420 |